城市发展与治理研究系列之三
2020年度潍坊市社会科学规划重大研究课题结项课题

活力与秩序的黄金平衡

城市社区治理效能研究

冯天韬 谭立业 张同良 等著

中国财经出版传媒集团

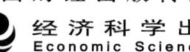

经济科学出版社
Economic Science Press

图书在版编目（CIP）数据

活力与秩序的黄金平衡：城市社区治理效能研究/冯天韬等著. —北京：经济科学出版社，2020.12
ISBN 978-7-5218-2258-8

Ⅰ. ①活⋯　Ⅱ. ①冯⋯　Ⅲ. ①社会管理 - 现代化管理 - 研究 - 中国　Ⅳ. ①D63

中国版本图书馆 CIP 数据核字（2020）第 264860 号

责任编辑：孙丽丽　撒晓宇
责任校对：王苗苗
责任印制：李　鹏　范　艳

活力与秩序的黄金平衡
——城市社区治理效能研究

冯天韬　谭立业　张同良　等著

经济科学出版社出版、发行　新华书店经销
社址：北京市海淀区阜成路甲 28 号　邮编：100142
总编部电话：010 - 88191217　发行部电话：010 - 88191522
网址：www.esp.com.cn
电子邮箱：esp@esp.com.cn
天猫网店：经济科学出版社旗舰店
网址：http://jjkxcbs.tmall.com
北京季蜂印刷有限公司印装
787×1092　16 开　19.5 印张　440000 字
2021 年 3 月第 1 版　2021 年 3 月第 1 次印刷
ISBN 978 - 7 - 5218 - 2258 - 8　定价：68.00 元
（图书出现印装问题，本社负责调换。电话：010 - 88191510）
（版权所有　侵权必究　打击盗版　举报热线：010 - 88191661
QQ：2242791300　营销中心电话：010 - 88191537
电子邮箱：dbts@esp.com.cn）

代　序

构建依法用权　和谐有序的治理社会

　　什么是理想的大治社会？人类需要什么样的社会生存环境才会让人既能感受生命的美好又能更好地促进人的成长、进化与完善，实现全面发展？从古到今，人类从未断绝过对这一问题的追问与解答。理想的大治社会，绝不等于是一个虚无缥缈海市蜃楼式的"世外桃源"。人类文明进步延绵5000多年，发展到今天，正一步步把曾经"不可能"的神话变为现实，可谓天翻地覆。人类社会治理的基本规律是向前发展，势不可当。"更快、更高、更强"的奥运精神对人类社会运行做了最好的诠释。

　　前途虽然是光明的，但道路总是足够曲折，不会一帆风顺。每个时代有每个时代的矛盾，"黑天鹅"或"灰犀牛"事件的发生都是因社会变量复杂化多样性所导致，社会治理恰到好处的"度"在哪里？每一次制度的演化、迭代、进步，根本依据都是当时社会的主要矛盾和发展趋势，根本动力是解决社会主要矛盾促进社会发展和人的进步。激励人们对劳动与建设的热爱与热情，激发社会活力与秩序，促进社会良好运行。制度的一次次迭代变革是社会进步的标志，目的是用更新的理念、更宽的视野、更大的范围、更广的领域、更多的方法寻找国家治理的最优解决方案。

　　制度的不断迭代、不断完善、不断与时俱进，都是依靠制度为社会各方赋权、赋能，同时也要限权、限能，限制权力的滥用。任何国家的每一次改革都是对"权力"的改革，所有制度都是在围绕"权力"的收与放而制定，目的是将各个群体与各种形式的"滥权"关进制度的笼子——用法律制度明确固定政权、人权、法权等各自的权利，确定权力的范围与边界。我们需要引导督促社会各方依法想事、依法立事、依法行事、依法成事、依法纠事。做到万事有法，万事靠法依法授权，依法用权，法外无权。所以，社会治理，根本是治理权力或者说是对权力进行治理。秩序的本质是让权力的运行既要有序有效有为有机，还要有限有度有监督有章法，实现权力运行与权力治理的规范化、法治化、现代化。让国家权力、政党权力、政府权力、组织权力、公民权利之间的用权既要充分又要平衡。古代将秤砣称为"权"，即衡器，用于称重、衡量。之所以叫"权衡"，目的是不失衡、不失序。社会运行像"秤"这样平衡用权，体现公平正义，让人理性理智、心平气和，达到充满活力又和谐有序的状态。这种理想状态，我们称其为活力与秩序的黄金平衡。

本书研究的重点是市域社区治理现代化问题，探讨了城市基层社会的运行与治理，归纳了社区治理机制、治理方式、治理环境、智慧与智能未来及指标体系。

现代化法治国家的宪法和法律规定了国家各个层面、各个群体的权力。有的权力被宪法和法律保护，有的不被保护，追求法外权益将受到法律惩罚。

立足当下，现实之中，我们所需要的是一个充满活力与秩序的社会。建立完善现代化、法治化、包容性"制度群"，为人赋权，为组织赋能，构建依法用权、法外无权的理想的权力治理方式，更好地满足人民群众在民主、法治、公平、正义、安全、环境等方面日益增长的要求。历史车轮滚滚前进，但进步不是直线，是曲折的螺旋式前进，甚至个别时期会有颠簸或倒退。正因为体验了颠簸或倒退的可怕，人们才更加珍视前进，更加盼望进步。塑造人人都向往的理想大治社会，最根本是人，最重要的是人，最活跃的也是人，一切财富与文明都是人创造的，制度也是人创造的。习近平总书记强调"要把权力关进制度的笼子里"。让权力既有发展自己能力的空间，为社会创造财富，又不会变成绝对的可以滥用的权力，造成社会失序。

如何用制度激发和调动人的积极性，推动社会发展？如何用制度最大限度保护人权？从而释放人巨大的创造力，推动社会一次次进步甚至飞跃。制度优势是一个国家的最大优势，新中国成立70多年来，中华民族之所以能迎来从站起来、富起来到强起来的伟大飞跃，最根本的原因是建立和完善了中国特色社会主义制度，形成和发展了党的领导和经济、政治、文化、社会、生态文明、军事、外交等各方面制度，加强和完善国家治理，使我国国家制度和国家治理体系展现出强大的生机活力。这一制度的优越构建起政权"法无授权不可为"、公民权利"法无禁止即可为"的权力运行社会，塑造充满活力又和谐有序的理想的权力治理社会。

本书的多数案例选自我工作的山东省潍坊市奎文区。奎文区是潍坊市的中心城区，面积57.6平方公里，辖1个省级开发区、8个街道办事处、67个社区居委会，45万人。近年来，潍坊市奎文区坚持城市更新、治理创新"双轮驱动"，在城市社区治理现代化方面探索实践了党建引领、四社联动、由民做主、红色物业、市域治理现代化等创新性做法，取得了显著成效，荣获全国和谐社区建设示范城区、省级文明城区等荣誉称号。我和区人大常委会机关的同志在工作之余，积极响应党委的决策部署，从2018年春天开始，开展了"活力与秩序——城市社区治理效能"课题研究。由我提出总体框架，谭立业、张同良、孙军、马成芳、彭丽华、马宇清、王昆、高颖、李栋、张月奇10位同志分别执笔，集体研讨，独立完成。研究坚持理论与实践相结合，先后到湖北省、浙江省、福建省等地学习考察社区治理经验做法，并重点以潍坊市奎文区社区的工作实践为基本素材，进行反复对比、分析、论证、总结、提炼，从治理机制、治理方式、治理效能和指标评价体系等方面形成了21篇研究论文。在此期间，2019年11月，喜逢党的十九届四中全会胜利召开，提出的"完善党委领导、政府负责、民主协商、社会协同、公众参与、法治保障、科技支撑的社会治理体系，建设人人有责、人人尽责、人人享有的社会治理共同体""构建系统完备、科学规范、运行有效的制度体系，加强系统治理、依法治理、综合治理、源头治理，把我国制度优势更好转化为国家治理效能"等重要观点，为我们的研究指明了更加清晰的前进方向。怀揣着塑造理想社会的目标，有幸能与这个伟大的时代一起成长，为基层社会治理现代化尽一份绵薄之力，令人格外激动和振奋。

  本书经过反复修改，才付梓出版。我们深知其中的研究分析和解决问题之道还十分肤浅、粗糙，其缺点、错误不可避免，敬请读者批评、指正、赐教！本书得到了中共潍坊市奎文区委、区政府、区总工会和有关街道社区、中共潍坊市委党校、潍坊市社会科学联合会、经济科学出版社和福鼎市、武汉市江汉区、武昌区、荆州市荆州区、宜昌市夷陵区、温州市龙湾区、厦门市思明区、湖里区等地领导、同志们的大力帮助与支持，在此深表谢意！

冯天韬　谨上
2020年8月17日

目 录

依靠现代化　法治化　包容性"制度群"　为人赋权　为组织赋能
　　构建充满活力又和谐有序的基层社会
　　　　………………………………………………………………… 冯天韬（1）

治理机制

完善社区治理体系　提升社区治理能力
　　——社区治理的顶层设计与体制机制研究
　　　　………………………………………………………………… 张同良（55）
党建引领，激发社区治理活力
　　——城市基层党建引领社区活力建设研究
　　　　………………………………………………………………… 高　颖（80）
多元共建，构建充满活力的社区治理共同体
　　——多元参与社区治理
　　　　………………………………………………………………… 谭立业（92）
"四社联动"——社区活力建设的"助推器"
　　——以山东省潍坊市奎文区社区为例
　　　　……………………………………………………………… 谭立业（101）
让"以人民为中心"治理理念成为社区活力之源
　　——潍坊市奎文区"由民做主"社区治理模式探索与实践
　　　　………………………………………………… 马成芳　魏天辉（109）

治理方式

发挥自治催化作用　激发社区内生动力
　　……………………………………………………………………… 孙　军（129）
立地方良法，助推社区治理法治化
　　……………………………………………………………………… 彭丽华（143）

创新社区治理模式　实现社区"善治"
………………………………………………………………………… 彭丽华（151）

发挥专业社工力量　赋能社区治理活力
………………………………………………………………… 马成芳　张月奇（161）

头雁定向　群雁高飞
　　——"社区领袖"在社区治理中的作用及其培育机制研究
………………………………………………………………………… 张同良（170）

治 理 环 境

以开放包容理念　塑造具有持久活力的社区精神
………………………………………………………………………… 马宇清（185）

五力并举　共筑社区安全防护网
………………………………………………………………………… 彭丽华（196）

服务连接万家　满足居民健康向上的新需求
　　——以居民为中心强化服务激发活力研究
………………………………………………………………………… 孙　军（208）

建立新自我　塑造高质量老年生活
　　——"城市社区活力"之老年人活力研究
………………………………………………………………………… 王　昆（218）

建设绿色生态家园　和谐宜居乐在其中
　　——城市绿色生态社区建设研究
………………………………………………………………………… 张同良（227）

创新老旧小区物业管理　提升社区治理水平的实践研究
　　——以潍坊市奎文区为例
………………………………………………………………………… 马宇清　张月奇（237）

智 慧 未 来

由"智慧城市"到"智慧社区"　大数据时代智慧社区发展方向
　　——为数据化社区增添智慧大脑
………………………………………………………………………… 王　昆（247）

汇聚中外活力　共建美好社区生活共同体
　　——国际化社区建设及活力研究浅探
………………………………………………………………………… 高　颖（258）

指标理论

寻找活力源泉　探索指标体系要素
　　——城市社区活力指标体系研究 ··· 李　栋（275）
以习近平新时代中国特色社会主义思想为根基，探索社区活力理论研究
　　·· 李　栋（285）

后记 ·· （299）

依靠现代化 法治化 包容性"制度群"为人赋权 为组织赋能 构建充满活力又和谐有序的基层社会[*]

【本文核心观点】

(1) 社会治理的两个关键制度：激励与控制；社会治理效能的两个目标：活力和秩序。

(2) 望文生义解"制度"："制"包含治理理念与核心价值观、规制规则规范、管理的方式方法；"度"是程度、幅度、力度、深度、精度，即包容度、容纳度，界定运行边界与区间。适合国情、适合民族基因又不断完善、以是否解放生产力发展生产力促进人民福祉、推进社会进步、不断满足人民群众对美好生活的向往的制度就是好的国家治理制度。

(3) 治理是把纷争的社会变成共享空间的机能，是共同生活的艺术，而不是相互斗争的零和博弈。治理的目的不是寻找敌人，而是化敌为友；争斗与扼杀不是治理的延续，恰恰激化矛盾意味着治理的失败。因此，社会治理，依法治理，既要共治共建共享，又要找到"最大公约数"共生共融共赢，和谐有序与充满活力是相偎相依的共同体。

东西方共同认可的贤哲马克思揭示了一个重要真理：人的第一属性是社会属性。这次新冠疫情带来的恐惧与宅在家里给各类群体带来的不同感受，使我们更加体会到：人离不开社会，人离不开人。人与人之间的连接是那么近，偌大的世界确实近到仅仅是一个小小的"地球社区"。从新冠疫情的传播与控制路径看，对社区如何科学治理，让生活在社区里的居民既充满活力又和谐有序，是我们面临的重大问题。波兰尼在《大转折》中指出，人的经济目的是从属于他的社会目的的。社区治理是社会治理的基础与基石。

社会治理是国家治理的重要内容。社会运行的动力从哪里来？城市社区运行中产生的矛盾如何通过科学有效治理推进社会文明进程？城市社区如何依靠具有现代化内涵的"制度群"，通过为人赋权，为组织赋能，实施"以人民为中心"的有效治理，构建充满活力又和谐有序的基层社会？社会治理效能如何评价？本文试图探究这几个有

---

[*] 执笔人：冯天韬。

关社区治理的根本问题。

社会治理一般性研究

研究社会治理特别是社区治理，首先遇到的问题是社会发展的动力是什么？只有彻底弄清楚这个关键性"源头"问题，抓住事物发展的"主脉"，才能找到根治之策，顺势而为，达到四两拨千斤的效果。

人类社会风风雨雨经历了几千年，推动社会发展的是社会上的一切力量组成的合力，正反胶着，螺旋前进。在这里我主要归纳总结了推动社会运行的主要力量，试图寻找社会发展的动力机制，以启发如何推进社会治理体系现代化、社会治理能力现代化。

第一，国家治理制度是影响社会进步的根本力量。

国家建立的目的就是为了建立社会秩序。马克思主义认为，国家建立的目的是通过统治阶级掌握国家政权并利用这个政权为本阶级的利益服务。各个国家各个时期的政治经济社会制度变革，都是为了探索国家治理的方法与路径。"治大国如烹小鲜"，可见历代统治者对治国理政的谨慎程度。各个国家因历史地理文化和认知不同，都在各个历史阶段探索建立了适合各自国情的政治经济社会制度，并因时而变经历了各自制度的演化历程，有的变革甚至跌宕起伏。中国的政治制度治理历程经历了原始宗法制、封建诸侯制、自秦汉以来的"皇权郡县制"、清末的君主立宪制、总统制、共和制。新中国成立后，是中国共产党领导的人民代表大会制度这一根本政治制度和一系列中国特色的社会主义制度推动了中国的发展壮大。不论东方还是西方，各国在推进国家治理的道路上，都有许多探索，夺人先声。各国历史上都不乏勇于改革的明君治臣能吏。中国北宋神宗时期，改革家王安石（1021年12月18日~1086年5月21日）力主变法，提出了著名的"三不足"："天变不足畏""祖宗不足法""人言不足恤"。公元1215年6月英国颁布的《自由大宪章》，初步建立了议会在王权之上以限制王权的政治制度；1787年由美国制宪会议制定和通过，1789年3月4日生效的美国联邦宪法，是世界上最早的成文宪法，其序言以谋求"正义""国内安宁""共同防务""公共福利"和"自由"为关键词，说明了制宪的目的，确立了美国国家治理制度。"二战"之后，各国纷纷建立现代化治理体系，这些制度的普遍原则与共识价值观就是民主、自由、法治、公平。随着各国家治理体系的不断探索与实践，各个国家更加认识到建立适合本国国情的现代化国家治理体系与现代化治理能力的重要性。国家治理体系和治理能力现代化，标志着治理理念的科学化、治理结构的合理化、治理方式的法治化、治理过程的民主化、治理效能评价人性化。

马克思主义认为，不存在超越具体历史发展阶段、永恒不变的所谓"纯粹民主"和"绝对民主"，也不存在适用于一切国家和各个民族的唯一的政治制度和民主模式。所以说，适合国情、适合民族基因又不断完善、以是否解放生产力发展生产力促进人民福祉、推进社会进步、不断满足人民群众对美好生活的向往的制度就是好的国家治理制度。

（1）经济制度。经济制度是指国家的统治阶级为了反映在社会中占统治地位的生产关系的发展要求，建立、维护和发展有利于其政治统治的经济秩序，而确认或创设的各种有关经济问题的规则和措施的总称。经济制度是组织社会经济活动的根本原则，是在社会经济活动的一定（或全部）范围内，人们普遍承认，并且实际共同遵守着的一种行为规范。国家治理的关键之一是经济上建立生产和分配的制度。有一个比较恰当的比喻——蛋糕政治定律。大家经常用"做蛋糕"和"切蛋糕"来比喻一国经济活动中的生产和分配。"做大蛋糕"意味着经济增长和总量扩张，"切好蛋糕"意味着合理分配和规则公平。基于对人性的认知，经济学家普遍认为，只有切好蛋糕才能做大蛋糕。切好蛋糕是塑造正确的激励结构，鼓励那些扩大生产、改进效率和推动创新的经济行为，奖励那些对经济增长做出贡献的个人与组织。这样人们才有动力去做大蛋糕，并使整个社会受益。所以，做大蛋糕很大程度上是切好蛋糕的经济结果。

（2）政治制度。政治制度是指统治阶级为实现阶级专政而采取的统治方式、方法的总和，包括国家政权的组织形式、国家结构形式、政党制度及选举制度等。由于国家的类型不同，或同一类型国家所处的具体历史条件不同，其政治制度也会有差异。按政权的组织形式分，有君主制、共和制、议会制和人民代表制；按中央和地方管理的权限分，有中央集权制和地方分权制等。"蛋糕经济定律"所忽略的是政治在"做蛋糕"和"切蛋糕"过程中扮演何种角色。实际上比经济规则更强硬的是政治规则，经济领域的规则最终可能是政治领域的规则决定的。国家作为一种垄断强制力的机构，完全可能与市场一起，甚至取代市场，成为资源配置的主要机制。所以，恰当地理解国家与"蛋糕"的关系，是打开经济增长之箱的另一把钥匙。

（3）制度的决定性作用。政治制度与经济制度在推动国家治理与发展中起决定性作用。《国家为什么会失败》的两位作者（德隆·阿西莫格鲁和詹姆斯·A·罗宾逊）基于长达15年的原创性研究，通过涵盖欧洲、美洲、亚洲、非洲和大洋洲二十多个国家的史料和实例去解释困扰了人们几个世纪的现象。是什么拉开了国家之间的距离，造成如此悬殊的贫富差距呢？那就是政治经济制度决定了国家的发展命运，正是由于采取了不同的制度才带来了世界各国的贫富差异。即影响政治、经济运作的规则和激励人们决策和行动的诱因会对国家发展水平产生影响，包括政府组织和决策机制、法律、财产权、专利、金融、市场准入、就业等一系列的制度安排。他们的关键结论是：

首先，造成国家之间贫富差异的是制度，包容性的制度造就繁荣，榨取式的制度带来衰退。地理环境和文化伦理都无法全面恰当地解释同一地区的内部差异和历史差异，制度却为经济差异提供了有力的注脚。

其次，制度分野是怎么形成的。国家之间政治制度的差异来源于历史关键时期的选择，偶然事件带来的制度偏离会让国家的发展大相径庭，形成包容性或榨取性的政治制度，进而决定经济制度。国家采取的政治制度如果是保护少数政治精英利益的榨取式制度，也必然造就只为少数人牟利的榨取式经济制度，反之亦然。

最后，制度是怎么持续的。制度一旦形成便具有惯性，因为政治制度和经济制度能互相强化。榨取性制度会不断自我复制和强化，经济发展可能发生，但却无法持续，因为缺乏激励和稳定的环境。包容性的制度反馈则是良性的，通过多元制衡达到均势和稳定。也就是说，好的制度会产生良性循环，坏的制度则倾向于恶性循环。

当然，关于世界贫富差距和国家成败是一个至今都存在争议的复杂问题，也很难得出唯一的正确答案。

美国的新制度经济学家、诺贝尔经济学奖得主道格拉斯·诺斯就曾用制度分析的手段来解释国家经济发展。在2009年出版的《暴力与社会秩序》一书中，诺斯提出开放的和限制的社会秩序这两个相反制度，对经济分别产生的推动和抑制作用。诺斯认为政治体制决定经济。当然也有人试图推翻这种制度决定论与文化或地理决定论。

新中国成立后一直把国家制度探索完善作为执政的大事业。习近平总书记在党的十九届四中全会上作《关于〈中共中央关于坚持和完善中国特色社会主义制度、推进国家治理体系和治理能力现代化若干重大问题的决定〉的说明》时指出，"新中国70年取得的历史性成就证明，中国特色社会主义制度是当代中国发展进步的根本保证""坚持和完善中国特色社会主义制度、推进国家治理体系和治理能力现代化问题""是实现'两个一百年'奋斗目标的重大任务""是把新时代改革开放推向前进的根本要求""是应对风险挑战、赢得主动的有力保证"。这些论断，体现的是政治家在制度建设上的高瞻远瞩！

国家治理制度体系，承担了促进国家发展进步的最根本最"高大上"力量！

第二，政府在推动社会发展中发挥至关重要的作用。

政府的职责是行政，即管理国家和地方的总体发展进步，是一个国家最强有力的力量。政府因地因时制宜，不断完善改革调整政策和发展目标。现代化政府在治理中追求公平和效率，履行以下职能：

（1）政治职能。政治职能，即统治国家的职能。政治职能是指政府为维护国家统治阶级的利益，对外保护国家安全，对内维持社会秩序的职能。

（2）经济职能。经济职能是指政府为国家经济的发展，对社会经济生活进行管理的职能。

（3）文化职能。文化职能是指政府为满足人民日益增长的文化生活的需要，依法对文化事业实施管理。它是加强社会主义精神文明，促进经济与社会协调发展的重要保证。

（4）社会职能。社会公共服务职能，即指除政治、经济、文化职能以外政府必须承担的其他职能。

（5）运行职能。政府职能必须通过各个管理环节才能实现，从政府职能管理过程来看，行政职能又包括一系列的运行职能。

（6）决策职能。决策职能是行政管理过程的首要职能。决策贯穿于管理的全过程。

（7）组织职能。为有效地实现既定行政管理的目标和任务，通过建立行政组织机构，确定职位、职责和职权，协调相互关系，将组织内部各个要素联结成有机的整体，使人财物得到最合理的使用，就是组织职能。

（8）协调职能。协调活动是行政管理过程的重要环节。因为行政管理归根到底就是要设计和保持良好的行政环境，使人们能在组织内协调地开展工作，有效地完成行政目标。

（9）控制职能。这是按行政计划标准，来衡量计划完成情况并纠正计划执行中的偏差，确保目标实现的管理活动。

（10）监督职能。政府在社会中应当起到一个掌舵人的作用，按照符合社会道德法律、规范标准，引导、监督社会各个生产生活环节。当然，政府的监督必须是在一定范围内的，不能无限扩大其职能。

不管任何国家，政府因其职能特殊，都发挥了不可替代的作用。世界各国都在不同程度地探索和完善改革适合本国国情的治理模式。中国政府是以"两个一百年"作为国家治理总目标，分解到国民经济和社会发展每一个五年规划中具体落实。中国共产党十九大报告非常好地诠释了执政目标和执政理念，即"带领人民创造美好生活，是我们党始终不渝的奋斗目标"。

可以说，只有政府实施有效治理才能较好地把握改革发展稳定的节奏，保持社会有效运行。责任政府在国家治理中承担核心"治理"的责任。弗朗西斯·福山在《政治秩序的起源》中指出，在一个健全的政治制度中，只有"国家"和"法治"两个因素还是不够的，还有一个重要的因素是负责任的政府。什么样的政府是负责任的政府呢？福山认为，负责任的政府就是意识到对国家的责任，并且把百姓的福祉置于自身利益之上的政府。

第三，市场经济体制建立以来，社会财富迅速增长，极大地推动了社会进步。

市场经济体制一经产生，便成为最具效率和活力的经济运行载体。迄今为止，全世界绝大多数国家都纷纷走上了建立市场经济体制的道路。这种经济体制的趋同，一方面表明市场经济具有极强的吸纳能力和兼容能力，另一方面也意味着经济模式的多样性和丰富性。

美国、德国、日本市场经济体制是迄今世界各国中比较成熟的市场经济模式，它们各有特点，各具风格。这种市场经济模式的多样性、差异性，既是各国市场经济体制的特殊内容，也是各国相关经济政策、国情和文化历史传统差异的折射。

1991年，世界经济合作与发展组织在《转换到市场经济》的研究报告中提出了成功的市场经济的三种主要模式：美国的自由主义市场经济模式；德国和北欧一些国家的社会市场经济模式；法国、日本的行政管理导向型市场经济模式。

世界各国经济的丰富实践，使得经济模式在多样化的基础上日益走向互相借鉴、整合。现代市场经济存在着以下共同特点：

（1）资源配置的市场化。资源配置是指为使经济行为达到最优和最适度的状态而对资源在社会经济的各个方面进行分配的手段和方法的总称。在经济运行中社会各种资源都直接或间接地进入市场，由市场供求形成价格，进而引导资源在各个部门和企业之间自由流动，使社会资源得到合理配置。

（2）经济行为主体的权、责、利界定分明。经济行为主体如家庭、企业和政府的经济行为，均受市场竞争法则制约和相关法律保障，赋予相应的权、责、利，成为具有明确收益与风险意识的不同利益主体。

（3）经济运行的基础是市场竞争。从市场经济的理念上普遍强调竞争的有效性和公平性。为达到公平竞争的目的，政府从法律上创造出适宜的外部环境，为企业提供平等竞争的机会，如美国的反托拉斯法、德国的反对限制竞争法、日本的禁止垄断法等。只有把各市场利益主体的活动都纳入法律的框架内,才能维护市场竞争的有序性和正常运行。

(4) 实行必要的、有效的宏观调控。在自由竞争市场经济时期,国家的经济职能主要是保护经济发展的秩序,不直接干预经济运行。但是在现代市场经济条件下,国家对经济的干预和调控便成为经常的、稳定的体制要求,政府能够运用经济计划、经济手段、法律手段以及必要的行政手段,对经济实行干预和调控。其目的,一方面是为经济的正常运转提供保证条件;另一方面则是弥补和纠正市场的缺陷。

(5) 经济关系的国际化。现代市场经济是一种开放经济,它使各国经济本着互惠互利、扬长避短的原则进入国际大循环。经济活动的国际化不仅表现在国际进出口贸易、资金流动、技术转让和无形贸易的发展等方面,还表现为对协调国际利益的各种规则与惯例的普遍认同和参与。

上述的所有市场经济的共同特征,对于发展中国家建立与完善市场经济体制都是值得借鉴的,同时发达国家市场经济的相异特点也应该借鉴。

比如美国"企业自主型"市场经济强调对企业自主地位的确立和保障,政府对企业的关系真正的含义是服务;德国"社会市场经济"体制的以稳定求发展和实现经济发展与社会发展之间良性循环的做法,对于处理好发展与稳定、公平与效率的关系具有一定的参考意义;日本"政府指导型"市场经济强调市场与计划的有效结合,对于后发达国家发挥政府调节的优势,提高资源利用的时空效率也不乏参考价值。

党的十九届四中全会进一步明确了市场和政府的角色定位:"坚持社会主义基本经济制度,充分发挥市场在配置资源中的决定性作用,更好发挥政府作用。"企业家和政治家、科学家、思想文化艺术家一起推动了人类发展。

第四,教育科技文化治理推动了社会繁荣进步。

有研究结论:科技与文字在推动社会发展进步中起到了关键作用。在中国历史上,铁器的出现改写了春秋战国的实力格局。夏商周三朝是"青铜时代",青铜器是应用最广的金属,从祭祀的礼器到武器、农具,都会用到青铜。到春秋中期,铁器开始大量生产所带来的改变,不仅是兵器、战斗力的提高,收益最大的还是体现在农业上:铁器的普及提高了伐木、垦荒和耕种能力,使得土地激增,城市随之扩大,通过开荒建立起来的新的县,数量远远高过了通过战争获取的县数量。说到底,真正的改变,还不是土地和农民,而是权力与农民的关系、城市与农村的关系等,让君权得以强化,更多的财富向城市集中。后来统一中国的秦国,并不是最早掌握铁器技术的,更不是唯一拥有铁器的,但他们最早适应了铁器革命带来的新形势,是技术进步、共同的文字,构成了秦国商鞅变法的历史背景,甚至指引了两千年的封建社会。

哥白尼、伽利略、牛顿、达尔文等科学界的少数人,他们改变了对物质世界和精神世界的认识,让世界走向科学,这也正是教育和科技文化推动社会繁荣进步的体现。

(1) 教育在推动社会治理中功勋卓著。促进人的发展是教育的本能,而其派生功能即教育的社会功能,它通过所培养的人进入社会,全面提高人的素质素养。教育能够促进人的主体意识和主体能力的发展,能够促进个体差异的充分发展,帮助人充分发挥其个体优势。教育能激发人的创造性,利于个体价值的实现,促进人的全面发展。

教育的最基础功能是影响社会人才体系的变化以及经济发展。教育的最深远功能是影响文化发展，改变人的观念，突破"信息茧房"，让人增知识、长见识、强胆识，提境界、拓边界、开眼界。人类之所以获得普遍进步，重要的是教育。教育让人类可以把积累的经验完整地传达给下一代，但它也是最近的时代才真正普及的。每一位父母最大的动力，是希望孩子超过自己。这是人类生物学上的杠杆作用，这种力量来自人类的天性，比任何法律和道德更可靠。现代社会最重要的创新飞跃，就是人们普遍为教育投入了更大的人力物力。有研究表明，经济发展与受教育程度是相关关系，受过高等教育者收入明显高于没有受过高等教育的人。

（2）科学技术是第一生产力。科学技术的进步极大地推动了社会发展，我们的社会中到处都是科技发展的影子。蒸汽机的发明和改进，将人类推进到了蒸汽时代，社会生产力极大发展。电力的应用使人类进入电气时代。电子计算机的发明应用，使人类进入了信息时代，真正实现了"秀才不出门，便知天下事"，更实现了"秀才不出门，可做天下事"。这些都促进了经济的发展和社会的进步。互联网时代人们获取知识的成本逐渐降低，知识普及更容易。随着个人电脑价格的下跌，通信所产生的信息数量急剧增加。而且，这个变化的趋势越来越快。过了一个临界点以后，个人电脑的价格每下跌一点点，信息数量增加的幅度都非常的惊人。这个规律在印刷机时代也成立。有学者研究了当年印刷机出现时的价格，发现随着印刷成本的降低，书籍的版本和数量就急剧增加。变化曲线跟个人电脑几乎是一模一样的。互联网正在改变我们的社会，而我们对它的理解才刚刚开始。

（3）思想文化在推动社会治理中具有"灵魂"的神力，被称为"软实力"。文化的"百花齐放""百家争鸣"的双百方针，几乎适合人类文明进程。不管是西方的"文艺复兴"，还是中国的"五四运动"，特别是20世纪80年代的"实践是检验真理的唯一标准"思想解放运动，伴随着打开国门改革开放，让人们从各种"桎梏"中解放出来，突破认知边界和思维盲点等各种思维障碍，人们的思想空前活跃。国家高度重视文化建设，努力推动社会主义文化强国建设，为实现中华民族的伟大复兴而奋斗。实践证明，思想、文化促进社会发展，推进社会变革和民族复兴。思想、文化越来越成为经济社会发展的重要支撑。思想、文化是实现中华民族复兴的精神力量，腹有诗书气自华！

第五，人类追求价值实现推动着社会进步，建立扬善惩恶机制，引导人们向上向善。

即使在最黑暗和最扭曲的社会，人也从来没有丧失过向善之心，没有失去自我完善和自我发展的潜能，也就没有断绝"自我救赎"之路，这是人性的希望所在。我们剖析人性的恶，并不是为了自己也堕入恶，也不是为了变得冷漠和愤世嫉俗，而是为了去选择善，去学会创造与热爱生命。每个人的心中，都有善与恶的潜在性。对此，人们要做的就是充分发展自己，实现自我，热爱生命，成为真正健全的人。每个思想健全的人都要善于：辨识"本我"，扬善抑恶；建设"自我"，开智赋能；追求"超我"，臻于至善！"本我"即本能欲望，是生命的驱动力；"自我"在成长中形成，具有理性；"超我"是心中的理性化人格。生命的意义是不断变化的，唯有取得成就成绩、不断有新收获、新刺激，不停滞不苟且不懈怠，生命的意义才持续绽放。这也就是选择向善的道路。

激发人性之善，抑制人性之恶，即在社会的最基础层面——社区，建立扬善惩恶机制，依法激励善，依法惩治恶，这是社会治理中产生活力与秩序的基础之法。在"人之初"，即受到"善"的浸润与启迪，播撒善的种子，萌发善的幼芽。在成长与生活环境中，处处善因。即使有恶，也得到有效校正、惩治、控制。

需求层次理论是亚伯拉罕·马斯洛于1943年提出的，其基本内容是将人的需求从低到高依次分为生理需求、安全需求、社交需求、尊重需求和自我实现需求。

马斯洛认为，人类具有一些先天需求，人的需求越是低级的需求就越基本，越与动物相似；越是高级的需求就越为人类所特有。

第一层次：生理上的需要：呼吸、水、食物、睡眠、生理平衡、分泌、性。如果这些需要（除性以外）任何一项得不到满足，人类个人的生理机能就无法正常运转。换而言之，人类的生命就会因此受到威胁。从这个意义上说，生理需要是推动人们行动最首要的动力。马斯洛认为，只有这些最基本的需要满足到维持生存所必需的程度后，其他的需要才能成为新的激励因素，而到了此时，这些已相对满足的需要也就不再成为激励因素了。

第二层次：安全上的需要：人身安全、健康保障、资源所有性、财产所有性、道德保障、工作职位保障、家庭安全。马斯洛认为，整个有机体是一个追求安全的机制，人的感受器官、效应器官、智能和其他能量主要是寻求安全的工具，甚至可以把科学和人生观都看成是满足安全需要的一部分。当然，当这种需要一旦相对满足后，也就不再成为激励因素了。

第三层次：情感和归属的需要：友情、爱情、性亲密；人人都希望得到相互的关心和照顾。感情上的需要比生理上的需要来的细致，它和一个人的生理特性、经历、教育、宗教信仰都有关系。

第四层次：尊重的需要：自我尊重、信心、成就、对他人尊重、被他人尊重。人人都希望自己有稳定的社会地位，要求个人的能力和成就得到社会的承认。尊重的需要又可分为内部尊重和外部尊重。内部尊重是指一个人希望在各种不同情境中有实力、能胜任、充满信心、能独立自主。总之，内部尊重就是人的自尊。外部尊重是指一个人希望有地位、有威信，受到别人的尊重、信赖和高度评价。马斯洛认为，尊重需要得到满足，能使人对自己充满信心，对社会满腔热情，体验到自己活着的用处和价值。

第五层次：自我实现的需要：道德、创造力、自觉性、问题解决能力、公正度、接受现实能力。这是最高层次的需要，它是指实现个人理想、抱负，发挥个人的能力到最大程度，达到自我实现境界的人，接受自己也接受他人，解决问题能力增强，自觉性提高，善于独立处事，要求不受打扰地独处，完成与自己的能力相称的一切事情的需要。也就是说，人必须干称职的工作，这样才会使他们感到最大的快乐。马斯洛提出，为满足自我实现需要所采取的途径是因人而异的。自我实现的需要是在努力实现自己的潜力，使自己越来越成为自己所期望的人物。

第六层次，更高需求。自我超越的需求是马斯洛需求层次理论的一个模棱两可的论点。通常被合并至自我实现需求中。

马斯洛需求层次理论在现代行为科学中占有重要地位。马斯洛需求层次理论是管理心理学中人际关系理论、群体动力理论、权威理论、需要层次理论、社会测量理论的五大理论支柱之一。这五大层次的需求构成了每个人发展的动力,观察社会的所有发展,起始于人的不同层次的需求,又终结于人的不同层次的需求,不同层次的需求导致了不同层次的生产经济行为和社会行为,是形成经济和社会分工的重要根源。这种交替形成的永无终竭的需求构成了人类发展的动力。

北宋思想家张载的"横渠四句":"为天地立心、为生民立命、为往圣继绝学、为万世开太平",最好地表达了中国古代士大夫的理想追求,但这不是普通老百姓所能企及的,普通人首先解决的问题是吃喝拉撒睡这些基本的需求。

(1)通过劳动产品交换实现物质需求,人类的文明进程从茹毛饮血到异彩纷呈的现代化,都是人类追求与奋斗的结果。从普通人为生计起早贪黑汗流浃背,到高智商人群冥思苦想创新创造引领未来,都是"劳动"推动了发展。心理学家们对此做了不同层次的解释。

(2)通过劳动产品交换实现精神需求,现在比较流行的"心流体验"理论与马斯洛所说的"巅峰体验"有些类似。马斯洛认为,人类的需求是一个金字塔型的结构,处在塔顶的也就是最高级别的是"自我实现"需求。如果一个人达到了自我实现的境界,就意味着他的基本需求全部得到了满足而且完全实现了自己的潜能,成为理想中的自己。这样的人经常会体验一种极度愉悦和满足的感觉,就是所谓的巅峰体验。所谓"心流体验"是《心流》一书的作者、心理学家米哈里·齐克森米哈里(Mihaly Csikszentmihalyi)将心流(flow)定义为一种将个人精神力完全投注在某种活动上的感觉;心流产生时会有高度的兴奋及充实感。心流就是最优体验的心理,说到底就是一种内心的体验过程和感受。它有一定的生理和心理依据,也能给我们带来更多的幸福感和满足感。

如果我们对比一下心流体验和巅峰体验,不难发现,这两个理论描述的心理现象确实挺相似。比如,它们都是积极的人类体验,愉悦感是二者的核心成分。在这两种状态下,人们都忘记了时空。不过,它们也有很多不同。根据马斯洛的描述,巅峰体验是一种强度极高的体验,一个人在这种状态下,会有一种极度的愉悦感;相比之下,心流体验尽管也令人愉悦,却没有如此高的强度。

心流往往发生在某种具体的活动中,比如读书、玩游戏等,但当时并没有明显的愉快感觉,而是事后感到一种满足。而巅峰体验是,一个人不做任何事情的时候,也可能有这种体验。相比之下,心流体验则显得更加接地气,每个人在日常生活中都能体会到这种感觉。

(3)通过提供劳动服务实现人生更高使命追求,促进价值实现。要相信人类社会自发的力量、相信时间的力量。"所谓现代化就是一大群人,一点一滴拼搏着改善自己的生存处境,通过时间的累积形成的一种习惯、共识和传统"。

(4)在提供劳动产品中追求人生的意义。人能做什么?如何推动人的发展?哲学的"我到哪里去"就是要回答人类社会的理想目标和状态是什么?就是人人热爱生活、参与劳动、充满活力又内心和谐,这个大群体的形成,使整个社会充满活力又和谐有序。

第六，法律赋予人权并保护人自由勇敢地行使权利、追求价值实现、参与社会治理，才创造了精彩纷呈、持续绽放的社会。

法律对人权的保护就是在激励人的发展，成为社会进步的最大动力。

（1）法律保护人的政治平等，公民有了政治参与权。公民有了民主权，法律赋予公民自由发言权、自主投票权，这是最重要的政治制度，从此人"彻底翻身"。政治制度赋予人的法定权力极大地促进了人和社会发展。赋权即赋能，通过赋予人明确的法律保护的权力。

（2）法律保护人的财产权，保护和激励公民的经济发展权。

（3）法律保护人的自由发展权，促进人的自我奋斗，人人依法自由地建设自我、追求"我"的存在感与价值感，彰显个人价值观，提高每个人自由创造价值的能力，让更高的追求提炼为高尚的"使命"。

法律保护人权是现代文明的沃土。法律越是围绕着各种各样的法权（right）建立起来，人在法律主体这个层次上就越长越健壮。权利一旦成为法律的主旋律，人的独立自主就会得到现实规则体系最好的保护。法律上的人权塑造了陌生人根据规则就可以有序且公平地交往；经济上的个体人权塑造了陌生人之间互通有无，主观上独立自主，客观上互相帮助。有研究成果表明，1789年后的200多年来，人类创造的物质文明和精神文明产品，比人类以前几千年创造价值的总和还要多数倍。

在当今的国际社会，维护和保障人权是一项基本道义原则。是否合乎保障人权的要求已成为评判一个集体（无论是政治上的还是经济上的）优劣的重要标准。尽管对人权的具体认识与实践互不相同，但是对于一些人权的最基本的内容还是取得了一定的共识，即生命权、自由权、财产权、尊严权、获助权、公正权、发展权、民族自决权[①]。

《中华人民共和国宪法》第二章，明确规定我国公民的基本权利和义务，权利主要包括以下几个方面：（1）法律面前一律平等；（2）政治权利和自由，包括选举权和被选举权，言论、出版、集会、结社、游行、示威的自由；（3）宗教信仰自由；（4）人身与人格权，包括人身自由不受侵犯，人格尊严不受侵犯，住宅不受侵犯，通信自由和通信秘密受法律保护；（5）监督权，包括对国家机关及其工作人员有批评、建议、申诉、控告、检举并依法取得赔偿的权利；（6）社会经济权利，包括劳动权利，劳动者休息权利，退休人员生活保障权利，因年老、疾病、残疾或丧失劳动能力时从国家和社会获得社会保障与物质帮助的权利；（7）社会文化权利和自由，包括受教育权利，进行科研、文艺创作和其他文化活动的自由；（8）妇女保护权，包括妇女在政治、经济、文化、社会和家庭生活等方面享有同男子同等的权利；（9）婚姻、家庭、母亲和儿童受国家保护；（10）华侨、归侨和侨眷的正当权利和利益受国家保护。

中国人民的这些权力，都被总结提炼为社会主义核心价值观。倡导社会主义核心价值观，就是倡导和鼓励人追求合法用权，追求价值实现。我们每个人的基本权力都

---

① 民族自决权更加强调的是本民族国家自主选择自己的发展道路和生活模式，而不受外部干涉的一项集体人权。民族自决权被普遍用于发展中国家反对发达国家干涉的重要理论依据。

得到了法律保护，目的是都要积极拥抱这些法定权力，获得更多的发展权力，从而更好地为思想解放、改革开放、推波助澜。人人依法参与社会治理，为中华民族的伟大复兴贡献聪明才智。

第七，高质量治理推动社会高质量发展进步。

人类治理的路程已足够漫长，历代统治者和基层社会都高度重视治理，积累了无数经验教训，总体是推动社会往前进。

中国自秦朝以来，实行"郡县制、天下安"。每一个朝代或地区，记录的历史甚至故事，几乎都与"治理"密切相关，不胜枚举。

（1）以皇权为代表的国家治理。包括"三公""九卿""六部"等国家治理机构，制订法律与税赋，管理军队与外交，任免七品以上官员，实施国家意义上的治理。

（2）以郡县制实施地方治理。突出依靠选拔任命好官，分区块治理，在国家大框架内各显其能。例如"包青天"的依法治理；例如语文教科书中的《西门豹治邺》，就是依靠能吏治臣对地方进行治理，惩处地方恶霸，实现政治清明。

（3）社会自治。封建社会对于地方的地痞恶霸的治理，因为官官相护、官商勾结，往往不能根治，但地方有一套自治机制。例如对付地痞流氓西门庆，则是按照道德标准依靠社会自发机制"路见不平拔刀相助"来"摆平"。

这种依靠人治——盼望出现包公式的"青天大老爷"和武松式的"路见不平一声吼"式的治理，不可靠、非常态。所以，封建社会地方治理往往大失民望。

（4）依靠国家和地方教化实现化育式治理。明朝开国皇帝朱元璋采用化育治理的方法，使他所处的时代达到了中国历史上皇权的顶点，用吴晗的话说是"皇权的极峰"。具体方式如朱元璋下令在村头巷尾建立两个亭子，一个是"申明亭"，申明大义，这里是召集大家一起学习皇帝谕旨的地方；一个是"旌善亭"，类似今天的好人好事光荣榜，树立正面榜样，号召大家学习。还在每村里选派一位老人，摇着铃，在乡村街道上一边走一边大声朗诵朱元璋的"六谕"，六句谕旨：孝顺父母，尊敬长上，和睦乡里，教训子孙，各安生理，毋作非为。而这个朗诵是在每天天没亮的五更时分就开始，让人在床上就猛然惊醒，一心向善。

（5）实施现代化治理。随着时间推移，人类关于国家与社会治理的认识越来越清晰，治理理论与经验越来越丰富，治理体系越来越完备，治理能力不断提高。目前高质量治理的最佳答案就是实现治理体系现代化与治理能力现代化。有了与现代化理念相匹配的治理体系与治理能力，治理效能才越来越高，促进了长治久安。所谓善治即现代化治理＝完善的现代化政治治理制度与治理能力（包括政党治理制度与治理能力＋政府治理制度与治理能力）＋完善的现代化经济治理制度与治理能力＋完善的现代化法治治理制度与治理能力＋完善的现代化社会文化治理制度与治理能力＋完善的现代化公民自治制度与治理能力。这五个关键方面缺一不可，但其核心是依法为人赋权，依法为组织赋能，让人人参与治理又分享治理效能。让社会像高铁那样，让每一节车厢都有动力，"高铁"才能又稳又快。依法确保公众政治参与、保护个体尊严与权利，强化了公民的个体意识、权利意识和参与意识，通过国家治理现代化，推动民主、平等、法治、参与的制度供给，形成良性循环。从整体上而言，国家能力的现代化，不仅可以增强应对外部挑战的整体性的行为能力,也能提高在世界市场上的竞争能力,还积极回应民众愈加上升的现代性价值和权利诉求,这些都在客观上推动了对全球化的全面参与。

正因为人类治理理念越来越趋于清晰:治理为了人民,治理依靠人民,人民参与治理,有了人民的高质量参与,才实现了高质量发展,人类社会的发展才越来越好。人类的进步一旦被创造、被激发、被释放出来,就不会消失,就不断被迭代,源源不断的力量推动螺旋式上升,正是通过这一次次进步甚至飞跃,才从野蛮走向现代化文明。依靠现代化治理体系和治理能力,尤其是依靠现代化法治制度和司法体系,才是现代化治理的正道。正如党的十九届四中全会总结和指明的:"坚持和完善共建共治共享的社会治理制度,保持社会稳定、维护国家安全。社会治理是国家治理的重要方面。必须加强和创新社会治理,完善党委领导、政府负责、民主协商、社会协同、公众参与、法治保障、科技支撑的社会治理体系,建设人人有责、人人尽责、人人享有的社会治理共同体,确保人民安居乐业、社会安定有序,建设更高水平的平安中国。要完善正确处理新形势下人民内部矛盾有效机制,完善社会治安防控体系,健全公共安全体制机制,构建基层社会治理新格局,完善国家安全体系。"

以上七个方面是社会运行的动力来源。社会的主体是人,所以说要以人为本,激发和调动人的积极性,这是治理的根本所在。解放生产力,发展生产力,贵在解放人的思想,努力扩大解放思想的边界,最大限度依法解放人权,依法为人赋予更多合法权利,依法保护人具有的合法权利,人人活力迸发,从而释放人巨大创造力,为社会创造更多物质与精神财富,从而更好地促进人的向上向善。

正因为治理承担着调动人的积极性、推动社会发展的功能性作用,下面我们探讨如何通过构建城市社区治理体系,建设治理机制,提升社区治理能力。

社区治理机制——激励与控制

"加快推进市域社会治理现代化。推动社会治理和服务重心向基层下移,把更多资源下沉到基层,更好提供精准化、精细化服务。"党的十九届四中全会审议通过的《中共中央关于坚持和完善中国特色社会主义制度、推进国家治理体系和治理能力现代化若干重大问题的决定》,确定了"构建基层社会治理新格局"的战略目标,并提出了"加快推进市域社会治理现代化"的行动目标。市域社会治理是国家治理的基石之一。加快推进市域治理现代化,是推进基层社会治理现代化的关键一环。可以说,它直接关系到国家治理体系和治理能力现代化顶层设计的落实落地,直接关系到市域社会的和谐稳定,直接关系到党和国家的长治久安。

农业社会的田园牧歌已经渐行渐远,当今世界是一个以城市为中心的世界。2019年末,中国的城镇化率已达 60.6%。城市让生活更美好。城市是政治、经济和文化的主要载体,是社会网络体系的重要节点。作为现代文明的标志性成果,城市推动了人类文明的持续进步,是现代国家治理的中心所在。近年来,随着城市重要性的日益凸显,党和政府逐渐将工作重心转移到城市治理上来,正在实现着从"重建设"到"重治理"的重要转变,形成了推进城市治理的新契机。

社区是社会的缩影,蕴含并展现着社会发展的所有可能性。个体、家庭组成社区,空间区域单元、生产生活行为组成城市。城市社区作为城市基层治理的基本单元以及居民生活的共同体,在国家大政方针的落实、社会秩序的维护以及城市文明的发展中,都发挥了不可替代的作用。因此,营造市民认同感强、归属感强、自豪感强、荣誉感强的社区生活共同体,让社区充满活力又和谐有序,人人爱社区是社区治理的基本目标。正所谓"九层之台,起于累土",基层稳就能建"金字塔",基层不稳可能就是"纸牌屋"。

人们常说,有人的地方就有江湖,有江湖的地方就有恩怨。社区是一些人聚集在一起追求各自利益的地方,是群居性的,必然会产生矛盾和冲突。人与人之间的矛盾冲突无非就是利益、情感、言语、嫉妒、信仰、饮食以及生活习惯引起的。社区治理的主要任务就是解决社区居民居家生活产生的矛盾。社区有哪些矛盾呢?物业管理是涉及每家每户的问题,走出家门的人、车、狗、垃圾……,就是邻里之间走向社会的问题;走进家门的水、电、暖、煤气和五谷杂粮,是社会必须向家庭配置的公共生活资源。这"一进""一出"之间看似琐碎具体的事情,就会有许多问题产生。如何让"进"得畅通、安全、无阻,"出"得愉快、干净、利落,是社区治理的重要内容。这其中就有治人、治事进而通过治纲、治本,化解矛盾解决问题。基层治理的问题在本质上是如何形成良好社会秩序、如何充分激发社会活力的问题。社区治理是实现国家治理现代化的基石,如何实现社区治理"既充满活力又和谐有序"是一个大课题。

任何一种制度、体制都有与之相适应的理念、观念和价值体系。社会的发展过程,也是理念层面的交互更替过程。在关于"治理"概念内涵的各种观点中,比较具有代表性的是全球治理委员会关于治理的定义:"治理是各种公共的或私人的个人和机构管理其共同事务的诸多方式的总和。它是使相互冲突的或不同的利益得以调和并且采取联合行动的持续的过程。它有四个特征:治理不是一整套规则也不是一种活动,而是一个过程;治理过程的基础不是控制,而是协调;治理既涉及公共部门,也包括私人部门;治理不是一种正式的制度,而是持续的互动。"显而易见,治理是对传统的"统治""管理"概念进行反思和扬弃的基础上提出而来的,顺应了全球化和公民社会发展壮大的时代潮流,几乎涵盖了在一个既定范围以内维持秩序运转的所有的公共部门、私人部门的正式和非正式的制度安排以及它们之间的互动过程,为解决传统治理模式下固有的缺陷和弊病提供了理论和现实的可能性。

——社区治理的发展历程。新中国成立 70 多年来,社会治理从大国之治迈向强国善治,实现了历史性飞跃。社区治理的发展历程同社会治理的发展历程一样,其发展导向总体从管理转向治理,2013 年 11 月,党的十八届三中全会作出了《中共中央关于全面深化改革若干重大问题的决定》,首次提出推进国家治理体系和治理能力现代化的改革总目标,标志着"治理"取代"管理"成为新的执政方略。习近平总书记对此指出:"治理和管理一字之差,体现的是系统治理、依法治理、源头治理、综合施策。"①

---

① 《习近平关于全面建成小康社会论述摘编》,中央文献出版社 2016 年版。

2019 年 11 月，党的十九届四中全会提出，要"完善党委领导、政府负责、民主协商、社会协同、公众参与、法治保障、科技支撑的社会治理体系，建设人人有责、人人尽责、人人享有的社会治理共同体"，充分体现了共建、共治、共享的新时代基层治理新要求。

——社区治理的结构模式。社区治理结构是国家和社会组织对社区事务的管理所形成和依赖的组织形式。新中国成立后，我国在城市建立了以"单位制"为主、"街居制"为辅的城市社区管理体制，整个社区呈现出政府为单一主体的治理结构，城市社区治理具有明显的行政化等级特征的结构，即自上而下的政府系统这个"经"非常突出，横向的社区自治组织系统这个"纬"则不明显。随着经济、社会的快速发展，与"单位制"相伴生的各种弊端日益明显，"单位人"重新回归为"社会人""社区人"，社区也重新成为国家进行社会整合的单元。为此改革内容是重新构建城市社区治理结构，并通过新的社区治理结构进行社会资源的动员与整合。从整个中国社区建设的过程来看，我国城市社区治理结构改革有两种基本导向：一是行政导向，即强化基层政府功能，主要运用政府及其所控制的资源进行自上而下的社会整合，并形成"新政府社会"。最典型的是 20 世纪 90 年代上海提出的"两级政府、三级管理、四级落实"模式。二是自治导向，即强化基层社区的功能，主要通过建立社区自治组织进行社会整合，并形成"社区制"社会。最典型的是"沈阳模式"和"江汉模式"。

——社区治理的价值取向。习近平总书记说，"人民对美好生活的向往，就是我们的奋斗目标"[①]。就本质而言，社区治理彰显了以人民为中心的鲜明价值取向。谋求公共利益最大化是社会治理的最高价值追求。公共利益的受益者是人民群众，因而谋求公共利益最大化就是谋求人民群众利益最大化。就主体而言，社区治理要满足人民群众日益增长的美好生活需求。居民是社区治理的主体，社区治理就是要满足主体的诉求、遵循主体的意愿。就手段而言，社区治理中最有效的手段是法治。法治的核心在于维护人民权利，现代化的社区治理，必须兼顾不同阶层、群体和社会成员的利益诉求，必然要求以法治来在各不同利益群体间划定责任、义务和权利的边界，化解不同利益主体间的矛盾和冲突。就目标而言，社区治理旨在解决社区矛盾，实现社区和谐稳定和谋求人民福祉。居民是社区治理的效果享有者和检验者，社区治理的最终目的，就是实现居民安居乐业和获得感、幸福感、安全感的提升，实现社区"既充满活力又和谐有序"。

——社区治理的推进途径。长期以来，社区治理的主导权为基层政府和行政化的居委会所控制和支配，总体代理居民的需求，包揽社区大大小小的公共事务，由此产生了"政府行动、居民不动"的局面，因此，从制度、技术、主体等多维度向社区社会组织和居民全面赋权，增强社区主体的自主治理能力，是实现嵌入性社区治理的必然路径。制度赋权是指通过制度赋予社区居民与其相关的社区公共事务的监督权、决策权、表达权、行动权，使其有机会参与社区公共事务讨论、决策，利用制度所赋予

---

① 《决胜全面建成小康社会　夺取新时代中国特色社会主义伟大胜利——在中国共产党第十九次全国代表大会上的报告》，人民出版社 2017 年版。

的资源自主解决社区公共问题。技术赋权是通过以网络信息方式为主的自然科学技术和以民主参与技术为主的社会技术的运用，从而增强居民及社区社会组织参与社区公共事务的能力。主体赋权是通过影响赋权客体的自我效能感、控制感等，从而增强其通过行动改变自身境况的动力、信心、能力的过程。简而言之，制度赋权为居民参与社区治理提供了合法性基础、资源支撑和机制保障；技术赋权为居民提供了行使自治权利的具体途径和方法；主体赋权增强了居民通过合作增进共同福祉的动力和信心。

——社区治理的目标方向。党的十九大报告描述到2035年"基本实现社会主义现代化，现代社会治理格局基本形成，社会充满活力又和谐有序"[①]；"到本世纪中叶，把我国建成富强民主文明和谐美丽的社会主义现代化强国"。[②] 全面深化社区治理体制改革，打造共建、共治、共享相融合的社区治理格局；系统优化社区治理方式，健全自治、法治、德治相结合的社区治理体系；持续创新社区治理手段，提升智治、细治、善治相结合的社区治理能力；深入践行社会主义核心价值观，积极弘扬向上、向善、向前的社区治理氛围。"往者不可谏，来者犹可追"。历史车轮滚滚向前，只会眷顾坚定者、奋进者、搏击者，而不会等待犹豫者、懈怠者、畏难者。

——社区治理的方式方法。习近平总书记在党的十九大报告中提出，要建立自治、法治与德治相结合的乡村治理体系，打造共建、共治与共享的社会治理格局。"三治"和"三共"是治理方式和治理体制的关系。"三治"是方式方法，自治、法治、德治都是社会治理的基本方式方法，自治增活力、法治强保障、德治扬正气，优势互补、相辅相成，三者结合、融合形成社会治理的强大合力。一方面，法治是自治和德治的保障。"法者，治之端也。"法治是新时代推进社区治理现代化的重要着力点，其关键在于用法治精神与法律制度影响和约束社区治理的思想与模式。基层社区的生活最丰富，实践案例最生动多彩，反映问题也最直接具体，表明社区治理具有动态性与灵活性的特点，倡导多元主体、自我决策、自我规制、相互牵制的软法和柔性治理将更趋重要。因此，推进社区治理法治化，必须要建立具有多元化主体结构的社区自治组织，关键要坚持"政府有所为，有所不为"，让政府从"划桨者"变为"引航者"，做到"补位不越位"，为社会主体充分参与社区自治预留空间。另一方面，德治是自治和法治的基础。正如哲人康德所言："世界上唯有两样东西能让我们的内心受到深深的震撼，一是我们头顶浩瀚灿烂的星空，一是我们心中崇高的道德法则。"德治与法治共同构成了治国之本，是在新时代中提高社区治理效率不可或缺的合力。因此，推进社区治理体系和治理能力现代化，必须要激活社会道德能量，增强社会成员及组织的社会道德责任，建立和谐、尊重、相互扶持的社会人际关系，依靠道德的牵引，增强社会治理的内在动力，提升现代法治与传统德治的契合性，实现内外约束，达到"善治"的目标。总而言之，治理措施必须与人的利益需求息息相关，不能隔靴搔痒、隔枝打鸟。要按人性能达到的境界治理，追求合法"权力"治理，实施充分激励与有序控制，从而唤醒城市社区的自治热情，共建现代化、法治化、功能多样化以及主体多元化的城市社区

[①②] 《决胜全面建成小康社会 夺取新时代中国特色社会主义伟大胜利——在中国共产党第十九次全国代表大会上的报告》，人民出版社2017年版。

治理体系，开创新时代城市社区治理的新局面。

第一，健全以党组织为核心的社区治理组织领导体系。

基层是社会治理的深厚基础和重要支撑，治国安邦重在基层。习近平总书记指出："党的工作最坚实的力量支撑在基层，经济社会发展和民生最突出的矛盾和问题也在基层，必须把抓基层打基础作为长远之计和固本之策，丝毫不能放松。"[①] 党的十九届四中全会《决定》提出坚持和完善共建共治共享的社会治理制度，强调完善党委领导、政府负责、民主协商、社会协同、公众参与、法治保障、科技支撑的社会治理体系，建设人人有责、人人尽责、人人享有的社会治理共同体。因此，构建基层社会治理新格局，需要把党的领导贯彻到基层社会治理全过程，提高党的政治领导力、思想引领力、群众组织力、社会号召力，寻求社会意愿和诉求的"最大公约数"，不断满足人民日益增长的美好生活需要。

新中国成立后，党的基层组织由建立在"连上""村上"，逐步发展到建立在车间、单位，普及到农业集体组织、企事业单位、党政机关等。改革开放以来，原有社队及单位体制逐步解体，各类组织自主性增强，新型从业人员不断增加，"两新组织"大量出现，由社会变迁导致政党与社会关系发生重大变化，党的基层组织出现悬浮化、边缘化甚至"不在场"现象。因此，重新"发现社会"，通过组织"再嵌入"实现对新型组织和社会空间的领导，成为党在基层治理的行动目标和策略。

党对基层社区治理工作的领导，一个重要体现是党对基层社区治理的顶层设计。通过顶层设计与党政一体、上下同欲、贯通一致的治理组织领导机制，真正把党的理论优势、政治优势、制度优势、密切联系群众优势转化为基层社区治理的强大效能。一是建立健全市、县（区）、街道、社区"四位一体"社区治理体制和工作运行机制，全面提升党组织为民服务和社会治理的能力。二是以社区基层党组织为引领，积极发挥社区党建联席会"红色纽带"作用，携手建设社区治理组织力量的"党建共同体"，共画区域发展"同心圆"。三是推动社区党建与社区治理深度融合，积极探索社区党组织政治引领、组织引领、机制引领的途径和载体，紧紧围绕社区党组织构建公共服务圈、群众自治圈、社会共治圈。

——执政党的政党治理机制。党的政治建设是党的根本性建设，决定党的建设方向和效果。社区党组织通过履行政治领导、利益协调和文化导向三大功能，在社区中发挥着领导核心作用。基层社区党组织严格执行党的意志，关键是要做到"维护核心、服务中心、凝聚人心"。"维护核心"，就是要以习近平新时代中国特色社会主义思想为指导，树牢"四个意识"，坚定"四个自信"，做到"两个维护"，严格遵守政治纪律和政治规矩，严格执行新形势下党内政治生活的若干准则，不断提高政治能力，这是把握自治方向的根本保证。"服务中心"，就是要坚决贯彻落实党的各项任务，按照产业兴旺、生态宜居、社风文明、治理有效、生活富裕总要求，不断提升社区治理效能，实现"既充满活力又和谐有序"的治理目标，这是把握自治方向的物质保证。"凝聚人心"，就是要坚持"以人民为中心"的发展思想，让社区居民和社区社会组织切实参与

---

① 《习近平关于全面从严治党论述摘编》，中央文献出版社 2016 年版。

到社区治理各环节、全过程,这是把握自治方向的民心保证。

——提升党的领导力。党政军民学、东西南北中,党是领导一切的。党的领导表现在敢于担当、勇于担责、善于担当。党的领导力支撑和落实党的领导,是国家治理体系和治理能力现代化能否实现的关键因素。首先,党的领导力保证社区治理的正确方向。党组织传导最新的党委政府治理与发展理念,引导社会发展趋势。三个不可替代性:一是共产党执政根植于群众;二是宣传发动组织群众;三是提供部分公共服务。其次,党的领导力提供源头治理的动能,党的各级组织担负着源头治理的责任。共产党执政必须根植人民根植社区,吸收人民群众的智慧与力量,才能根深叶茂,不断壮大,活力共生,长期执政。要宣传组织发动社区居民积极参与社区治理,提升党组织的掌控力、引导力、宣传力、组织力、团结力、培育力。再次,党的领导力协调综合治理的运行。社区治理的顶层设计和治理构建体系,以及领导力量在市区(县)级党委政府。要建立以支部委员会和居委会为主、社会组织为辅助的网格传导回馈体系,政府以公共服务为主要内容,权力服务下沉到社区,提供便捷高效的公共便民服务。

第二,强化以政府为主导的社区发展治理机制。

综观各国的社区研究理论和治理实践,在城市社区治理的各主体中,地方政府这一结构性力量在城市社区治理中的重要作用是毋庸置疑的。但是如何将城市社会中的地方政府力量和其他治理主体的自治力量有效衔接与整合,地方政府在社区治理中到底应该扮演什么样的角色?发挥什么样的作用?一直以来是各国学者争论的焦点。根据地方政府在城市社区治理中的地位,分别有三种观点,即"主导型"政府、"合作型"政府和"辅助型"政府,相对应地出现了三种社区治理模式,分别是"政府主导型"社区治理模式、"混合型"社区治理模式和"自治型"社区治理模式。在我国,由于地方政府以其权威性拥有所辖城市社会资源配置的绝对主导权,是社会公共利益的代表者,因此地方政府有能力而且必须为城市社区治理的主导者,其主导作用的发挥在于构建利于城市社区发展的宏观体制、机制、法律和政策,发挥其引导、支持、培育和监督作用,促进城市社区稳定有序发展,为构建和谐社会打下坚实基础。

对于功能日益复杂化、边界日益扩大化的现代社会而言,任何一个主体都不可能单独承担并完成所有的治理任务和目标,多元主体共治共建的整体性治理架构不可或缺。目前,我国的城市社区治理工作逐步完善,基本形成了以市、区(县)两级地方政府、街道办事处、辖区居民委员会为主的彼此联系、层层下移的四级城市社区管理网络,建立起了一套行政力量与社会力量互补、行政资源与社区资源结合、政府行政机制与社区自治机制合作共生的城市社区治理模式。就基层行政体制而言,政府主导的地位虽没有改变,但其在社会治理的内在运行机制发生了变化,是从"政府主导、多元参与"向"政府主导、多元共治"格局的转变,更加强调政府与社会间双向互动的方式,而非单向度的行政规制和政策贯彻。

——日新月异的社区建设发展机制。社区建设发展是全面建成小康社会的重要内容,是扩大基层民主、巩固基层政权、提升社区品位、改善居民生活质量的有效途径。近年来,随着城市化进程的加快,社区建设得到了突飞猛进的发展,呈现出由点到面、快速推进的态势。在新城区不断更迭放大、城市社区增量发展的同时,地处城市核心区的老城区，却如同缺乏营养一般停滞生长，在岁月的洗礼中不断老化，街老、院老、房老、设施老、生活环境差成为老旧小区常见的"四老一差"标签，成为老城居民的痛点，城市有机更新的课题已经摆在面前。2019 年，李克强总理在《政府工作报告》中对城镇老旧小区改造工作作出部署，财政部、住房和城乡建设部同年印发了《中央财政城镇安居工程专项资金管理办法》，首次将老旧小区纳入支持范围，专项资金除了支持老旧小区改造常见的水、电、路、气等公共服务设施外，还首次将电梯支出纳入支持范围，充分体现了老旧小区改造的民生属性。"要通过老旧小区改造，调动大家建设家园的共同积极性，激发社区应该具备的人性、友爱、和谐、亲密等特征品质，这是老旧小区改造的深层次意义。"分析人士认为，通过共同缔造活动，老旧小区改造能进一步激发城市活力。

——多管齐下的社区投入保障机制。社区要实现可持续发展，就要建立多元化的社区建设经费投入保障机制，实现社区工作"有人管事、有钱办事、有地议事"。目前，社区治理经费来源渠道较为单一，主要来源于地方政府和街道的拨款，大部分社区并没有自营项目。同时，社区内"权随责走、费随事转"并未真正落实，社区财政捉襟见肘。近年来，许多城市社区探索了"社区自治金项目"，其创新之处主要在于：第一，居民有了抓手。之前的社区治理努力让社区居民参与社区公共事务，但由于缺乏抓手，社区大小事务集中于居委会干部，居民的需求也未能得到满足，社区自治金项目为居民自我服务、自我管理提供了很好的平台。第二，居民自治有资金支持。之前的社区活动开展往往因为资金的缺乏难以形成持续性的项目，仅仅依靠极个别居民的热情在维系，社区自治金项目为居民开展社区服务活动提供了相应的资金支持，居民参与积极性更高。第三，实施主体的转变。之前的社区活动基本上都是居委会干部一手操办，往往存在需求与服务不匹配的问题，直接导致居民参与度不高，居委会工作事倍功半。社区自治金项目需求直接来源于社区居民，居民自我组织、自我服务、自我管理、自我监督，实现了项目实施主体由居委会干部转变为居民的目标，激发了社区内生活力。

——便捷高效的社区公共服务体系。党的十九届四中全会指出，"要健全幼有所育、学有所教、劳有所得、病有所医、老有所养、住有所居、弱有所扶等方面国家基本公共服务制度体系，尽力而为，量力而行，注重加强普惠性、基础性、兜底性民生建设，保障群众基本生活"。城市社区是城市居民生活的特定场域和公共服务供给的基本单元，提升公共服务供给水平是创新城市社区治理、增强城市治理能力的重要目标和中心任务。新时代背景下，城市社区居民服务需求的个性化、差异化和多元化，对创新城市社区公共服务供给提出了新需求。根据社区居民的需要层次和公共服务提供的难易程度，可以将社区公共服务的内容分为三个层次。第一层次是社区内的环境，主要包括卫生和治安环境。第二层次是社区硬件设施，包括信息化、智慧化设备。第三个层次是由居民及其组织提供的各种自利性或公益性公共服务。社区公共服务供给是一个系统，有输入（政策、环境）、有输出（公共服务产品）；参与主体具有自我调解、自我决断能力，能够根据内外部环境的变化，调适自己的目标及行为；各参与主体之间相互影响、相互制约；整体功能大于单个个体功能之和，即"1 + 1 > 2"，供给系统功能大于单个参与主体功能之和。

——以人为本的社区治理项目模式。不同时期有不同时期的重点项目，以项目推动发展是非常明显的特点。政府主导型治理在于鼓励社区居委会、社区居民、社会组织等多元主体积极、有效地参与到社区的公共事务当中，而社区治理的项目化运作正是实现这一目标的有效途径和载体。这不仅仅是对于传统社区工作的一种变革，更是形成一种以居民需求为导向的社区治理。结合实践操作经验来看，社区治理项目化运作即以社区为单位，将多种具有不同特色的社会服务整合成为一系列具有优势的项目，由政府提供相应的资金或政策等方面支持，并由居委会进行协调配合，社区居民作为社区主体再参与其中来落实完成的一种过程和方式。以社区服务项目化为例：之前的社区服务的模式主要是以行政为主导、自上而下进行提供，这就直接导致社区服务中政府包揽事务过多而居民参与太少。通过项目化运作之后，首先是了解分析居民实质需求，再相应地提供服务方式。当前社区服务项目可以概括为以下几种：第一，福利性服务项目。主要是面对特殊群体提供的服务。第二，便民利民服务项目。主要包括家居生活服务、社区环境综合治理服务等。第三，志愿互助性服务。也就是由志愿者队伍和街道、居委会形成的服务体系。第四，针对社区居民提供的专业服务和公共服务。

第三，统筹辖区资源，建设社区治理共治机制。

"积力之所举，则无不胜也；众智之所为，则无不成也。"社区治理能力是在国家治理能力基础上的微观化、具体化。社区治理能力现代化的体现，主要表现为国家、市场、社会共治且相互赋权，强调各主体能力的多元化以及各种能力间的协调发展。多元共治的核心有两个维度：一方面，治理是政府、市场、社会协调共治的系统化运作；另一方面，治理不再是政府自上而下、你说我做的单向指挥，而是政府、市场、社会各归其位、各尽其责，是一种良性的双向互动。

社区是社会的基本单元，百姓生活的点滴小事，承载民生、凝聚民心。习近平总书记在2019年1月召开的中央政法工作会议上提出，"打造共建共治共享的社会治理格局，打造人人有责、人人尽责的社会治理共同体。"[①] 目前，中国社会工作专业人才总量达76万人，社会工作服务站13697个，民办社会工作服务机构5880家，这些力量使基层社会治理的"毛细血管"更为畅通。要打造共生共建共治共享共赢的社区治理共同体。共建是共同参与社会建设，要求突出制度和体系建设的基础性、战略性地位，是社会治理的基础；共治是共同参与社会治理，要求树立大社会观、大治理观，打造全民参与的开放治理体系，是社会治理的关键；共享是共同享有社会治理成果，要求社会治理的成效更多更公平地惠及全体人民，是社会治理的目标。

——建立矛盾纠纷多元化解决机制。从根本上说，社区矛盾是各种矛盾在基层的表现。社区成员构成的多元化、社区社会问题的复杂化、社区治理和服务方式的多样化，决定了社区矛盾纠纷需要建立多元化解的制度和机制。一要以社区党组织为化解矛盾纠纷的第一道防线，建立矛盾的预防、排查和防控机制。二要以社区民间组织为

---

① 《习近平在中央政法工作会议上强调 全面深入做好新时代各项工作促进社会公平正义保障人民安居乐业》，载《人民日报》，2019年1月7日第1版。

主导，建立多层次的矛盾调处机制，成为政府和民众之间的缓冲器。三要以维护公民利益为基础，完善社情民意表达机制。要把握好新时代"枫桥经验"的精髓，团结一切可以团结的力量，调动一切积极因素，畅通人民群众诉求表达、利益协调、权益保障通道，完善人民调解、利益调解、司法调解联动工作体系，健全社会心理服务体系和危机干预机制，努力将矛盾化解在社区之内，实现"小事不出社区、大事不出街道、矛盾不上交"。

——建立完善社区治安防控机制。社区是人们生产、生活的基本空间，是社会互动的重要场所，特别是随着我国市场经济体制改革的深化，社会结构的变化和社会管理体制的转变，社区已经由过去单纯的居民居住点，转变为各种社会群众的聚集点、各种利益的交汇点和社会生活的支撑点。各种社会矛盾在基层社区集中反映出来，如果没有良好的社区治安状况，就很难有效地解决和控制，就会影响市域及至社区的稳定和发展。要积极构建以社区民警为主导，社区治保会和物业保安员为依托，社区居民积极参与的群防群治网络，专群结合、群防群治，提高社区治安立体化、法制化、专业化、智能化水平，提高预测预警预防各类风险的能力，增强社区治安防控的整体性、协同性、精准性。要做好社区矫正、社区禁毒、社区消防和社区减灾等综合治理工作，加强社区、学校内部以及周边区域的治安整治，不断优化青少年成长环境。要完善快速扩散的网格化"神经传导"治理机制，筑实社区安全风险防控和社会冲突化解机制，增强社区信息化应急与防疫能力。

——建立社区公共安全治理机制。作为城市的基本单元，社区通常是各类突发事件发生的第一现场，是各类灾害承受的主体，以及应对这些事件的前沿阵地，具有重要的应急职责和有效减轻灾害破坏性影响的功能。社区公共安全治理机制是人、治理、技术的结合体。以这次防控新冠疫情为鉴，社区应遵循"无急可应，有急能应"的目标，形成"体制机制完善、预案体系健全、应急队伍实用、应急宣教全面、应急保障有力"的科学高效应急预案体系，从预警、预防、监测、隔离、应急响应、管理六个方面，形成多部门协同的联防联控预警应急、监测和防控体系，提高应急管控、防灾减灾救灾、食品安全检测监管等能力和居民应急意识，保障人民群众身体健康和生命安全。

——建设志愿者参与社区治理机制。社区是我家，建设靠大家。人人都奉献一点爱，社区将变成美好的人间。志愿文化的核心是志愿精神。"志愿精神的感召、服务他人的快乐以及其阶段性、自主选择、平等参与、不计报酬、力所能及等特征，使志愿服务成为一种独特的、低成本的并可以广泛使用的社会组织手段，成为动员不同年龄、不同阶层、不同职业、不同信仰的社会群体，共同帮助他人、服务社区居民乃至社会的有效途径。"

——建立社区单位共同参与机制。无论是社区治理理念的转变、治理主体的培育，还是治理体系的完善、治理能力的提升，都离不开作为基层社会实践场域主体的社会组织充分而有效地发挥其服务和自治功能。一是加大外部资源引入力度。尽可能地将高校、科研机构等智库资源以及政府部门的行政资源纳入党建引领的制度化框架内，增强社区公共项目论证的科学性，确保社区公共事务决策体现全体居民意志。二是加强内部资源的流动和互补。坚持运用市场机制优化社区资源配置,在实现公共资源高效利用的同时促使社区富余资源在流动中升值增效。三是实行资源的精准化供给。要适应时代发展需要,加强社区网络硬件设施建设,利用云计算和大数据实现信息和资源的共建共享,推动社区公共资源的精准化供给,使公共服务资源能够及时分配给最需要的居民群体,有效避免资源重复供给、资源闲置等情况。

——建立社区事务民主协商机制。把民主协商作为社区治理的根本方式,有事好商量,众人的事情由众人商量,是人民民主的根本要求和实现形式。社区治理变成人民参与社会治理的生动实践,真正让人民群众成为社会治理的最广参与者、最大受益者、最终评判者。一是推进社区事务公开制度建设,增强社区治理活动的透明度,通过设立社区议事监督委员会进行监督和检查,营造良好的社区治理生态环境,使社区共治有据可依、有迹可循。二是优化社区协商议事程序和机制。通过座谈、书面交流等方式,在集思广益的基础上凝聚多元主体价值诉求,形成社区基本共识。三是维护协商网络的稳定性。通过教育引导培育社区居民和各类组织同现代社区治理相匹配的治理意识和能力,督促多元治理主体遵循法治逻辑参与社区公共事务。同时对协商全过程进行规范,避免出现主体意见不一致产生协商困境,导致整个社区治理网络发生崩溃的情况。

——建立社区大党委引领机制。成熟发达的现代社会的一项重要特征就是,具有一整套高度独立、自主性强、分工明确而相互协作的组织体系。所谓社区"大党委",核心是共建共治共享的党委领导机制,把社区内的各类组织组织在一起,讨论研究社区发生的事,找到解决问题的方案,有人出人,有力出力,有钱出钱,有谱出谱,形成社区资源共享的合作、合力、和气。一是实行组织联建。探索在社区党组织领导班子中设立兼职委员,将居委会、业委会、驻区单位、社会组织中政治素质和业务水平较高、群众信任度高的党员干部吸纳进入党组织内部,加强治理主体的多方联动,形成社区自治理念的共识。二是推进信息联通。发挥党建工作的枢纽作用,将社区服务中心收集的居民信息和建议及时进行共建共享,为各类社会组织和市场主体搭建交流和服务的平台。三是加强居民联动。探索建立党建联席会议制度,对社区内联动工作中的重大事项以及关系居民切身利益的问题进行协商解决。当社区自治出现偏离民意的情况时,党组织要实施政治引领,确保社区自治成果的共享性和公正性,防范少数居民的不当行为侵蚀社区的公共利益。

第四,构建以塑造和培育社会主义核心价值观为主要内容的文化治理机制,激发社区正能量。

党的十八大报告提出,要倡导富强、民主、文明、和谐,倡导自由、平等、公正、法治,倡导爱国、敬业、诚信、友善,积极培育社会主义核心价值观,切实把社会主义核心价值体系转化为人民的自觉追求。习近平总书记指出,"社会主义核心价值观是当代中国精神的集中体现,凝结着全体人民共同的价值追求"[①],"要把培育和弘扬社

[①] 《决胜全面建成小康社会 夺取新时代中国特色社会主义伟大胜利——在中国共产党第十九次全国代表大会上的报告》,人民出版社2017年版。

主义核心价值观作为凝魂聚气、强基固本的基础工程"①，自觉把培育社会主义核心价值观融入文化建设全过程，"发挥社会主义核心价值观对国民教育、精神文明创建、精神文化产品创作生产传播的引领作用"②。社区是文化的载体，文化是社区的灵魂。社区是产生和生产正能量活力的根基，社区文化治理的目的是社会主义核心价值观在社区治理中的浸润、教化和建设。可以说，社会主义核心价值观是社区文化建设的根本和生命之魂，也是社区文化建设的核心元素。

——坚持以社会主义核心价值观培育、引领和塑造良好的社区文明风尚。习近平总书记指出："核心价值观，其实就是一种德，既是个人的德，也是一种大德，就是国家的德、社会的德。国无德不兴，人无德不立。如果一个民族、一个国家没有共同的核心价值观，莫衷一是，行无依归，那这个民族、这个国家就无法前进。"③要利用文体墙、文化长廊、文化活动等各种时机和场合，形成有利于培育和弘扬社会主义核心价值观的生活情景和社会氛围，使核心价值观的影响像空气一样无所不在、无时不有。要不断创新载体，通过教育引导、舆论宣传、文化熏陶、实践养成、制度保障等，把社会主义核心价值观与社区居民的生产生活紧密联系起来，互相影响、发现、模仿、学习、激活、点燃，使社会主义核心价值观内化为人们的精神追求，外化为人们的自觉行动。

——坚持以社会主义核心价值观巩固共同理想的思想基础，形成社区互信、互助、互担的"社区一家亲"的整体链接。价值是人类对于自我发展的本质发现，具有整合、同化、规范社会群体心理和行为的功能。树立核心价值观就是要让全社会有共同的观念基础，让个体与社会、个体与组织之间达成"心理契约"，即对建立在承诺基础上的相互责任和义务的主观感知。由文化认同而形成的居住观，是居住社区文化价值观的核心。核心价值观需要"接地气"，需要融入基层党组织建设、基层政权建设中，融入城乡居民自治中，融入人们生产生活和工作学习中。具体到基层治理方面，就是要为基层有效治理确立良好的"心理机制"，增强价值认同，增加社会凝聚力和向心力。实践中的主要做法有典型塑造、标杆激励、主题教育活动及模范优待和表彰等，如道德模范、感动人物、见义勇为先进个人评选；文明家庭、诚信单位、文明社区评比；对先进典型和英模人物及其家属实行政策优待和物质奖励。开展核心价值观"走基层"等活动，如2014年春节期间，中央电视台推出"家风"话题，致力于培育和弘扬践行核心价值观。

——坚守基层社会德治准则，发挥德治引领作用。德治是源远流长的中华文化传统，是中国最大的"本土资源"。孔子说过："君子进德修业。忠信，所以进德也，修辞立其诚，所以居业也。是故居上位而不骄，在下位而不忧。"意思是说，君子增进道德建立事业。推忠于人，以心待物，德行就能够得到提升。修理文教，内心诚实，就

---

① 《习近平关于全面建成小康社会论述摘编》，中央文献出版社2016年版。
② 《决胜全面建成小康社会 夺取新时代中国特色社会主义伟大胜利——在中国共产党第十九次全面代表大会上的报告》，人民出版社2017年版。
③ 《青年要自觉践行社会主义核心价值观——在北京大学师生座谈会上的讲话》，人民出版社2014年版。

是立业的根基。处在上位的时候不敢心怀骄慢,处于下位的时候心也不会忧闷。儒学的博大精深,使我们认识到,不论是中央还是地方政府的治理,不论是国家治理还是社会治理,谁都不能无视德治的作用。道德作为人人心中皆有的一种规范和约束,这种心中之法是较之任何文本法作用更大、效力更高且适用更广的法律。通过建立以规立德、以文养德、以评弘德和家风家训家教建设的德治建设体系,把基层社会所提倡的道德理念和价值追求与人们的日常生活紧密联系起来,注重在落细落小落实上下功夫,把德治的抽象宽泛概念、崇高理想追求变成人们实实在在的每一个行动,通过身边榜样的示范、居规民约的约束、行业章程的规范、生活礼俗的教化,引导群众明是非、辨善恶、守诚信、知荣辱,为推进基层社会治理现代化凝聚强大的精神力量。

——疏解与引导结合,培育健全健康充满活力的心态。近年来,社会变迁对于社会成员的心理适应性提出了严峻挑战,人们的心理压力加大,甚至产生了心理疾病。因此,健全疏解与引导相结合的社会心理服务体系和危机干预机制,是适应社会转型的现实需要。党的十九大报告指出,"要加强社会心理服务体系建设,培育自尊自信、理性平和、积极向上的社会心态。"具体途径就是要完善工作体系、工作网格,根据不同人群、不同情况,有针对性加强帮扶救助、心理疏导、法律援助,引导人们以理性、合法、有序的方式表达利益诉求,最大限度消解社会戾气,塑造自尊自信、理性平和、积极向上的社会心态。

——文化健康体育治理。有一个形象的比喻,人生的所有财富和名誉是无数个"0",只有身体健康才是"1",如果没有这个"1",人生也只是一个"0"。当人们丰衣足食之后,对健康的渴求显得越来越强烈,健康将成为21世纪人们的基本目标,追求健康成为所有人的时尚。人人都希望自己健康、长寿、高质量地生活。现代人随着从繁重的体力劳动中解放出来,有了大量的闲暇时间,把这个时间科学用于健康运动,最容易产生效益,是人生效用最大化的选择。要加大公共体育设施建设力度,优化群众健身环境,建设社区健身广场、健身路径及配套休闲设施等,进一步提升社区健身设施饱和度,丰富群众健身设施种类,方便群众就近健身,全面打造城市社区"十分钟健身圈"。注重利用"全民健身月"等节假日,举办一系列创意性、高水平的精彩体育展演,锻炼身体、增强体质、丰富生活、调节精神、愉悦身心,每天锻炼一小时,健康工作四十年,幸福生活一辈子,使全民健身理念深入人心。

——建立终身学习机制,活到老学到老幸福到老。活到老,学到老,应该是每个人健康向上的追求。健康的心态,健康的身体,都需要不断学习,2014年元旦前夕,习近平总书记在北京慰问老年群众时如是说[①]。"老有所学"、培养爱好、用新知识激活脑细胞是愉悦身心延年益寿的重要手段。所谓"老有所学",是指老年人根据本人的爱好,学习掌握一些新知识和新技能,既能从中陶冶情操,又能学到"老有所为"的新本领。"老有所学"并不是为了得到一个新学历或新学位,而是用新爱好充实晚年生活,不与时代脱节。一方面有利于让老年人更新知识结构,提高文化水平,跟上时代发展潮流,更好适应信息时代社会运转方式,增加与子女、下一代间的共同话题;另

---

① 《习近平在元旦前夕在北京看望一线职工和老年群众》,载《人民日报》2013年12月29日第1版。

一方面也让许多老年人找到提升自己爱好水平的广阔舞台,施展才华,焕发活力。通过各类活动引导老年人培养兴趣爱好,同时以社区为平台,搭建老年教育培训基地,帮助老年人养成良好学习习惯。社区间加强平台共建和信息共享,通过引入社会组织、一社区一特色等方式,组织丰富多彩的学习活动,提高老年人参加学习的兴趣。发挥好各级老年大学、协会的作用,把学习活动向社区延伸,推动优质老年教育资源下沉到社区,为老年人就近学习活动、体验交流奉献乐趣创造条件。

第五,构建充满活力的基层群众自治机制,培育民主法制意识、塑造公民责任。

基层群众自治制度,是指人民群众在党的领导下对城市社区公共事务和公益事业直接行使当家作主民主权利的政策、法规、程序、规范的总称,是伴随新中国发展历程而生长起来的基本政治制度。实践证明,基层群众自治制度在我国政治制度体系中有着十分独特的作用,一是有利于全面展示中国特色社会主义民主的广泛性和真实性;二是有利于提升基层社会治理实效性;三是有利于促进社会和谐稳定。

基层群众自治是社会主义民主的重要形式。自治精神是个体真正成长的根源,如果这种精神可以通过人的生命而彰显,就能构成整个国家活力与实力的真正来源。居民自我管理、自我服务动员了居民,推动了自治,激发了基层民主自治的活力,增强了社区服务能力。因此,要划清政府管理权和群众自治权的边界,打破"管制"的思维定式与"人治"的行为方式,把不必要的行政事务剥离出去,把不能缺的自治内容纳入进来,通过发挥社区居民、社会组织、社会团体等的主动性、能动性,进一步增强基层群众自治活力。探索创新基层群众自治实现途径,搭建便捷议事平台,做到民事民议、民事民办、民事民管。

第六,用足用好地方立法权,加强社区治理领域立法,建立有效解决社区治理中的突出问题的"微法律"供给机制。

当时而立法,因事而制礼。法治是现代社会的治理理念和价值。党的十九大报告提出,"加强社区治理体系建设,推动社会治理重心向基层下移,发挥社会组织作用,实现政府治理和社会调节、居民自治良性互动"。这为新时代构建共建共治共享的现代化社会治理新格局提供了具体的目标和抓手。当前,全面推进依法治国是贯穿于我国社会治理方方面面的主线,加强法治建设有助于增强基层社区的自治能力,顺利在基层落实全面依法治国的总体部署,形成政府、社会与广大人民群众共同维护社会秩序的良性互动局面,从而加速基层社区治理的现代化进程。

法治化是新时代推进社区治理现代化的重要着力点,其关键在于用法治精神与法律制度影响和约束社区治理的思想与模式。城市社区依法自治,关键要坚持"政府有所为,有所不为",厘清社区服务与社区自治的关系,为社会主体充分参与社区自治预留空间。增强社区自治的约束性与秩序性,有效发挥出团体章程、居规民约以及市民公约的基础性作用。优化基层社区治理与社会自治的沟通机制,建立信息化、网络化的群众公共决策参与平台,为人民群众与社会团体公平参与社区治理提供机会。全面提升公众参与基层社区法治化建设的能力和水平,依靠社区自治实践培养出更多维护社会秩序良性发展的创造者。

墨子说过,"天下从事者,不可以无法仪,无法仪而其事能成者无有也",意思是说，天下从事各种职业的人，都不能没有规则。没有准则而他所做的事情能够成功，那是不可能的。因此，制定居规民约、城乡社区管理规章制度和社区成员的行为准则，强化规范约束，发挥明导向、正民心、树新风的积极作用。针对当前基层社区自治组织保障不健全以及资源不足的问题，要进一步建立健全社区自治相关立法，加快修订社区治理的相关法律法规，明确划定社区自治的权限范围、运行程序及评价体系，有效管理基层社区自治的各项事务。要依法保障基层社区自治权利、义务及运行机制，构建适合地方社会治理实情和社区自治组织发展需求的法律保障体系，以法治的力量加快社区自治组织管理体制改革。

国家现代化治理体系中的制度能力不健全是影响既有制度实施效果的重要因素。有学者将国家治理能力具体解析为国家治理体系的制度形成能力、制度实施能力、制度调试能力、制度学习能力和制度创新能力。制度形成能力是国家治理能力最为基础的部分，制度形成能力关乎制度的合法性和公信力。制度调试能力是保障制度活力和生命力的一种重要方式，各治理主体必须时刻关注社会的发展和外部环境的变迁，努力推动国家的各项制度、政策、规定等保持良好发展趋势。制度学习能力是提高制度科学性和有效性的重要保障，较高的制度学习能力可以提高我们向制度发达国家和地区的学习效率，助力中国的制度建设。制度创新能力的提高既可以推动制度的调试，也是制度学习能力的一种发展。中国国家治理现代化过程中制度形成能力、制度实施能力、制度调试能力、制度学习能力和制度创新能力都需要进一步提高，使制度能最大限度符合社会需求和外部环境的变化。国家治理现代化应将制度优化放在突出地位，不断提高制度体系的现代化水平和制度执行力，为国家治理现代化提供科学、高效的制度保障。

加快制定社会领域急需的法律法规，完善依法治理和"地方立法供给"机制。现在国家治理法律体系基本形成后，依托上位法，按照"党委领导、人大主导、政府依托、各方参与"的地方立法工作格局，制定一系列具有针对性、可操作性、实效性的强大"微法律"，让社区事务治理有法可依。这是社区治理的当务之急。我国幅员辽阔，基层社会治理中所凸显矛盾具有显著的差异性，因此地方人大立法就必须突出地方特色，不能照搬照抄上位法，不能由于片面追求"大而全"，尽量减少法规中的"号召性""倡导性"条款，从而增强立法的针对性、可操作性和解决实际问题的能力。在这一背景下，基层社会治理的创新彰显了"地方特色"，取得了一些宝贵经验。如山东省潍坊市人大常委会自2016年以来颁布实施的法规《潍坊市禁用限用剧毒高毒农药条例》《潍坊市电梯安全条例》《潍坊市文物保护条例》《潍坊市大气污染防治条例》《潍坊市燃放烟花爆竹管理条例》《潍坊市青州古城保护条例》《潍坊市城市绿化条例》等，针对基层社会治理具体问题具体立法，以"微法善治"为基层治理保驾护航，提供有效解决问题的法律制度供给。

第七，构建社区治理的监督机制。

党的十九大报告提出，构建党统一指挥、全面覆盖、权威高效的监督体系，把党内监督同国家机关监督、民主监督、司法监督、群众监督、舆论监督贯通起来，增强监督合力。构建监督体系，意味着各种监督方式相互联系、有效结合、有机运转，充分发挥各自作用，形成强大监督合力。在党的统一领导下，各种监督方式之间要相互贯通，包括信息畅通、体制机制有效衔接。比如，加强党内监督、国家机关监督、司法监督的协调配合；搭建多渠道信息平台，实现党内监督和群众监督、民主监督、舆论监督等信息互通。各种监督方式形成联动、增强合力，必将构筑起全方位、无死角的监督屏障，提高监督效率，增强监督实效，把所有公权力都关进制度笼子，确保党和人民赋予的权力真正用于为人民谋利益，不断厚植党执政的群众基础。

第八，充分发挥市场机制作用，构建社区十五分钟生活圈。

以构建"十五分钟生活圈"服务规划为指导，以不断满足居民群众"就近便利"多元需求为出发点，以"布点、划片、联网"为基础，以党建引领整合服务资源、"全岗通"模式转变服务作风、"自治家园"激发多元参与、信息技术促进服务共享为路径，建立覆盖社区、功能完善、多元供给、便捷高效的"家门口"服务体系，让居民享受就近便利的服务。

——两种平台模式互补："布点、划片"实现服务全覆盖。一是"一站式"的居民区服务站模式：以居民区为基本服务单元，以居委会和居民区活动室为服务窗口，以政府资源配送和社区自助互助为主要方式，提供涵盖"党群、政务、生活、法律、健康、文化、社区管理、自治特色"等基本服务。二是"一站式"的社区邻里中心模式：以一定规模的居住区域为服务半径，以政府规划配置空间资源和市场运行配置服务资源为核心，实现公共服务、公益服务和商业服务的叠加，提供涵盖便民（新型菜场、便民餐饮、生活零售等）、生活（文化、体育、卫生、教育）、社交等"一站式"的社区配套服务。

——三个支持系统互为支撑：社区综合服务能力不断提升。"全岗通"服务模式，提升服务效能，实现社工队伍的"三个转变"，即：服务职能从"单一职能"向"一岗多能、事项通办"转变；服务方式从"条线为主"向"条块结合、一站服务"转变；服务作风从"行政化、机关化"向"群众少跑路、社工多上门"转变。

——信息技术支撑：促进多元主体协同服务。运用"互联网+"服务的理念，整合、拓展线上服务，多渠道地将各类服务资源送到群众身边。以15分钟社区生活服务圈为指导，依托建设统一的社区服务信息化管理平台，统筹政府福利性服务、商业服务、公益服务、生活服务等服务资源，实现多样服务需求与多元服务资源的在线发布、整合和对接，实现不同平台各类服务资源、服务信息和服务事项的"一站式"供给。

——综合统筹机制：供需"二合一"对接，形成精准服务清单。一是在居民区，通过"自下而上"提取居民需求清单与"自上而下"注入服务资源清单相结合，形成统一服务事项清单，通过明晰服务依据、规范操作流程、加强服务人员培训，强化"全岗通"综合服务应知应会能力，推进基层公共服务的标准化建设，逐步打造成为开放度高、功能齐全、上下联动、左右互通的综合服务平台体系。二是在邻里中心，围绕周边一公里内居民及工作的生活配套需求，通过统一管理运营平台、统一市场调查提取需求、统一筛选整合服务商家、统一统筹协调提供服务项目、统一实施服务评价，实现与居民区服务站的资源共享、功能互补、多元服务叠加、多元主体交流的开放共享平台，赋予"家门口"15分钟生活圈服务体系生命力和成长空间。

第九，发挥科技支撑作用，构建智能化治理新机制，探索建设智慧社区。

信息化是当今世界发展的大趋势，是推动社会治理现代化的重要力量。在全球化、城市化和信息化时代，作为新兴的社区发展模式，智慧社区结合了"互联网+"、大数据、云计算、物联网、人工智能等新兴技术，极大地丰富了社会治理的内涵、方式和手段，提升了社区治理绩效水平。智慧理念和新技术的实践应用，对城市社区治理和公共服务模式实现向"共同体"的价值定位、推行整体性治理和实现合作治理的供给模式都将发挥出积极的推动作用，为我们全面感知和掌握社会运行动态提供了便利条件。

党的十九大报告中指出，"运用大数据提升国家治理现代化水平，建立健全大数据辅助科学决策和社会治理的机制，推进政府管理和社会治理模式创新，实现政府决策科学化、社会治理精准化、公共服务高效化"。作为城市基本网格的社区，在智慧社区建设过程中，拥抱大数据，运用云计算，实现数据共享、数据共创、数据自动控制的"在线"模式，已成为可以清晰预见的未来。

近年来，在全国各地大力推进智慧社区建设的背景下，住建部在2014年5月发布的《智慧社区建设指南（试行）》中，对智慧社区的定义为，通过综合运用现代科学技术，整合区域内人、地、物、情、事、组织和房屋等信息，统筹公共管理、公共服务和商业服务等资源，以智慧社区综合信息服务平台为支撑，依托适度领先的基础设施建设，提升社区治理现代化，促进公共服务和便民利民服务智能化的一种社区管理和服务的创新模式，也是实现新型城镇化发展目标和社区服务体系建设目标的重要举措之一。同时提出，我国要在2020年实现智慧社区50%的覆盖。

科技进步是社会发展的引擎，也是提高社会治理效能的推动力。大数据时代的到来，更加为城市智慧社区治理提供了坚实的基础。通过将更多的社区资源、社区信息、社区数据、社区动态情况进行整合利用，线上治理和线下治理双重结合，更好地提高了社区的服务水平和综合能力。通过智慧化政务体系建设，促进社区政务服务能力和效率全面提升。强化社区安防和治安管控能力，形成成熟的社区治理模式；通过智慧化公共平台建设，使社区居民均等、方便、快捷地享受社区各类公共服务，同时建成多元化、多层次、智慧化的社区公共服务体系；通过智慧化便民平台建设，推进社区居民服务便利化、精准化，形成可广泛推广、可复制的商业服务模式。要善于把大数据、人工智能等现代科技与社会治理深度融合起来，通过现代科技推进社会沟通、改进管理服务，打造数据驱动、人机协同、跨界融合、便利高效、共创分享的智能化治理新模式。比如，潍坊市奎文区樱园社区的易邻里项目就是智慧社区建设的有益探索。该项目融合最新的NB-IOT、物联网、大数据和人工智能等现代新兴技术，实现基于云服务的社区云门禁、云停车、智慧家居、智慧物业管理。易邻里社区综合治理建设以综合监控系统为核心，整合其他安防子系统，通过采用人脸识别智能门禁、人证比对智能门禁等新技术以及部署在小区的管理系统，可对小区视频监控、门禁控制、车辆管理等进行管理，同时系统自动将小区安防警报信息、视频监控信息、人脸、车辆数据等信息传输至公安警务平台，将社区安全纳入公安监控体系中，实现了对实有人口、实有房屋的标准化信息统计,并为公安部门提供基于人脸识别技术的可疑人员追踪预警(逃犯识别)功能,排除社区安全隐患,提升社区的综合治理水平。同时,基于易邻里云平台技术的空巢老人关爱、智慧物业管理、在线缴费和社区O2O等服务逐步上线,让社区居民的生活更加安全、便捷、品质。

第十,构建"一网收进"的社区物业服务机制,以物业管理带动提升社区治理,实现链接、服务、收费、评价、公开透明的"全方位"服务系统。

物业管理和社区居民人人相关,社区居民共同享受社区物业管理服务,其具有公共产品属性,是社区公共产品(服务)之一;但是物业管理供给并非免费提供服务,社区居民需要缴纳费用,所以社区物业管理又有私人产品属性。随着我国城市和房地产业的快速发展,物业管理成为维护业主合法权益、营造安全和美社区、提升居民生活品质的重要保障,在满足居民生活需求、增强社区归属感、提升居民满意度等方面日益起到不可替代的作用。

良好的社区物业服务管理秩序需要在政府主导下构建由政府、市场、社会三方共同参与、合作共管的物业治理机制。一是调动专业物业服务机构的力量。专业的组织、专业的人干专业的事。通过税收优惠、政策补贴、招投标倾斜等措施,激励、吸引专业的物业服务企业接管老旧小区,尝试引入物业管理职业经理人,从而实施规范的物业管理。二是规范收费机制。建立政府指导与市场调节相结合、收费与服务相适应、业主与物业企业相包容的收费动态管理办法,避免"一刀切"和乱收费。探索实行物业服务质量履约保证金制度,提高物业服务主体履约意识。三是规范业委会履职机制。激发广大业主的主动参与意识,吸纳有财务管理、安全管理、设备管理、环境管理、法律专业特长的业主加入,也可以聘用具有专业物业知识的其他人员,充实和提升业委会力量,使业主委员会成员有管理技能和履职能力。四是规范对业委会的监督机制。可借鉴现代公司制度成立监委会,对业委会运作进行监督、督导与评价,杜绝业委会"不作为""乱作为"现象,维护业主的正当权益。五是规范维修基金审核管理和使用。有关部门应加强监管,完善使用计划报批管理、财务预决算管理、审计监督以及业主查询和对账制度,实行政府部门、街道、社区、物业公司、业委会及业主代表参加的公开招投标,提高维修基金使用透明度。六是加快老旧小区改造步伐。抓住中央和省市关于老旧小区整治提升决策部署的重大机遇,更新水电路气等配套设施,支持加装电梯,健全便民市场、便利店、停车场、无障碍通道等生活服务设施。在改造中因势利导,同步确定小区管理模式、管理规章及居民议事规则,同步建立小区后续管理机制等,使改造后的小区既要"好看",更要"好住"。七是加强智慧物业建设。将"互联网+"融入物业管理中,委托第三方研发"智慧物管平台",将物业管理部门、物业公司、业主等整合到网络平台,实现物业管理服务智能化信息化,为业主生产生活提供便利。八是探索物业管理行政新机制。建议按照政府主导、社区自治、业主联动、突出公益、法治保障的原则,由街道和社区牵头组建物业服务公司,对无物业老旧小区的环境卫生、车辆管理、设施养护、安保巡逻等实施物业管理服务工作。九是完善竞争机制。健全招投标制度,指导有关各方按照规定的原则、程序和方法进行有效的招投标活动,推动房地产开发与物业管理的分离,促进物业服务市场公平竞争,提高物业行业整体水平。十是建立物业纠纷调处机制。探索人民调解、行政调解、司法调解相互衔接的物业管理纠纷调解模式，建立物业纠纷调解委员会，从住建部门、司法机关、社区居委会、律师或在社区有一定威望的业主中，挑选人员担任调解员，调解物业管理纠纷。

第十一，构建社区生态环境治理机制，探索建设"未来宜居社区"。

未来社区是未来现代化城市的细胞，也是未来城市的缩影。2019年，浙江省政府工作报告首次提出"未来社区"，继特色小镇之后的这一概念被视为浙江"十三五"期间最具比较优势、最能带动全局的重大创新举措之一。要准确把握未来社区的独特内涵。我们要创建的未来社区，是以满足人民美好生活向往为中心，聚焦人本化、生态化、数字化三维价值，突出高品质生活主轴，有归属感、舒适感、未来感的新型城市功能单元。它是未来邻里、教育、健康、创业、建筑、交通、低碳、服务、治理等九大场景创新有机统一的新人居空间，要打造成为绿色低碳智慧的"有机生命体"、宜居宜业宜游的"生活共同体"、资源合理配置的"社会综合体"。未来社区的九大场景，包括：邻里场景、教育场景、健康场景、创业场景、建筑场景、交通场景、低碳场景、服务场景、治理场景。与传统社区相比，它有六个方面的独特内涵：美好生活是目标追求、美丽宜居是环境底色、智慧互联是基本特征、绿色低碳是核心理念、创新创业是时代风尚、和睦共治是治理方式。

党的十八大提出建设"美丽中国"，落实到基层治理层面，就是建设"美丽社区"。"美丽社区"毗连成片不仅是对城市空间的美化，更是对城市整体建设和管理质量的提升。当前社区生态环境治理多数仍停留在"术"层面的规划建设，缺少"道"层面的理念支撑，对生态社区、人文社区、品牌社区、紧凑社区等概念理解较浅，仍注重大拆大建的"大手笔"，而忽视了细水长流式的"小动作"微治理，导致绿化、亮化、净化、美化等元素堆砌，"千社一面"。

进入21世纪以来，随着经济的快速发展和人们环保意识的增强，社区居民对居住环境提出了更高的要求，社区建设新理念"绿色生态社区"渐渐由模糊而清晰，为大家指明了努力的方向。它是一个结构合理、功能稳定的"社会—经济—环境"复合生态系统，是一种生命力极强的社区模式，必将随着时代的进步、经济的发展而被人们所认同和接受。

绿色生态社区是以可持续发展为原则、生态学为基础，设计、组织住宅内外空间的资源和能源，尽可能达到社区内外之间的平衡和循环使用，从而最少量地使用资源、能源，减少对环境的冲击，营造自然和谐、健康舒适的居住环境；通过调整人居环境生态系统内生因子和生态关系，使社区成为具有自然生态和人类生态、自然环境和人工环境、物质文明和精神文明高度统一、可持续发展的城市理想的居住地，从而实现生态可持续、绿色可持续、人文可持续、发展可持续的目的。

从城市发展历程看，当今具有全球影响力的城市，无不经历了传统社区向国际化社区转变的发展历程。要实现把我国建设成为富强民主文明和谐美丽的社会主义现代化强国的目标，一条重要路径就是推进国际化社区建设。只有以更开放、包容的姿态，更高品质、专业化的服务，建设新时代国际化社区，搭建外籍人才服务平台，提升城市的外向度和对外开放水平，才能够优化营商环境，吸引更多国家、地区的企业和人才来华居家创业，增强我国城市的竞争力和影响力。国际化社区建设要以科学规划为引领，以配套建设为重点，以治理服务为关键，以文化融合为基础，构建惠及中外居民的国际化社区发展体系，打造具有中国特色、国际视野、自由开放、多元融合、充满活力的国际化宜居家园。

第十二，构建社区治理专业化职业化人才队伍选育机制，提升治理能力。

中共中央、国务院印发《关于加强和完善城乡社区治理的意见》提出，要加强社区工作者队伍建设，将社区工作者队伍建设纳入国家和地方人才发展规划。目前我国社区工作人才存在总量不足、职业化专业化水平不高、社会认知度较低等一系列问题，尤其是作为人才培养主阵地的高等院校，面临着观念转型、人才培养目标、课程体系设置、实务实训、师资队伍建设等方面的困境，严重制约了社区工作人才队伍的建设与发展。

加强人才队伍建设是社区社会治理体制创新的迫切需要，近年来，随着社会建设和社会治理工作全面展开，社会治理人才队伍建设也逐步上升为国家战略。在信息化时代，自动识别、传感器、遥测遥感、无线传输等技术逐渐被应用于基层社区中，实现了人与人、人与物、人与城市间的全面感知和互通互联。然而，在技术迅猛发展的背景下，智慧人才的稀缺性变得日益显著：第一，同时在社区治理和数据分析两个领域都非常出色的核心技术人才和智慧社区建设的引领者十分匮乏。第二，知识结构和业务侧重覆盖基础设施、信息资源、应用服务、安全体系、标准规范等，在科学技术、人文素养、环保理念、公共价值等领域具备较高素质的社区新型管理者和复合型智慧人才十分稀缺。第三，懂得城市复杂巨系统运行特征，具备工程思维优势和高水平规划能力的顶层设计者和统筹者非常欠缺。第四，能够统筹各级政府、企业和社会各方面资源，具有极强协同合作治理能力，开展智慧社区建设的高端组织人才也非常不足。

加快制订和完善《社会工作人才规划实施方案》，建设一支数量充足、结构合理、素质优良的社会工作人才队伍。完善相关政策，实行订单式培养，形成以人才库建设、岗位设置管理、人才考核评价、社会监督激励为重点内容的完整配套的政策制度体系。落实各项保障措施，及时完善并落实各项保障措施，宣传鼓励现有社会工作从业人员通过专业学习、培训、考试，整合、提升、转化专业化水平。加大社会工作人才队伍建设的宣传力度，通过专业理论、政策法规、专业方法的宣传，发挥现代社会工作人才先进理论的引导、建设作用，增强社区治理工作的有效性。

习近平总书记指出，"加强和创新社会治理，关键在体制创新，核心是人"[①]。社区治理是当前社会治理中最具活力和发展潜力的领域。社区居民作为社区治理的核心主体，其依法参与、回馈激励情况将直接影响社区治理的成效。上述 12 项治理机制，主要着眼于从居民参与社区治理行为背后的激励和控制因素，探究如何构建有效的激励与控制机制来提升居民在社区治理中的参与度，以激励激发人性之善，弘扬社会主义

---

① 《参加十二届全国人大二次会议上海代表团审议时的讲话》，载《人民日报》2014 年 3 月 6 日第 1 版。

核心价值观，实现善治、德治；用控制抑制人性之恶，从法律、制度、居规民约等方面让居民"参与得道"，实现法治、自治，从而建设"人人有责、人人尽责、人人享有"的共建共治共享共赢的社区治理共同体，实现城市社区治理"既充满活力又和谐有序"的目标。

治理效能评价机制——活力与秩序

人们渴望美好生活，为满足生理需求、安全需求、情感与归属需求、尊严需求和价值实现而奋斗不息。这是人性的光辉。宪法和法律保护并激励人的充分发展，治理制度不断创新，目的是释放人的创造力，让善的光芒充分放大、异彩纷呈，实现人们对美好生活的热情向往、真切期待，达到人生能达到的理想境界，为社会创造更多价值，让社会更加灿烂多姿，催生治理效能更大化。人的发展需求与人权保障是高质量治理的原动力，实现高质量发展是治理的初心。治理之善在于充分激发人性之善，有效控制人性之恶，通过乾坤并建、刚柔同济、阴阳中和、相辅相成，让社会呈现既充满活力又和谐有序的理想状态，实现活力与秩序的黄金平衡。所谓"活力与秩序的黄金平衡"，即参考数学的黄金分割点（黄金分割是指将整体一分为二，较大部分与整体部分的比值等于较小部分与较大部分的比值，其比值约为0.618，即61.8%，这个比例被公认为是最能引起美感的比例，因此被称为黄金分割）。社会正常状态下，以活力建设为主，用多数精力和政策（61.8%）去激发社会创造力，又好又快地增加社会总收益；当社会处于非正常状态时，社会多数精力物力与政策（61.8%）以构建秩序为主，维持社会安全有序，努力减轻社会损失，迅速恢复正常。活力与秩序是一个整体，互相促进不可分割，必须时刻都要注意共同建设，不可顾此失彼，努力实现动态平衡，在科技文明时代，实现 $1+1>4$①的收益增长，助推社会永享泰亨！评价社会治理效能，我想从以下四个方面阐述。

一、必须十分明确治理的目的是什么，一切围绕目标展开治理，充分释放人的创造力

社会治理主要依靠政治治理、经济治理、法治治理、文化治理等综合措施，社会现象是一切治理结果的综合呈现。社会治理与其他治理一脉相承，同步同韵。如果不是一盘棋局，而是自行其是，就会出现混乱。因此，社会治理的目标必须与国家奋斗目标相一致、相协调：即在中国共产党成立一百年时全面建成小康社会，在新中国成立一百年时建成富强民主文明和谐美丽的社会主义现代化强国。只有紧紧围绕"两个一百年"的奋斗目标展开各方面治理，才能有更高效率的治理效果。《十九届四中全会决定》明确提出了社会治理的措施与目标："加强系统治理、依法治理、综合治理、源头治理，把我国制度优势更好转化为国家治理效能，为实现'两个一百年'奋斗目标、实现中华民族伟大复兴的中国梦提供有力保证。"

---

① 李录：《文明、现代化、价值投资与中国》，中信出版社2019年版。

1. 以社会主义核心价值观为主线，充分激励，建设充满活力的基层社会

党的十八大提出，倡导富强、民主、文明、和谐，倡导自由、平等、公正、法治，倡导爱国、敬业、诚信、友善，积极培育和践行社会主义核心价值观。

"富强、民主、文明、和谐"是我国社会主义现代化国家的建设目标，也是从价值目标层面对社会主义核心价值观基本理念的凝练。"自由、平等、公正、法治"是对美好社会的生动表述，也是从社会层面对社会主义核心价值观基本理念的凝练。

人类文明进程的基本逻辑就是追求核心价值观。提倡社会追求什么价值观，社会主流倡导追求什么人生价值，等于明确了建设和塑造什么样的社会。仔细端详社会主义核心价值观的十二个方面，就会发现倡导这些价值观，都是为了更好地激发社会活力和构建社会秩序，更好地实现社会有效有序治理。如果对其分类，"富强、民主、文明、和谐、自由、平等、公正、法治"等价值观偏重于激发社会活力部分，法治是活力与秩序的保障。当然活力与秩序在价值观中互相兼容、互为因果、互为依存。将社会主义核心价值观法律化法治化的过程，就是社会发展进步的过程。例如在基层、在社区、在公民中培育和践行"民主"价值观，有利于培育公民责任，履行公民社会的义务，避免凡事"依赖"、遇事"推责"。

例如在基层、在社区、在公民中培育和践行"文明"价值观，就是自己的一言一行从家庭、从社区做起，从小到大以"文明"的言谈举止训练理性平和地想事、行事、成事，让"文明"成为每个公民的一种思维方式和生活习惯。例如在基层、在社区、在公民中培育和践行"公正"价值观，就是要将"公平、正义"放在整个社会治理理论的核心位置。正义不是众多价值之一，而是价值之中的价值，所有其他政治价值都要放在"正义"的框架之下来思考。所以自由、权利、民主、平等、机会、互惠等不同政治价值，与"正义"不是一种竞争的、互相取舍的关系，而是必须整合到一个正义的体系里。例如在基层、在社区、在公民中培育和践行"平等"价值观，就是倡导在社区内不分年龄老幼智愚，人人生而平等，要"老吾老以及人之老，幼吾幼以及人之幼。"互相尊重，彼此爱护共生共融共赢，相让相助，相得益彰。真正的治理是什么呢？我们认为，治理不是相互斗争的零和博弈，而是共同工作、生活的艺术，是把纷争的世界变成共享空间的艺术。治理的目的不是寻找敌人，而是化敌为友；战争不是治理的延续，战争恰恰意味着治理的失败。所以《孙子兵法》讲"上兵伐谋、其次伐交、其下攻城"。例如在基层、在社区、在公民中培育和践行"法治"价值观，就是依法想事、依法行事、依法成事，依法解决遇到的难题与纠纷，形成法治思维，构建法治社会。在基层、在社区、在公民中培育和践行社会主义核心价值观，就是从点滴做起，同时要依靠法律支持，依法激励各类善举善言善行。依据我多年的学习思考与观察，小智善于治事，大智善于用人，睿智善于立法。法律制度才是治理之纲，纲举目张，"纲"即制度化立法，唯有法律才具有相对成熟性、稳定性、规范性。

社会主义核心价值观的形成，既要培育又要践行。社会的基层单位是社区，建立充满活力的社区根本在于将社会主义核心价值观落实到具体事件中，落实到每个人的心中。要激励每个人都积极追求"富强、民主、文明、和谐，自由、平等、公正、法治，爱国、敬业、诚信、友善"，这些价值观是社会上"至善至美"的根本价值。如何

实现一个社区有效治理的问题，经济学和政治学理论已经揭示了一条最简单的规则：一个区域要实现有效治理和经济增长，就需要在两个领域——私人部门和公共部门——塑造好的激励结构。私人部门的激励规则应该是：只有那些为他们的顾客、用户、委托人或社会创造真正价值的人，才能获得自身的回报与成功。而公共部门需要类似的激励规则：只有那些为大众与社会提供有效公共产品和服务的人，才能获得自身的回报与成功。从制度技术的层面说，有效治理社区不过是要把这个简单规则在社区具体事务中落到实处。

对社区居民，培育和践行社会主义核心价值观，最直接的做法是激励每个居民、每个家庭对社区事务参与民主管理、在社区内外言行文明、与周围的人和谐相处、依法相处，追求内心自由、行动自由、经济自由，与人平等交往、不卑不亢，公心公正、学法尊法，培育法治思维，用法律解决矛盾和问题。这样才能实现有效治理和持久繁荣。以人类现有的知识来说，善治与繁荣并无多少秘密可言。只需观察这个社会中的多数人是否处在正确的激励结构当中。一个简单的标准是，各行各业的人是否处在这样的激励结构中，他们在寻求自我利益的过程中，是否必须在很大程度上促进他人的利益以及整个社会的利益。

2. 以社会主义核心价值观为追求，依法治理，构建和谐有序的社会秩序

在积极培育和践行的社会主义核心价值观中，"和谐、平等、公正、法治、爱国、敬业、诚信、友善"这些方面，偏重于构建社会秩序。其中，"爱国、敬业、诚信、友善"，是公民基本道德规范，是从个人行为层面对社会主义核心价值观基本理念的凝练。它覆盖社会道德生活的各个领域，是公民必须恪守的基本道德准则，也是评价公民道德行为选择的基本价值标准。而道德的功能主要是为了构建社会秩序。"和谐、平等、公正、法治"等价值观是构建社会秩序的方法方式。"法治"既是社会活力的根本保障又是社会秩序的根本依据，是一切价值观的最终呈现形式。

对于任何国家而言，国家治理第一位的、最直接的目的是建立和维护安定有序的社会秩序。秩序的存在是人类生存、生活、生产活动的必要前提和基础。没有秩序，人类的公共性活动就不可能正常进行。当代中国，内部秩序的基本形态包括公共生活秩序、市场经济秩序、民主政治秩序、意识形态秩序；外部秩序包括国际经济秩序和政治秩序。秩序的存在是人民安居乐业、国家长治久安最基础、最根本的条件，所以，国家治理首先要建立和维护秩序。当然，法治和国家治理要实现的秩序是"包容性秩序"。在社会主义核心价值体系引领下的秩序是百花齐放、百家争鸣、尊重差异、包容多样、"和而不同"的秩序，是一种使自由、平等的竞争和人道主义的生活成为可能的秩序，是摆脱了单纯偶然性、任意性、不可预测性的秩序，是各种社会分歧、矛盾和冲突能够在道德精神和法律理性的基础上得以和平解决或缓和的秩序，是社会组织健全、社会治理完善、社会安定团结、人民群众安居乐业的秩序，是民主与法治互相依存的秩序，是充满活力又和谐有序的社会秩序。

3. 以人性为本，培育和践行核心价值观，充分发挥人的主观能动性，释放创造力

构建以"民主、自由、法治"等社会主义核心价值观为主的"包容性秩序"，将"容新、容缺、容错、容言"等写到制度里，就是为了建设充满活力的秩序。充满活

力，就是使一切有利于社会进步的创造愿望得到尊重，创造活动得到支持，创造才能得到发挥，创造成果得到肯定，全社会的创造能量充分释放，创新成果不断涌现，创业活动蓬勃开展。充满活力意味着人们享有广泛的符合《宪法》保护的自由。充满活力也意味着要尊重劳动、尊重知识、尊重人才、尊重作为劳动结晶的技术和资本，放手让一切劳动、知识、技术、管理、资本等生产要素的活力竞相迸发，让一切创造社会财富的源泉充分涌现。充满活力也意味着全社会的积极因素被充分调动起来，盲动因素得到正确引导，消极因素尽可能被化解。

二、必须十分明确新时代人的新需求，研究治理的规律、趋势与根本方式，顺势而为，依法向宽，扬善惩恶，充分释放社会活力

中国共产党十九大报告明确指出："人民美好生活需要日益广泛，不仅对物质文化生活提出了更高要求，而且在民主、法治、公平、正义、安全、环境等方面的要求日益增长。同时，中国社会生产力水平总体上显著提高，社会生产能力在很多方面进入世界前列，更加突出的问题是发展不平衡不充分，这已经成为满足人民日益增长的美好生活需要的主要制约因素。"这个重要论断，非常明确地指出新时代人民群众对美好生活的新需要。满足人民群众新需要是当前治理的新课题，也是治理的重点和解决矛盾的途径。新时代治理的根本目标就是面对"人民美好生活需要日益广泛"这张新"试卷"新"大考"，一要研究和回答好如何满足人民群众对物质文化生活提出的更高要求，实现高质量发展；二要研究和回答好如何满足人民群众"在民主、法治、公平、正义、安全、环境等方面的要求日益增长"，实现高质量制度供给；三是研究和回答好如何解决"突出的问题是发展不平衡、不充分"的问题，实现"充分发展""平衡发展"，共享发展成果。这"三个问题"已经成为满足人民日益增长的美好生活需要的主要制约因素。要想答好这"三张试卷"，在"大考"中取得优异成绩，赢得人民群众的拥护，还要从根本制度更深层次上把向定盘。

无数研究结论证明，决定一个社会发展程度的最核心原因还是制度，制度决定和创造经济社会发展繁荣的速度、高度和程度。当一个文明达到瓶颈时，要突破它，就必须依靠新的改革动力来实现重构。

制度为目标服务，制度为价值观服务，有什么样的制度产生什么样的治理效能；有什么样的目标、有什么样的价值观，就要配套什么样的制度。"以人民为中心"的治理目标，就要有"以人民为中心"的制度相保障。中国治理的最宝贵经验就是改革开放，解放生产力，发展生产力，增强社会活力。改革开放、以变应变是解决一切新矛盾的最佳途径。以改革开放的创新办法，提供人民群众需要的制度供给，克服各种制约，满足新时代人民群众的"广泛"追求。

第一，遵循社会治理的规律，研究发展的趋势：向前进，向宽治，这是治理的光明大道。

一百多年前，面对风雨飘摇、难见起色、走向末路的清朝皇权治理，国家栋梁、仁人志士都在深思苦索未来治理之路。其中，孙中山先生漂洋过海走遍日、美、欧，路漫漫其修远，研究先进国家的发展道路，求索积贫积弱的中国如何治理？孙中山先生以伟大的政治家的眼界洞察世界局势，在历经磨难与实践的体悟中，1916 年就发出了"世界潮流浩浩荡荡，顺之者昌逆之者亡"这振聋发聩的警示与告诫，强调要"内审中国之情势，外察世界之潮流，兼收众长，益以新创"。世界发展的潮流浩浩荡荡奋勇向前，顺应这个发展趋势则国家繁荣昌盛，违背这个规律与之背道而驰则是自取灭亡。

与之一脉相承、异曲同工，《邓小平年谱（1975～1997）》记载，邓小平在 1978 年 1 月～1979 年 2 月十四个月的时间内密集访问缅甸、尼泊尔、日本、泰国、马来西亚、新加坡、美国、日本，并派出国务院副总理谷牧赴法国、瑞士、比利时、丹麦和德国，考察发达国家和发展中国家的治理制度和治理道路与治理效能。邓小平在接受美国费城坦普尔大学授予的名誉法律博士学位的致答词中强调"坦普尔大学又是以主张学术自由著称的。我认为，这是贵校的事业兴旺发达的一个重要因素。你们把名誉博士学位授给像我这样一个信仰马克思主义和毛泽东思想的人，也足以说明这一点。……中国人民深信，把自己的社会主义制度的优越性同经济发达国家的先进科学技术和经济管理人才培养等方面的先进经验结合起来，对于加快实现四个现代化具有重要的意义。"在出席美国南部地区国际问题研究中心和亚特兰大商会联合举行的千人午宴时指出"你们有许多东西值得我们借鉴，我们愿意向你们学习。"这是伟大政治家以高瞻远瞩的世界格局与宽广胸襟，向世界发出的"中国好声音"。从此奠定了中国对内改革对外开放的国家治理之路。

社会治理趋势是逐渐"向宽"。宽的含义就是依法赋予人的思想行为权力。治理究竟宽到什么程度？即"宽"的边界线或"红线"在哪里？伯特兰·罗素《权力论》中有这么一个答案："一切并非煽动破坏法律的宣传都应该容许，而且法律要宽大，其宽大程度应该适应于技术的功效和秩序的维持。"过去 200 年间，西方社会实际上始终存在着两种相反力量的对垒，一种是保守自由的力量，另一种是扩张权力的力量。这两种力量，其实都是不可或缺的。好比开车，既需要踩油门，又需要踩刹车，两者看似互相冲突，但恰恰是两者的共生关系，不断实现着自由与权力边界的微调。这样做，既能恪守一个社会所珍视的政治传统，又能应付实际政治的各种挑战，从而使得立法与政策能够达到社会普遍乐意接受的状态。

当然，不同的国情形成了不同的文化，即"松"和"紧"的文化。美国经济学家托马斯·弗里德曼（代表作《世界是平的》）说：像是新加坡这样的国家，属于"紧社会"（Tight Societies）。在"紧社会"，政府会通过严格的管控措施来强化好的行为。之所以有这种运行模式，是因为这些国家往往在历史上经历了更多的挫折和灾难，比如更频发的自然灾害、战争、饥荒、瘟疫等。也就是说，他们用血的教训换来了一套严格的社会运行准则。但是美国、意大利这样的国家，属于"松社会"（Loose Societies），相比起遵循规则，"松社会"更在乎个人的自由空间。按照前面说的逻辑，形成这种社会文化的原因，是这些国家遭遇的灾害和威胁相对较少，环境舒适。

中国四十多年发展的最宝贵经验也是：向前进，向宽治。改革开放，解放人的思想，解放人被束缚的权力，提高"人格化程度"。正如党的十六大报告指出的"我们一定要适应实践的发展，以实践来检验一切，自觉地把思想认识从那些不合时宜的观念、做法和体制的束缚中解放出来，从对马克思主义的错误的和教条式的理解中解放出来，从主观主义和形而上学的桎梏中解放出来。"将深入人心的"三个解放出来"，变为一系列可执行可落实的政策与"制度"、法律法规，就能充分释放人的活力。实施和创造"非禁即入"的发展环境，就能造就人人能创业、人人有机会的新局面：万马奔腾，大众创业，万众创新，解放生产力，发展生产力。这样才实现了几十年经济社会文化的大创造大发展大繁荣。

第二，当代社会治理之路是发挥好现代化政治制度的"龙头作用"：靠"宪治"，实现"善治"，这是社会治理的宽广大道。

什么是现代化治理制度呢？现代化是在17世纪从西方开始向整个世界扩散的过程。在18~21世纪，世界现代化走过了农业文明向工业文明的转变，正在从工业社会向知识社会、工业经济向知识经济、工业文明向知识文明、物质文明向生态文明的转变。

现代化是一个严整的体系：思想现代化是其灵魂，管理现代化和技术现代化是两翼，而政治和经济现代化则是其赖以生存和发展的基础性"双轮"。

中国的现代化经历了一个漫长而又曲折的过程。19世纪中叶以后，经过洋务运动、戊戌变法、辛亥革命和五四运动，"现代化"这些先进概念开始传播到中国，逐渐适应土壤生根发芽壮大，中国开始踏上了社会治理现代化的进程。1949年，中华人民共和国的成立，是中国现代化发展中的一个里程碑，标志着中国现代化进程的一个新的历史阶段。

经过多年的实践、探索、比较，"我们既不能照搬西方资本主义国家的做法，也不能照搬其他社会主义国家的做法，更不能丢掉我们制度的优越性。"[1]

因此，中国的现代化必然是具有中国特色的社会主义现代化。它既要吸取西方发达国家和其他发展中国家社会现代化治理的成功经验，又必须根植本国的基本国情。现代化是经济、政治、科学文化、观念和生活的全面发展。

中国的社会主义现代化进程是同全面的体制改革联系在一起的，改革将成为中国现代化的必由之路，主要路径就是构建国家及地方现代化治理体系和法治化、包容性"制度群"，提高现代化治理能力。

现代化治理即善治，善治就是善意治理、善法治理、善者治理、善于治理、广泛参与，治理效能群众满意度高——"善"。一是在技术领域，强调治理就是建立"发展的法律框架"和"培养能力"，其中包括实现法治、改革政府管理、提高政府效率；二是支持和培养公民社会的发展，要积极培育各类非政府组织。

现代化治理首要的是社会治理理念现代化，并不断创新。现代化治理思想核心理念是：以人民为中心，执政为民，政府提供优质全面的公共服务，人民参与共治共建，实现治理成果人民共享。

世界现代化治理历程中，形成的共同理念是科学、理性、民主、自由、法治、创新，依法保护人的权力。中国特色的现代化理念集中体现在社会主义核心价值观里面：

---

[1] 《邓小平文选（第三卷）》，人民出版社2001年版。

富强、民主、文明、和谐、自由、平等、公正、法治、爱国、敬业、诚信、友善。分别从国家发展目标层面、美好社会层面、公民基本道德规范层面、治理理念与关键措施层面进行凝练。

需要特别强调的是，民主、法治、科学、理性和创新理念是现代化思想的根本和精髓。科学、理性，使人类文明开启了"世界的祛魅"时代，即用科学理性的力量驱散了神秘的魅惑——"世界被祛除了神秘性、魅惑性"；尤其是创新，包括观念创新、制度创新、科技创新、方法创新、文化创新等，因为多数国家不断依法鼓励创新，制定法律保护创新，这都加快了人类文明进程，出现了"知识爆炸"式增长的知识文明新时代。思想观念是制度的理论基础，是制度产生及施行的合理性根据。

用社会科学的角度来理解，制度泛指以规则或运作模式，规范个体行动的一种社会结构。社会制度是行为规范的形态，是社会发展的形式，是组成社会结构的基础，是由意识和具体行为规范建立起来的，并在社会上具有合法性和重要地位，包括社会的经济、政治、法律、文化、教育等制度。社会生产力和生产关系的发展是社会制度发展的根本原因。宪法的主要任务就是以根本法的形式确认和维护包括国家制度在内的一定类型的社会制度。

社会制度的本质就是人的认识与核心治理理念，是对社会中具体的人与人关系的反映。有了科学理性客观的认识，才能有科学的社会制度。不同层次的社会制度产生不同的功能，其影响和制约的范围也不相同。根本性制度决定着社会形态的性质，是制定各种制度的依据。不同领域里的制度即基本制度决定各种具体模式和规则。

社会制度具有重要功能：（1）行为导向功能。通过权利和义务系统确定个人的地位和角色，为人们提供思想和行为模式，使其较快地适应社会生活，以避免个人与社会的矛盾和冲突。（2）社会整合功能。作为规范体系的社会制度能协调社会行为，调适人际关系，发挥社会组织的正常功能，清除社会运行的障碍，建立社会正常的秩序。（3）传递与创造文化的功能。制度通过保存与传递人类的发明、创造、思想、信仰、风俗、习惯等文化，使之世代沿袭，并在空间上得到普及。同时，制度促进文化的累积与继承，推动人们创造新的文化。

现代化治理制度突出标志：

（1）体现在合法性制度：合法性可以很清楚地由民主与法治原则获得，即通过由人民选择和授权，通过合理的法律和政治程序获得公共权力。除此之外，没有什么别的程序可以使得一个政权获得合法性。

（2）公开透明性制度：透明性不仅仅指政府单方面的信息透明，还包括整个社会内部的信息透明，透明性是社会公共产品供给水平的最优和社会妒忌程度下降的前提。

（3）包容性制度。就治理结果而言，善治是"善态治理"。这是一种境界，是一种多元治理、和谐共生的社会形态，虽然矛盾与冲突仍会频繁出现，却能最大限度地被社会所包容、被制度所接收、被机制流程所化解。有了容纳百川的包容性，才可以成就大海。

（4）监督性制度，公权力和私权力都要接受监督。突出监督当权者滥用权利。"把权力关进制度的笼子"，用人民群众的法权监督当权者的"公权力"，用法律制约监督个人的"私权力"。人人依法提升自己的社会竞争力。

同时，必须清醒地看到制度也有负功能，即已经建立的制度常常代表社会上的传统行为模式，容易产生刻板、僵化的倾向，不易随时代的发展而及时变迁，从而使得社会制度对个人行为与社会发展起一定阻碍作用。另外，每种制度具有生命周期：每一种制度的建立都有其客观根据，但制度有一个形成期，即制度化的过程。在这个时期，制度是不够完善的，需要进一步完善与扩充。处于效能期的制度在发展演变过程中，也会出现障碍和问题，需要深入调查研究，及时调整不适应的部分与环节，使之继续发挥其效能。有的制度，由于社会环境的变迁，赖以生存的基础已不复存在，这时就必须及时建立新制度来代替已经过时的制度。所以，制度现代化的过程就是不断完善改革开放创新的过程，也是克服认知障碍思维盲点的过程。

把现代化思想不断经过实践检验，并不断完善进行制度化。宪法的主要任务就是以根本法的形式确认和维护包括国家制度在内的一定类型的社会制度。

制度和法律既要解放人又要约束人，制度负责管理前进的方向与道路，法律负责管理人的具体行为，保护人的善言善行、惩治恶言恶行。

第三，当代社会治理的根本方式是以法治思维，向社会供给现代化、法治化、包容性"制度群"，满足人民群众在"民主、法治、公平、正义、安全、环境等方面的要求日益增长"，建设社会和谐秩序。

现代化治理的根本标志是民主治理、依法治理，民主、法治相辅相成，是有过程、于法有据最正大光明的治理。每一部善法，都是社会治理的"压舱石"。唯有依善法治理，才能让人心服口服。向社会供给人民群众需要"日益增长"的现代化治理的"民主、法治、公平、正义、安全、环境等方面"的"制度群"，万事有法可依，一切依法治理，形成执政党依法执政，政府依法行政，人人"依法想事、依法行事、依法成事、违法必惩"，社会依法运行的井然有序局面。唯有每个组织、每个人都形成法治信仰、法治思维、法治方式、法治定力，依法行事，依法平衡利益，社会运行成本才能最低，才能实现效益最大，结果最优化，各方面最省心省力。

人民群众在"民主、法治、公平、正义、安全、环境等方面的要求日益增长"，其本质是公民对知情权、参与权、表达权、监督权的诉求。这四项权力诉求于法有据，是每个公民都拥有的四项受法律保护的基本政治权力。

人民群众行使权利、广泛"知情、参与、表达、监督"的过程，即"民主、法治、公平、正义、安全、环境"等一系列"制度群"建设的过程，更是培育公民责任、履行公民义务的过程。善于调动各方积极性共治，作为国家治理的重要领域，社会治理效能体现在形成中国特色治理之路、共建共治共享治理格局和人人有责、人人尽责的治理共同体。人民群众是治理的主体，既是参与者也是受益者，广大人民群众只有参与到健全完善社会治理体制建设中、参与到预防化解社会矛盾机制建设中、参与到公共安全体系建设中、参与到社会治安防控体系建设中、参与到社会心理服务体系和心理疏导危机干预机制建设中来，才能切身感受到社会治理既需要充满活力又需要和谐秩序，处理好二者的关系，依靠坐而论道是不行的，"要知道梨子的滋味必须亲口尝一尝"。

只有公民广泛参与到"民主、法治、公平、正义、安全、环境"的制度化建设进程中来,"民有所呼、我有所应",这些制度也才会更加接地气,更容易被人民群众拥护;人民也只有置身其中参与共建共治,才能调动人民群众的积极因素化解消极因素,实现社会治理充满生机活力和保持安定有序的统一。

国家治理由根本制度、基本制度、重要制度、具体制度和实施机制构成,要将各个层级的制度建设完备起来,必须要有"制度群"整体供给的支撑才能落地生根。在制度群建设过程中,一切为了人民,一切依靠人民,人民群众在实践第一线,最知道自己的所思所想所盼,人民群众蕴藏着无限智慧。广泛听取民意集中民智,满足人民群众对美好生活的需要,就是社会治理的目标,也是制度的民主化、法治化过程。

人民群众行使权利,在参与民主化、法治化"制度群"的建设与供给的过程中,要将系统思维贯穿于全部领域和各个环节,全面系统地依法改革和依法推进,着眼于整体效能。在行使权利的实践中,培养锻炼人民群众准确理解权力、科学掌握权力、正确驾驭权力、依法运用权力的能力,全面提升民主治理、依法治理的思维方式与建立运用"制度群"的素养。

(1) 倡导人民群众行使权利,参与民主化、法治化、包容性"制度群"的建设与供给的过程,就是引导人民群众坚定不移走稳中国特色社会主义民主道路、准确稳妥处理好改革发展创新稳定的关系的过程。在实践中辨明是非,更加清醒地认识到,中国现代化的过程绝不是西方化,要守住中国特色社会主义这个"道"。不少人还固执地认为,资本主义道路在20世纪的中国走不通,不代表在新世纪也走不通,进而主张全盘西化。但是,客观来看,冷战结束后,全面照搬了西方政治制度模式的国家有几个是繁荣稳定的?受到"阿拉伯之春"影响的国家,有哪个政局稳定下来了?我们承认我们当前的制度本身还有缺陷和不足,这正是我们努力改进和完善这个制度模式的原因,但如果试图另起炉灶,其中的代价是难以想象的,也是中国社会难以承受的。这是"不折腾"的深刻内涵。既要看到依法赋权的重要性,也要看到广大公民提高全面素养的紧迫性。各种治理制度,几乎与全体公民素养是相协调的,从全局上看,制度的素养反映的是公民的素养,公民的素养又反哺制度的素养。

考察世界近200年的民主历程,民主对经济社会发展发挥了推波助澜不可估量的作用,以民为主,调动每个人的积极性。民主的本质是人民当家作主,共同承担使命,每个人都应该认识到一个人的力量不足以完成共同使命,需要每个人的合作,共同尽责。强调民权,一切为了人民,发挥好运用好每个人的权力,是社会建设的灵丹妙药,民主是发展的大趋势,民主可以限制威权主义带来的危害。正如民主政治制度的专家亨廷顿在其专著《第三波》中指出的,对人类民主的长期前景保有着乐观态度:"每一波民主化浪潮都比前一波前进得更远,而倒退得更少。"但民主不是高歌猛进派。民主转型中还存在诸多严峻问题,比如:新旧体制转换问题、新政体下的军政关系,能否解决好这些问题,是新兴民主国家成败的关键。对此,他给出了巩固新兴民主政体的可能方法:新的民主文化的培育和新兴民主政体的制度化法治化。

资本主义的权威民主理论家对民主进程尚且有如此清醒、谨慎的认识,那就更有助于我们在推行民主的道路时予以借鉴,积极探索民主方法,实现渐进式发展,走有秩序不暴力最优化的民主道路。民主化与法治化是一对孪生兄弟，共生共兴共存。在社区治理中的民主，主要就是落实好"共建共治共享"的机制，让人民群众广泛参与各项社区事务，满足人民群众的知情权、参与权、表达权、监督权，从而体验"主人翁"的"获得感"。

（2）倡导人民群众行使权利，参与民主化、法治化、包容性等"制度群"的建设与供给的过程，就是引导人民群众特别注意制度的连续性与稳定性，循序渐进实现"帕累托最优"。制度体系只有在保持稳定性的同时又具有开放性，才能具有持久而旺盛的生命力。人民群众行使权利，在参与民主化、法治化、包容性"制度群"的建设与供给的过程中，各项制度要不断实践完善修正，增强制度之间的协调性协同性，就像汽车那样不断优化迭代，最终目标是实现制度供给的"帕累托最优"。所谓"帕累托改进"，就是一项政策能够至少有利于一个人，而不会对任何其他人造成损害。所谓"帕累托最优"，就是上述一切帕累托改进的机会都用尽了，再要对任何一个人有所改善，不得不损害另外一些人，达到这样的状态就是帕累托最优。在制度现代化过程中力求帕累托最优，就是通过资源的重新配置使得经济社会更加健康高效地发展，从而使一个经济体中的所有人都可以提高生活质量、改善生活状态。在当前和接下来的改革中，要坚持帕累托改进原则，尽可能实现帕累托最优状态，让一切劳动、知识、技术、管理、资本的活力竞相迸发，让一切创造社会财富的源泉充分涌流，让发展成果更多、更公平地惠及全体人民。

2020年5月28日，第十三届全国人民代表大会第三次会议通过了《中华人民共和国民法典》，该法典历经66年，是新中国的首部《民法典》，第一部法典以"民"命名，私权领域获得体系性保护，是中国法制建设具有里程碑意义的大事，也是世界民事立法进程的一座丰碑。新时代下的民法典"姓"民为民，是人民权利的"宣言书"，是实现国家治理体系与治理能力现代化的基础性制度，是治国安邦和治国安民的"国之大典"。编纂完成的这部《中华人民共和国民法典》，包含着我们这个民族的精神密码，我们就是通过表达我们对人、社会、国家、自然等基本问题的看法，来回应中国之问和时代之问的。这部法典，是在原有七部法律运行实践完善的基础上，再依据新理念不断完善整合成的综合性"法典"。

民法典颁布的意义被法律界高度评价为：民法典是市场经济的基本法，民法典推动人的成长和发展，民法典促进社会进步，民法典推动全面依法治国。并且说"自治"是民法典的核心和灵魂，权力"自由"贯穿全篇，总则编体现营业自由；物权编倡导所有权自由；合同编保护合同自由；婚姻家庭编倡导保护婚姻自由；继承编倡导保护遗嘱自由；人格权编倡导人格权行使自由；侵权责任编倡导自由与安全的平衡。民法典开启了依法治理的新时代，是新时代人民权利的宣言书，是社会依法治理的百科全书。颁布并实施被称为"万法之母"的民法典，标志着国家治理进入更加开放的时代。倡导人民群众行使权利，参与民主化、法治化、包容性"制度群"的建设与供给的过程中，通过制度来治理国家，既要考量大量的正式制度和非正式制度，又要注意"反向制度预设"。对于创制新制度，要有一个理性的认识。要考虑新制度可能带来的弊端，并针对可能带来的弊端和新问题建立相关制度，这样既可以防止改革"翻烧饼"，又可以抑制改革可能出现的负能量和负效应，使改革的效能最大化。

第四，实现经济高质量发展、充分发展，满足人民群众对物质文化生活提出的更高要求，是社会治理的"定海神针"。

经济基础决定上层建筑，政治、法律、文化、教育等各项制度是建立在经济基础之上的上层建筑，决定于经济制度，又为经济制度服务。李克强总理在《2020年政府工作报告》中清晰地指出了经济工作的重要性："要看到，无论是保住就业民生、实现脱贫目标，还是防范化解风险，都要有经济增长支撑，稳定经济运行事关全局"。建立社会主义市场经济制度，使市场在资源配置中起决定性作用和更好发挥政府作用。制度决定支配权力。经济权力是核心权力，即谁掌握经济的支配权。从经济上讲是生产与消费，从政治上讲就是人的权利与利益公平。公有与私有规定了社会的本质。公有制便于国家统筹社会财富，兼顾公平与效率，市场经济基本制度便于人民追求自由与效益。混合所有制经济兼顾了二者的优势，调动了全部社会资源的积极性。

满足人民群众"对物质文化生活提出的更高要求"，就要实现经济高质量发展，根本在于新时代加快完善社会主义市场经济体制，不断完善健全改革的正向激励体系。德隆·阿西莫格鲁及其合作者在《国家为什么会失败》中也论证了激励结构对于一国经济增长的重要性。他们认为，正是一个国家的政治制度和经济制度决定了这个国家的经济绩效。他们把不同类型的政治经济模式分为两种：一种是攫取性的（extractive），一种是包容性的（inclusive）。在攫取性政治经济制度下，一部分人扮演着掠夺者的角色，从而破坏了一个社会较为合理的激励结构，长期当中就无法实现经济增长和繁荣。

我们欣喜地看到，2020年5月11日公布的《中共中央、国务院关于新时代加快完善社会主义市场经济体制的意见》核心精神是：中国特色社会主义进入新时代，社会主要矛盾发生变化，经济由高速增长阶段转向高质量发展阶段，与这些新形势新要求相比，我国市场体制还不健全，市场发育还不充分，政府和市场的关系还没有完全理顺，还存在市场激励不足、要素流动不畅、资源配置效率不高、微观经济活力不强等问题，推动高质量发展仍然存在不少体制机制障碍，必须进一步解放思想，坚定不移深化市场改革，扩大高水平开放，不断在经济体制关键性基础性重大改革上实现突破与创新。以完善产权制度和市场要素市场配置为重点，全面深化经济体制改革，加快完善社会主义市场经济体制，建设高质量市场体系，实现产权有效激励、要素自由流动、价格反应灵活、竞争公平有序、企业优胜劣汰，加强和改善制度供给，推进国家治理体系和治理能力现代化，推动生产关系同生产力、上层建筑同经济基础相适，促进更高质量、更有效率、更加公平、更可持续的发展。牢牢扭住经济建设这个中心，发挥经济体制改革牵引作用，协同推进政治、文化、社会、生态文明等领域改革，促进改革发展高效联动，进一步解放和发展社会生产力，不断满足人民日益增长的美好生活需要，为实现高质量发展、建设现代化经济体系提供重要制度保障。全面完善产权制度，加强产权激励；全面实施市场准入负面清单制度，推动"非禁即入"普遍落实。建立重大科技基础设施建设运营多元投入机制，支持民营企业参与关键领域核心技术创新公关。健全劳动、资本、土地、知识、技术管理、数据等生产要素由市场评价贡献，按贡献决定报酬的机制。健全完善经济领域法律体系，以保护产权，维护企业统一市场平等交换、公平竞争、有效监管为基本导向，不断完善社会主义市场经济法制环境，确保有法可依，有法必依，违法必究。健全改革的正向激励体系，保护勇于改革、善于改革的各类组织和各类人员。实践再次证明，经济工作的中心地位动摇不得，其他一切工作都要由经济增长支撑，稳定经济运行事关全局。

面临世界百年未有之大变局和国内社会主要矛盾变化，供给经济、民主、法治等一系列激励制度群与政策，是新时代人民对美好生活的新诉求，是"发挥市场的决定性作用、更好发挥政府作用"的制度保障，是把我国制度优势转化为国家治理效能的题中之义。推动国家治理现代化，从经济基础与上层建筑两方面共同联合发力，找到实现新时代高质量发展的结合点。党中央国务院审时度势、高屋建瓴，及时"顶层设计"，推出的一系列以"激励"为核心价值的措施落到实处，就是新时代的新一轮解放思想、更新观念，是真正依法为人赋权、为组织依法赋能的根本举措，是建立"包容性"而非"攫取性"经济制度的过程，必然迎来新一轮高质量发展，迎来人民群众热切期待的大发展大繁荣，也必然全面提升社会竞争力。

三、必须探索建立十分透明的效能评价机制，规范效能评价内容，公开效能评价结果，为构建"充满活力又和谐有序"的基层社会提供可参考标准，及时反馈改进治理，不断提升治理效能

中国古代国家治理经典对国家治理效能提出了很理想的目标，这就是在《中庸》里倡导的"致中和，天地位焉，万物育焉"！这和党的十九大报告提出的"建设充满活力又和谐有序的社会"目标一脉相承，是认识上的深化、行动上的继往开来。

由此可见，社会治理追求两大目标即实现高质量治理效能：一是社会充满活力，二是社会和谐有序。社会秩序与活力本为一体两面，互为依存，共融共生，相得益彰，不可偏废。这两大目标都可感受、可体验、可量化、可评鉴。应该说治理效能评价透明化、机制化程度，与我们的治理体系和治理能力现代化程度相一致、相协调。

以人为本，善治首在治心。联合国开发计划署曾有专题"治理远景纲要：为了人类的发展"。可见治理的目的都是为了人的向上向善。治理的主体是人，治理的对象也是人。如何治人？以人为本，贵在善治人心。知其心才能治其心。诺贝尔奖获得者世界著名哲学家文学家社会学家伯特兰·罗素在其《权力论》中明确提出："我认为无论什么样的善或恶都体现在人身上，而主要不是在社会。"由此可见，治理贵在治理人的思维方式、价值观与言行。人心所向在何处？引导人们追求什么价值？国家为人民而生、因人民而兴、靠人民而强，必须坚持以人民为中心，以全面建成小康社会和实现中华民族伟大复兴为目标，切实提高人民群众的获得感、幸福感和安全感，实现人民对美好生活的期待和向往，包括更优质的教育、更稳定的工作、更满意的收入、更可靠的社会保障、更高水平的医疗卫生服务、更舒适的居住条件、更优美的环境、更丰富的精神文化生活。这是人心所向，因此，我们治理的效能要围绕"人民满意不满意，人民答应不答应"展开。

(一) 依法善治，构建和谐有序的社会，域泰民安，是谓"大治"

社会稳定有序是社会治理的一条基线也是底线。对于任何国家而言，国家治理第一位的、最直接的目的是建立和维护安定有序的社会秩序。秩序的存在是人类生存、生活、生产活动的必要前提和基础。美国著名哲学家、历史学家、"普利策奖"获得者威尔·杜兰特在其名著《历史的教训》中对文明的定义是"文明是增加文化创造的社会秩序"，这个定义的关键词是秩序。没有秩序，人类的公共性活动就不可能正常进行，混乱不是文明。对于国家而言，内部秩序的基本形态包括公共生活秩序、市场经济秩序、民主政治秩序、意识形态秩序；外部秩序包括国际经济秩序和政治秩序。秩序的存在是人民安居乐业、国家长治久安最基础、最根本的条件，所以，国家治理首先要建立和维护秩序。

埃里克·沃格林（1901～1985年，美籍德裔思想家）被称为"我们时代最伟大的哲学家"，他在名著《历史与秩序》中指出：秩序，是人能活好的根本。沃格林之所以有如此深刻的洞见，是因为他亲身经历了德国纳粹的残酷暴政，沃格林发表的5部著作中，其中4部是批判纳粹极权主义的。在沃格林看来，纳粹暴政的根本特征，就是试图控制一切。《秩序与历史》关注的核心问题是秩序，包括社会秩序、人们的生活秩序以及道德和精神秩序。秩序之所以成为沃格林关切的最大问题，是因为他看到了社会的失序、混乱给大众生活造成的伤害。正因为如此，我们才倍感建设充满活力又和谐有序的社会，是多么值得重视、珍惜、向往，秩序是美好生活的载体，是高质量发展必须要有的大环境。

秩序的建立主要途径，一是依靠等级身份建立秩序。历史上，封建统治阶级及其代言人把封建等级制看作不可侵犯的秩序。这种封建等级式治理，属于诺贝尔经济学奖获得者诺斯论定的人的"权利受限秩序"。这种制度建立起来的秩序，其治理效能最低。二是依靠社会道德，包括社会公德、职业道德、家庭美德。这种治理属于软激励软约束，是各个时期治理的补充。三是依靠宗教，这个在西方比较普遍。四是依靠宪法法治进行激励与约束，所谓无规矩不成方圆。追求法律面前人人平等。这种以民主法治为根本标志的现代化治理方式，被诺斯称为"权利开放秩序"，是《人权宣言》之后人权被法律保护最近200年来人类治理的历史。这种治理虽非尽善尽美，但属于"正道"，法律是社会的共识，其治理效能比较理想。这也是社会主义核心价值观倡导的治理方式与追求的治理效能。五是依靠国家机器治暴治乱。六是社会自治。各个组织或区域建立的"居规民约""企业员工守则"之类的区域约束与约定，其治理在本单位本区域有效，是社会治理机制的重要内容，其治理效能近乎"立竿见影"，对建立局部秩序有力有效。

秩序的核心是依法保护人的正当权利，保护并充分释放每个公民追求价值实现追求自我发展的权利，目的是扬善惩恶。

总结人类治理的历史，治理的趋势走向更加开放开明的善治、宽容、法治、自治，治理方式更加现代化。从奴隶制封建制到现代政治，总的治理趋势走向宽容，解放思想，解放人权，解放生产力……这也符合制度经济学家诺斯的研究结论：诺思提供的制度理论框架，最重要的一对概念，是"权利受限秩序"和"权利开放秩序"。这对概念将人类最近一万年的历史划分成两个发展阶段：第一个阶段，包括 200 年前人类的全部历史，这个漫长的阶段，人类处在权利受到限制的秩序当中；第二个阶段，是最近 200 年来人类的历史，在这个阶段，人类的一部分社会，建立起了尊重、保护人的权利的秩序，另一部分社会，正在向权利开放秩序演变。

在社会主义核心价值体系引领下的秩序是百花齐放、百家争鸣、尊重差异、包容多样、"和而不同"、和谐共生的秩序，是一种使自由而平等的竞争和人道主义的生活成为可能的秩序，是摆脱了单纯偶然性、任意性、不可预测性的秩序，是各种社会分歧、矛盾和冲突能够在道德精神和法律理性的基础上得以和平解决或缓和的秩序，是社会组织健全，社会治理完善，社会安定团结，人民群众安居乐业的秩序。它吸收了人类治理的精华，既适合本国国情，又借鉴了西方国家的经验教训，是治理效能最大化的制度，但也需要根据变化了的情况不断完善，即实现治理体系与治理能力现代化，追求治理效能最优化。

（二）充分激励，构建充满活力的社会，活力迸发，是谓"大德"

《易·系辞下》："天地之大德曰生。"意思是天地的弘大德泽，在于使万物生生不息，生机勃勃，不相残杀与侵害。

社会充满活力，社会创造力才迸发。社会充满活力，根本措施是依靠健全的法律，充分保护和激活人性之善，全面建立激励向上向善的制度。充分激发、激活社会上每个人的正能量，释放全社会的创造力。

全面建立权利开放包容性法治制度是社会活力涌现的法治保障，是充分激励创新的治本之路，是提高治理效能的最优之路、必由之路。

（三）科学创新，探索建立治理效能评价规范化机制，是谓"大明"

2018 年 1 月 5 日，习近平总书记在学习贯彻党的十九大精神研讨班开班式上发表重要讲话，提出"时代是出卷人，我们是答卷人，人民是阅卷人"的精辟论述[①]。既然人民是阅卷人，人民自然有权力对"答卷人"的治理效能设置"OKR"（Objectives and Key Results），即目标与关键成果法，是一套明确和跟踪目标及其完成情况的管理工具和方法。设定指标，进行考核评价，让人民"阅卷打分"。并且应该将这种评价探索机制化、透明化、公开化。以正面反馈促进高质量治理、促进高质量发展。

对治理的三大主体包括政党和政府治理、社会治理、市场治理的效能评价指标；对治理的制度执行情况进行评价；对治理的总体结果进行效能评价。

第一，对政党治理与政府治理进行评价，追求善政。

（1）对党内决策民主程度进行评价，评价党内执行民主集中制和党外执行政治协商制的情况，评价顶层设计的现代化决策质量与效能。

（2）对政府决策的科学化民主化法治化程序、决策质量进行评价，避免权力个人化或高度集中，防止权利任性被滥用。

（3）对政府行政审批效率是否有效及时进行评价，看人民满意程度，以评价行政效能。俞可平在《中国治理评价框架》中指出："执政当局希望其治下的社会政治经济

---

① 《在学习贯彻党的十九大精神研讨班上的讲话》，载《人民日报》2018 年 1 月 6 日第 1 版。

生活更加安定有序,广大公民对现实政治更加满意"。这种人民对当政者进行评价的制度,就是检验其治理效能的好举措。

(4) 对公共服务的质量及透明程度进行评价,以促进公共服务功能提升。

(5) 对公共产品的供给是否及时有效,公共政策是否具有普惠性进行评价。

(6) 对政府治理的与时俱进改革创新能力进行评价,以评价其开放性治理效能。善于学习借鉴其他国家社区治理的经验教训,以开放的襟怀补己之短。习近平总书记强调"好学才能上进,中国共产党人依靠学习走到今天,也必然依靠学习走向未来"[①]。

(7) 对政府工作人员治理能力与廉洁自律情况和全民的廉洁意识进行评价,促进治理者素质全面提高。

(8) 对是否建立起与民沟通的渠道与机制进行评价,促进提高"民有所呼我有所应"的民主治理程度。建立人民监督意见收纳与反馈机制,及时倾听民言、及时反馈民意、广泛集中民智以及时纠偏与补短板。建立收纳与回应机制,及时回应人民关切。干部要甘当居民的"出气阀",不仅不影响当权者的"权威"与"尊严",反而避免当权者滥用权利,提高人民群众的信任度。

(9) 评价是否自觉接受监督,评价人大监督、政协监督、监察监督的效能,是否履职尽责,发挥了法律规定的作用。

(10) 评价解决问题的效能是否有力?发现问题是治理效能提升的前提,问题是时代的声音,问题与解决问题的方法同时产生。形成问题筛选机制,明确轻重缓急,确定治理的主攻方向,包括事关现代化全局和长远发展的重大问题、事关改革发展重点领域和关键环节的突出问题、事关人民群众根本利益和民生福祉的紧要问题等解决是否有力?

(11) 评价应急治理效能,如防灾减灾,防火、防疫、防盗等具体预案是否建立?执行情况如何?让预案从纸上落到演练上。

第二,对社会机制治理效能进行评价,以降低政府治理成本,自我、自觉化解社会矛盾,提高居民责任意识,提升自发治理效能。

(1) 评价居民自我管理机制是否建立与执行情况,促进自律、形成自觉,以自我教育、自我提高。这种社会自治,成本最低,而产生的效果效能较好,是社会治理第一应该倡导的。

(2) 评价公民对公共事务的参与程度,具体到社区就是基层居民参与社区事务的程度,以提升居民的主人翁意识,提升责任心责任感。伯特兰·罗素在《权力论》中说:"人生最好的活动范围是集体的而不是个人的。"参与互动,权力的行使过程即秩序的建立过程。善治过程的一个核心理念是主体际的互动,在互动中实现权力的优化行使,以此保证所有人都能参与到程序中来,权力的行使过程即秩序的建立过程。正因为所有人都能参与其间,秩序是所有人协商合意的结果,正是源于这一设置,秩序本身变得合法化、合理化,社区治理与居民的关系清晰展现。居民充分享受了"参与"的机会、行使了参与的权力才切实感受到"主人翁"意识以及作为居民理应享受的权

---

① 《在中央党校建校80周年庆祝大会暨2013年春季学期开学典礼上的讲话》,人民出版社2013年版。

力。在社会治理现代化的进程中，善治既有利于促进公民参与社会管理事务，也有利于提升国家与公民之间良好的互动关系，以形成彼此的良性沟通，进而促进社会的良性发展。①

（3）对《居民委员会组织法》的执行情况进行评价，在社区内是否进行直接选举。以评鉴居民选择水平，提升居民自治效能。

（4）评价社区事务内部调解与修复机制的建立情况，引导民众追求理性平和面对矛盾，解决问题。

（5）评价社区群体性事件发生率和解决群体性事件的能力。提升群体性事件的治理效能。对群体性事件，切忌"火上浇油"激化矛盾，把事情搞砸。

（6）评价社区（区域）内民主协商民主理事机制健全与运行情况，实现共驻共建共享，共生共融共赢。众人的事情众人商量，众人拾柴火焰高。以提高社区居民对本社区和社会的认同感与归属感。

（7）评价全民法治思维是否建立，提升全民法治思维水平，提升依法办事能力，克服思维盲点认知障碍。

第三，对市场机制治理效能进行评价。

要善于运营、学习和发挥市场机制在社会资源配置中的重要作用。该交给市场机制治理的事务，一定由市场治理。市场经济机制擅长于调动每个人的积极性。

（1）评价运用市场机制配置资源情况，社区市场服务是否完善，作用是否充分发挥？对社区的商业基础设施及服务进行评价，打造居民服务15分钟便利生活圈。

（2）评价政府如何更好地保护竞争，追求效率，处理二者的关系是否得当。

（3）评价居民实际收入情况，促进居民劳动"致富"。国家追求富强，人民追求富裕，这是社会主义核心价值观的内容。富足是一个人的物质基础又是精神动力，居民实现经济自由自足就腰杆直、元气满。所以，评价社会的富裕程度是治理效能的重要方面。

第四，对治理的根本依据——现代化治理制度群进行效能评价，满足现代化治理制度的完善、完备与有效、有序供给。

现代化治理体系，应该包含国家和地方治理制度、国家和地方治理组织机构、国家和地方治理人员的素养。国家治理制度是地方治理制度产生的根本依据。国家与地方治理机构必然与治理制度相一致，机构是执行制度的机关，所有治理人员都是执行制度、落实制度，推进制度文明建设。建立社会秩序、产生社会活力依靠各种各样的社会制度。诺斯在《暴力与社会秩序》中说"制度是社会的游戏规则"，真是一语破的。诺斯对此解释说，在一个不确定的世界里，最紧要的事情，是处理人与人的关系，而制度就是处理这种关系的一整套规则。它包括正式的规则，像宪法、法律和规定，以及非正式规则，像惯例、行事准则、行为规范等。它们共同塑造了一个社会的经济、政治和组织面貌。

"制"包含治理理念与价值观、规制规则规范、管理的方式方法；"度"是程度、

---

① 李丽辉：《良法善治》，上海社会科学出版社2018年版。

幅度、力度、深度、高度、厚度，即包容度、容纳度、格局，规定行为的边界与区间。社会制度就是社会推行的价值观与治理规则规制允许的行为方式和运行区间与宽度，即治理的包容性程度。制度也是解决问题的规范性稳定性办法。制度的素养几乎是与全体公民素养是相协调的，从全局上看，制度的素养反映的是公民的素养，公民的素养又反哺制度的素养。有利于各个群体共生共存共融共赢的制度就是包容性开放性文明制度。

任何时代都在产生矛盾，积累矛盾，也在化解危机和解决矛盾。适应新变化，解决新矛盾的能力，是治理的根本能力。但解决问题的依据是什么？治理的方式是什么？追根溯源，就是现代化、法治化、包容性制度。而制度的成熟性与稳定性，来自法律与法治。现代法治为社会治理注入了良法的基本价值。就国家治理体系而言"良法"就是良好的制度、法律、高效率的机构与高素质的国家公务员、高素质的公民社会。国家治理是不是高效能治理，关键看国家治理制度体系贯通什么样的价值观和价值标准。以国家治理现代化的世界元素和中国标准而言，秩序、公正、人权、自由、民主、效率、和谐、活力等当属其基本价值，也是社会主义核心价值观的内容。对治理体系与治理能力的评价包罗万象，这里重点突出以下几点：

（1）对《宪法》的现代化性质进行评价，只有适合国情促进发展，为人赋权、为组织赋能、促进建设充满活力与和谐有序社会的制度，就是好制度。

（2）对《宪法》规定的人权与公民权的全面性执行情况进行评价。只有每个人的权利得到《宪法》和各部法律保障，公民充分依法行使权力，充分保障权利，才能产生治理的高效能。《良法善治》中指出："我们所身处的时代是一个'权利时代'，追求权利、为权利而奋斗已经成为这个时代的主旋律与最强音。若没有对权利的充分保障，国家治理现代化这一命题便没有存在的意义。因此，保障权利是国家治理现代化的核心问题"[①]。现代化治理即善治包括三要素：以民众为中心、以权利保障为指向、以权力制约为要旨。这项指标的可评鉴是现代化治理的根本标志，是一切治理效能产生的根源，是社会蓬勃向上的动力基础。

（3）政党制度，包括执政党与民主协商制度。党的十八大报告指出："保证人民依法实行民主选举、民主决策、民主管理、民主监督。"

（4）对政府行政机构的现代性与治理效能进行评价。改革不适宜的机构与机构职能，以期建立精简、高效能的政府机构。

（5）对法律与法治的完备性进行评价，满足人民对法律的有效需求，以提升法治效能。

（6）对司法机构与法律执行情况进行评价，以提升审判与执法效能。"依法公正对待人民群众的诉求，努力让人民群众在每一个司法案件中都能感受到公平正义，决不能让不公正的审判伤害人民群众感情、损害人民群众权益"。

（7）对社会诚信与信用制度进行评价，提升诚信效能，降低社会运行成本。对诚信的行为进行正向激励制度，对失信的行为建立负向激励制度，从而构建社会的诚信

---

① 李丽辉：《良法善治》，上海社会科学出版社2018年版。

治理体系，使诚信行为效能化。

在数字化时代，人的行为会逐步地数字化、金融化，转化成个人信用资本，信用制度的建立，使我们普通人也许能通过信用构建获得更大的资源动员能力，也可能使得这个社会朝一个良性循环的方向发展。

（8）对公民劳动产品及私有产权依法保护情况进行评价，以期鼓励劳动、鼓励创造、鼓励社会财富增加，建设富强中国、富裕家庭，全面建成小康社会。

（9）对公共服务人员分行业进行评价，以建设高素质的公务员队伍，提升参与公共服务与公共治理者的能力。十九届四中全会《决定》中对治理能力本领进行了规范明确，包括完善担当作为的激励机制，促进各级领导干部增强学习本领、政治领导本领、改革创新本领、科学发展本领、依法执政本领、群众工作本领、狠抓落实本领、驾驭风险本领，发扬斗争精神，增强斗争本领。对于领导能力和领导本领，中国古代文献研究可谓汗牛充栋，整部《资治通鉴》主题就是研究治理能力提高治理本领。老子在《道德经》第17章中对领导水平有特别精辟的论述："太上，不知有之；其次，亲而誉之；其次，畏之；其次，侮之。信不足焉，有不信焉。悠兮，其贵言。功成事遂，百姓皆谓'我自然'"。意思是：最好的统治者，人民并不知道他的存在；其次的统治者，人民亲近他并且称赞他；再次的统治者，人民畏惧他；更次的统治者，人民轻蔑他。统治者的诚信不足，人民才不相信他，最好的统治者是多么悠闲。他很少发号施令，事情办成功了，老百姓说"我们本来就是这样的"。当然，领导力也要与时俱进。

（10）对公民的文明素养进行评价，以提高参政议政能力，提高法律思维和依法行为能力，提高现代化终身学习能力。

第五，对治理的总体结果进行效能评价指标。

主要包括秩序指标，是和谐有序还是混乱无序。和谐有序，包括社会稳定指标，经济发展环境，治安犯罪指标，社会秩序总体感受。以提高对社会的认同感归属感，依法依规行事，减少戾气，增进和谐有序，理性平和处事。

评价活力指标，主要包括：居民受教育水平的提高程度、居民医疗保障水平、居民收入水平及增长率、就业率与失业率、对生活与工作的满意程度、社会文明程度等主要指标（见表1）。

表1　　　　　　　　　　　社会治理效能评价内容与核心指标

评价内容		指标
1. 对政党治理与政府治理进行评价	1-1	对党内决策民主程度进行评价，评价党内执行民主集中制和党外执行政治协商制的情况，评价顶层设计的现代化决策质量与效能
	1-2	对政府决策的科学化民主化法治化程序、决策质量进行评价，避免权力个人化或高度集中，防止权利任性被滥用
	1-3	对政府行政审批效率是否有效及时进行评价，看人民满意程度，以评价行政效能

续表

评价内容		指标
1. 对政党治理与政府治理进行评价	1-4	对公共服务的质量及透明程度进行评价，以促进公共服务功能提升
	1-5	对公共产品的供给是否及时有效，公共政策是否具有普惠性进行评价
	1-6	对政府治理的与时俱进改革创新能力进行评价，以评价其开放性治理效能
	1-7	对政府工作人员治理能力与廉洁自律情况和全民的廉洁意识进行评价，促进治理者素质全面提高
	1-8	对是否建立起与民沟通的渠道与机制进行评价，促进"民有所呼我有所应"的民主治理程度提高
	1-9	评价是否自觉接受监督，评价人大监督、政协监督、监察监督的效能，是否履职尽责，发挥了法律规定的作用
	1-10	评价解决问题的效能是否有力，形成问题筛选机制，明确轻重缓急，确定治理的主攻方向
	1-11	评价应急治理效能，如防灾减灾，防火、防疫、防盗等具体预案是否建立，执行情况如何
2. 对社会机制治理效能进行评价	2-12	评价居民自我管理机制是否建立与执行情况，促进自律、形成自觉，以自我教育、自我提高
	2-13	评价公民对公共事务的参与程度，具体到社区就是基层居民参与社区事务的程度
	2-14	对《居民委员会组织法》的执行情况进行评价，在社区内是否进行直接选举。以评鉴居民选择水平，提升居民自治效能
	2-15	评价社区事务内部调解与修复机制的建立情况，引导民众追求理性平和面对矛盾，解决问题
	2-16	评价社区群体性事件发生率和解决群体性事件的能力。提升群体性事件的治理效能
	2-17	评价社区（区域）内民主协商民主理事机制健全与运行情况，实现共驻共建共享，共生共融共赢
	2-18	评价全民法治思维是否建立，提升全民法治思维水平，提升依法办事能力，克服思维盲点认知障碍
3. 对市场机制治理效能进行评价	3-19	评价运用市场机制配置资源情况，社区市场服务是否完善，作用是否充分发挥
	3-20	评价政府如何更好地保护竞争，追求效率，处理二者的关系是否得当
	3-21	评价居民实际收入情况，促进居民劳动"致富"

续表

评价内容		指标	
4. 对治理的根本依据——现代化治理制度群进行效能评价	4-22	对《宪法》的现代化性质进行评价，适合国情促进发展，为人赋权、为组织赋能、促进建设充满活力与和谐有序社会的制度，就是好制度	
	4-23	对《宪法》规定的人权与公民权的全面性执行情况进行评价。只有每个人的权力得到《宪法》和各部法律保障，公民充分依法行使权力，充分保障权利，才能产生治理的高效能	
	4-24	政党制度，包括执政党与民主协商制度	
	4-25	评价政府行政机构的现代性与治理效能进行评价。改革不适宜的机构与机构职能，以期建立精简、高效能的政府机构	
	4-26	对法律与法治的完备性进行评价，满足人民对法律的有效供给，以提升法治依据效能	
	4-27	对司法机构与法律执行情况进行评价，以提升审判与执法效能	
	4-28	对社会诚信与信用制度进行评价，提升诚信效能，降低社会运行成本	
	4-29	对公民劳动产品及私有产权依法保护情况进行评价，以期鼓励劳动、鼓励创造、鼓励社会财富增加，建设富强中国、富裕家庭，全面建成小康社会	
	4-30	对公共服务人员分行业进行评价，以建设高素质的公务员队伍，提升参与公共服务与公共治理者的能力	
	4-31	对公民的文明素养进行评价，以提高参政议政能力，提高法律思维和依法行为能力，提高现代化终身学习能力，提高对命运的掌控能力	
5. 对治理的总体结果进行效能评价	5-32	对社会稳定指标进行评价	和谐有序
	5-33	对经济发展环境进行评价	
	5-34	对治安犯罪指标进行评价	
	5-35	对社会秩序总体感受进行评价	
	5-36	对居民受教育水平的提高程度进行评价	充满活力
	5-37	对居民医疗保障水平进行评价	
	5-38	对居民收入水平及增长率进行评价	
	5-39	对就业率与失业率进行评价	
	5-40	对生活与工作的满意程度进行评价	
	5-41	对社会文明程度进行评价	

构建充满活力又和谐有序的社会，是极其艰巨的伟大事业伟大工程。社会治理臻于至善，人人崇尚科学与诚信，赋予劳动新的价值，社会不造假，治理不过头，组织与个人运用权力恰到好处。人人以德立事、依法行事、依情助事、以理调事、以义说事，以善成事，依法纠事。我们正在迎接治理的春天，温润宽松的环境容易催发万物

复苏、生机勃勃、硕果累累。在善法的保护下，让"爱、忠诚、正义、仁慈"等成为每个人的基因，人性善的光芒充分激活充分释放；将人性之恶魔关进制度的笼子，全社会活力迸发，持续绽放，社会和谐有序，人人奋斗不息，主动探索和发现人生的美好意义，创造更美好的生活。让"致中和，天地位焉，万物育也"的美好理想成为社会现实！

治理机制

完善社区治理体系　提升社区治理能力*
——社区治理的顶层设计与体制机制研究

社区是社会的基本单元，也是基层社会服务管理的基础。城市社区作为城市基层治理的基本单元以及居民生活的共同体，在国家大政方针落实、社会稳定秩序维护以及城市文明发展中，发挥了不可替代的作用。而社区治理能力与治理水平，则直接影响着基层社会稳定和谐发展和全面深化改革目标实现程度。

推进社区治理现代化，需要坚持顶层设计型改革和问题倒逼型改革相结合，既要总结社区治理发展规律，通过自上而下的途径推进制度建设，也要总结全国乃至世界各地在实践中积累的成功经验，及时将可复制的地方经验纳入政策体系中。改革开放40年来，城市社区治理实践探索成就斐然，变化巨大。随着经济体制改革的不断推进，1949年在城市建立的以"单位制"为主、"街居制"为辅的一整套社会管理体制逐渐解体和失效，以"社区制"为主体的新的城市基层社会治理体制逐步建立起来。党的十九大报告指出："加强社区治理体系建设，推动社会治理重心向基层下移，发挥社会组织作用，实现政府治理和社会调节、居民自治良性互动。"党的十九届四中全会提出："社会治理是国家治理的重要方面。必须加强和创新社会治理，完善党委领导、政府负责、民主协商、社会协同、公众参与、法治保障、科技支撑的社会治理体系。"这是对我国社区发展所提出的更高要求，即通过体制引领和机制创新，凝聚各方力量，扩大居民参与，提升社区治理的现代化水平。本文通过深入分析不同发展阶段、不同城市社区的治理模式、组织体系、政策措施、体制机制和治理创新，积极探索新时代我国城市社区治理现代化的推进思路和具体路径，为提升"社区治理体系和治理能力现代化"提供理论参考和实践样本。

一、完善基层党组织领导机制——保持社区治理的正确政治方向

党政军民学，东西南北中，党是领导一切的。社区党组织通过履行政治领导、利益协调和文化导向三大功能，把政治引领贯穿于社会治理全过程各方面，在社区治理中发挥着领导核心作用。从社区建设阶段向社区治理阶段的演进，各地社区治理实践的轨迹各异，其共通之处在于党始终处于领导核心地位。这一阶段的最大特点是，党

---

* 执笔人：张同良。

组织对居民公共事务的干预更直接、更根本。① 在基层党组织建设中，社区党组织领导成员直接选举的逐步实施，社区党员代表议事制度得以完善，探索了党内基层民主的各种实现形式。在社区协调层面，完善社区"两委"审议协调机制，开展社区党员志愿服务、配对协助等活动，有效发挥了社区自治功能。建立社区党建工作联席会议制度，可整合社区内外的各种组织和资源，促进驻社区单位设施开放、人员交流和资金援助，发挥社区公共资源的效能。因此，如何更好地将党建工作引入社区治理，充分发挥基层党组织在推动社区资源整合、创新社区服务、提升社区治理能力现代化等方面的积极作用，成为创新城市基层党建工作的重要方向。

2020年3月，习近平总书记视察武汉市东湖新城社区。在社区党群服务中心，习近平同社区工作者、基层民警、卫生服务站医生、下沉干部、志愿者等亲切交流。习近平强调，社区作为防控的最前线，肩负的任务十分繁重，参与社区防控工作的同志们工作十分辛苦。大家夜以继日、不辞辛劳、默默付出，悉心为群众服务，为遏制疫情扩散蔓延、保障群众生活作出了重要贡献，展现了武汉党员、干部不怕牺牲、勇于担当、顾全大局、甘于奉献的精神。抗击疫情有两个阵地，一个是医院救死扶伤阵地，一个是社区防控阵地。坚持不懈做好疫情防控工作关键靠社区。要充分发挥社区在疫情防控中的重要作用，充分发挥基层党组织战斗堡垒作用和党员先锋模范作用，防控力量要向社区下沉，加强社区防控措施的落实，使所有社区成为疫情防控的坚强堡垒。打赢疫情防控人民战争要紧紧依靠人民。要做好深入细致的群众工作，把群众发动起来，构筑起群防群控的人民防线②。

（一）基层党组织在城市社区治理中的作用

（1）基层党组织引领城市社区自治和共治，是实现社区有效治理的重要发展方向。基层党组织在社区治理中发挥着政治引领作用。始终坚持正确的政治引领是规范社区发展、维护社区公共秩序的前提和基础。基层党组织对社区治理的政治引领作用主要表现为：首先，确保党中央和上级党组织制定的决策部署在基层社区贯彻执行，使社区治理同国家治理体系和治理能力现代化的基本发展方向保持高度一致。其次，实现对社区中包括政府、社会组织、社区居民等在内的多元治理主体的有效管理和监督，确保社区治理在依法依规的轨道上平稳有序运行。最后，在面对重大事件和突发情况时，确保社区中的党员和群众站稳政治立场，使社区治理全过程始终遵循和维护全局利益。

（2）基层党组织在社区治理中发挥着社会协调作用。治理主体多元参与和协同共治，是营造良好治理环境、克服治理"悬浮化"现象的内在要求。加强社区治理，必须发挥好基层党组织的社会协调作用。首先，对社区中各单位、组织之间的利益矛盾进行合理协调，确保治理网络的稳定性。其次，协调处理好社区中各单位、组织同居民之间的冲突，督促多元主体履行社会责任，切实维护社区群众的基本权益，确保各

---

① 林尚立：《社区民主与治理：案例研究》，社会科学文献出版社2003年版。
② 《毫不放松抓紧抓实抓细各项防控工作 坚决打赢湖北保卫战武汉保卫战》，载《人民日报》2020年3月11日第1版。

单位、组织在社区群众中的公信力。最后，排查化解居民内部不同群体之间的纠纷，鼓励和支持居民通过自治组织参与日常治理，引导社区治理走向"善治"。

(3) 基层党组织在社区治理中发挥着文化引导作用。在当前城市社区治理实践中，共通的文化认同能够为社区居民自治凝聚基本共识。基层党组织在社区治理中的文化引导作用体现为：首先，培育社区居民的现代市民意识，增强居民的公民意识和法治素养，引导社区居民增强互信互助和责任观念，切实提高社区居民自我管理能力和水平。其次，加强社会主义核心价值观教育，积极引导社区居民文化生活同社会主义核心价值观相适应，不断提高社区居民思想觉悟和道德修养。最后，引导社区居民保留和发扬本地优秀传统文化，积极融合外来文化并将其同社区治理目标相结合，形成新的社区自治公约，有效降低社区居民参与公共治理的成本。

（二）依托党的组织优势，创新党建引领的城市社区治理体系

首先，构建党建政治引领的城市社区治理新格局。将党建工作引入社区治理，关键是发挥党的组织优势，依靠党建工作体系吸纳社会力量参与。一是党组织必须担负起治理秩序"维护者"的职责。健全党领导群众性自治组织开展工作的相关制度，使党组织在避免直接介入治理环节的前提下进行统筹协调，推动社区治理单位的共建互补和分工协作。二是政府及其在社区的派驻机构要充当起治理策略"执行者"的角色，积极转变职能，释放公共空间，给予其他治理主体更多自主权。同时要制定事项清单，强化政策支持。三是社区中各类单位、组织要将注意力放在供给高质量的居民自助互助服务和公共产品方面，发挥自身优势，做好社区治理的"协作者"。四是推动社区居委会等自治组织回归自治职能，引导社区居民在居委会等机构领导下提升自治能力，加强自我教育、自我管理、自我服务和自我监督，做好社区治理的"参与者"和"自治者"。

其次，加强对社区多元治理主体的培育和扶持。当前，城市社区治理面临的主要问题之一就是社会组织、自治组织发育不成熟，造成了政府以外的治理主体对社区公共事务参与度较低。因此，一方面，基层党组织要转变工作方式，主动培育和引导群众性自治组织参与公共管理；另一方面，要为社会组织成长提供充足的公共空间。坚持"以社会力量办社会"原则，依托党建工作优化社区建设和服务项目供给方之间的对接，并在项目实施过程中履行好监督职能。

最后，优化社区公共服务供给。多元化供给是优化公共服务的有效路径。一方面，要以党建工作带动城市社区公共服务体系建设，健全社区服务机构，创新社区服务供给方式，推动管理和服务力量下沉。另一方面，要创新服务型党组织建设，鼓励和引导各类市场主体参与社区服务业，将提供公共产品作为治理框架内多元主体的基本职责，推动政府及其派驻机构同社区中各类单位建立伙伴关系，形成完善的公共服务政策网络。

（三）发挥党建纽带作用，构建党建复合引领的社区治理机制

(1) 建立党建引领的社区自治联动机制。一是实行组织联建。探索在社区党组织领导班子中设立兼职委员，将居委会、业委会、驻区单位、社会组织中政治素质和业务水平较高、获得群众信任的党员干部吸纳进入党组织，加强治理主体的多方联动。

在这个过程中，党建工作可以发挥价值引领作用，寻找各方价值认同的契合点，形成社区自治理念的共识。二是推进信息联通。发挥党建工作的枢纽作用，将社区服务中心收集的居民信息和建议及时进行共建共享，为各类社会组织和市场主体搭建交流和服务平台。三是加强居民联动。探索建立党建联席会议制度，对社区内联动工作中的重大事项以及关系居民切身利益的问题进行协商解决。当社区自治出现偏离民意的情况时，党组织要实施政治引领，确保社区自治成果的共享性和公正性，防范少数居民的不当行为侵蚀社区公共利益。

（2）建立党建引领的社区资源整合机制。一是加大外部资源引入力度。尽可能地将市域高校、科研机构等智库资源纳入党建引领制度化框架内，增强社区公共项目论证的科学性，确保社区公共事务决策体现全体居民意志。二是加强内部资源的流动和互补。在资源共享的前提下，通过党建工作制定社区发展中长期规划，促进多元治理主体之间资源的转移、开发和优势互补。三是实行资源的精准化供给。适应时代发展需要，加强社区网络硬件设施建设，利用云计算和大数据实现信息和资源的共建共享，推动社区公共资源的精准化供给，使公共服务资源能够及时分配给最需要的居民群体，有效避免资源重复供给、资源闲置等情况。

（3）建立党建引领的社区共治协商机制。一是推进社区事务公开制度建设。以党务公开带动社区政务、财务和居务信息公开，增强社区治理透明度，通过设立社区议事监督委员会进行不定期监督检查，营造良好的社区治理生态环境，使社区共治、自治有据可依，有迹可循。二是优化社区协商议事程序和机制。定期召开党建联席会议，通过座谈、书面交流等方式，在集思广益的基础上凝聚多元主体价值诉求，形成社区基本共识。三是维护协商网络的稳定性。发挥党组织在思想、政治和组织上的优势，通过教育引导培育社区居民和各类组织同现代社区治理相匹配的治理意识和能力，督促多元治理主体遵循法治逻辑参与社区公共事务。同时对协商全过程进行规范，避免出现由于主体意见不一致产生协商困境，导致整个社区治理网络发生崩溃的情况。

二、完善社区居委会负责机制——夯实社区治理的主体责任

改革开放以来，社区居委会一直是社区的主要管理者，承担着为广大社区居民提供公共服务、解决各种问题的职能。同时，社区居委会还起着连接政府和群众的桥梁纽带作用。但是随着社会经济的快速发展，社区事务日益繁重，人民群众的需求以及社区矛盾问题呈现复杂化、多样化发展，如果这些需求不能很好地满足，问题不能及时解决，可能就会出现一些影响比较大的矛盾冲突。面对这些新情况、新问题和新挑战，社区居委会由于技术、人才、能力等方面的原因无法很好地适应现代化治理要求，影响了社区居委会的工作效率和社区治理效能。

（一）提升社区居委会治理能力的现实意义

（1）有利于提升社区居委会的公信力。随着我国教育事业的普及发展，居民的受教育水平普遍提高，他们不仅具备参与社区治理的能力，而且公民权利意识迅速崛起，

自主意识迅速增强，参与社区治理的诉求越来越强烈。在这一背景下，居民如果找不到反映诉求的渠道，极易引起矛盾冲突，在一次次的冲突中，社区居委会的公信力将大大降低，就会陷入"塔西佗陷阱"的怪圈。提升社区居委会的治理能力，实现社区治理主体的多元化，使居民由被管理者转变为管理者，社区整个治理过程在居民的监督之下进行，提高了社区治理的透明度，不仅为社区居民表达意愿提供了有效渠道，而且提高了社区治理透明度，大大提升社区居委会的公信力。

（2）有利于维护社区稳定，构建良好治理格局。提升社区居委会的社区治理能力，不仅有利于构建起以基层党组织为领导的充满活力的基层群众自治机制，扩大基层群众自治范围，完善民主管理制度，把城市社区建设成为管理有序、服务完善、文明祥和的社会生活共同体，还为居民琐碎、多样化和非规模的需求的满足提供了途径，及时发现并解决社区中存在的问题和矛盾，实现基层社会的稳定和谐。

（3）有利于提升社区居委会的专业化水平。社区居委会通过现场教学或者邀请社区管理领域的知名专家给社区工作人员进行集中授课，可以很好地提升社区工作者的专业技能和素质。当遇到一些突发事件时可以迅速地作出反应，将社区中的矛盾和问题解决于微，防止出现大范围的矛盾和冲突，一支高素质的专业化队伍就此建设起来，这将大大提升社区居委会的专业化水平。

（二）社区居委会在基层治理中面临的问题

（1）社区居委会行政化倾向明显。在宪法意义上，社区居委会是实现基层民主的重要组织形式。然而，在现实中，社区居委会的行政化倾向尤为严重，未能有效发挥居民和政府之间的纽带作用，而是以协调和平衡多元主体利益，成为一种呼应街道办事处、延伸行政管理体制的准政府组织。①社区居委会自主权被削弱。目前，社区居委会在人、财、物、考核、运作等方面依赖于政府及其派出机关，社区居委会缺少独立自主性，成为街道办事处的附属品。街道办事处对社区居委会拥有领导权，在社区事务管理中经常出现干预过度以及"越位"现象，这就导致社区居委会丧失了对社区事务的自主权。我国法律也没有明确社区居委会属于哪种组织，这就使社区居委会不知道通过哪种法律途径实现其自治权的救济。②社区居委会组织结构科层化。社区居委会虽然没有明确的划分组织结构类型，但是如果将居委会委员的职责进行梳理，并与街道办事处的机构设置相比较，则可以清晰地看到居委会委员的职位设置和街道办事处职能科室设置的同一性，这也是为什么社区居委会被称为"类行政组织"的一个重要原因。③社区居委会组织功能行政化。我国法律规定社区居委会应该承担部分行政事务，但是在现实中随着城市管理的中心下移，很多从政府特别是街道办事处转移出来的职能转移到了社区。在实地考察过程中发现社区的八九个工作人员有时要负责一二百项工作，这些工作中有百分之六七十以上属于行政性事务，更有甚者，有的社区还成立了"禁毒委员会"等，这就是行政职能无边际向下转移的真实写照，造成了"上面千条线，下面一根针"的工作现状，严重抑制了居委会满足社区居民多样化需求的能力和促进政社关系和谐的能力。

（2）专业化的社工队伍缺位。随着经济不断发展，社会面临的问题越来越复杂、越来越专业，必须通过专业化分工，让专门人才解决专业问题，所以社会化治理需专业化作保障。但专业化社工队伍的整体发展，尚存在发展较慢、工作规模小、人员数量少，专业化水平不均衡，管理体制不健全，缺乏相应的激励保障制度等困难和问题。具体表现为：①社工组织结构不清晰。各街道的社工中心都在街道日常管理的大框架下，自成体系、各自独立，各个部门密切配合不够，社工发展合力还未形成。与此相对应的是，社工认知度不高，专业性不被认可，"内部都知道、外部不清楚"等。②社工工作力量严重不足。现有的社工数量不能满足社会发展需求。另外，社会工作人员的数量和服务对象比例严重失调，致使社会工作只能在最低程度上满足需求。③社工专业程度仍需加强。专业社工人员的所学专业大多数和从事工作不对口，没有受过系统的社会工作知识、技巧的培训，工作手段和方法比较简单，服务的专业化程度不高。同时，由于社会工作认可度不高，待遇较低，难以提供专业化、个性化、多样化、系统化服务，无法有效应对和解决新的、复杂的社会问题。④专业社工队伍优秀人才的流失。社会工作人员的工资收入较低，福利待遇和养老、医疗保险等难以保障，在很大程度上制约了社会工作的整体推进。有的社工上岗之初表现出较高的工作热情和干劲，但经过长时间的体验后，渐渐对这项工作失去了耐心和兴趣，一些人相继离开了社工岗位。⑤专业社工机构仍缺乏。造成这一现状的原因是目前政府购买社会服务的体制尚不完善，通过项目招投标形式向社工机构购买服务的模式尚处探索阶段，政府购买社工机构服务资金渠道尚未完全建立，社工机构经费来源严重不足。目前，我国开始重视专业社工人才的选拔和培养，但毕竟处于起步阶段，各项机制还不完善，在数量上远远无法满足社区治理的需要，这已成为人们对美好生活的向往与社区管理力量薄弱之间的新矛盾，是制约社区治理水平提升的突出问题之一。

（3）社区治理经费紧张。目前，社区治理经费来源渠道单一，主要来源于政府部门拨款。大部分社区并没有自营项目，某些有自营项目的社区，因为当地政策原因统一由街道来管理这些自营项目，社区想干点事，必须报街道审批，街道同意后再拨付相应资金。同时，社区内"权随责走，费随事转"未真正落到实处，社区居委会承担着政府部门大大小小几十项工作任务，但是各个部门并没有拨付相应的经费予以支持，这就造成目前社区仅靠财政部门拨付的部分经费来维持运转，社区财政捉襟见肘。

（4）社区居委会治理能力面临"三不"困境。首先，随着商业化社区的迅速崛起，社区中的居住成员日益复杂化，矛盾和问题也日益复杂化，社区居委会再沿用之前的管理方式，已经不能适应现实需要，因此很多事情处理不了，面临着"管不了"的困境。其次，随着信息化和智能化的快速发展，新兴事物不断产生，在社区治理中也面临着信息化、智能化发展的需求。但是很多社区工作者在面对这些新兴事物时感觉无从下手，不会使用，因此社区居委会面临着"跟不上"的困境。最后，随着社会管理事务的复杂化和多样化，政府向社区居委会派遣的行政性事务日益繁重，很多社区面临着加班加点都干不完的难题，因此社区居委会面临着"背不动"的困境。

（三）提升社区居委会基层治理能力的对策

（1）实现社区居委会的去行政化。要实现社区居委会效能的有效发挥，必须要明确社区居委会的权力有哪些。实现社区居委会的去行政化，关键是改变政府与社区居委会之间的领导与被领导的关系，实现两者之间权责的科学合理划分，即政府对社区居委会拥有的是指导权而非领导权，政府只负责社区治理方面的宏观事务即相关政策的制定和对社区自治组织的监督权，而对具体事务的管理决策权、协调权、监察权等则交给社区居委会，使社区居委会真正变为社区公共事务的管理者和决策者。在去行政化方面我们可以借鉴一下重庆市南坪街道的经验做法。南坪街道设立了一个专门负责处理社区行政性事务的社区公共事务中心工作站，从职能方面实现了社区居委会去行政化，社区居委会只保留公共服务职能，让居委会真正成为居民的代言人。同时理顺街道和社区居委会的关系，实现社区自治权真正归还给社区居委会的目标，形成了"会站分离""会街分离""街站隶属"新型关系，大大降低了工作成本，提高了社区工作效率。

（2）建设专业化的社工治理队伍。①建立"选聘分离"用人机制。社区居委会对社工聘用有监督和解聘的职能，政府通过给社工付酬，实际上是通过向社会购买服务而实现政府的社会化职能。"选聘分离"体制下，社工更加职业化，大大提高了服务效率，为社区治理、政府行政管理和居民自治有效衔接和良性互动提供了重要保障。②建立完善的社工培训机制。通过健全完善领导推进、人员选配、教育培训、社工义工联动四项工作机制，提高社工的社区治理能力，切实发挥社工人才在解决社会问题、应对社会风险、促进社会和谐、推动社会发展等方面的重要作用。同时我们可以借鉴上海的经验，就是依靠社会组织解决社工培育问题。有些地方政府一研究社工问题就研究到机构问题、编制问题上来。一个社工在社区一干就是十几年，十几年之后仍然是个小社工，如果职位工资方面没有任何变动的话，大家肯定会有怨言，因为这不符合马斯洛需求层次理论。而上海的社工则是由一个劳务公司专门负责培养社会工作者，哪个社区需要，就将这些经过培训的社工派到哪个社区，政府只将雇佣费用付给派遣公司，这些社工的工资和考核都由派遣公司负责，这样既招到了高素质的社工，又解决了社工发展问题。

（3）实现社区治理经费来源渠道的多元化。青岛市城阳区后田社区的做法非常好，特别是在居民福利方面，上学有补助、当兵给奖励、医疗能报销、老了给提供90平方米的养老房，每家两套房子是标配，这个社区已经提前达到发达国家的生活水平。这个社区能够有如此好的福利与他们社区的年收益是分不开的。这个社区的年收益接近1个亿[①]。经济基础决定了一切，从后田社区我们可以看出，社区要想有更好的发展，必须要增加社区收入，拓宽社区的经费来源渠道。①健全以政府保障为主导、社会力量共驻共建、资源共享的社区财政保障体制。社区资金来源渠道多元化发展应做到以下三点：一是在市、区两级政府设立社区建设专项经费，列入财政预算。市财政每年列支专项经费用于城市社区办公经费和人员工资，区财政每年列支专项经费作为专项资金，对办公设施、环境改造力度大的社区进行专项补助。二是完善政府准入制度，坚持"权随责走，费随事转"原则。凡政府有关部门和属地单位要求社区协助完成工作

---

① 资料来源：作者实地调研了解。

的，严格按标准为社区提供人力、物力和经费支持。三是通过建立"1+N"区域党建，争取广大驻区单位的支持，积极为社区建设提供帮助。②丰富社区税源，鼓励多种所有制经济共同发展。虽然社区没有征税权，但是可以以社区为划分单位，政府根据各个社区的纳税额度，通过财政转移支付的形式返还一定比例的税款。这些税款可以作为社区的自主性收入，由社区统一支配，这能极大地调动起社区促进多种所有制企业发展的积极性。比如社区可以为社区居民的创业贷款提供担保，还可以在社区设立自主创业基金，为社区居民创业提供资金支持，大大活跃了社会经济的发展。③社区居委会应树立市场意识，善于用市场杠杆解决问题。济南市燕子山社区为了建设好社区文化，社区成立了很多文娱性质的组织，但是如何发挥好他们的作用、将团体文娱活动搞好就成为一大问题。如果聘请社会上的专业人士作为文娱老师，一年要花费几万元，这对于社区来说是一笔不小的支出。为了节约成本，社区决定利用市场杠杆来解决。社区将自己的平台推向社会，与一个专门从事艺术培训的企业合作，这个企业选派文娱专业人士进入社区免费为社区中的文娱团体进行定期培训，排练节目。那肯定有人会问，这个企业不求回报吗？实际上这个企业是将燕山社区作为一个广告平台，在免费培训的过程中是在给自己的企业打广告，教得好自然会在这个社区吸引大量的潜在学员选择自己的企业继续深入学习，实际上，燕山小区有三分之二的适龄儿童选择这个企业继续学习，可以说这种方式实现了社区和企业的双赢。

（4）以先进体制机制提升社区居委会治理能力。俗话说得好，"好马配好鞍"，在社区居委会大力提升自身能力的同时必须要把社区中的硬件设施搞好。①大力推进社区居委会信息化建设。现代社会已经进入了信息化社会，信息化的发展大大提升了社区居委会办事效率，在发展较快的城市，很多小区信息化建设的硬件配置已经成为标配。比如说上海市虹口区，将辖区内的社区集合在一起设立了"全岗通"管理平台，使社区治理搭上互联网，以大数据为依托，全市各政府办事服务网点实现信息共享，使居民办理公共事务突破地域限制，达到了"居民少跑腿，信息多跑路"的目标，大大提升了社区居委会的服务能力、治理能力和自治能力，达到了便民、利民、惠民的效果，因此，社区的信息化建设已经迫在眉睫。②创新工作方法提升工作效率。做事情时只要工作方法对了就可以达到事半功倍的效果，在社区治理中也同样如此。社区居委会面对日益复杂的社区事务，必须要根据现实需要创新工作方法，从而大大提升社区居委会的工作效率。比如泰安市花园社区就根据社区的现实情况，创造性地提出了"四则运算"（在丰富服务内容上做加法，为民服务"零盲区"；在简化办事流程上做减法，便民利民"零障碍"；在加强共驻共建上做乘法，携手共建"零距离"；在破解难点热点上做除法，群众满意"零投诉"）工作方法，大大提升了社区居委会的工作效率。

三、完善基层民主协商机制，变"社区治理"为"社区善治"

民主协商的核心是协商和共识。党的十九届四中全会指出，"坚持社会主义协商民主的独特优势，统筹推进政党协商、人大协商、政府协商、政协协商、人民团体协商、基层协商以及社会组织协商，构建程序合理、环节完整的协商民主体系，完善协商于决策之前和决策实施之中的落实机制,丰富有事好商量、众人的事情由众人商量的制度化实践。"在这其中,基层协商民主属于薄弱环节,而对城市社区协商民主机制的探索,弥补了协商民主理论在基层领域的不健全,为最终建立广泛、多层次、制度化的协商民主机制打下坚实基础。

协商民主最早可追溯到古代雅典时期,但真正意义上的"协商民主"一词是1980年由约瑟夫·毕塞特(Joseph M. Bessette)在《协商民主:共和政府的多数原则》一文中首次提出。此后,协商民主得到了西方学界的广泛关注,特别是在罗尔斯、哈贝马斯等著名政治哲学家的推动下,协商民主逐渐成为研究热点。在国内,协商民主在实践层面正在积极探讨新的协商民主形式,在理论层面正在向研究的深度和广度推进。近年来,浙江温岭、云南盐津、安徽南塘、山东济南等地协商民主的成功实践,说明基层协商民主是有其成长空间的,如何在协调利益、消除分歧、增进共识、合作互动的基础上实现基层民主协商的机制化和制度化,逐步形成由政府主导、社会各类组织共同参与的社区自治新模式,从"问需于民"到"问政于民"、从"单打独斗"到"整体联动"、从"社区治理"到"社区善治",关键在于结合各地治理实践来寻找和总结规模化、常态化和可操作化的基层协商民主机制与操作流程,最终实现社区善治的目的。

(一) 协商民主机制的定义和分类

所谓协商民主,是指公民在特定的公共空间中,就公民普遍关心的公共事务以及典型的利益矛盾冲突,进行自由、公开的表达并进行讨论协商,力求在公共利益最大化的基础上,寻求普遍都能接受的方案。机制是为了实现某一功能、发挥某种作用,系统内部各要素相互作用、协调运行的原理、方式和过程。而协商机制作为一种民主机制有其特定的实现领域,实际上只有公共性问题才有协商的必要。从这一角度来说,所谓的协商民主机制是一种能充分发挥协商民主的作用,在全社会范围内由公民平等地参与公共政策,有效实现协商民主的过程,它使协商民主的程序、制度、技术等相互作用、协调运行,它源于实践,又随实践不断发展。

就社区协商民主而言,根据不同的协商需求,协商机制大致可以分为四种类型:一是民主提事机制,建立多种类型的平台,广泛、多渠道地提出协商议题,实现提出协商议题方法的制度化。二是民主议事机制,在特定平台上就确定的议题进行全面协商,求同存异,达成共识,实现协商议事方法的制度化。三是民主理事机制,针对协商结果制定切实可行的措施,实现办理协商结果方法的制度化。四是民主监事机制,主要是指抓好事中及事后的监督整改和执行效果的公开,实现监督公开方法的制度化。

(二) 协商民主在城市社区治理中的现实意义

(1) 弥补社区选举民主的不足。在城市社区治理过程中,选举民主是重要的民主形式之一,但是城市社区选举民主依然存在着选举民主本身固有的缺陷。虽然社区居民享有作为选民从社区精英人物中选择管理者的权利,但是一旦选出社区管理者,之后需要居民共同参与社区公共事务的决策、评价和管理环节也与居民脱离了关系,形成了精英决策的封闭状态，管理者有了绝对的"权威"，社区的民主也变成了形式上的民主①。协商民主的出现能够有效弥补这一缺陷。协商民主强调主体多元，其核心是通过"理性沟通"和"对话协商"的方式达成共识，在城市社区内，所有参与者都合法享有确定议题、形成方案和参与决策的均等机会，人人参与管理，人人参与决策，人人都有平等发言和对决策产生置疑的机会，在这种情况下，管理者失去了直接作出决策的权威性。因此，社区协商民主不仅是一种民主形式，更是社区治理和决策的一种有效手段。如果说选举民主是民主政治的必要开端，协商民主则是民主政治的具体表现。

（2）保障社区公共决策的合法性。科恩认为，"当且仅当他们是平等公民之间的自由、理性一致的结果时，这些结果才是民主合法的"②。因此，协商民主首先更注重公共利益，特别是弱势群体的利益需求，会在征求更大范围民意的基础上实现公共利益的公平分配，这是社区公共政策合法性的根源。其次社区协商民主强调对程序和平等价值的追求，决策是在社区居民及其代表的公共讨论过程中形成的，这意味着"公共舆论更有可能基于所有视角、利益和信息而形成，而不可能将合法利益或适当的反对意见排除在外"③。最后，决策的形成过程是经过相互沟通交流磋商、相互理解和妥协，最终达成共识的过程，而不是将自己的意志强加给别人，这就大大增加了公共决策认可度和公信力。

（3）降低公共决策成本。对于涉及城市社区公共利益的事情，虽然各级政府极力主张和鼓励社区居民广泛参与，但是大部分城市社区依然采取领导层面、社区管理者、专家学者等精英阶层代表居民制定决策，由居民被动接受的方式。这种方式更多地体现政府和管理者的意志，更有甚者将政治问题简单当作纯技术问题由专家制定决策，政府负责推行，其结果往往是因为执行过程中带有独断性质而遭到社区居民的抵触和弱化，决策推行的效率大打折扣，增加成本。如果我们将协商民主机制引入社区治理中，通过政府与居民、政府与社会组织、居民与居民之间的协商、对话作出决策，综合考虑各方利益和诉求，通过利益整合来实现均衡分配，有利于相互之间信任关系的建立，大大降低了决策成本，提高决策科学化水平。

协商民主多是围绕社区居民关切的民生问题展开，给予社区居民参与权、知情权、监督权和表达权，具有实现老百姓所追求的社会公平正义的功能，因此，有深厚的民意基础和动力。协调民主可以体现在两个方面：一是社区与政府的关系上，政府可以用协商民主的理念和方式，动员居民参与到政府的诸多决策之中，并对政府决策进行监督，达成政府决策和执政的合法性；二是社区内部事务的决策上，即社区事务由社区居民通过民主协商作出决定，增强社区内部的团结与和谐。协商民主是社区治理的应有内涵，即多中心、多元主体的治理要求。

---

① E. Fortuin, J. Kamphuis. The typology of Slavicaspect: a Review of the East – West Theory of Slavicaspect. *Russian Linguistics*, 2015, 39 (2).

② Dorin Bucur, Paola Trebeschi. A New Relaxation Space for Obstacles. *Acta Applicandae Mathe – Maticae*, 2003 (3).

③ 林宏丹：《以制度建设推进社区的协商民主》，载《福建省社会主义学报》2013 年第 6 期。

(三) 完善协商民主机制提升社区活力的对策建议

主要是在协商环境培育、协商主体选择、协商内容确定以及协商程序规范方面作出进一步的设计和配套衔接。

(1) 在协商主体方面。一是要培育社区文化，提高居民参与度。多地的协商民主实践证明，多元的社区文化对于社区协商民主发展具有很好的促进作用，它能够增强社区相关主体的参与意识，使其能尽快融入社区大集体中。一方面，要多组织开展社区活动。社区活动是社区与居民互动的纽带，多组织丰富多彩、形式多样、社区居民能够广泛参与的社区活动，社区居民不仅能增强社区归属感，建立社区与居民间更好的信任关系，进而还能有效增进社区居民的社区共同体意识。同时，活动中融入协商民主的理念和价值，不仅能加深社区居民对社区事务的了解和关注，而且能培养社区居民的公民精神和协商理念。另一方面，要充分运用社区网络信息平台等新媒体，发挥其传播协商民主文体的功能，进一步提高社区居民对协商民主治理方式的认知度，为民众进行参与协商提供信息支持和便捷窗口。二是要培养社区组织，提升公民政治素养和能力。基层协商民主作为社会主义民主形态，是比一般民主形态更高的民主，其内在价值是真正确立人的尊严、民主和自治，塑造负责任的公民，造就全面发展的自由人，其实质是人民当家作主。因此，公民民主政治素养高低与参与能力大小是协商民主发展的关键性因素。我国城市社区居民民主意识缺乏主要是因为公民直接参与社区公共事务的机会少，即使参与也大多数是被动式动员型的政治参与。而社会组织的存在就在于它能够成为现代民主政治中公民政治参与的重要中介，为不同群体的利益诉求和利益表达提供合法可控渠道，通过成员间交流逐渐形成合作意识和参与习惯，居民自然而然的转化成具有责任感、使命感的"公民"，真正建立多元主体共治、良性互动的格局。

(2) 在协商程序方面。一要保证协商过程的公正性。一方面，建立政府与各参与主体间的信息交流机制，凡是要做出涉及社区行业发展、环境保护、民生保障、社区治理等方面的重要决策，要经过调研、座谈、听证、咨询等多种形式，与相关社会组织、社区居民代表充分沟通协商，保障社区主体多元参与实施绩效评估、决策的形成、执行等作为必经程序加以规范。另一方面，建立社区利益整合机制。民主之所以成为现代社会公共事务的治理机制，在于它能够通过和平的方式，最终实现大部分人利益的结果来解决利益纠纷。协商民主的目的在于通过理性的方式聚集、整合、分配各种利益，这就要求有相应的利益整合机制。根据各个主体不同的擅长领域，完善基层协商民主的社区多元化牵引主体联动机制，通过多元主体"轮值"、一方主体牵头其他主体联动等方式，充分发挥社区多元化主体的积极性和主动性，使社区协商民主更加科学合理、公正高效。二要保证协商结果的有效性。检验协商民主实践是不是取得成功，最重要的是看协商结果是否能够落到实处，如果协商结果对社区治理决策并不发挥实际作用，那么这个协商民主实践一定意义上讲是不成功的，因此必要的跟踪和反馈机制是非常必要的。一方面，对已经有协商结果的民主协商，要及时进行跟踪落实，可以成立专门督办机制，以规范化制度和程序约束督办机制向社区居民及时反馈协商结果的落实情况。另一方面，对协商后无法立即答复或作出决定的议题，应有专门反馈程序将协商结果及时反馈给参与民主协商的人,以保证协商的正规性和严肃性,同时也是对协商参与人的尊重和鼓励。

(3) 在协商内容方面。社区协商民主议题有效性是协商民主活动开展的重要前提。不同层次的协商由于参与主体和范围不同,应当有不同的内容,这样才能体现协商民主的科学性和有效性。当前许多地方出现形式化倾向的协商民主内容,对社区治理的良性发展是极为不利的。长此以往,不仅挫伤了社区居民参与协商的积极性,社区协商民主也会变成"一纸空谈"。一方面,从协商议题的征集内容来看,社区应从大局出发,主动深入居民中听取意见建议,凡是属于与社区治理以及社区居民切身利益相关的事项,凡是居民关注和呼声高的热点难点问题,都应当纳入协商范围,例如社区各种机构组织的选举、与居民有关的工程建设、社区基础设施修建和完善、社区集体资产购置和处置等,这样才能保证协商民主的价值得到最大限度的发挥。另一方面,从协商议题征集的主体来看,要确保参与协商的主体不仅局限于各界社会精英和权威人士,更要扩大到更多的普通社区居民,让各个群体都能表达利益诉求。同时,为了更好地保护社区居民的发言权,可以规定不同主体间在议题提供数量上的比例,加大对协商主体协商素质和能力的培训,使各协商主体都能积极理性的表达诉求。

(4) 在协商环境方面。第一,要通过制度来规范协商的公平性。社区协商民主参与者的平等、自由、理性、对话等特征,决定了社区协商民主的民主特征,这就意味着所有参与主体都没有超越凌驾其他公民的优先性。如何最大限度地保证协商主体的身份平等、地位平等、言论平等,不受外力干预,最好的方法就是通过制度化的手段、方法及相应的政策引导,明确在协商民主过程中政府组织和非政府主体之间的权力界限,用制度方式厘清政府和社区之间的关联、政府在社区治理中的角色定位,这样才能更好地推行社区协商民主建设的"去行政化"。首先,可以建立协商参与主体随机遴选机制,以保证公平性,使少数弱势群众享有发言权;其次,建立信息公开制度,无论是在协商筹备阶段还是协商过程和反馈阶段,信息和内容公开公示是必须的;最后,建立第三方评估制度,选择与协商议题无直接利益相关的第三方,让第三方充分了解协商内容、程序、成果等相关信息,避免第三方倾向某一利益群体的角度进行评估。第二,要通过行政改革减少政府对社区的干预。在现有的市、区、街道三级管理体制下,管理层过多导致社区职能超载,社区事务"千头万绪"。要合理调整社区和街道、部门职能,把社区可以自己调节的职能交给社会中介组织,把群众自治范围内的事交给群众自己办理,这样既厘清了政府与社区职能的范围,又避免出现政府与社区甚至社区组织之间的权责不清、行政干预过多和直接包办操办的治理现象,同时权力下放使得协商参与主体的平等地位在根本上得到保证。第三,要以合作为前提构建平等对话机制。要在政府和社会组织、居民之间建立起良性的合作对话机制,为社区治理提供包容、互信、理性的对话环境。一方面,建立高效的服务型政府,以服务社会公共利益为宗旨,以行为协同为主导,对公民的要求作出及时、有效和负责的回应。另一方面,拥有人才密集、智力密集、运作灵活、信息灵通、广泛大众等特点的社会组织,应大力发挥其作为政府与社区居民之间的桥梁纽带作用,建立政府与百姓之间的对话机制,通过政策反馈、信息传递、为民代言等,促使协商民生发展环境向良性发展。

例如，济南市天桥区按照"社区建设实体化，社区管理网络化，社区治理多样化"的思路，探索出适合区域实际的一套社区协商民主运行机制："三阶三会"协商议事机制。简言之，就是在协商民主议事会的大平台下，在梳理议题、协商定案、评估反馈三个不同阶段分别召开听证会、协调会、评议会。

四、完善社会协同机制，推进社区治理多元化、科学化

伴随着国家治理体系与治理能力现代化进程，基层社会治理也有了新使命。现代治理理念认为，社会是一个有机整体，系统各部分相互作用且相互依存，只有保证各部分有机整合，才能促进社会良性运行与协调发展。党的十八届三中全会提出了创新社会治理体制，实现政府治理和社会自我调节、居民自治良性互动的新要求。因此，作为基本治理单位的基层社会，可被视作包含基层政府、地方社会、区域市场等多元治理主体的有机整体。相应地，基层社会治理的使命，也可被阐释为推进基层社会协同治理的改革与发展。

社区是城市的基本单元，涉及地方政府、社区主体组织、社区居民、社会组织、物业公司等众多的利益相关者主体。当前，中国城市社区治理组织与治理结构存在以下一些基本问题：

一是在理论上，众多的社区治理主体可以区分为确定型、预期型和潜在型三类利益相关者，分别形成了"政府、社区居委会与居民""业主委员会、物业公司与居民""社区居委会、业主委员会与物业公司"等多重委托代理关系，错综复杂，链条多层，互相嵌套，存在诸多掣肘。

二是受计划经济下"强行政权力主导模式"影响，中国基层社会和社区治理一直被视为政府行政工作的延续，作为改革举措的城市管理"大部门制"在行政体系的纵向整合、横向协作、区域联动和公私合作等方面仍存在盲区和缺失，细化分工整合运作的目标有待进一步完善。

三是以社区为平台，以各类社会工作机构为载体，旨在全面优化社区治理体制机制的"党—居—站—社"四位一体的网络型社区治理结构仍未完成。

四是多层次、多主体的监督体系仍未形成。一方面，针对城市基层社区公共治理的绩效评价体系和反馈机制尚未形成，治理组织结构仍未成为闭合的循环体系；另一方面，除政府部门和派出单位之外，群团组织及社会舆论对基层城市社区治理的监督作用还不明显。

五是对城市社区治理中针对特殊主体、重点领域的系统性研究不够深入，对策研究和制度创新的前瞻性不足。如缺乏倡导"企业社会责任"的制度设计、鼓励营利企业参与城市社区协同治理的激励机制弱化等。

习近平总书记在2014年两会期间的讲话指出，"治理和管理一字之差，体现的是系统治理、依法治理、源头治理、综合施策"[①]。这体现了我国现代治理体制的新转向：

---

① 《在参加十二届全国人大二次会议上海代表团审议时的讲话》，载《人民日报》2014年3月6日第1版。

治理形态由垂直化向扁平化转变，治理手段由命令式向法治化转变，治理机制由治标向治本转变，治理理念由一元主体向多元共治转变。十八届三中全会进一步强调了基层社会协同治理的要义，即激活基层社会各要素、促进各要素整合以实现基层社会治理体制机制的最优化。具体而言，基层社会协同治理是指在基层社会这个有机体中，基层政府、市场、社会组织与民众等利益相关主体，通过互动、协商、合作等，实现对公共事务的共同治理。以协同治理为基层社会治理理念，需要突破的治理思路主要包括三个维度。

一是协调、整合基层政府资源要素。为更好地协调运作，作为子系统之一的基层政府，其内部要打破信息壁垒，进而推进部门整合。在基层政府系统中存在明显的条块分割与碎片化问题，通常表现为上级政府部门间缺乏沟通协作，基层政府治理压力大、工作重复、效率低下。实现基层政府内部协同治理的首要路径是创新政府治理体制机制，从单一治理走向多元治理。也就是说，各部门内部要厘清纷繁复杂的各类信息，由此才能在大数据时代促进部门之间信息整合，切实实践多部门协作、综合治理的新型理念。

二是激发、培育社会要素。地方社会作为一个子系统，要发挥独特的资源优势，改善民众不参与或较少参与公共事务的困境，积极倡导并鼓励居民积极参与基层社会治理事务，因为他们不仅有享受社会财富的权利，也有参与社会治理的义务。简言之，他们既是治理者也是被治理者。现代治理精神提倡民众的自主性、忠诚性，因此，只有让民众真正参与到基层社会治理当中去，发挥他们的各类资源优势与社会资本效能，才能真正实现社会系统的有机整合。

三是组织、统筹多元要素。基层政府与地方社会共同作为基层社会的主要载体，应实现有效互动、理性沟通、协同共治。国家治理现代化意味着不断推进以政府为单一主体的传统社会管理模式向多元主体治理机制转变，由此也涉及基层社会协同治理中多元主体的关系问题。因此，基层社会协同治理的要义还在于基层政府与地方社会之间的整合，实现政府与社会共治。要发挥基层政府与地方社会的协同作用，推进基层社会以人为本的治理理念，建立多元治理主体体系，畅通对话协商沟通机制。

基层社会是一个整体，因此协同治理在现代社会发展中有其应有之义。在这个有机整体中，存在多元治理主体，包括基层政府、市场、社会组织、民众等，因此，建构现代化基层社会治理格局，就要围绕基层政府部门整合、地方社会整合、多元主体治理的思路来创新并实践基层社会协同治理的科学路径。

（1）"信息整合"升级治理模式。基层政府作为基层社会治理主体之一，应破除内部信息封闭与工作低效。首先，建立信息整合中心，打破各职能部门之间的信息壁垒。这些部门作为基层社会治理的核心部门，在政策制定与政策执行过程中往往很难有效协同，由此也给基层政府造成治理困境。通过开通信息系统终端，形成全面覆盖、信息共享的综合治理信息平台，有利于市、区、街、居委会四级治理主体实现信息共享与工作联动，并不断在制度规范上完善信息分流、指挥派遣、反馈监督等工作机制。其次，构建沟通协作机制，实现跨部门合作，不同行政区域代表的部门之间迫切需要互助治理。跨部门协同具有不同层次，如梅吉尔斯和斯蒂德将跨部门协同由高到低区分为政策整合、政策协调、政策合作三个层次。由于基层政府是执行政策的终端，因此，在基层社会协同治理中，基层政府部门间合作涵盖上述三个层次：在政策整合方面，要形成高效工作模式；在政策协调方面，要建立有效沟通机制；在政策合作方面，要灵活运用资源。最后，在信息资源整合基础上，实现人力资源整合与高效配置。以往在基层社会治理中常常表现出多部门同时配置人员采集相同信息的情况，导致工作重复、人力资本浪费。基层政府各部门协同治理，要厘清各部门职责，避免职能重复，在清晰明确的社会分工基础上配置人力资源，各部门采集信息后再形成信息共享模式。

（2）"群众路线"改善社会资源整合。充分发挥民众参与的积极性，一方面是国家治理现代化的时代要求，另一方面可促进社会的良性发展，培育积极、良好的社会风气。民众作为基层社会治理主体之一，要引导他们自我培育、整合、发展社会资源，具体路径包括以下三方面：一是提高民众参与社会治理的意识，培养沟通理性。作为基层社会协同治理重要主体之一的民众应积极履行参与治理的重要角色，但民众在基层社会治理场域中往往处于缺场状态。因此，基层政府应注重培育民众参与治理的角色意识，引导他们形成良好的沟通理性。这是民众有效参与社会治理的奠基石。二是将理念落实到具体行动中，打造公共交流空间。公共交流空间是民众进行沟通、集思广益、发挥作用的重要平台。线上交流空间与线下交流空间可以相互补充。以往多以线下交流为主，且主要参与者为中老年群体。随着互联网发展，打造线上交流空间可弥补青年群体线下交流空间的不足，还可发挥他们的资源优势。三是形成相应规则以规范民众参与，是实现理性沟通的必要手段。民众建立公共交流平台、参与社会治理是现代社会治理的新趋势，但要形成合理有效的理性沟通则需要相应的制度规范。主要包括三个方面，建立持续发展的长效机制、制定民众交流的畅通机制、形成自下而上的反馈机制。

（3）"协同共治"完善协同治理体系。在培育民众参与治理的基础上，促进基层政府与社会力量协同治理，应打通自下而上的沟通渠道并为治理提供强有力的社会资源。第一，基层政府与市场的协同机制。例如，在公共服务产品供给方面，以基层政府推动为主导，引入市场化运作，通过市场机制实现公共服务高效精准供给，同时，政府建立监管机制监督市场良性运行。第二，基层政府与社会组织的协同机制。社会组织具有服务多样化、工作高效化、形式灵活化等优势，因此要充分培育社会组织并发挥其作用。针对不同服务群体、不同服务需求，基层政府协同社会组织可为民众创造更好的社会环境，也是基层社会治理的重要内容。第三，基层政府与地方社会的协同机制。其主要目的在于打通自下而上的信息渠道。基层政府与民众之间要建立共同协商平台与协商机制，以畅通民众的利益表达渠道，将利益矛盾化解在社区内部。

总而言之，"协同共治"的动力机制在于激发、释放社会活力，其核心在于多元主体之间的互动协作张弛有度。在基层政府主导、地方社会协同、各方主体参与的主旨下，应更有效地组织基层社会中的各类资源要素，以形成均衡可持续的社会协同治理体系。

五、完善公众参与机制，激活社区治理的"一池春水"

公众参与是新常态下社会治理的基础。从公众角度讲，参与社会治理是唤醒广大公众公共精神和社会责任感的过程。计划经济体制和单一结构的政府治理模式，使广大公众缺乏建立新型社会治理模式所应有的主体意识、社会责任意识和主动参与意识。相当一部分公众养成了服从政府、依赖政府的社会心态，只希望政府作为，自身参与社会治理的积极性和热情不高，更缺乏主动参与的行动和能力。当前，我国经济社会发展已经进入新常态的发展阶段，经济发展由高速转向中高速发展，社会发展进入转型期，尤其随着进一步对外开放，人们受到市场经济意识以及国际多元文化、多元价值观强烈冲击，加之现代化、工业化、城市化发展进程带来的影响，社会阶层和利益诉求日渐分化，多元化趋势日益显著。许多原来积累下来的矛盾可能在短期内爆发，社会风险系数提高，社会治理必将面临更复杂问题、更大压力与更新挑战。与经济改革进程相比，我国社会治理领域的改革相对滞后，治理手段相对短缺，基层社会治理仍是比较薄弱的环节。多元化的社会阶层和利益诉求对社会治理提出了更高的要求，要求凝聚公众广泛共识，通过多元化参与主体来协商解决不同的利益诉求与利益纠纷。因此，深入研究公众参与社区治理问题，为新常态下的社会治理提供决策参考，对于协调多元化阶层和多元化利益诉求，增进社会活力，保持社会和谐稳定健康发展具有重要意义。

（一）公众参与的低效性制约社区治理能力提升

从社会管理走向社会治理是顺应时代发展的必然要求，多元化参与是社会治理的必然要求，是社会治理创新的基础。没有公众参与，社会治理创新就是无水之鱼、无根之木，不可能持续发展。

（1）制度规范不完善影响公众参与社区治理的常态化发展。一是当前公众参与社区治理缺乏足够的法律支持。在国家层面上尚无关于公众参与的程序立法，公众参与的程序性规范少。法制的缺失必然导致约束力的下降，特别是在有序、高效、理性、公开、平等的公众参与机制建设方面，问题仍比较突出。二是公众参与代表的意见对决策过程的影响缺乏刚性的法律制约。政府在制定事关公共利益、公共民生的重大决策中，理论上需要充分的信息公开与听证程序，但在实际执行过程中执行不到位，或变相执行，或只听取意见而不执行。三是公众参与社区治理的路径渠道不够畅通，公众与政府之间平等沟通、对话、博弈的平台少、机会少。四是公众参与范围偏窄，参与深度不足。

（2）参与意识不足影响公众参与社区治理的有序化发展。公众对社区治理参与意识不足是制约社区治理效能的重要原因。通常情况下，如果公众参与能够对政府行政、决策真正形成影响，公众就会表现出积极主动的参与行为，公众参与意识、参与能力能够得到强化；反之，如果公众参与得不到有效回应，其参与意识、参与积极性就会被弱化，甚至对参与政府决策表现出不关注、不重视、不参与的态度与行为。

（3）参与能力不足影响公众参与社区治理的科学化发展。主要有两个原因制约：一方面是外部原因，即政府制度落实和信息公开不到位的问题，直接导致公众知情权、监督权的表达不充分。在信息不对称的情况下，公众很难对参与决策的方案作出准确判断和选择，由此影响了公众意愿表达、行动参与的积极性，最终结果就是长期以来公众缺乏参与社区治理的能力锻炼，没能在参与互动中得到提高。另一方面是公众自身问题,即公众对参与所需要的知识素养、专业能力普遍不足,缺乏一定的经济、社会、法律等相关知识,对政府的方案、政策难以进行科学、合理的判断和评估。

(4) 社会组织发育不健全影响社区治理的协同化发展。社会组织是公众参与社区治理的桥梁和纽带,在公众参与的过程中发挥着十分重要的作用。当前,在中国社会组织参与社区治理的过程中存在以下方面的基本问题:一是现阶段中国城市社区发展面临着环境动态性、功能复杂化、人民需求多样化、居民构成分层化等一系列新趋势的挑战,亟待发展社会资本,动员社会力量参与社区公共事务治理,强化社区集体行动能力。二是目前城市社区内部公共事务的公开化、民主化和社会化进程尚未形成机制,多元主体的协商互助与伙伴关系建立滞后,甚至各种边界依然模糊不清,严重抑制了社区多中心治理网格的形成。三是目前尚未形成面向社会组织以及保障社会组织、社会企业在参与社区治理中获得相关权益的保护性立法,影响了中国社会组织的合法性、认可程度、法律地位,特别是抑制了社会企业家队伍的形成及其在社区中的行动效率。四是目前,一方面"一老一小"成为社区治理的参与主体,年轻人、社会团体参与的积极性不高;另一方面,社区居民之间缺乏互信,缺少信息交换机制和情感交流空间,社区居民之间呈现出不同程度的原子化隔离状态,既无法带动广大民众参与社区治理,还容易造成内部居民出现矛盾和冲突,亟待重点关注和解决。五是社会组织参与社区治理总体上处于发展起步阶段,政府应针对资金保障、对外协调、资源配置和政策措施等方面的短板给予支持和扶助。六是人才短缺已成为制约社会组织发展壮大的主要困难之一。

(二) 创新新常态下公众参与社区治理的实现路径

社区治理的改革创新是一项系统性、整体性工程,从治理理念思维到治理架构制度设置,再到具体实施落实,每一环节都需要进行新的变革。要打破"管制"的思维定式与"人治"的行为方式,通过发挥社区居民、社会组织、社会团体等多元主体的主动性、能动性,利用法治手段、社会规则和市场秩序来规范和调节社会利益群体,使社区治理既能正常有序运作,又充满足活力与动力。

(1) 加强顶层设计,建立健全公众参与社区治理制度保障。科学的制度是社会治理有序进行的基本保障。推动公众参与社区治理,必须坚持制度先行。应以制度创新为重点,加强公众参与社区治理的体制机制建设,完善配套性政策体系,为公众参与社区治理提供保障和便利。在发挥好政府治理作用的基础上,健全利益表达、利益协调、利益保护机制,引导人们依法行使权利、表达诉求、解决纠纷,实现政府治理和社会调节、居民自治良性互动。在加强制度建设的同时,还应着力构建公众参与的平台和载体。适度的组织化有利于推动公众有序参与、有效参与、规范参与,能够充分发挥广大人民群众在居民自治、化解社会矛盾等方面的作用。因此,应改革创新社会组织管理制度,鼓励和支持社会力量参与社会治理、公共服务,激发社会活力。积极培育社会组织特别是社区组织,将其打造为社区服务供给的主体、公众参与社区发展的平台和履行公共责任的载体。

(2) 推动项目式参与。在社区治理层面,可以在政府购买社会服务项目的过程中引入"项目带动"和"体验激发"等新流程,增强公众参与体验,激发公众参与热情。在项目确定的初始阶段可以引入公众参与,如构建公众需求与建议发现机制,了解、评估和吸收公众对项目的合理化建议,使项目设计与公众需求相匹配;在项目招标阶段应完善竞争机制,利用公益创投方式,选择"接地气"的项目;在项目落实阶段,应进一步创新公众参与的方式与渠道,比如在社区公园建设项目中吸纳社区公众参与方案设计和公园建设等具体环节。"项目带动"和"体验激发"既能大大提高公众参与的积极性,也能显著增强城乡社区的服务功能。

(3)提升公众参与能力。有效的公众参与不是公众个体行动的简单汇总。作为社区治理的一个重要维度,公众参与具有系统性。推动公众有效参与社区治理,需要整合社区、社会组织、群团组织、企业等多方力量,发挥其各自优势和功能,实现多主体联动,充分发挥群众参与社区治理的作用。社区居民作为社区治理的主体,是社区自治的重要力量。一要营造参与氛围,增强参与意识。一方面,大力开展社区红色教育、家庭教育等社区教育活动,引导居民了解社区工作最新动态,使居民及时掌握政策落实情况,尽快进入参与决策者的角色;另一方面,积极培养社区居民骨干,发挥其带头作用,促使社区居民不断提升自身的文化素质、政治素质等,努力把全体居民塑造成有理性思维,能正确运用知识参与社区服务、建设和发展的行动主体。二要拓宽参与渠道,创新参与形式。一方面,搭建居民参与平台,利用微信、网站等收集居民意见的同时,发展驻点联系、便民服务日、楼长接待日等多种参与形式,实行线上参与和线下参与的有效对接;另一方面,制定社区公共事务决策、管理、监督、评估的具体实施办法,定期开展居民议事会、居民民主会议等,引导社区居民在会议发言、相互协商和投票表决等环节中逐步达成共识,形成最终决策。三要提高参与能力,强化参与动力。一方面,聘请专家学者、专业社工在社区开展各类技能培训,提高居民参与决策的能力;另一方面,继续推行积分制度,建立积分兑换标准和激励机制,使居民能够通过参与各类社区活动获得积分,提高居民参与社区治理的积极性。同时,发现并树立社区典型,对社区居民参与公共活动和社区治理起到示范和引领作用。通过社区讲堂、公益宣传、社区历史与文化展示等多种方式,培养和提升社区居民的公共意识和社会责任感,提升社区居民的参与能力。

(4)建立矛盾化解和维权服务保障机制。一是努力从源头上减少社会矛盾,大力向公众宣传党的政策,减少不和谐因素;二是加强民众矛盾的整合引导,发挥社会组织在城市治理中的缓冲、中介和协同作用;三是完善人民调解、行政调解、司法调解联动工作体系,建立调处矛盾纠纷综合平台。四是牢固树立党和政府的服务意识,始终把为人民服务作为首要宗旨,把民众是否满意作为基本准绳,维护好民众权益,扩大对民众保障的覆盖面,做到哪里的民众利益受到侵害,哪里就有维权的机制。

六、完善法治保障机制,提升社区治理的法治化水平

法治是现代社会的治理理念和价值准绳。社区治理法治化是指在社区之内,以法律法规和法治理念为基础,社区内利益相关的各主体通过多种形式与方法,共同参与

社区事务与社区政治等方面管理,以此使社区建设发展与治理步入法制化与制度化轨道,是我国实现"法治国家、法治政府、法治社会"的重要基础。国家的全面依法治国,是推进国家治理体系和治理能力现代化的基础和保障。迈入新时代的社会治理中,法治成为一种普遍性的思维方式和价值追求。党委领导、政府负责、社会协同、公众参与的社会治理格局的稳固与夯实,同样需要依法治理作为制度保障。社区作为社会的微观单元,坚持依法治理才能维护和促进社会现代化的稳定有序,也才能真正实现可持续治理。

(一)我国社区治理的法治化困境

新中国成立以来,国家、部委和地方各级政府就基层社会管理和城市社区发展出台了大量的法律、法规、规定、条例、指导文件,基本理顺了体制机制,指明了社区法治化治理的正确发展方向。从改革以来的纵向时间线索来考察城市基层的法治建设,依法治国已成为党的执政设计图和国家治理的根本规准。然而,长期以来,城市基层社会治理的规范性、法治化要求,与基层政府和社区层面治理的复杂性之间,存在着较强的张力。具体而言,主要表现在以下几个方面:一是总体上,社区法律颁布早、数量少、范围小、可操作性低,而规定、条例、纲要、建议、指南等规范类政策文件占了主要位置,导致社区治理的立法强制力和权威性不足。二是随着城市社会经济迅猛发展,现有法律法规调整滞后,未能随环境变化及时修订,如重要的基础性法规《中华人民共和国城市居民委员会组织法》(简称"居组法")是1989年颁布的,1990年1月1日施行,居今已有30多年。三是法律内容规定落后,作为城市社区治理中的核心主体,社区自治组织、社会组织、社会工作者等的功能、职责、组织形式、作用途径等新内容,尚未在重要法律文本中得到及时体现。四是社会公众、社区居民在法律上的自治主体地位不突出,基本权利和利益保障缺失,居民自治的实践仍有相当大的发展空间。五是现有法律对非营利组织、第三方机构等社会组织参与社区治理的责任、权利、义务及其程序、保障等缺少有力的支持。六是现在法律对社区治理所需的办公场所、工作经费、人员报酬、专项经费、社区设施、社会资源、财政投入等必备条件仍缺乏明确、稳定的保障。

较之不同的是,新时代的城市社区治理彰显法治精神,通过依法治理来维护基层社会的规范、有序运作,从而保障社区居民广泛而实在的合法权利。这种依法治理的实践,集中于对以"居组法"为核心的法律规范的遵从和践行。城市社区的依法治理是持续互动的过程,以"居组法"为核心的社区法律规范,在社区治理中发挥着基础性的引导和规范作用。而居民自治过程中,按照平等、自愿、协商所形成的居民公约等非正式制度,则是整个社区非正式制度中不可或缺的部分。社区居民和组织行动规范的确立,并非依靠单一的正式制度,而有赖于作为正式制度的"居组法"和非正式制度的各种社区公约的衔接与结合。正式和非正式制度的影响力的同时发挥,共同激励和带动社区的有序和制度化参与,不断完善社区的法治规范体系,化解社区矛盾与冲突,保障社区居民的合法权益,在社区治理现代化的过程中,真正实现社区的和谐、繁荣与稳定。

（二）全面推进社区治理法治化的对策建议

依法治理的"法"，对于社区而言，既包括以"居组法"为核心的国家法律法规（通称"硬法"），也包括根据社区特点和发展需要而形成的社规民约（通称"软法"）。法治在现代社区治理中的作用，主要体现在为社区治理矫正方向和目标，完善治理体制，规范基层政府及其他主体的行为，完善法律监督机制，防止公共权力在社区的滥用和腐败。社区治理法治化的核心是保证居民自治，用法治手段推进社区善治，保证居民在社区政治、经济和社会生活领域的利益纠纷处理有法可依，确保社区党组织和居委会骨干维护法律权威，遵守法律，率先履行法律规定范围内的职责。社区治理法治化创新要由单一的"硬法"治理模式转向"软硬并举"的混合治理模式，既要发挥"硬法"的基础性、前提性和框架性作用，又要发挥"软法"的延伸性、补充性、辅助性作用，从而形成合力效应，促进社区治理的规范、高效和有序运行。

（1）夯实"硬法"——健全完善社区治理的法律体系。根据新时代城市社区治理实际面临的问题与社会基层的特点，构建结构合理、层次清晰、系统规范、技术先进的硬法体系。一方面，要尽快确立能够规范社区法律地位的主干立法，让社区的日常治理有法可依。完善社区主干立法功能，其核心是清晰地界定社区与行政的权力边界，明确规范社区治理方式与运用方法，维护社区治理主体的法律关系，使主干立法能够真正产生作用。另一方面，要积极探索以地方立法手段来提升社区治理领域相关制度的约束力与稳定性。通过地方立法，使社区治理的新思路、新实践、新经验和新模式得到认可和支持，使行政资源、市场资源和社会资源的分配与交换得到法律保障，在法律规范框架中明晰多元主体的社区所为和所不为的界限，从而完善法治化治理的规范体系，让社区治理法治化进程走向新高度。如山东省潍坊市人大常委会着眼于社区治理领域立法，近年来制定出台《潍坊市电梯安全条例》，及时回应社区居民关注的热点问题；出台《潍坊市燃放烟花爆竹管理条例》，力求在环境保护和尊重民俗之间实现平衡。

（2）完善"软法"——健全完善社区治理的居规民约。社区治理创新中引入"软法"之治，可以将政府运用命令和管理的行政手段降低到其必要的限度上，从而形成基层政府行政管理同社区居民自治双向互动、协同发展、分享共治的社区治理模式。一是社区"软法"制定主体的培育。社区治理创新中软法的制定主体多元化，社区党团组织、社区行政管理组织、社区居民自治组织都可以成为"软法"制定的主体。当前需要形成以社区党组织为核心，以社区自治组织为主体，以社区专业性服务机构为依托，社区居民广泛参与的"软法"实施体系。二是社区"软法"制定内容的培育。社区治理"软法"的范围广泛地覆盖社区公共决策制度、岗位责任制度、考试考核制度、信息公开制度、纪律规章制度、会议制度、财政制度等方面，需要构建覆盖面广、内容丰富的"软法"体系。三是社区"软法"制定程序的培育。社区"软法"的制定需要充分发挥社区治理主体的民主性、协商性和互动性，需要培育和建立社区公共决策机制、公共协商机制、公共监督机制、公共选举机制、公共服务机制、公共信用机制等，以保障社区软法制定程序的民主性和公开性。四是社区"软法"运行机制的培育。社区治理主体之间合作基础是共同的社区治理利益，要坚持"少数服从多数"的原则，由居民依据软法内容决定社区冲突解决方案，切实做好"居民议、居民管、居民评"等工作。五是社区"软法"监督机制的培育。一方面，探索院落、楼宇、门栋自治和业主自治、社团自治的形式，引导居民参与社区常态化管理和服务活动，促使其自觉维护社区公约内容。另一方面，组织社区党员、热心居民等社区骨干成为软法监督小组，对"软法"落实情况进行监督，并通过柔性惩罚、协商与对话、申诉与上访等方式保证软法的真正落实。

现代化的社区治理法治化，意味着要对长期以来"人治"色彩浓厚的传统精英治理方式进行根本性的调整。依法治理，要求社区场域内政府部门的介入和干预不是凭借自身的权威和资源优势，而是按照既定的法律规则输出国家意志、供给服务并维护秩序，也意味着社区居委会、居民及其他行动主体依据社区公约开展行动、参与治理，从而共同推动社区稳定、和谐、有序地发展。

七、完善科技支撑机制，提升社区治理的信息化、智慧化水平

信息化是当今世界发展的大趋势，是推动社会治理现代化的重要力量。在全球化、城市化和信息化时代，作为新兴的社区发展模式，智慧社区结合了"互联网+"、大数据、云计算、物联网、人工智能等新兴技术，极大地丰富了社会治理的内涵、方式和手段，提升了社区治理绩效水平。智慧理念和新技术的实践应用，对城市社区治理和公共服务模式实现向"共同体"的价值定位、推行整体性治理和实现合作治理的供给模式都将发挥出积极的推动作用，为我们全面感知和掌握社会运行动态提供了便利条件。

（一）运用互联网、大数据等提升社区治理能力势在必行

首先，互联网发展加速治理思维的转变。伴随互联网技术的迅速发展，基层社会的治理思维也随之变化。互联网运用到基层社区治理，日益成为新时代社区治理的主要思维方式。2012年和2013年，北京市、上海市分别颁布了《关于在全市推进智慧社区建设的实施意见》《北京市智慧社区指导标准（试行）》《上海市智慧社区建设指南（试行）》。2014年8月，发改委、工信部、科技部、公安部等八部委联合印发《关于促进智慧城市健康发展的指导意见》，明确提出要创新智慧建筑与智慧社区服务模式。2017年6月，《中共中央国务院关于加强和完善城乡社区治理的意见》在"增强社区信息化应用能力"中指出，提高城乡社区信息基础设施和技术装备水平，加强一体化社区信息服务站、社区信息亭、社区信息服务自助终端等公益性信息服务设施建设。由此，智慧社区逐步承载了社区发展与和谐稳定的基本功能，正式成为"十九大"以来政府解决人口、技术、治理、生态、安全、文化等城市突出问题的核心载体，成为政府建设智慧城市和推进我国城镇化、信息化建设的重要内容。

城市社区作为互联网应用的重要场域，基层治理体系中的政府、市场与社会治理主体关系及其规则被重新配置和构造。特别是各地兴起的"智慧社区"建设，促进了市场和社会主体力量的进入和渗透。家政、租房、就业、出行、缴费、文娱等各种服务的在线推送，使得居民、企业、社会组织、社区居委会、政府部门等多主体之间建

立了更为便捷的信息沟通和交流平台，从技术平台层面支撑多元共治格局。互联网思维在城市社区治理场域中的确立和巩固，是新时代社区治理的必然要求，其首要任务是深刻理解互联网通过信息、资源、权利等社区各要素的互通，对参与社区共建共治的社会组织、市场组织以及社区居民等多元主体展开赋权增能，从而形成主体间良性互动的治理实践。

其次，现代经济发展推动治理方式转变，尤其是共享经济的迅速发展对政府治理提出了新的要求。科技支撑不单是大数据、云计算、物联网等技术的革新，同时强调技术在融入社会治理层面之后所产生的正向效益。共享经济，即为点对点经济，其本质是基于人与各种资源共享基础上的社会经济生态系统。利用互联网建立需求方和供给方的共享平台，实现供应和需求资源的合理配置，降低双方和整个市场闲置资源的交易成本，促进全社会经济效益的最大化。在共享经济发展过程中，个人或者组织都可以成为微型的网络化主体。共享经济大大提升了资源的使用频率和效能，其服务供给和使用方式灵活，范围日趋流动，不再局限于某个特定的地域单元，甚至促进城市社区打破区域界限。伴随着移动互联网的发展，这种模式将逐渐被市场和社会所认可，并越来越普遍。共享经济已成为当前和未来发展的主流趋势。

最后，社会高度的流动性和开放性驱动治理机制的更新。现代社会是一个开放性、流动性、多变性的社会。当然，这种开放与流动必须有相应的治理机制作为支撑，才能确保社会运行过程中的稳定和有序。在开放与流动的冲击下，城市基层管理体制逐渐不堪重负，其管理和服务功能愈发滞后于居民更加复杂而丰富的需求，由此也产生了一系列矛盾与问题。既定的治理机制无法有效应对身份来源、职业岗位、习惯偏好差异巨大的个体和群体，在相对固定的生活场域内形成权利、秩序等方面的冲突。例如，目前普遍推行的社区"网格化"管理，将政府的公共资源按照行政划分的网格结构进行再分配，使国家管理能更加深入社区居民个体。但这一套基于较高运作成本和复杂运作层级的机制，并不能及时、有效和完整地获得动态化的需求信息和社区实情，同时客观上切割和排斥了社会和市场资源的链接和关联，反而削弱了社会资源的整合力度和治理能力。

综上所述，新时代的社会治理，必须主动顺应当前开放性、交互性、多变性的现代社会发展特征，依托现代网络信息技术和高科技手段，不断创新更精细、更高效的管理服务机制，促进政府部门与市场、社会组织的协作和联动，以及行政权力、市场要素与社会自治的有效衔接，提升管理服务的快速性、针对性和回应性水平。

（二）提升社区治理信息化、智慧化的技术选择模式

一要做好顶层设计。在新一轮科技革命和产业变革加速演进、新技术新产业新业态层出不穷的当今时代，加强和创新社会治理，必须敏锐把握世情国情变化和科技发展动态，主动识变应变求变，依托建设科技强国、网络强国、数字中国、智慧社会，做好运用科技支撑社会治理的顶层设计。做好顶层设计，关键是在社会治理体制改革中着力推动大数据、人工智能、区块链等现代科技与社会治理深度融合，打造数据驱动、人机协同、跨界融合、共创分享的智能化治理新模式，实现对社会运行的精确感

知、对公共资源的高效配置、对异常情形的及时预警、对突发事件的快速处置，提升社会治理的科学化精细化智能化水平。

二要强化新技术应用。大数据、物联网等新技术的应用极大提升了社会治理整体数据的分析能力，为有效处理复杂社会治理问题提供了新的有力手段。其中，互联网信息技术、开放空间会议技术、"社区＋"技术的运用，为社区治理的专业化、精细化奠定了基础。由此，现代化的社区治理，不仅是多元化、社会化的治理，更是专业化的治理，而治理技术的科学化和专业化程度对于社区治理效能有着重要的影响。

（1）充分运用"互联网＋"网络信息技术。互联网技术的快速发展促进了社区服务和各类资源的整合，特别是基于互联网技术形成的大数据技术，有助于深入挖掘治理信息，实现信息资源的动态监管、互联互通、共建共享，从而解决传统社区治理中存在的居民利益诉求渠道不畅、社区服务信息分割严重、社区居民与政府联系不通、社区治理效率低下等问题，弥补治理技术的不足。

第一，运用大数据技术，建立信息采集数据库。一方面，发挥互联网信息技术在需求采集、动态监测上的优势，建立起以区级管理信息系统为中心，形成以街道和社区综合信息平台为辐射，社区自助终端、个人服务终端为节点的信息网络，提高信息采集的针对性、有效性；另一方面，组建涵盖社区居民年龄结构、社会阶层结构、兴趣爱好等内容的社区居民信息数据库，从而为社区居民提供更加精准的服务。

第二，实现信息共享，简化服务流程。一方面，建立综合信息平台，做好社区、政府、居民、企业等各方对接，利用统一的信息服务资源，拓展移动端、自助终端、热线电话等方面平台服务，全面公开有关法律法规、政策文件、通知公告、办事指南等服务信息，实现信息资源共享；另一方面，规范网上服务事项，优化网上服务流程，开展一号申请、一窗受理、一网通办，打造"一门式"服务，为社区居民提供多样便捷的办事渠道。

（2）着力推广以"开放空间会议"为代表的协商技术。"开放空间会议技术"是一种比较成熟的参与式工具，是基于协商、参与、分享、合作等理念开展的一种协商讨论的会议模式。它是一项既提出问题也解决问题的会议制度，使参与者感觉到他们的意见每一个都是被尊重的。它具有一套可实际操作性的完整流程，并同社区治理需要相结合。它强调自由、开放和平等，能够最大限度地引导参与者表达意愿、形成最优决策。因此，"开放空间会议技术"的运用是以居民需求为导向的重要体现，有助于实现社区服务的针对性和多样化。

第一，充分了解民情民意，提高居民参与意愿。一方面，以"开放空间会议技术"为载体，使居民充分参与其中，了解其现实需求并以此为契机成立志愿者组织，构建"区协会—街道分会—社区志愿者工作站—社区志愿者专业服务队"社区志愿者组织网络，积极开展自助互助服务；另一方面，借助"开放空间会议"技术，建立由社区居民共同认可的"付出、积累、回报"双向激励机制，激励社区居民、社区社团以及其他驻区组织参与志愿服务，从而推进志愿服务的实效化和可持续发展。

第二，对社区工作人员进行专业培训，提升其专业素养。一方面，利用"开放空间会议技术"对社区工作人员进行培训，让其有学习考察、现场观摩、经验交流的机会,鼓励其考取职业社会工作师资格,逐步向专业社会工作者过渡,不断提升其管理社会事务、协调利益关系、开展群众工作、处理矛盾纠纷、维护社会稳定的能力;另一方面,探索建立社会工作者职业体系,明确社会工作者职业发展规划,畅通其职业晋升渠道,并制定科学可行的考评体系,打造一支政治素质好、业务能力强、服务水平高的专业化人才队伍。

(三) 信息化、智慧化建设的重点与路径

信息化、智慧化社区的目标是通过科技支撑,提升社区在居民自治和公共服务方面的功能与水平(见表1)。

(1) 治理:采用智慧化技术实时掌握社区动态,迅速定位邻里纠纷问题、社区矛盾冲突等问题;为城市社区居民自治系统提供技术支持,提高社区自治效率。

(2) 文化:借助网络化、信息化等技术媒介与手段,营造丰富和先进社区文化,强化先进思想文化的传播能力,培育社区居民的信仰、价值观、行为规范,积极践行社会主义核心价值观。

(3) 教育:借助云平台式的智慧教育,打造社区教育终身学习平台,引入先进培训机构,传承和培养社区良好风尚,提升社区居民适应现代化的综合素质。

(4) 医疗:建设智慧社区医疗卫生服务系统,实时感知、获取居民身体健康状况;系统整合智慧医疗服务,集聚优质医疗卫生资源;支持社区开展医疗咨询、医疗救助、疗养、保健、康复等服务。

(5) 保障:基于社区保障服务系统,利用信息技术建立社区数据库,收集居民衣食住行信息,为居民提供智能化、便捷化服务,满足社区居民生活需求。以智慧社区技术支撑决策管理效率,降低运营成本。

如2018年,上海社区新建500家智慧微菜场,将线上生鲜下单人等货的现象,以及需要送货员精准送货到家的人力浪费,都通过储物柜(有常温、冷藏、冷冻等功能)自提点的形式加以解决,节省了人力的双向时间。同时,社区智慧微菜场的部分菜品是通过上海市商务委员会牵头的扶贫项目而入沪的云南、贵州等地区的17个蔬菜基地的农产品。微菜场全年累计为当地86户建档立卡的贫困户增收近52万元,平均每户增收6046元。智慧社区微菜场节省了小区住户的等待时间,同时也为贫困户带来了实在的经济收入。

(6) 养老:建设智慧养老体系,利用传感交互技术和图像识别技术,实时感知社区老年人的生活护理和救助需求。如"想家宝"推出可视化智慧养老平台和视频陪护机器人,增加便捷视频通话终端、增值服务入口、远程问诊、健康讲座,配套社区居家养老服务中心,开展针对老年人的养老护理服务、家庭医生服务、文化娱乐服务、老年金融服务和老年用品服务等。

(7) 家居家政:整合网络家政资源和家政居家服务资源,借助信息家电智能化、设备自动化等手段,为社区居民的生活起居提供优质家政服务。运营信息技术手段,统一社区家政信息化服务平台,强化智慧家政的监管服务。

(8) 商务:建设电子商务及其诚信担保系统;整合优质商家资源为居民提供可靠、

便捷、高性价比的商务支持，实现社区消费者网上购物、网上交易和在线电子支付等综合服务项目。

表1　　　　　　　　　　　智慧社区服务功能体系

社区服务	服务内容	关键技术和渠道
智慧安全	安防、消防、应急疏散、紧急呼叫	出入身份鉴别、入侵检测报警、视频安防监控、电子巡更、燃气泄漏报警、公共消防、家庭消防、应急广播、应急照明、应急导向
智慧交通	小区监管、周边导报	基于行为的社区网络识别技术
智慧商服	家政服务、周边商服	O2O家政服务
智慧教育	家长信息、远程教育、教育政策	名师资源线上教学、网络备课、学生学习终端实时反馈、推送相关学习资源
智慧医疗	预约挂号、紧急呼叫、协同医疗、远程医疗	居民健康档案、智慧医疗云数据中心
智慧娱乐	电视娱乐、网上娱乐	全息技术、传输网络和感应识别
智慧托儿	远程视察	视频监控
智慧养老	养老院服务、钟点工服务、护工服务、养老信息服务、走失定位、老年大学	可穿戴设备、远程诊疗
智慧物流	小区储物柜租用、物流信息查询，小区跳蚤市场、废旧物回收	嵌入式系统
智慧物业	基础设施、公共服务设施、房产信息、住房信息、安全保障、环境卫生、绿化养护、水电气暖计量	水电费远程计量、多网格综合服务、多渠道统一受理技术
智慧环保	空气质量监测、垃圾分类与外运、中水处理	智慧社区设施和环境集成监测技术
智慧节能	设备系统运行节能、电梯节能、照明节能	智能控制变频技术
智慧民政	婚姻、就业、低保社保、计划生育	互助服务技术、电子政务外网
智慧社团	业主委员会网站、居委会网站、民间社团网站、网络社区	ICT基础设施、认证、安全等平台和示范工程
智慧缴费	缴费信息查询通知、便捷缴费、报刊订阅等	二维码和移动支付
智慧家居	家居安防、家居控制、智慧家电、智慧互联	综合布线技术、网络通信技术、安全防范技术、自动控制技术、音视频技术

资料来源：陆军等：《营建新型共同体——中国城市社区治理研究》，北京大学出版社2019年版。

习近平总书记指出，"加强和创新社会治理，关键在体制创新，核心是人"[①]。现代化的社区治理是动态发展的目标和过程，需通过治理主体、治理体制机制和治理方式等方面的转变，从社区治理的社会化、法治化、智能化等方面提升和体现现代社区治理的能力和水平，打造城市社区治理现代化的新格局与新路径。

[①]《在参加十二届全国人大二次会议上海代表团审议时的讲话》，载《人民日报》2014年3月6日第1版。

党建引领,激发社区治理活力[*]

——城市基层党建引领社区活力建设研究

社区是党和政府联系群众、服务群众的神经末梢,是城市治理的"最后一公里"。习近平总书记指出:"要深入推进社区治理创新,构建富有活力和效率的新型基层社会治理体系。"[①] 社区作为社会治理体系的基本单元,建设富有活力的社区是构建富有活力的社会治理体系的基础。2017年6月,中共中央、国务院发布了《关于加强和完善城乡社区治理的意见》(简称《意见》),首次以党中央的名义对社区治理进行了顶层设计和宏观布局,《意见》提出"要充分发挥基层党组织的领导核心作用,把加强基层党的建设、巩固党的执政基础作为贯穿社会治理和基层建设的主线,以改革创新精神探索加强基层党的建设引领社会治理的路径"。由此可见,以加强基层党组织建设引领社区治理,既是巩固党的基层政权、推动全面从严治党向基层延伸的关键环节,也是探索社会治理体系现代化、提升城市社区活力建设的客观需要。本文旨在从基层党组织建设角度探讨基层党组织在社区活力建设中发挥的有效作用,为以基层党建引领社区建成和谐有序、绿色文明、创新包容、共建共享、充满活力的幸福家园提供可参路径。

一、基层党建引领社区活力建设的背景

社会治理的重心在基层,难点在基层,活力也在基层。社区治理的活力不仅直接影响基层社会的活力,而且最终影响国家治理的成效。随着我国经济体制改革的不断深入和城市现代化进程的加快,计划经济时期由政府、企业、事业单位承担的部分社会职能逐渐剥离,我国社会的结构形式逐步从原先的单位制向社区制转化,单位对人的组织力不断弱化,而社区作为人们生存和生活的主要空间,对人的组织力大大加强。尤其在城市中,社区逐步成为社会整合的载体。当前,城市社区作为城市社会组织及"自由人"的生存地域,已成为反映社情民意的"晴雨表",各类群众需求的"汇聚地"以及各种社会矛盾的"聚集点",社区治理在城市工作中的地位越来越重要。习近平总书记指出:"社会治理是一门科学,管得太死,一潭死水不行;管得太松,波涛汹

---

[*] 执笔人:高颖。
[①] 《习近平谈治国理政》第3卷,外文出版社2020年版,第353页。

涌也不行。要讲究辩证法，处理好活力和秩序的关系。"① 当前，我国的基层社会治理相对趋于稳定，面临的主要问题则是稳定状态下活力的欠缺，突出表现为群众参与不足、社会组织作用发挥不够、治理方式单一、治理资源短缺、联动化程度低等。因此，需要不断激发社区活力，寻求新的更高层次上的社会稳定，其中，社区党组织发挥着不可替代的重要作用。党的十九届四中全会指出，"社会治理是国家治理的重要方面，必须加强和创新社会治理，完善党委领导、政府负责、民主协商、社会协同、公众参与、法治保障、科技支撑的社会治理体系，建设人人有责、人人尽责、人人享有的社会治理共同体"。可以看出，党组织在创新社会治理中承担着重要的领导地位。如果说社区工作面临的是上上下下"千条线"，那么毋庸置疑，社区党组织就是穿起"千条线"的"一根针"，要构建富有活力又和谐有序的美好社区，离不开基层党组织的参与和引领。

二、社区党组织在社区活力建设中的功能定位

在国家治理体系和治理能力现代化的战略目标中，社区党组织具有重要的基层治理功能，是基层治理现代化的引领动力和基层治理体系的重要内容。《中国共产党章程》规定，党的基层组织担负着"直接教育党员、管理党员、监督党员和组织群众、宣传群众、凝聚群众、服务群众的职责"。2018年10月出台的《中国共产党支部工作条例（试行）》指出，"社区党支部在社区中承担着全面领导隶属本社区的各类组织和各项工作，围绕巩固党在城市执政基础、增进群众福祉开展工作，领导基层社会治理，组织整合辖区资源，服务社区群众、维护和谐稳定、建设美好家园的重要任务"。因此，本文认为，城市社区党组织在社区活力建设中主要承担着政治领导、价值引领、利益协调和服务群众的战斗堡垒职能。

1. 政治领导职能

在社会建设中，党的领导主要是政治领导，体现在对社会领域重大事项的政策指导和引领作用上，体现在对各类组织以协调、对话为主的软控制上。基层党组织是社会治理最基本、最直接、最有效的组织力量，只有充分发挥城市基层党组织的政治领导职能，把党的重大方针政策与社区建设和治理的实践结合起来，不断统一思想、凝聚共识，才能保证社区各项工作沿着正确的政治方向健康发展。党的政治领导职能主要体现在三个方面：一是体现在对社区重大决策事项的政治方向引导上，二是体现在对基层各类社会组织及各类组成人员的政治引领上，三是体现在引导社区抵御国内外敌对势力、邪教组织和非法宗教活动的影响渗透上。

2. 价值引领职能

价值引领是社区党组织化解体制转轨时期各种社会矛盾的需要，也是用社会主义思想占领社区思想阵地、提高社区居民素质的要求。社区作为高密度、异质性、大流动人口的集聚区域，是各种思潮、学说、观点争论的重要阵地，在这种情况下，决定

---

① 《习近平关于全面建成小康社会论述摘编》，中央文献出版社2016年版。

了社区党组织在社区多元治理主体的思想教育工作中必须发挥导向作用。党组织通过加强政治思想教育和道德建设，倡导科学健康的生活方式，不断丰富居民群众的文化生活，培养社区居民的社会责任意识、公益意识、互助意识、奉献意识、参与意识，从而促进社区成员之间的和谐共处。

3. 利益协调职能

社区地域关联的特性，使其成为承接诸多社会矛盾和问题的聚集点以及个人、家庭、群团、组织、政府等主体的连接点。在利益主体和利益需求日趋多元化的背景下，直接面对各类利益主体的基层党组织，只有异中求同，协调和整合社区内不同因素的矛盾、冲突和纠葛，建立利益共同的统一体系，才能维护好社区的和谐稳定。一方面，社区党组织需要考虑并满足大多数居民的利益要求，正确反映并处理好群众整体利益与局部利益、长远利益与眼前利益的关系，在不断满足群众物质精神文化生活需求的同时，重点关心帮助生活较困难的群众，协调整合群众共同利益。另一方面，利益协调职能还体现在对社区资源的整合上。社区各类组织的存在和发展为推进社区活力建设提供了丰富的资源，但由于社区各类组织具体的目标、任务、功能、运作模式等不尽相同，在实际运作过程中不可避免地会产生矛盾和碰撞，有时甚至会以外部冲突的形式出现。这就要求社区党组织依法协调处理好社区各类组织之间的关系，为各类组织规范有序发展创造必要的条件，形成工作合力，共同推进社区和谐健康发展。

4. 服务群众职能

党的十九大报告指出，"带领人民创造美好生活，是我们党始终不渝的奋斗目标""中国共产党人的初心和使命，就是为中国人民谋幸福，为中华民族谋复兴"。社区党组织作为党在基层的战斗堡垒，在服务群众方面与其他行政、经济部门相比，具有更加明显的优势。一是社区党组织不受部门利益和集团利益的干扰，能够更直接地关注社区全体居民群众的利益，了解他们的服务需求；二是社区党组织有密布于社区各方面的组织网络，有分布于广大居民中的党员，这就便于社区党组织利用自己的组织、人才优势，比较准确地抓住社区成员、社会组织的关切点，更有针对性地推动社区服务的发展；三是社区党组织与上级党政部门有更直接的领导与被领导关系，与社区自治组织和其他组织相比，更容易获得外部支持；四是社区党组织在社区组织中居于领导核心地位，更有资格协调各种利益关系，整合各方力量，为社区办更多的实事好事，从而更快地做到"让改革发展成果更多更公平惠及全体人民"。

三、基层党建引领是社区活力提升的重要保障

1. 基层党组织的有效覆盖为社区活力建设提供组织保障

2019 年中国共产党党内统计公报显示，截至 2018 年底，全国 8561 个城市街道、31610 个乡镇、102555 个社区（居委会）、545189 个行政村已建立党组织，覆盖率超过 99%[①]。中国共产党作为执政党，一方面拥有纵向到底、横向到边的严密组织体系，另

---

① 《2018 年中国共产党党内统计公报》，载《人民日报》2019 年 7 月 1 日第 4 版。

一方面遵循民主集中制的组织原则，其组织的广泛性、渗透性、严密性以及决策机制的民主集中制优势，有助于确保各级党组织在中央的统一领导下，快速、集中、准确地传达、贯彻、落实上级指导思想，将党的各项政策方针及时有效地执行落实到位。可以说共产党组织就像一棵树，枝繁叶茂、根系密布，每一根触角和神经都深深地、牢牢地植根于社会之基，拥有强大的组织力、凝聚力和号召力。根深则蒂固，枝繁则叶茂。一方面，党组织能够以其养分深深滋养社区活力建设，同时，社区活力的持久迸发也更有助于社会事业的持续蓬勃发展。社区党组织利用其独特的组织优势，使党的发展和服务理念能够快速传达渗透到分散在社区中的各个党组织和党员个体，充分发挥党组织的组织力和党员能动性的中坚作用，为社区发展提供有力的组织保障。

这一点在2020年新冠疫情防控期间体现得就较为明显。2020年1月，突如其来的新冠疫情在武汉暴发，这场疫情不仅是一场危机，也是对我国基层治理体系和治理能力的一次考验。疫情发生后，党中央高度重视，迅速做出安排部署，要求各级各部门统筹做好疫情防控工作，全面打赢疫情防控阻击战。疫情期间，各级党组织以其庞大有效的组织体系优势，快速行动、广泛动员、精心组织、周密部署、快速有效地控制住了疫情的发展，体现出了其强大的组织力、动员力、凝聚力和行动力。其中，社区党组织作为疫情联防联控的第一线和外防输出、内防扩散的"最后一公里"，在抗击疫情工作中发挥了重要作用。"要把防控力量向社区下沉，加强社区各项防控措施的落实，使所有社区成为疫情防控的坚强堡垒。"各地社区党组织通过组织党员冲上一线，加强疫情防控宣传、逐家逐户排查、对重点群体进行监控等，广泛凝聚共识，发动起广大群众的参与力量，有效切断了疫情扩散蔓延的趋势，从源头上实现了防微杜渐，也为世界抗击疫情工作提供了重要经验。这其中，基层党组织发挥的强大组织力和战斗堡垒作用功不可没。

2. 党组织的意识形态引领为社区活力建设提供思想保障

改革开放40多年来，人们的物质生活水平不断提高，对自身的生存环境有了新的认识，对社会提供的精神文化产品也有了更高的要求。由于城市社区居民来自不同的地区、组织、单位和社会阶层，思想认识、文化水平、道德水准各不相同，人员结构的复杂性必然会导致各种思想、文化、道德观念的碰撞，如果不能及时地引导、化解和正确处理，就有可能演变为严重的社会问题，影响社会的和谐稳定。在这种新趋势下，社区党组织发挥着不可替代的举旗帜、聚民心、育新人、兴文化、展形象的意识形态引领作用。社区党组织通过加强对党的路线方针政策的宣传，使党的政策理论能够"飞入寻常百姓家"。通过大力弘扬社会主义核心价值观，培植社区精神，提高居民的凝聚力和向心力，培育自尊自信、理性平和、积极向上的社区社会心态，使社区成为群众居住的乐园、教育的基地、社会稳定的阵地。

在这里我们举一个松元厦社区文化引领的例子。深圳市龙华区松元厦社区为弘扬优良社会风尚，打造了"振能家训家风文化长廊"，文化长廊集家训、家风、家教等内容为一体，将优秀传统道德教育融入了社区居民的日常生活。"振能"意为"振于无境，能而有为"，文化长廊由"振能家风文化墙""振能家训故事""家风好榜样""家和万事兴，家风永流传""古今家风故事"五个部分组成。通过"家风文化墙"突出百家姓，寓意文化长廊由来自五湖四海的居民构成，呈现他们的良好家风；通过"家训故事"突出社区党员干部的良好家训文化和党的价值引领作用；通过"家和万事兴，家风永流传"分别展示从政、经商的松元厦居民以及优秀的普通居民能人事迹；通过"古今家风故事"展示古代良好家风传统，如包拯的《包拯家训》、司马光的《家范》等，同时也展示现代的好家风故事，如"崇俭"：崇尚节俭之风——周恩来；"崇廉"：崇尚廉洁之风——习仲勋；"崇勤"：崇尚勤劳之风——朱德等。文化长廊从为人、求学、处世等多个角度，讲述了社区身边的人及历代名人在遵循家风家训方面的不同做法。文化长廊的建设把中国优秀传统文化通过一定的艺术创造，以喜闻乐见的文化形式在潜移默化中向群众传递了家族文化的力量与真谛，使优秀的社会主义核心价值体系深植人心。

3. 党员的先锋模范作用为社区活力建设提供人才保障

2019年中央组织部公布的党内统计数据显示，截至2018年底，我国共产党党员总数为9059.4万名，共产党员人数约占全国总人口数的6.5%。庞大的党员数量决定了在社区活力建设过程中党员群体能够发挥重要作用。社会中的党员多是各行各业、各个阶层、各类群体中的精英，是社会建设的中坚力量。社区党组织通过团结社区及驻区单位的党员，使原本分散于各单位、群团、组织、小区的党员形成一面"红色"旗帜，成为参与社区活力建设的"主力军"。通过发挥党员的自身优势和先锋模范作用，充分调动起广大居民群众投身社区建设、参与社区治理的积极性、主动性和创造性，从而更好地带动社区更好更快发展。

党员对社区活力建设的作用主要在体现在以下四个方面：一是在维护社会稳定、化解社会矛盾中发挥堡垒作用；二是在服务居民、帮扶困难群体、知民情、解民忧、暖民心上发挥主力作用；三是在丰富群众精神文化生活、弘扬社会主义核心价值观上发挥旗帜作用；四是在开展各类志愿服务活动中，发挥模范带头作用。其中，党员志愿服务队伍在社区建设中发挥的作用是其他组织不可替代的。党员志愿服务队伍通过以党员带头，召集各单位、组织和广大居民群众共同参与，共同开展各类为民服务、帮扶助困、义务劳动活动，以热心服务凝聚人心，以主动奉献鼓舞人心，从而激发群众自觉参与社区建设和治理的积极性。例如，广州市南沙区为进一步发挥党员先锋模范作用，打造了专门激发党员带头参与社区志愿服务积极性的"党员时间银行"平台。党员在"党员时间银行"平台上注册成为会员后，通过完成一系列志愿服务积累时间币，以时间币为媒介，实现以服务换时间币、以时间币换服务的交换，同时，党员所积累的时间币将作为年底个人考核的重要依据。平台共开设了包含公共服务、养老服务、关爱服务、家政服务、家庭维修、培训教育、医疗保健、文化艺术、运动休闲、上门服务、专业技术、定制服务、公益活动13类活动在内的志愿服务项目，各位党员能够根据自身行业、岗位特点、专业特长等实际，自觉对接相应的公益志愿项目发挥所长、开展专项服务。截至2020年12月，该区已有1008个党组织、1.2万名在职党员成功注册为时间银行会员，服务群众达9.9万人次，积累时间币196904.5枚，充分调动起了党员参与志愿服务的积极性，起到了较好的模范带头作用，也为社区建设注入了源源不断的生机与活力①。由此可见,党员这支特殊又有力量的队伍,是社区与居民群众之间的重要桥梁和纽带,也是区域内乃至社区整合的核心力量。

4. 基层党组织统筹协调多方联动为社区活力建设提供运行保障

社区治理体系中存在多方面的治理力量,面对繁杂的社区治理事务,各方参与力量的积极性和主动性很难自发形成,必须依靠党委和政府的有力培育和引导。社区治理中的各类主体只有在同一目标框架下,通过协同互动、一体联动,才能取得更好的治理效果。构建充满生机活力、健康运行、秩序良好的社区,需要靠党组织去组织协调各方面的资源、力量,形成工作合力,从而使社区协调有序、良性运转。党组织通过不断健全完善互动机制,推动各方力量的有效衔接、对接、连接,形成互联互通、资源共享、优势互补的运行体系。社区党组织能够通过引导有关方面强化共驻共建意识,以结对共建、交叉任职、人才联育、文明共创、活动共办、场地共用等方式,增进社区各行业党组织之间、党员之间、党群之间的联系互动,形成区、街、居与驻区单位以党组织为核心的联合治理机制,从而不断拓宽社区的服务共享空间,为社区活力建设提供强大的运行保障。例如,山东省潍坊市奎文区为解决辖区老旧小区多、物业管理缺失等问题,坚持以党建为引领,充分发挥党的政治优势和组织优势,整合多方资源,以"党建引领、红色物业、共治共享"作为主线,建立社区党委引领,居委会、业委会、物业公司"四方联动"机制,由社区党委牵头,每月召集业委会、物业公司、派出所负责人召开会议,共同商议工作中遇到的困难问题。建立了吹哨报到工作制度,社区、业委会、物业公司负责人一人一哨,对小区管理、矛盾纠纷、治安防控方面的问题梳理列出需街道解决、需社区解决的吹哨清单,由街道综合执法、派出所、应急办等站所以及社区内服务类、公益类社会组织及时报到开展服务。"红色物业"建立以来,小区长期存在的环境脏乱、设施损坏、车辆乱停、纠纷频发等问题也得到了较好解决,群众的获得感、幸福感获得大幅提升。奎文区"红色物业"的建立,充分发挥了社区物业公司和小区党员优势,构建了街道社区党组织领导下的居委会、业委会和物业企业等多方参与、共同治理的现代治理体系,使党对社会治理的全面领导落到实处。

四、城市社区党建激发社区活力的途径探索

2019年5月中共中央办公厅印发的《关于加强和改进城市基层党的建设工作的意见》指出,要站在确保党长期执政、国家长治久安、人民安居乐业的高度,充分发挥街道社区党组织领导作用,构建区域统筹、条块协同、上下联动、共建共享的城市基层党建工作新格局,为建设和谐宜居、富有活力、各具特色的现代化城市提供坚强组织保证。在区域化党建格局的新形势下,传统党组织的功能定位和工作方式已远远不能适应变化了的社会需求,其功能体系和政治作用出现了弱化趋势,党组织的内在活力和战斗力也有一定程度的降低。因此,基层党组织必须顺应社会发展趋势,实现功

---

① 《南少区:"党员时间银行"为志愿服务插上"智慧翼"》,载《中国城市报》2020年1月18日B14版。

能转换，并坚持有所为、有所不为的原则，把党组织从与行政权力的结合中分离出来，复归政党的政治功能；从以往依赖行政手段包揽一切、决定一切，转向依靠协调和服务来整合社会和服务社区，从而以自身活力带动社区活力的提升。通过研究国内先进基层社区党组织案例，本文认为基层党建引领社区活力建设要注意做到以下几点，真正使组织有活力、党员起作用、群众得实惠。

1. 要以坚持党的领导为核心，而不能"九龙治水"

党政军民学，东西南北中，党是领导一切的。坚持党建引领，是基层事业发展的根本保证，越是问题多的地方，就越需要旗帜鲜明地加强党的领导。准确把握党的领导与社区治理的关系，是创新社会治理、提升社区活力的基本前提。《关于加强和完善城乡社区治理的意见》指出，我国加强和完善城乡社区治理必须要坚持以基层党组织建设为关键、政府治理为主导、居民需求为导向、改革创新为动力，健全体系、整合资源、增强能力，完善城乡社区治理体制，努力把城乡社区建设成为和谐有序、绿色文明、创新包容、共建共享的幸福家园。基层党组织是社区活力建设所依靠的最基本、最直接、最关键的力量，必须首先把党的政治建设摆在首位，切实加强对各领域社会基层组织的政治领导。一要发挥街道、社区党组织联结辖区各类党组织的"轴心"作用，以服务、联系群众为立足点，通过多种方式统筹基层党建与社区治理，形成基层党建和社区治理良性互动的社会治理新格局。二要充分发挥社区党组织在城市一线的"代言人"的作用，严肃党内政治生活、严明党的政治纪律，以党内带党外、以党员带群众，坚决维护以习近平同志为核心的党中央权威，筑牢坚强战斗堡垒，使基层治理沿着正确方向健康发展。三要紧紧围绕党组织这个核心，强化系统建设和整体建设，推动各条战线、各个领域、各类群体、各种组织、各项要素从相互分离走向相融共生，从条条块块、松散分离，变成"你中有我、我中有你"，在融合中共赢，在共赢中发展。

2. 要以服务人民为中心，而不能"高高在上"

习近平总书记强调："让老百姓过上好日子是我们一切工作的出发点和落脚点。"[①] 当前，做好社区党建工作，必须以保持党同人民群众的血肉联系为核心，以服务党员群众为重点，扎实推进服务型社区党组织建设。近年来，我国城市管理体制发生了深刻的变化，社区工作领域和对象在不断扩大，城市社区已日益成为城市管理的重心、居民群众生活的家园、各类经济社会组织活动的舞台。社区作为联结千家万户的最基层的社会单位，必然成为党和政府了解掌握社情民意的重要窗口，成为联系居民群众的桥梁和纽带。社区党组织和广大党员与居民群众联系最直接最广泛，通过社区可以深入地了解群众的困难，倾听群众的呼声，掌握群众的思想脉搏；通过为居民群众办实事、做好事、解难事，可以使居民群众真正感受到党和政府的温暖，进一步密切党同人民群众的血肉联系。

社区党组织要坚持以人民为中心的发展思想，把基层党建的政治功能和服务功能有机统一起来，通过加强服务能力建设、建强服务阵地、优化服务功能、提升服务水平、发挥服务实效，不断满足群众多样化、个性化需求，把城市基层党建成果转化为

---

① 《"四个全面"学习读本》，人民出版社 2015 年版。

居民群众的获得感、幸福感，以服务实现引领凝聚，切实打通服务群众的"最后一公里"。例如，广州市越秀区东湖新村社区党委为搭建社区党组织与社区居民的平安"保障墙"和便民"联心桥"，创办了"何当热线"。热线的主角何当原是广州市政工程总公司总经理，退休后不仅带动退休党员组成社区义务治安巡逻队，还借助社区党建组织体系，创办了"何当热线"。针对楼宇"上班族"在工作时间难以联系的情况，"何当热线"通过微信联系的方式约见社区群众、收集情况、解决问题。"热线"成立以来，为居民群众解决了涉及街道社区党务工作、党员组织生活、组织关系转移、党员和群众就业、党员参与社区建设、家庭邻里、婆媳和夫妻关系等方面不少问题，成为党组织"零距离"服务群众的桥梁，有力提升了社区党组织在群众中的号召力和影响力。因此，只有把群众满意不满意、高兴不高兴、答应不答应作为抓社区党组织建设的检验标准，基层党组织才能始终保持源头活水、澎湃动力；只有牢牢把握我国社会主要矛盾的变化，践行以人民为中心的思想，才能使基层党建工作收到实实在在的效果；只有用行动来说话、用事实来证明，通过一件件小事、实事、好事的办理，一项项便民、利民、惠民举措的推出，让群众尝到实实在在的"甜头"，才能增加党组织与群众的互信和感情，加深群众紧跟党走的行动自觉，才能带来城市基层的长治久安和活力繁荣。

3. 组织架构要深入居民，而不是"悬在空中"

细胞有活力，肌体才健康。党支部是党组织的最小单位，也是党全部工作和战斗力的基础。当前党的支部建在社区已经不能完全满足社会发展和党的工作需要，而是要确保人民在哪里、党员在哪里，党的组织就覆盖到哪里，党的工作就跟进到哪里。因此，社区党组织要进一步创新党组织设置形式，探索将支部建在网格上、建在小区里，结合实际组建"网格党支部""小区党支部""楼宇党支部"，设立楼栋党小组、兴趣党小组、党员中心户、党员责任区等，将党组织链条由社区延伸到神经末梢，实现党的领导末端覆盖。例如，山东省潍坊市奎文区以区域化党建为统领，打破传统体制，建立了"区—街道—社区—二级网格""四级"组织体系，构建了以街道党工委为核心、社区党委为基础、网格支部为支撑、区域内各类组织和党员群众共同参与的城市区域化党建工作格局，为社区内各领域、各组织提供了有序参与社区建设的平台。在区级层面，建立了区委区域化党建联席会议，由组织部门牵头，将发改、民政、住建、财政等15个相关职能部门列为成员单位，同步设立党的建设、经济发展、社会治理等6个推进委员会推进区域化共建工作。在街道层面，建立了"大工委"运行机制，在全区8个街道全部成立了"大工委"，选聘医院、高校、规模以上企业等58名驻区单位党组织负责人担任街道党工委兼职委员，建立了"三会四共五制六联"① 工作机制，统筹、协调和指导辖区内各类党组织的党建工作，共同协调解决涉及居民群众、

---

① 三会四共五制六联："三会"即每月召开一次专职委员会、每季度召开一次"大工委"联席会议、每年召开一次党员代表大会；"四共"即大事共议、实事共办、要事共决、急事共商；"五制"即目标责任制、承诺办结制、监督评议制、党员共管制和考核激励制；"六联建"即党建工作联促、思想文化联教、社区治安联防、社区服务联办、环境卫生联抓和基础设施联建。通过"三会四共五制六联建"模式，进一步加强了辖区党建资源整合、优势互补和互帮互助。

驻区单位切身利益的事项。在社区层面，建立了"大党委"运行机制，吸收驻区单位、"两新"组织、社区民警、业委会、物业公司和群众组织等方面的党员代表担任社区"大党委"兼职委员，完善了"1+3"运行机制、双诺双述双评机制及社区党委议事规则、重要问题审议决策等工作制度，推动社区事务共商共议。在社区网格层面，建立了党建精细化服务机制，根据区域面积、人口数量、驻区单位分布等，在全区划分了413个二级网格，实行统一编码管理，并同步成立二级网格党支部，设立楼栋党小组，依托党员骨干家庭设立党员中心户，组织党员开展"奉献在网格""四进楼道"等活动，充分调动起党员在网格治理中的宣传、发动、参与、监督作用，在一线化解了多起矛盾纠纷，有效推动了社区社会发展。

党的力量来自组织，党的全面领导、党的全部工作要靠党的坚强组织体系去实现。奎文区把党支部建在网格上、建到小区里的探索，使党组织链条由社区延伸到小区，实现了党的领导末端覆盖、小区治理从"群龙无首"到"核心引领"、小区建设从"简单粗放"到"精准精细"的转变。只有将党的领导植根于城市基层最末梢，植根于人民群众之中，让网格、小区这些社会"小细胞"焕发出大活力，激发群众的主体活力，才能够激发整个社区的新活力。

4. 要以典型带动开展特色活动，而不是"千篇一律"

坚持典型示范引领，是基层党建引领社会治理的重要手段。社区党建工作虽应全面统筹，整体推进，但不能眉毛胡子一把抓，否则将"面面俱到，面面不到"。要坚持结合实际、突出重点，抓典型树标杆，使先进典型起到"火车头"的带动作用。实践中可以从以下四方面入手。一要把建强带头人队伍作为关键之举，着力打造一支政治强、业务精、敢担当、作风正的高素质专业化带头人队伍。二要以"品牌党建"为引擎，深入挖掘城市基层党建特色品牌，强化党建品牌示范、辐射和带动效应，规范党建品牌创建，把基层党组织建设成凝聚人心、推动发展、促进和谐的领导核心和战斗堡垒。三要始终把握好"人"这个关键因素，充分激发党员活力，不断强化社区党员干部思想政治教育，坚持以人为本、教育为先，引导党员干部把发挥先锋模范作用作为自觉的行动。通过组织党员到社区报到，主动亮身份、做表率、当先锋，积极参与小区治理，接受群众监督，开展党员志愿服务和帮扶困难群众等活动，推动更多资源为小区居民服务，实现"党组织就在身边，党员就是家人"的新型党群关系。四要以党建活动创新为抓手，积极鼓励社区党组织结合实际开展形式多样、内容丰富的结对帮扶、联学联建活动，防止党组织活动出现不讲创新、不讲活力，自我封闭、因循守旧倾向。积极推动基层党建传统优势与"互联网+"、大数据等信息技术有机融合，不断丰富党建活动模式和内容。例如，湖北省荆州市荆州区郢都路社区积极探索教育管理党员、引导党员发挥先锋模范作用的方式路径，打造了"红色郢都"党建品牌，在党群服务中心修建了红色宣誓大厅，将入党誓词的十二句话分解成了十二个板块，为党员生动阐明了这段誓言的深刻含义，触人心弦，发人深省，激励的社区党员积极参与社区建设，为人民服务的积极性。上海市嘉定区嘉定镇街道从"远亲不如近邻"的传统文化理念出发，积极打造有温度的城市社区共同体，创建了"睦邻党建"服务模式。通过在街道建立睦邻党建服务中心，在社区建立"睦邻点""睦邻党小组"，创办睦邻文化节，设计睦邻党建徽标，创立"睦邻党建"专题刊物等，将辖区单位、社会组织、和党员、居民等群体纳入"睦邻党建"组织中，通过组织党员定期开展帮扶助困、为民服务和邻里友好活动，凸显党群情、睦邻情，拉近了党群和邻里关系。只有以典型带动、形成生动鲜明的服务品牌，不断创新活动形式、丰富活动内涵，激励广大党员主动参与服务，乐于参与服务，才能把党的政治领导和党组织的凝聚力转化为居民的共同情感，联系群众和服务群众工作才能具有吸引力和生命力。

5. 要统筹资源形成共建共治，而不是"各自为政"

新时代对城市基层党建工作提出了许多新问题新挑战，单靠街道社区党组织力量是不够的。城市基层党建内涵丰富、外延宽广，要求我们必须构建共驻共建、开放融合的格局。实践证明，只有善于借力借势、找米下锅，打破条块壁垒和隔阂，推进街道社区、单位、行业党建互联互动、同频共振，从相互分离走向相融共生，才能以党的组织优势，将城市各类组织、群体汇成一个整体，放大带动辐射效应，打造区域党建共同体，凝聚起城市基层治理的强大合力。因此，必须树立统筹思维，坚持条块结合、资源整合、全面统筹、系统推进，推动各领域党建工作充分融合发展，多方资源共同发挥作用。例如，山东省潍坊市奎文区金都社区积极探索党建引领社区共治，整合居委会、物业和民主管理小组三方力量，创造性提出了"1345"治理模式，实现了组织共建、服务共担、难题共解、文明共创的社区治理新格局。"1345"治理模式，即以区域化党建"1领"为统领，采取"吸引群众靠活动""打动群众靠心动""凝聚群众靠行动"的"3动"措施，发挥社区、社工、社会组织和社区志愿者的"4社"作用，实施由民做主的"居民提事、网格议事、会议定事、联合办事、群众评事"的"5事"工作法，全面提升社区的联动治理能力。"1345"治理模式实施以来，充分调动了物业企业参与社区治理的积极性和责任感，一批社区老大难问题迎刃而解。因此，社区要善于运用"统"的理念和方法、"整"的机制和平台，不断强化街道社区同各方各领域的互联互动融合，通过大工委、党建联盟等组织方式，推动驻区单位、社会组织履行社会责任和共建责任，自觉把资金项目、干部人才、场所设施、信息技术与社区共享，充分释放和扩大各领域党建"外溢"效应，使驻区单位从"旁观者"到"局内人"，从"个别参与"到"广泛响应"，从"自扫门前雪"到"众人拾柴火焰高"，提升各类组织"同一屋檐下，都是一家人"的主人翁意识，从而形成多方参与社会治理的良好局面。

6. 要引导健全民主自治，而不是"包办一切"

党建引领社区治理不能大包大揽。党的十九大报告指出，有事好商量，众人的事情由众人商量，是人民民主的真谛。当前，城市居民群众利益诉求日益多元化、碎片化，民主意识和参与意识逐步提升，以往传统的单靠行政命令的管理服务模式，越来越难以适应形势需要。同时，社区治理是一项系统工程，单靠街道和社区唱独角戏，总是会"手长衣袖短"，只有端正角色定位，既在统筹大事上当好核心，又在具体落实中充分调动并发挥好居民群众、各行业领域的主观能动性，才能使社区健康有活力的发展。因此，要改变过去党委政府"大包大揽"的做法，树立"组织该做的事绝不推诿、群众能管的事绝不包办、社会可做的事绝不越权"的理念，打破"自我封闭"和

"内部循环",通过统筹协调、规范引导、组织动员、支持服务、凝聚骨干等方式,真正把由老百姓自己解决的事交还给老百姓,使基层民主自治既充满活力,又能有序有效扩大群众参与,实现从"一元管理"向"多元治理"的转变。如山东省济南市围绕强化城市基层党组织的服务能力,创新打造了"协商民主+"模式,以"协商民主+政策宣讲""协商民主+典型引领""协商民主+信息互动""协商民主+社会组织"等形式,引导和带动各方积极参与社区共治共建。历下区第一社区党组织为解决辖区老人日常饮食问题,组织居民代表、物业负责人等通过"卡片协商"、会议商议等形式,民主协商确定了将社区回收的一处近200平方米自有用房用于建设社区老年食堂,赢得了居民群众的好评。推进新形势下城市社区治理,只有把党的领导植根于基层,植根于人民群众之中,在党组织领导下,组织群众依法管理基层社会事务,实现党领导基层治理、依靠群众加强社会治理,才能更好地为基层治理提供坚强有力的组织保证。

7. 要健全机制形成持续激励,而不只是"一阵风"

以党建引领基层社区活力,关键是要以机制保障落实,以责任引领落实。只有机制顺畅、责任落地,才能真正使党组织的战斗堡垒作用、党员的先锋模范作用在社区长效发挥,促进党的工作和活力真正持续渗透到社区的方方面面。社区基层党建是一个系统工程,在实践中,要做到党委主抓、行政配合、各方参与。城区、街道、社区一级抓一级,以上带下,以下促上,加强社区党组织和驻区单位的协调联动,变基层党建"社区抓"为"大家抓",确保党建工作有序推进、有效运转。在管理体制上,要做到条块结合、明确职责,通过条上抓行业引领,块上抓区域整合,推动形成工作模块化、任务一体化、目标同向化的立体多维城市基层党建工作模式。在方式手段上,要做到整合资源、形成合力,深入抓好联建共建,完善相关机制和载体,通过信息共享、阵地共享、文化共享、服务共享,充分盘活"点""线""面"党建资源,创新社会治理、推动城市发展。此外,还要建立双向责任共担机制,探索建立双向沟通协调、双向考核激励机制,压实街道社区和驻区单位党组织双向共建责任,实现城市基层党建合力的有效持续整合。

五、结束语

改革开放40年来,我国社会结构、社区结构、社会群体结构等都发生了深刻的历史变化。随着中国特色社会主义进入新时代,城市管理体制改革不断深化,城市管理中心不断下移,街道、社区已成为基层治理不可替代的主要依托。只有把加强基层党的建设、巩固党的执政基础,作为贯穿城市社区治理和基层建设的一条红线,保证党在基层社会治理中的领导核心地位,将社区党组织建设成宣传党的主张、贯彻党的决定、领导基层治理、团结动员群众、推进改革发展的坚强战斗堡垒,才能够充分激发社区各类群体和组织的活力,推进城市治理体系和治理能力现代化,建设和谐有序、绿色文明、创新包容、共建共享的幸福社区。

参考文献

［1］周多刚、马宜生：《城市社区党建的发展趋势与机制创新》，天津人民出版社 2014 年版。
［2］陈怡：《城市社区服务型党组织建设的现实路径》，载《上海党史与党建》2014 年第 5 期。
［3］吴梅芳：《社区党组织的功能定位与实现途径》，载《中州学刊》2014 年第 7 期。
［4］杨妍、王江伟：《基层党建引领城市社区治理：现实困境实践创新与可行路径》，载《理论视野》2019 年第 4 期。
［5］谢峰：《社区党建的主要发展趋势》，载《思想政治工作研究》2012 年第 7 期。
［6］沈跃春：《以社区党建创新为引领 推进社区治理现代化》，载《唯实》2014 年第 10 期。

多元共建,构建充满活力的社区治理共同体[*]

——多元参与社区治理

"社会充满活力又和谐有序"是党的十九报告中提出的基本实现社会主义现代化的一个重要标志,而要实现社会充满活力最基本、也是最基础的,或者说必然的前提条件就是要让社会的"细胞"——社区首先充满活力。

北京大学组织出版的《社会学概论》把社区定义为在某一地域空间中的人群生活共同体。那么这个社区生活共同体的活力来自哪里?来自生活在社区的每一个居民,只有把居民内在的热情和活力充分激发出来,并科学加以引导,促其积极参与到社区治理各项活动中去,才能让社区真正充满活力。

十九大报告中提出构建"共建共治共享"社会治理格局,就是需要全社会共同参与社会(社区)治理,进而激发"共建共治共享"的基础——居民的内在活力,通过各方参与"共建",进而达到"共治",最终实现"共享"。由此可见,达到"共治"、实现"共享",首先是怎么把社会各方面的资源有效整合起来,共同参与到社区治理工作中来,进而增强社区治理力量,提高社区治理水平。具体来讲,就是在社区党组织的领导下,把社区居委会、社区领袖人物、社会组织、共建单位、志愿者队伍等社会力量整合到一起,共同参与到社区治理工作,通过社区居委会的周密组织、社区领袖人物的引导、社区单位的支持以及志愿者队伍的带头,激发和带动社区居民共同参与到社区治理工作中,形成社区治理的"共同体",一起为社区治理注入无穷的生机和活力。

一、多元化的社区治理

英国学者罗伯特·罗茨的治理理论主张多元主体共同参与到公共事务治理,各主体在自由交往、平等协商的基础上进行交流与合作。伴随我国改革开放的进程和日趋完善的社会主义市场经济体质的加速推进,我国的社区发展正经历着单位型社区日趋衰弱和公民社会日趋壮大的过程,而这样的变化让政府与社区之间的关系出现了翻天覆地的变革。两者之间的关系由之前的全面控制逐渐转变为互相协调发展的促进关系。社区治理的主体不单单是政府可以满足的,必须有多元的社区治理主体才能

---

[*] 执笔人:谭立业。

适应新时期社区治理的需要。目前,社区党组织、居委会、社会组织、共建单位、社区领袖、社区志愿者队伍和社区居民已成为参与社区治理的主要力量,形成社区治理"共同体",而社区居民则成为其他参与力量激发和带动的目标,并且是社区治理的重要力量。在社区治理中,居委会、社会组织、共建单位、社区领袖、社区志愿者队伍、社区居民在社区党组织的领导下,分别扮演着不同角色、发挥着各自独特的作用。

(一) 社区治理的"领导者"——社区党组织

社区党组织在社区治理中处于核心领导地位,是社区的灵魂和核心,是社区治理共同体的"领导者"。社区党组织通过建立完善社区各项制度、搭建服务平台和载体、培育社区骨干力量等方式完成对社区治理的领导任务。一是制度引领。通过建立健全各项制度、明确各项工作流程,引导参与各方有序参与社区治理、居民正确参与社区事务,实现社区有效治理。如北京市海淀区曙光街道于 2018 年底,探索建立了"在党组织领导下的社区治理合伙人机制",通过梳理社区治理各方职责任务,进一步明确了"六个责任主体",即社区党组织是社区治理的"主心骨"、社区居委会是社区治理的"组织者"、社区全体业主(居民)是社区治理的"当家人"、社区物业管理公司是社区治理的"大管家"、上级业务指导部门和街道各职能科室是社区治理的"后援团"、参与社区服务保障的其他社会单位是社区治理的"共建者"。通过理顺社区各类议事程序、畅通社区各类沟通渠道、形成社区问题反馈机制、搭建社区有效工作平台,逐步构建完整的基层治理"社区命运共同体"。截至 2019 年 7 月底,曙光街道下辖的世纪城西区、怡丽北园社区、诚品建筑社区等 17 个社区,都已推行起了"社区合伙人"机制。"社区治理合伙人机制"的建立,解决了诸多因社区管理主体矛盾产生的影响社区居民正常生活的焦点问题①。二是载体引领。在不同层面搭建更富包容性、开放性和灵活性的治理平台和载体。围绕小区综合管理、公共服务项目等居民关切的热点、难点问题,合理设置治理内容,使社区治理内容更具针对性和吸引力;在社区组建专项组织或团队,吸纳居民参与,助力居委会工作开展、激发居民的参与热情。如山东省青岛市李沧区虎山路街道党工委从社区实际出发,全方位统筹,立体式谋划,盘活传统储备,整合新式资源,搭建多元化的社区公共议事平台,使民情协商多维度开展、高效率运行。通过成立街道"民情协商俱乐部",以专业社会组织为支撑,盘活"法律咨询""人民调解""政务讲解""维权保护""社工增能""心理帮扶"等多支队伍,为矛盾调处提供针对性服务,并对社区反馈上来的一些大问题进行集中解决。同时,在社区成立"睦邻中心",依托专业社会组织培养社区骨干,寻找社区能人,发展社区热心居民参与到社区治理中。其次,探索社区民主协商"6 +"模式,整合辖区企业、驻地单位、物业管理、社会组织、专业队伍以及社区骨干等协商议事主体,积极引导辖区资源参与民情协商,并邀请利益相关方,定期组织开展社区事务协商座谈会、社区协商议题成效评估会等,加强社区协商框架的完善和社区治理创新,推进社区协商主

---

① 陈闯:《解析曙光街道社区治理合伙人机制》,载《前线》2020 年第 5 期。

体多元化①。三是"骨干"引领。通过培育社区党员、居民中的骨干力量和群众团队带头人,团结凝聚更多的居民参与。鼓励党员参加社区治理各项活动,成为居民自治工作的核心力量。同时,不断挖掘居民自治带头人,在社区文化、社区维稳、社区服务等方面发现和培育一批"社区领袖",充分发挥其"明星效应",带动和凝聚更多居民群众,推动治理工作健康发展。

(二)社区治理的"组织者"——社区居委会

社区居委会是居民自我管理、自我教育、自我服务的基层群众性自治组织,是社区治理各项活动的具体"组织者"。社区居委会通过组织开展学习教育、民主管理、文体活动,引导社区居民、共建单位、社会组织、志愿者队伍共同参与社区治理,实现社会资源与社区治理的有效连接。一是组织开展形式多样的学习教育、民主选举、民主决策、民主管理、民主监督等活动,教育和引导居民遵守社会公德和居民公约、有序参与社会公共事务和公益事业。二是组织群团参与社区治理创新,引导社会组织、社会工作者和社区志愿者有序参与社区治理和服务。三是组织和指导业主大会和业主委员会发挥作用,依法保障业主权益和居民切身利益。四是组织驻区单位参与社区建设、为辖区居民服务的范畴,真正达到社区与共建单位的"共建共治共享"。如深圳市宝安区新安街道在社区推行的"三会一评"工作法,通过意见收集会、议题讨论会、议事决策会和述职评议等方式,引导社区居民有序参与社区治理,推动社区议事的规划化,增强了居民对社区事务的关注和参与的热情。

(三)社区治理的"社会力量"——社会组织、共建单位、志愿者队伍

社会参与是实现共建共治共享的重要途径。发挥社区组织的重要作用,为社会力量参与社区治理搭建组织平台,有助于不断提升社区治理社会化水平。社会组织通过政府购买社会组织服务渠道,承接政府公共服务项目的方式,为居民日常生活提供优质服务。同时,在社区内开展各种公益、文体等活动,组织辖区具有共同兴趣爱好的居民参与其中,为其沟通交流、相互学习提供载体、平台,增强居民对所在社区的归属感、认同感。另外,社会组织还可通过组织志愿者、居民参与社区物业管理、邻里事务管理、社区治安管理、社区纠纷调解等相关管理活动,促进社区管理工作效率有效提升。如江苏省苏州市高新区狮山街道在2016年设立了包含居民自治项目、社区融合项目、文体娱乐项目等三大类项目的"社区治理专项经费",也就是"自治金"。"自治金"启动以来,共有30余个文体项目得到了资助,社区居民根据自己的爱好,成立了串珠、乒乓球、舞蹈队等团体,共同制定活动规则,把原来互不相识的居民因为共同的爱好而凝聚在一起②;社区共建单位利用企业场地、设施、产品、技术等方面

---

① 武淳:《青岛虎山路街道坚持党建引领创新社区治理模式》,http://www.dangjian.com/djw2016sy/djw2016gddj/201809/t20180912_482763.shtml.

② 冯筱娟:《80个项目推动居民自治 狮山街道项目化运作遍地开花》,http://news.snd.gov.cn/life/34489.html.

的优势，通过将企业单位的文化、教育、体育等活动设施向社区居民开放，或向社区提供资金、人才、物资的方式参与到社区治理各项事务及文体活动中，为社区开展各项活动提供支撑和保障；社区志愿服务对社会治理起着良好的促进、补充作用，志愿者通过有序参与社区治理各项活动，把关怀带给社区的同时，传递了爱心，传播了文明。同时，还为社区居民提供了社交和互相帮助的机会，加深了人与人之间的交往及关怀，减低彼此间的疏远感，促进社区和谐。

（四）社区治理的"内生力量"——社区"领袖人物"、社区居民

社区"领袖人物"就是"蝴蝶效应"中的"蝴蝶"，他们通过展示自身魅力、发挥所带团队优势，激发居民参与社区活动的热情和活力，吸引和带动社区居民参与社区各项活动，提高居民思想境界、生活质量再提升；社区居民既是社区治理的参与者，又是受益者，同时扮演着公共决策参与者、公共事务参与者和监督者三种角色。居民通过参与社区公共决策、参与并监督公共事务，进一步促进社区自治制度的健全完善、居民生活环境的改善、居民生活质量的提升。居民参与的规模、程序和制度化水平，已成为衡量和评价社区治理和社区工作的重要标准。

二、存在的主要问题

目前，各级党委政府在挖掘社区内生动力、畅通社会资源参与渠道方面做了大量工作。社区居民、社会各方资源正有序参与到社区治理，社区治理资源不断得到整合，社区治理力量不断得到增强，社区建设不断提速、升级。同时，也暴露出在制度保障、参与渠道、参与内容等方面存在的一些缺陷和不足。

一是参与机制不完善，阻碍了社会组织的有效参与。当前，绝大多数社区在驻区单位、社会组织、志愿者队伍参与社区事务方面缺乏相应的配套制度或配套制度不完善，对参与者应承担的职责、参与的要求、参与的方式、参与的内容以及对参与者的责任评价等都未形成完整的体系和明确的制度。造成各参与主体对自身所承担的职责不明，不知道怎么参与、参与什么，对参与社区治理的内容、方式没有清晰的概念和界定，有劲使不出来，自身优势难于得到充分利用和发挥。虽然参与者硬件资源得到整合，但软件资源却难以整合，实质性的共治内容和项目不多，难以引发相关社会力量的长期关注参与，难以真正实现"机制共建、义务共担、资源共享、实事共办"的共享·共治模式。如社区居委会都在积极培育社区社会组织，但对于社会组织和各类志愿者通过什么渠道、流程参与到社区管理服务却没有进行深入研究，更未形成操作可行的制度或办法，一定程度上阻碍了社会组织参与社区活动，社会组织作用难以得到充分发挥。

二是参与渠道单一、不畅通，参与行为受到限制。原有的一些社区参与渠道在促进社区居民参与方面起到了积极作用，但随着时代发展、社会进步，特别是社区人群由"单位人"成为"社会人"这一性质的变化，这种仅以参与文体活动为主的传统参与渠道已不能满足社区居民参与社区事务的多元化需求。同时，伴随社会组织、驻区

单位、志愿者队伍逐步加入社区建设，相对多元化参与主体，较为单一的、传统的、以文体活动为主的参与渠道，极大地限制了参与主体的有效参与，参与主体自身优势的发挥受到局限，不能全方位、多方面地支持社区建设及各项活动的开展。由于参与渠道单一，社区居民在参与社区事务中，出现了参与意愿高，参与效能低；个体化参与多，组织化参与少；本地式参与多、外来式参与少；活动参与多、决策参与少；执行参与多，监督参与少等现象。

三是参与内容不丰富，居民参与行为难以实现其价值或价值最优。从社区参与的内容来看，居民社区参与的应是社区治理的各项事务，在参与过程中，居民作为社区的主人，不仅参与社区的各种活动，更是公共事务的管理者和决策者，但目前社区居民的参与内容呈表面化的状态，居民的参与内容局限于一些文体娱乐活动，难以达到居民的"认同驱动"，居民参与积极性不高。例如，大多数社区居民参与社区治理仅仅局限在跳广场舞、下棋、打球等文化、体育等娱乐活动的层面，但对于事关社区发展与治理的公共事务，社区居民参与却非常少，在涉及居民利益的事务中，缺乏真正实质性的参与。一些公共决策大多是由居委会或物业公司做出，随着物业公司承接小区的一些服务项目，侵犯居民利益的事情时有发生。很多居民对小区的保洁、治安、物业收费、停车位问题等有一定的看法，从维护自身权益的角度也希望参与到社区事务中来，但是在目前的情况下，居民缺乏与物业公司、居委会等组织沟通、交流的渠道，缺乏有效的社区参与内容。

三、提升参与实效的主要措施

要从根本上解决社区参与存在的问题，保证各方力量参与的时效性和稳定性，必须加强各方力量参与的制度化建设和参与主体创新，不断拓宽参与渠道，丰富参与内容，保证参与各方规范参与、持续发力、健康发展，真正实现共建共享。

（一）建立多元参与制度平台，形成"参与共同体"

建立健全各方参与社区事务的各项制度是保证参与各方规范参与的根本，是参与社区事务遵循的"总章"。一是建立健全共建单位议事协商机制，充分发挥共建单位优势。根据社区建设需要和社区居民实际需求，明确参与的权利和责任，规范社区民主决策程序，为各主体参与社区事务管理和决策提供途径，更好地激发各参与主体的内生动力，营造"人人了解、人人支持、人人参与"共驻共建的浓厚氛围。如江苏省常熟市虞山街道北门大街社区在开展共建活动中，根据社区特点完善了社区共建的运行机制。建立完善了工作告知、联络、监督、评议等四项制度，明确了共建单位参与社区建设的方式、标准和参与的途径，为共建单位参与社区建设指明了工作方向、提供了根本遵循。工作告知制度，共建单位党组织定期向社区党委通报党建工作动态，互相交流经验；联络制度，社区党委由专人负责与共建单位联络，征求意见，为共建单位搞好服务；监督制度，社区党委对共建单位及党员进行评议和监督，及时向共建单位党组织反馈评议监督情况；评议制度，共建单位通过社区党建议事会等方式，评议社区党委工作情况，沟通信息，起到互相监督、互相促进、共同提高的作用。以上制度针对性强、易于操作、便于实施，使社区党建共建工作规范有序、活动有章可循、评价科学合理。二是建立健全居民议事规则，规范居民参与行为。结合社区实际，围绕涉及居民普遍关心的、社区共同的利益问题和实事项目，制定相关议事规则，规范议事程序。如2016年辽宁省大连市中山区桂林街道林景社区为社区居民安装统一晾衣架的工作，由于社区建立了居民议事会制度，规范了居民参与议事的流程，社区2600多户居民都参与意见表决，社区居民意愿诉求得到充分表达，最终形成统一意见。此项工作能够得到顺利开展，并取得显著效果，得益于该社区建立的居民议事会制度。该制度规定，社区居民议事会在社区党总支领导下开展工作，由社区居民选举产生，议定社区居民普遍关心及与社区建设和发展密切相关的问题。议事需经会前征求意见、协商立案议事、跟踪落地和反馈总结四项程序，结果需半数以上参会人员表决赞成通过，每年列出该社区今年需要完成的事务清单，具体事项交由社区居委会负责具体实施，能由其完成的逐条办理，完成不了的则逐级反映或与有关部门对接，社区事务监督委员会进行过程监督。社区居民议事会制度的建立，让居民自己商议自己社区想做、该做的事情，同时社区也改变以往居民服务、政府工作一锅粥的工作格局，实现居民服务与政府工作分离。三是建立健全社会组织的参与制度，提高服务实效。通过建立完善社会组织参与制度，进一步畅通社会组织与社区的沟通渠道、规范社会组织参与社区服务的行为，促进社会组织为社区居民提供更精准、更专业、更优良的服务。如北京市顺义区空港街道建立的社区社会组织七项制度，有效保障了辖区105家社会组织的健康发展。（1）社区联席会议制度，由社区居委会牵头，各社会组织共同参与，定期召开会议，就社区社会组织发展中的重点问题进行分析、研究、协调。（2）建立党建相关制度，在社会组织服务中心建立一个联合党支部，在党支部的领导下，把参与社区建设主体单位的党员组织起来，充分发挥好党员的模范带头作用，围绕社区建设，相互配合、共同发力。（3）建立重大活动报告制度，及时掌握各社会组织发展动态，为科学决策提供准确基础信息。（4）建立定期培训制度，通过讲座、实地考察等学习形式对社会组织负责人及其工作人员进行培训，提高其专业素质和业务水平。（5）建立监管制度，对社会组织的管理、项目实施等基础性的管理进行引导和规范运作。（6）建立激励评估制度，通过专业化的第三方评估体系，制定具有可操作性的评估标准及程序，对社会组织运行情况进行评估，并采取相应的表彰和惩戒措施。（7）建立专项资金支撑制度，联合会协调街道建立社会组织服务发展专项资金，将其预算纳入街道发展预算，为社会组织管理发展提供经济支撑，保障各组织日常工作活动的正常开展。四是建立健全"社区领袖"培训制度，充分发挥"领袖人物"引领、组织作用。定期对"社区领袖"进行集中培训，强化管理、维护热情、提升觉悟、保障其团队健康发展。通过多方式、多渠道组织他们开展学政策、学理论、学法律、学科技等活动，培育社区领袖良好的职业道德、无私奉献精神和较强的政策水平、组织能力。同时，多组织到其他社区参观学习，开阔视野、增长见识。如湖北省武汉市武昌区首义路街道出台相关规定，社区孵化站每年要组织开展4次专题培训和2期骨干培训，每次培训时间在一周左右，优秀骨干还可进入武昌区"领头雁"培训班深造，社区每年都有

5000 元的骨干培训基金，对积极参与社区活动、社会治理的骨干，将通过积分的形式进行表彰奖励，还可优先享受各类关照服务。这些规定的出台，为社区领袖的培育提供了坚实的制度保障。先后有 43 名党员带头组建了志愿服务团队，有 8 名党员组建了社会组织。"七一九"社区退休老干部刘润林在社区的帮助与鼓励下创办《党小组短讯》，影响一批人加入志愿服务队伍；"江零"社区 64 岁的陈明豪，常年坚持关心社区里的"流动花朵"——外来务工人员子女，居民们亲切地称呼陈明豪为"小巷奶奶"。在她的带动下，一批志愿者加入"护花"的行列。

五是建立健全志愿者队伍管理制度，提升志愿服务水平。志愿者队伍参与社区治理、为社区居民服务，需要正确的引导和科学的管理，只有建立科学有效的管理制度，才能保障志愿者规范有序地参与到社区建设，志愿者的引领和带动作用才能得到充分发挥。如贵州省六盘水市钟山区明湖社区服务中心制定了包含志愿者注册、培训、服务范围、经费使用即及监督、保障奖励、绩效评价等十四项内容的《社区志愿者服务管理制度》，有效加强了社区志愿者的服务管理，进一步规范和促进了社区志愿者的服务。截至 2017 年 7 月，该社区规范建设了志愿者服务站 2 个，各类志愿者服务队伍 24 支，其中，玉源居委会建立的以小学生为主体的"小小志愿者"队伍，已从最初的 12 人发展到现在的 100 余人。注册志愿者 3272 人，开展主题志愿服务 100 余次，服务时长 29948 小时[①]。

（二）建立多元沟通平台，畅通"共同体"之间的沟通渠道

一是采取现代沟通方式，提高沟通效率。通过推行三维数字平台、手机短信平台、微信平台、智慧社区平台、便民邻里卡等形式，增强社区与街道职能部门的管理沟通，促进居委会与社区居民的信息交流，加强对老年居民的关怀，增进邻里和谐，有效提升了社区便民服务水平。如湖北省武汉市江岸区自 2018 年以来，持续推进"江岸社区管家"信息服务平台建设工作。该信息平台运行一年，其累计用户数已达到 43416，"找书记"上报事件 17465 条，"找物业"上报事件 14356 条，累计发布活动信息 3661 条[②]。其主要做法是：（1）加强对社区运用信息平台的指导，联合区组织部共同印发《关于在西马街道江汉北路社区等社区试点推广"江岸社区管家"信息服务平台的通知》，进一步加强对江岸社区信息平台的宣传、推广及运用，将 32 名社区管家指导员分为 17 个组，每 2 人负责一个街道及所辖社区信息平台的指导、推广工作。（2）完善信息平台服务功能，根据社区工作实际和群众使用需求，增加了"找群团""微心愿""居务预约"三个功能，方便居民群众足不出户享受各项社区事务服务。（3）以活动带推广，通过开展"社区管家"线下活动、媒体广告宣传活动、社区主题日活动等，有效地扩大了"社区管家"信息平台的群众知晓率和使用率。江苏省常熟市海虞镇福山

---

① 赵才军、杜广泉：《钟山区明湖社区积极探索基层群众自治新路子》，http://news.gog.cn/system/2017/07/20/015911541.shtml.

② 武汉市民政局：《江岸区 2018 年"社区管家"平台建设成效显著》，http://mzj.wuhan.gov.cn/mzdt_912/bsmz_913/201901/t20190111_161025.shtml.

社区通过联合海虞香溢社会事务所共同搭建社区社情民意微信沟通新平台，为居民参与社区管理和快速反映问题开辟了绿色通道，让社区与居民的心贴得更近。该社区工作人员每天都会把日常生活小常识、社区信息快递、好人好事人物风采、温馨提醒及通知等信息发到微信群内。此外，社区居民若遇到问题无法解决，可在微信群里直接询问社区工作人员，进行线上"键对键"沟通；对不能立马解决的问题，社区工作人员会进行记录，并在线下尽快处理。社区社情民意微信沟通平台的运行，让"居民不出行、便约天下事"成为现实，居民各种诉求通过该平台"一网打尽、一键解决"。二是开展多形式交流活动，提供面对面交流平台。如深圳市福田区自2015年开始，定于每年的5月举办社会组织服务周活动，搭建起社会组织与社区居民的互动桥梁。在一周的时间里，福田区各类社会组织深入各街道和社区，通过开展主题沙龙、社会服务进社区、大型户外展示等近百场各类活动，展现福田社会组织的风采，并与社区居民近距离互动。2017年的服务周期间，80个项目从216个申报项目中脱颖而出，共获资助997万余元①。三是不断创新沟通方式，丰富沟通内容。本着形式新颖、方便快捷的原则，不断创新居民与社区沟通的平台，激发居民参与社区治理的活力，切实保障居民的知情权和监督权。通过组织居民有序开展与其日常生活紧密相关的社会管理与公共服务工作的监督评价活动，保证民主监督的经常化。如西宁市城西区海晏路社区为了提高为民服务质量，把社区工作人员的照片、姓名、负责工作挂在评议墙上，方便群众办事，也接受群众监督，群众有什么"心愿"也可以写在小卡片上贴在对应人员的方框里，由社区工作人员去完成。如果工作做得居民满意，居民就会给一个"笑脸"，如果居民不满意，居民就会贴一个"哭脸"。"评议墙"只是一个激励形式，重要的是架起了居民与社区沟通的桥梁。

（三）搭建多元活动平台，为"共同体"开展活动提供服务保障

一是高标准服务平台＋开放式办公，为社区活动提供高标准服务设施。如山东省潍坊市奎文区广文街道东上虞社区坚持以群众需求为导向，以群众满意为标准，投资5000万元建成总面积6000平方米，集便民服务、健康卫生、文化休闲、养老托幼为一体的高标准社区服务中心。社区服务中心共四层，一楼为公共服务中心，设有自助查询、等候办理、便民服务三大区域及慈善超市、教育E超市、民主议事吧、社区监控室、群众工作站，开设党建宣传、民政残联、计生卫生、综合警务等12个服务窗口，真正实现了"进一扇门、办百项事"的服务模式。二楼为健康生活中心，设有健身俱乐部、少儿阳光吧、邻里图书馆、电子阅览室、数字化预防接种门诊等区域，基本满足居民对医疗、健身、学习、休闲的需求。三楼为教育培训中心，采取市场化运作模式，引进中国宏大教育集团潍坊分部，开展公民道德教育、家庭伦理教育、亲子教育及文化教育，同时还设有"四点半学校"，有效解决放学后、家长下班的学生失教失管问题。四楼为养老服务中心，通过建立"一会两室两中心"（老年书画协会；康乐室、康复室；潍坊吉祥养老服务信息中心、润福苑老年日间照料中心）为辖区老年人提供

---

① 孙天明：《社会组织秀本领百场活动惠民生》，载《南方都市报》2017年5月15日。

贴心服务。2015年12月，辽宁省沈阳市在全市各社区推行了"一口式受理、全科式服务、开放式办公"的新型社区服务模式，工作流程得到进一步优化，服务标准得到进一步规范，社区事务全天候办理、社区服务全年无休，为居民提供了更为方便和快捷的服务。二是拓宽居民休闲娱乐场所，为社区活动提供多元化活动场所。如山东省潍坊市奎文区梨园街道张家庄社区充分利用辖区单位资源，发挥其在政策、信息、人才和资金方面的优势，积极改善办公及服务场所、群众文体活动场地和为民服务设施。2018年，在辖区单位的积极配合和大力支持下，该社区完成了"一中心、二阵地、四平台"一体化社区文化体系，即在社区服务中心五楼建成了200平方米的文体活动中心，在电业局小区、张家庄西区、交运、区公安分局等四个小区搭建了文化宣传平台，为居民开展内容丰富、形式多样、健康有益的教育、学习、娱乐、健身等活动提供了良好的场地和完善的设施，极大地满足了辖区居民群众的精神文化需求。三是组建社区社会组织，为社区活动提供多元活动载体。充分挖掘和利用社区自身文化资源，以兴趣爱好型社区社会组织为载体，动员社区居民广泛开展丰富多彩的群众性文化体育活动，丰富居民群众的精神文化生活。充分利用春节、清明、端午、中秋等民族传统节日，组织社区居民参与节日民俗活动和文化娱乐活动，弘扬中华民族优秀文化传统。如山东省潍坊市奎文区梨园街道樱园社区艺术团的13支特色文化艺术队，常年开展居民喜闻乐见的文化活动，凝聚了民心，倡导了文明，创编的手语舞"四德舞"、表演唱"夸夸社区居委会"、舞蹈"活宝"、三句半"好日子"和"社区赞"等文艺作品，受到辖区居民的好评和喜爱。同时，社区每年举办群众民间艺术巡演、秧歌大赛、广场舞大赛等各类社区文化活动120余场，带动万名群众参与到文化活动中来。四是引入专业社会组织，为社区活动提供专业化指导和服务。通过政府购买服务、设立项目资金等途径，政府委托专业社会组织，发挥专业技术优势，以项目化运作的方式，协助社区居委会等自治组织，运用"居民会议""居民议事会""社区事务协商社"等形式，指导居民开展社区参与活动，实行项目管理，编写项目技术方案，指导项目实施，完成项目评价报告。如温州市龙湾区海滨街道宁城社区以"爱心驿站"为载体，通过引进专业化的社会组织进行实体化项目运作，截至2017年，实体化项目已达10项，爱心璀璨社会组织已引入团队10支，协助参与社区文化、体育、社会救助、居家养老、儿童青少年保护、社区矫正等领域服务，同时，与浙江越人律师事务所等9个爱心团队签订协议，为居民提供免费医疗和生活服务。

  社区是社会的基石，社区治理决定着我们整个国家社会的治理。只有把社会各方力量整合到一起，形成社区治理"共同体"，共同为社区治理工作助力、发力，才能真正做到"凝聚力量共建设、人人参与共治理、治理成果共分享"，最终把社区建成充满活力、幸福四溢的美好家园！

"四社联动"——社区活力建设的"助推器"[*]

——以山东省潍坊市奎文区社区为例

城市发展需要活力，而支撑整个城市活力的基石是城市的基本单元—社区，要使城市社区充满生机活力，则需要社会各方和社区居民的共同参与。山东省民政厅于2014年开始，在全省范围内积极推进"四社联动"，潍坊市是山东的"社工"大市，也是开展"四社联动"较早和较好的城市之一，作为潍坊市中心城区的奎文区自然也就成为潍坊开展"四社联动"的重要实践基地。在推动"四社联动"工作中，奎文区行动迅速、积极作为，在整合社区、社会组织、社工工作者、志愿者资源，引导各方力量联动协同、共同参与社区建设和为民服务等方面进行深入探索和大胆实践，打通和拓宽了社区各方参与社区建设的渠道，社区建设和管理的模式不断优化，服务居民的功能不断增强、服务方式不断丰富，为居民提供的服务更加全面、精准和高效。同时，进一步激活居民活力细胞，激发了居民参与社区建设的热情，社区面貌焕然一新、充满活力，社区也真正成为城市发展的"活力源点"。

一、"四社联动"为社区活力建设提速增效

（一）为民服务的方式更专业、覆盖面更广，提高了居民的归属感和幸福指数，居民参与社区建设的积极性和主动性不断增强

（1）社区"联动"，居民服务更加高效。社区是"四社联动"的主阵地，是社会组织、社会工作者、志愿者服务居民的基础性平台。奎文区通过加强社区建设，增强平台功能、丰富平台内容，社区的平台保障作用得到有效发挥，为居民服务的内容不断丰富、服务效率不断提高。一是居民诉求处置更高效。全区65个社区内共划分了413个二级网格，并实行统一编码管理。按照"五有一必须"标准选齐配强1315人的社区网格员队伍，管理员工作延伸到每个小区（楼栋）、服务项目覆盖到每个组织、居民。同时，对网格管理员提出明确要求，实行"12345"工作法。即网格管理员每天至少到网格巡查一次；一般家庭每季度至少走访两次；对突发事件、居民意外困难、邻里矛盾纠纷必到；每月对困难家庭、流动人员、空巢老人、社区矫正对象必访；对不

---

[*] 执笔人：谭立业。

稳定因素、不安全因素、不洁环境、外来人员流入、公共设施损坏必报。通过以上措施，居民信息采集力度进一步得到强化，居民诉求处置更加及时有效。二是公共服务更高效。一方面，通过开展社区标准化建设，增强社区服务功能。自2008年开始，实行社区办公服务用房建设以奖代补办法，社区新建、改扩建或租借办公服务用房的，区政府安排专项资金进行补助。目前，全区办公服务用房在700平方米以上的社区达到80%，1000平方米以上的社区达到了70%。樱园社区、东上虞社区等都超过了3000平方米，孙家社区更是达到了5300平方米①。社区服务中心统一设置"三室三站三中心一校一廊一场所"，社区标识、机构门牌、服务窗口、宣传栏目实行"四统一"。另一方面，指导每个社区健全工作制度，进一步规范社区各项工作。工作制度包括社区职责规范、人员配备规范、社工职责规范、服务项目规范、资金管理规范、社区服务规范等20个方面。更为具体、细致制度的建立，保障了社区各项工作都有章可循，工作人员对自身职责更加明晰。三是信息沟通更高效。不断加快社区的信息化建设，进一步畅通信息沟通渠道。以"社会治理数字化服务平台""社区信息化管理服务平台""奎文党建云平台"为依托，建立网格化管理移动终端和即时监控系统，形成了社区居民广泛参与、协商共治的"互联社区"信息平台，让社区居民与"四社"紧密连通起来，实现一个平台互动交流。线上，社区居民提出诉求，社区信息员以及各类社会组织、志愿者队伍发布各类通知公告、政策咨询、展示工作活动风采、响应社区居民服务需求和诉求；线下，针对居民提出的个人诉求和问题，能够及时解决的由社区解决，不能及时解决的，则通过社区协商程序解决。"奎文发布"微信公众平台通过矩阵方式为全区65个社区搭建了自己的微信发布平台；大虞街道孙家社区开发的社区O2O智慧服务平台"欧乐生活"通过在线政务、在线物业、网上商城的服务拓宽了社区与居民的互动方式、服务内容和受众范围。社区标准化建设和信息平台的建立为社区开展公共服务、居民组织活动提供了保障。同时，也为社会组织、社工专业人才、志愿者队伍参与社区建设搭建了信息沟通和参与服务的平台。社区居民通过虚拟的网络平台和现实的实体平台，实现与社区、社会组织、社工、志愿者队伍的交流沟通，并接受其提供的服务，极大地方便了社区居民。如东关街道工福街社区先后打造了幸福社工服务中心、益民社会组织服务中心、青少年社会工作培育空间、工福晴雨工作室、社区日间照料中心、四点半学校、老年大学、文化活动中心、法律服务中心、坤宁心理援助公益服务中心10大四社联动平台，为其在社区开展活动提供场地、资源和参与的平台空间。

（2）社会组织"联动"，居民服务更加完善。社会组织作为实现"四社联动"重要载体，是链接内外资源、发动社会能量、提供专业化服务的主要力量。通过搭建服务平台、建立联动服务机制，进一步整合社会组织资源，发挥社会组织优势，实现资源共享、优势互补、相互促进。一是服务内容更丰富。东关街道工福街社区根据社区老年人、青少年、妇女儿童等群体特点，积极与社会组织进行对接，通过社区培育社会组织、政府购买服务等方式，为社区居民提供个性化专业服务。开展助老服务，温

---

① 《四社联动机制的研究及实践》，http://blogs.sina.com.cn/s/blog_87c688cd010zyv8p.html.

暖幸福夕阳。通过"幸福到老"长者多元化服务项目、"义剪情"爱心理发项目、"亲自然"长者出游项目为空巢、失独、残疾、高龄等老年人提供生活照料、精神慰藉、社会参与、支持网络建构等服务，为老年人日间照料、居家养老服务提供专业支持，构建起系统化、人性化、专业化的养老服务模式；开展青少年服务，陪伴健康成长。通过"五彩课题"青少年成长小组项目、"彩虹村"关爱服刑子女助学项目为社区青少年提供课业辅导、特长培训、心理辅导、困难救助等服务；开展妇女儿童服务，营造避风港湾。针对家庭婚姻、孩子教育、亲子关系、反家暴、维权以及心理健康等方面的需求，定期开展相应的专业社工服务，为社区妇女儿童营造温馨的避风港湾；开展特定人群及家庭服务，通过"幸福来敲门"走访关爱项目、"一路同行"助残项目、"爱心格格铺"微公益项目，围绕低保、残疾人等特殊家庭的经济、社会、心理需求，开展缓解压力、疏导情绪、改善家庭和社会关系、恢复和发展社会功能等专业服务，为居民提供救助申请帮助、未成年人成长辅导和照料等服务。二是服务方式更精准。通过开展上门服务，为社区内行动不便的老人、残疾人等群体提供上门服务；通过固定社区服务时间，定期为社区老年人开展服务，较好地解决了社区老人对智能机、新媒体的接受度低，服务时间不固定容易造成的信息不对称，给老人到社区办理业务造成不便的问题；开展预约服务，对于一些群众需求不大的服务项目，采取预约制，人数达到一定的数量予以开设；开展量身定制服务项目。秉承"你有需求，我来服务"的宗旨，根据社区居民不同需求，定期开展精准化服务项目，力求满足社区居民不同层次、不同方面的各项需求。三是专业服务更持久。通过开设积分银行、开展半公益服务、政府购买服务等方式，确保社会组织、社工专业人才、志愿者为民服务的高质量和持续性。开设积分银行，志愿者将在社区参加志愿服务赢取的爱心积分存到积分银行，凭爱心积分可在爱心超市换取物品，也可凭爱心积分免费享受社区爱心驿站的半公益服务项目；推动半公益服务开展，社区通过提供场地及消耗品的方式，降低社会组织的运营成本，社会组织在向社区居民提供专业服务后，收取远低于市场价的费用，实现社会组织在方便社区居民生活，为社区居民提供生活便利的同时，经济效益不减、社会效益增收；通过政府购买服务方式将社会组织引入社区，在社区引导下开展社区服务，实现了社区服务的专业化、常态化。

（3）社工专业人才"联动"，服务方式更加专业。社会工作专业人才是具有一定社会工作专业知识和技能，在社会福利、社会救助、慈善事业、社区建设、婚姻家庭、精神卫生、残障康复、教育辅导、就业援助、职工帮扶、犯罪预防、禁毒戒毒、矫治帮教、人口计生、纠纷调解、应急处置等领域直接提供社会服务的专门人员，在"四社联动"机制中发挥着专业技术支撑作用。大虞街道孙家社区充分发挥社工专业人才的支撑作用和专业优势，为社区居民提供专业化服务。社区通过外引和内生的方式，不断壮大社区社工力量。社区自2012年开始，要求和鼓励社区两委成员、社区专职工作者参加社会工作师考试，截至调研期间，孙家社区已考取持证社工师5名、助理社工师5名，持证率占社区管理与服务人员的77%。同时，引进社区引进2名社会工作专业本科毕业生，充实到社区服务站，为成立专业社会服务机构做足人才储备工作。社工人才力量的不断壮大，为社区居民服务专业化提供了强有力的技术支撑。近年来，社区先后开展了心理介入、困难帮扶等个案工作 20 余个，开展书画、微机、戏剧、健康支持、小学生兴趣等小组工作 30 余个，开展暖心工程、社区养老、智慧服务等社区工作近 10 个。东关工福街社区通过邀请市区社工协会、高校社会专业教授定期授课，组织开展经验交流、案例分享等活动，不断培育和提升社工专业人才的业务素质和服务能力。同时，建立社工激励机制，每月评选金牌团队、金牌社工，形成比学赶超的良好竞争氛围。

（4）志愿者队伍"联动"，参与范围更加广泛。志愿者队伍在社区"四社联动"中发挥着重要的补充和助推作用。大虞街道孙家社区在发挥志愿者服务优势方面做了积极探索：一是组建"爱之家志愿者服务站"，为志愿者参与社区建设和为民服务搭建平台，给参与社区工作的志愿者提供施展才华的舞台。二是实行志愿者注册、志愿者积分和社工带义工制度，规范志愿者的服务行为。如每周四社区志愿者为养老中心老人包水饺已成为雷打不动的常态活动，社区的"爱心漂流岛"每天都能收到社区居民的实物捐赠等。三是通过发动社区党员带头参与社区公益活动、开展认领微心愿志愿服务、发动居民开展邻里互助等活动，广泛招募社区志愿者，不断壮大社区居民志愿者队伍。四是广泛链接社会爱心资源，开展社区志愿服务活动。如社区暖心工程得到了众多社会爱心企业的积极响应，不断有爱心企业和志愿者队伍进入社区开展助老助残、社区救助、心理咨询、健康咨询等志愿服务。2016 年，该社区又与爱心义工、坤宁心理、民建法律等社会组织建立协作关系，进一步丰富了社区志愿服务项目。

（二）社会各方参与社区建设的渠道更加畅通，参与社区活动的行为更加规范，为社区建设注入了新的活力

（1）构建社区大党委，畅通辖区党组织参与渠道。大虞街道孙家社区积极发挥区域化党建作用，构建起无缝覆盖、有机联动的社区党建服务组织架构。一是将驻区企事业单位和"两新"组织党组织负责人纳入社区大党委，建立起党建联席会议制度和社区协商议事制度，形成共驻共建共享的社区治理组织体系。二是结合社区网格化管理和直管党员分布情况，建立起 8 个网格党（总支）支部、下辖 45 个楼院（三级网格）党小组。并健全党内组织生活、严格"三会一课"制度、认真开展"两学一做"学习教育、建立党员创绩积分制度，引导党员积极关注社区建设、参与社区治理。三是针对社区内社会组织达到 29 家的实际情况，在社区层面建立了社会组织党总支，在规模较大、党员人数较多的社会组织建立起 4 个党支部，整合其他规模较小、党员人数少的社会组织建立 1 个联合党支部，对微小社会组织指派党建指导员。实现了党建社建双孵化和社会组织党的工作全覆盖。

（2）建立各方参与工作制度，畅通社会参与渠道。一是建立驻区单位联系制度，促进驻区单位参与社区建设。北苑街道金都社区通过实施"共聚合力，携手共融"驻区单位社区"共驻共建共治共享"项目，积极推进社区与驻区单位的共建互补，着力补齐社区治理中"改善社区人居环境、加快社区综合服务设施建设、优化社区资源配置、推进社区减负增效、改进社区物业服务管理"五大短板，以补短板、解难题激发社区潜在活力。2016 年，驻区单位潍柴物业投资 8 万对帝苑小区进行车位改造，使车位由原来的 80 个增加为 180 个，有效解决了小区居民停车难问题；驻区某单位出资 15 万元为辖区内 9 个三无老旧小区和新小区都安装、更换了高清监控，实现了监控全覆盖，有效减少了盗窃事件发生，提高了小区居民的安全感。二是健全社会组织参与机制，发挥社会组织服务载体作用。东关街道工福街社区通过建立社会组织联席会议、社工知识培训等工作制度，不断提高社会组织为民服务的针对性和实效性。2015 年益民组织服务中心承接的奎文区社会组织孵化器项目获得了省社会组织管理局扶持资金 25 万元；2016 年潍坊市坤宁心理援助公益服务中心的"彩虹村"关爱服刑人员子女助学项目获得市团省委志愿服务项目大赛金奖。三是创新方式，开通志愿服务渠道。北苑街道金都社区通过建立"一创四换"的志愿服务刷卡积分制，多渠道、多方式吸收志愿者，壮大社区志愿者队伍的力量，组建党员志愿服务先锋队、爱心助老服务队等志愿服务队伍 23 支，累计招募社区志愿者 667 人，通过社工与志愿者联动，促进了志愿服务的规范化。组织开展公益理发、环保护绿、党员上党课等各类志愿活动 100 余次。

（3）建立由民做主制度，畅通居民参与渠道。北海路街道南湖社区从 2002 年就建立了一整套的由民作主、为民办事制度，有事由社区"两委"先商议，拿出具体方案并经社区议事会审议通过后下发到每家每户征求意见，最后再召开户代表会议进行决议，真正做到事事让居民参与，居民自己的事情自己说了算。同时，社区给每户建立一个档案，全程记录参与社区、合作社重大经营和涉及股民切身利益的决策事项，从下发通知、意见提出、决议纪要等全程签字影像纪实，做到了事事有据可查。从 2002 年至今，南湖社区已召开各类会议 1100 余次，化解了矛盾，成功解决了资产改制、新华路西商业广场开发、旧小区改造等各类事项 160 余件，均收到了良好效果。

（三）社区文体活动内容更加丰富，居民参与社区活动由被动变为主动，由局外观望变为积极参与

梨园街道樱园社区针对社区居民不同需求，积极引导社会组织、社工专业人才、志愿者参与社区文体娱乐活动，丰富了社区文体活动的内容、提升了社区文体活动的层次和水平，激发了社区居民参与社区文体活动的热情和动力。社区居民对于社区活动的态度由原来的漠不关心转变为现在的积极参与，参与社区活动的居民不断增多。一是社区对 9000 平方米的樱园文化广场和 6000 平方米的音乐广场进行改造提升，对社区舞蹈室、乒乓球室、音乐室、棋牌室等各功能活动室进行提升改造，为社区艺术队伍配备服装、锣鼓、乐器等文化设备 200 余件，使居民真正享受到免费、便捷的社区文化服务。二是成立樱园社区艺术团，打造了 13 支特色文化艺术队伍，新增老年大学瑜伽春秋班、声乐秋季班等 3 项课程，新增学员 90 多人，创编了手语舞"四德舞"、表演唱"夸夸社区居委会"、舞蹈"活宝"、三句半"好日子"和"社区赞"等文艺作品。三是长年开展居民喜闻乐见的文化活动。每年举办群众民间艺术巡演、秧歌大赛、广场舞大赛等各类社区文化活动 120 余场次，带动万余名群众参与到文化活动中来。同时，社区新建"爱书人"俱乐部，社区与社会力量创新合作，引入京广书城共同建成社区"爱书人俱乐部"，书籍的设置和分类覆盖中老年人、青少年、妇女儿童等各类居民群体的特点和要求，极大满足了社区居民的文化需求。

二、"四社联动"工作存在的不足和问题

自推行"四社联动"以来，社区、社会组织、社工专业人才、志愿者队伍四大资源得到有效整合，社区建设力量不断壮大，社区建设不断加快，服务功能不断完善，居民的归属感和幸福指数不断提升。同时，也暴露出一些不足。一是联动机制不健全。虽然各社区都根据各自实际，建立了"四社"联动机制，但相对更为具体、更具可操作性的配套制度并不完善，一定程度上影响了联动的实效。如有的社区建立了联席会议制度和工作协调制度，但缺少对社会组织、社工专业人才、志愿者服务质量的标准、考评、奖惩等方面的配套制度，致使其参与社区建设工作中，无章可循、工作无序。二是服务平台功能不完备。部分社区由于受办公服务用房面积、办公设施等方面的制约，其为民服务平台功能单一，社会组织、社工人才、志愿者队伍参与社区建设找不到合适的活动平台，其参与社区建设的实效性大打折扣，达不到预期效果。如依托经济合作社或新开发居民小区的社区办公用房面积较大、办公条件较好，为民服务平台功能较为完备。反观辖区多为旧小区的社区，其办公用房面积不大，办公条件较差，为民服务平台功能单一，社会组织、社工人才、志愿者以及社区居民参与社区建设受到制约，参与社区建设，开展为民服务活动时，施展不开"拳脚"。三是社会组织作用发挥不明显。目前，大多数社会组织处于发展的初级阶段，组织能力普遍不强，吸收资源能力还较弱，承担公共服务项目的能力明显不足。社会组织承接政府购买的服务项目大多为教育服务、健康养老、创业帮扶等方面，其他服务领域则非常薄弱，社会组织的载体作用难以得到充分发挥。四是社工人才专业水平不高。多数持证社工是通过在职考试获得专业资格证书，并未经过规范系统的专业能力培训和务实实践，且社工培训内容也多是碎片化知识，缺少系统性、务实性的知识培训。社工在开展工作时，不能够正确运用社工理念指导开展服务，其专业技术水平较专业人员差距较大，致使专业服务水平较低，服务效果不明显，居民难以真正享受到专业化服务带来的满足感和幸福感。五是志愿者队伍整体素质不强。一方面，志愿者来自社会各个行业、各个阶层，他们的自身素质和能力水平参差不平。另一方面，对于志愿者参与社区建设，缺少相应的管理和培训制度，造成志愿者服务标准不规范、服务内容较为单一，志愿者的示范带动作用得不到充分发挥，未能调动起居民参与社区活动的积极性和主动性。

三、提高"联动"实效的主要途径

"四社联动"不是各自为战、单独行动，而是信息共享、相互连通、分工协作、联合行动。"四社联动"的目标就是将社区、社会组织、社工专业人才、志愿者四大资源进行整合，实现最大工作合力与最佳工作效率的相互促进与发展。要实现这一目标，需要做好四个方面的文章。

（1）健全联动机制，"联"起来。"联"是"四社联动"的基础，只有联起来，才

能动起来。通过建立健全联动工作机制，真正把社区、社会组织、社工专业人才、志愿者连起来、串起来。一是建立联席会议制度，把"四社联动"各个主体及驻区单位组织起来，共同研究社区联动工作的统筹规划、决策协调、督察落实，以及实施购买服务、社工服务机构培育、社会组织孵化等事项，参与各方目标明确、任务清晰，在思想上和认识上达到高度一致。二是建立工作协调机制，明确各主体功能定位，参与服务渠道以及工作开展的方式方法。确保各参与主体在社区党组织的领导和居委会的具体组织下，行动统一、步调一致，在社区开展工作、组织活动过程中能够做到配合默契、共同发力。三是建立健全社会组织、社工专业人才、志愿者服务质量考评机制。通过制定科学规范的量化评价标准和考评办法，以社会组织、社工专业人才及志愿者日常服务记录、团队评价、服务对象评价为主要考评依据，定期对其参与社区事务管理和为民服务等工作绩效进行考评，并将考评情况向社区居民公开，促进社会组织、社工人才、社区志愿者服务质量和水平的不断提升。

（2）完善服务平台，"动"起来。"动"是"四社联动"的关键，要想"动"起来，必须要为其提供有效的平台。一是提升服务平台功能。通过争取上级支持、驻区单位协助等方式，不断改善和提升社区办公服务用房和公益性服务设施，整合各种为民服务平台资源，实现现有资源的统筹利用，为社会组织、社会工作者和社区志愿者提供场地、资源和参与社区治理的平台空间。如东关街道工福街社区积极引进社会服务资源，先后打造了幸福社工服务中心、益民社会组织服务中心、青少年社会工作培育空间、工福晴雨工作室、社区日间照料中心、坤宁心理援助公益服务中心等10大四社联动平台，根据群众需求推出服务项目，通过联动平台吸引社工、社会组织、社区志愿者参与社会服务，凝聚社会资源。二是搭建社会组织孵化平台。建立社区社会组织培育发展机制，积极培育社区服务性、公益性、互助性社会组织，并在组织运作、活动资金、活动场地等方面为其提供保障。同时，要通过政府购买服务、服务项目化运作等方式，积极引导各类社会组织和各类志愿者参与社区管理和服务。如北苑街道金都社区通过注册成立"潍坊市增进社会工作服务中心""日间托老中心"两个NGO社会组织，引进和培育5名专业社工人才，吸引居民、社区单位和社会团体参与，引导社区社会组织健康有序发展。截至2018年7月，社区已培育成立书画艺术协会、棋牌协会、爱心互助会等服务类社会组织16个，有效促使居民组织化、组织公益化，形成了群众参与社区治理、共享社区服务的良好格局①。三是建立"四社联动"信息平台，促进社区服务供给与社区居民需求有效对接，提升为民服务效率和质量。通过建立"四社联动"信息收集、反馈、调处、工作机制，搭建社会组织、社会工作服务机构、志愿服务机构与社区需求、参与"四社联动"服务项目招投标以及服务质量评估和反馈平台，推动社区、社会组织、社会工作者、社区志愿者和服务对象的信息公开与共享，促进社区服务供给与社区居民需求有效对接。如东关街道李家街社区在完善原有的"有事您说话"，党员、志愿者QQ群的基础上，增建"二级网格"微信群及

---

① 王春艳：《潍坊市"四社联动"合力推进社区志愿服务》，http：//imagesl.wenming.cn/web_wenming/gyjj/dfcz/sd/201506/t20150609_2665854.shtml.

"微管家—居民"微信群。目前，在群户数占社区总户数的75%。同时，积极打造"信息发布+政务服务"微信公众号平台，及时准确地发布惠民利民信息，设立微信信息咨询、问题反馈窗口，探索出一条知民情、聚民意、解民忧的"网上群众路线"。

（3）壮大人才队伍，"强"起来。人才决定着"四社联动"的成效，能否取得成效，主要看人才队伍的整体素质和业务水平。壮大人才队伍，提高人才整体素质可通过以下途径实现。一是社区通过向社会公开招聘、民主选举、竞争上岗、购买服务、挂职锻炼等方式，配备和使用社区社会工作专业人才，逐步扩大社会工作师和助理社会工作师在社区工作人员中的比例。二是探索建立社区党组织、居委会组织、社会组织、社会工作队伍、社区志愿者队伍职能相对分离，功能相互补充，人员相互支持，工作互联互通的社区组织结构，有效实现社区工作者、社会组织、社会工作队伍、社区志愿者队伍联动协同发展。三是加大对社区党组织成员、社区居委会组织成员、社区专职工作者、社区服务人员的社会工作知识普及与能力培训，通过建立职业水平考试鼓励制度、教育培养制度等，推进现有社区工作者专业化提升转换，逐步由社区工作者向专业社会工作者转型。积极搭建与知名社会组织的联系渠道，邀请专家学者指导社区工作，提高社区建设、社区活动的层次和水平。

（4）创新联动方式，"活"起来。创新活动方式，提高活动的吸引力，吸引居民参与活动之中，居民从活动中又能各得其所、各得其乐，居民参与的积极性和热情才能真正被激发出来，社区才能真正充满的活力。一是社会服务项目化运作。社区在整合"四社"资源的基础上，根据社区居民需求和社会需要，不断拓展社会组织服务范畴，实施社会服务事项的项目化服务，通过联动"四社"，带动人力、财力、物力及信息、智力资源的整合，使各种资源在社区服务中得到优化配置。二是社企联合，融合发展。社区在培养社区社会组织和引进外部社会组织开展为民服务时，要注重社会资源与社区要素的资源联动、优势互补，融合发展，将社区组织的政策资源、人脉资源与服务组织的技术资源、财力资源有机整合、彼此互为平台、各尽其能、各取所需。三是创新联动模式，提高服务质量。社区要支持社会组织、社会工作者、志愿者三者相互自由结合、联合服务，形成"培育+购买模式""社会组织+社会工作者模式""社会组织+志愿者模式""社会工作者+志愿者模式"等多种服务模式类型，实现社区的多元化服务供给。引导与提升社区志愿者运用社会工作价值理念开展服务活动的意识与能力，提高志愿服务的专业化与精准性。支持社会组织、社会工作服务机构和专业社会工作者进入并深入社区开展服务，加强社区工作者与社会组织、社会工作服务机构和专业社会工作者、社区志愿者之间的协作与沟通，同时不断提高社区居民参与社区治理的意识与能力，形成社区建设、社会组织建设、社会工作和社区志愿服务之间资源共享、优势互补、相互促进的良好局面。

随着"四社联动"工作的不断深化，各类社会组织、各种社会专业人才、各具特色社区志愿者队伍正积极有序参与到社区治理各项工作，社区居民所享受的各项服务将更加贴心、更加精准、更加专业，社区居民参与社区治理的活力得到进一步激发和释放，"活力源点"——社区必将为整个国家、社会带来源源不断、取之不尽、用之不竭的激情和活力。

让"以人民为中心"治理理念成为社区活力之源*

——潍坊市奎文区"由民做主"社区治理模式探索与实践

"当官不为民做主,不如回家卖红薯"是广大民众对官员的期盼,也是勤政爱民官员对自己的要求。清代郑板桥在山东潍县担任知县七年,重视农桑、赈济灾民、案无留牍、清正廉明,深得百姓拥戴,可谓是"为民做主"的清官、好官。当今,这种"为民"的情怀是更应该传承和发扬的,习近平总书记说过:"共产党干部的境界和责任感,总不能连一个封建社会的七品官还不如。"① 但是,面对群众需求的多元化和复杂化,"为民""替民"所做的主,还是群众所真正需要的吗?具体实践中,"为民做主"的主体是"官"而不是"民",人民处在一个被动的、客体的地位,其视角是向下的。

1972年美国总统尼克松访华,在与毛泽东主席会面时,曾问毛主席有何特长,毛主席回答了5个字,就是"为人民服务"。"为人民服务"的视角是向上的,是服务于人民,而不是统治人民。1945年7月,抗战胜利指日可待,黄炎培等国民参政员访问了延安。在延安窑洞,他向毛主席直接提出疑问:历朝历代都没有跳出"其兴也勃焉,其亡也忽焉"的历史周期律,中国共产党如何跳出这个周期律的支配?对此,毛主席回答:"我们已经找到了一条新路,我们能跳出这周期律。这条新路,就是民主。"(《刊授党校》杂志授权人民网 – 中国共产党新闻发布)

在党的第十八届中央委员会第一次全体会议后新当选的中共中央总书记习近平同中外记者见面,郑重宣布"人民对美好生活的向往,就是我们的奋斗目标"②;在十九届中央政治局常委同中外记者见面时,习近平总书记代表全党作出了"永远做人民公仆、时代先锋、民族脊梁"③ 的郑重承诺。十八大以来,坚持"以人民为中心"发展思想,贯穿于以习近平同志为核心的党中央治国理政的全部实践之中。

社区是社会有机体最基本的内容,是宏观社会的缩影,是社会治理和民生保障的重要载体。在社区,如何落实"以人民为中心"的发展思想?如何真正体现居民的真

---

* 执笔人:马成芳、魏天辉。
① 《习近平中央党校二〇一〇年秋季学期开学典礼上的讲话》,2010年9月1日,中共中央党校,http://www.ccps.gov.cn/xxsxk/xldgz/201812/t2018_126884.shtml。
② 习近平:《人民对美好生活的向往就是我们的奋斗目标》,人民网,CPC.people.com.cn/18/n/2012/1115/c350821-19590488.html。
③ 《"永远做人民公仆、时代先锋、民族脊梁"——习近平等十九届中共中央政治局常委同中外记者见面会侧记》,新华网,www.xinhuanet.com/politics/19cpcnc/2017-10/25/c_1121856462.htm。

实意愿和想法，满足居民的需要？如何引导社区居民有效参与社区事务，理性表达民意诉求？这些成为新时代社区治理的新课题。

20世纪60年代初，浙江省诸暨市枫桥镇干部群众创造了发动和依靠群众，坚持"矛盾不上交、就地解决"的"枫桥经验"。"枫桥经验"和群众路线是一脉相承的，与"以人民为中心"的发展思想相契合，与现代国家治理理念相契合。新时代背景下，继承和发展"枫桥经验"，就是要坚持人民主体地位，以善治为原则与群众有效互动，发动社会各方面力量参与共治，努力满足人民群众美好生活新需要，让群众成为基层社会治理的最大受益者、最广参与者、最终评判者。

在郑板桥曾经工作过的地方——山东省潍坊市中心城区奎文区，传承"衙斋卧听萧萧竹，疑是民间疾苦声；些小吾曹州县吏，一枝一叶总关情"的爱民情怀，以"为人民服务"为宗旨，践行"以人民为中心"思想，借鉴和发展"枫桥经验"，创新群众工作方法，改变过去那种"为民做主"的传统做法，探索创新了"由民做主"的社区治理模式。该模式取得了良好的社会成效，荣获民政部"2015年度中国社区治理十大创新成果"提名奖。奎文区先后荣获全国和谐社区建设示范城区、全国安全社区和省服务业发展先进区、省级文明城区、第二届文化强省建设先进、"平安山东"建设先进区等荣誉称号。

本文主要介绍山东省潍坊市奎文区（以下简称奎文区）"由民做主"社区治理模式形成过程，实现扩大居民参与、推进民主协商、满足群众需求的策略，以及收到的初步成效等，旨在探索城市基层社区治理的新路径。

一、"由民做主"理念提出的背景和理论基础

（一）提出的背景

奎文区是山东省潍坊市的中心区，面积57.6平方公里，人口44.3万，辖8个街道办事处、65个社区。65个社区由过去的42个城市社区和59个"城中村"（包括城郊村，以下统称"城中村"）合并调整而来①，调整前区域特征呈现"三交叉"，即城乡地域交叉、农民居民生活交叉、街乡社区治理交叉。这种"三交叉"，导致管理职责不清、社区服务不精准、资源整合力度松散等情况，给社区治理带来难度。在经济社会快速发展的大环境下，社会结构转型、城市化进程加快、人口流动加强等因素给社区治理提出新挑战。为此，奎文区着力完善社区治理结构，创新社区治理机制，推进基层民主，提升社区治理能力和服务水平。

1. "三改"加快城市化进程，"由民做主"社区治理模式的城乡一体化形成

第一"改"是"城中村"改造。从2004年开始，按照"先规划后建设、先招商后征收、先安置后开发"的原则，全力加快"城中村"改造步伐，目前90%的"城中村"已完成改造任务。经过改造，原来的"城中村"脱胎换骨，基础设施健全，人居

---

① 资料来源：山东省潍坊市奎文区民政局。

环境改善，群众生活品质提升，社区功能完善，实现了"城中村"居住方式的城市化。

第二"改"是农村集体资产改制。从2008年起，全面推行以股份合作为主要形式，以清产核资、资产量化、股权管理为主要内容的农村集体产权制度改革，全区所有"城中村"全部完成集体资产改制，净资产达36.4亿元，总资产过亿元的达21个，成为山东省首个整建制完成集体资产改制的县市区，实现了"城中村"生产运营方式的城市化。

第三"改"是"村改居"。2010年10月，全区所有"城中村"全部完成撤村设居，7.5万农民全部转为市民，全面落实社会保险、社会救助、居民就业等各项"村改居"政策，从就业、社会保障、基础设施建设等方面纳入城区统一管理，在教育、医疗、养老等方面和城市居民享受一样的待遇，实现了"城中村"公共服务的城市化。

通过"三改"，农村变城市，村庄变社区，村民变股东和居民，破除城乡"二元制"带来的发展障碍。城乡一体化的形成便于社区治理中资源整合、统筹发展、均等服务。

2. "网格化"优化社区布局，"由民做主"社区治理模式的空间架构形成

奎文区在"三改"完成后，城乡二元制形成的条块分割、交叉管理的模式已不适应实际需要，对社区进行整体规划设计，从根本上实现城乡融合，已经是势在必行。经过深入调研，借鉴外地的先进经验，奎文区提出了网格化治理模式。

一是合理划分社区网格。按照"地域相邻、规模相当、方便管理、网络到底"的原则，以街、路、巷、河为界，将全区调整为65个社区网格。按照"社区—片区—楼组—楼栋—单元"分为五级网格，并对网格进行编码管理，形成了横向到边、纵向到底、全覆盖的网格化社区空间架构。

二是选优配强治理队伍。配备网格工作力量，每个片区网格（二级网格）配备社区民警、民情巡访员、网格信息员等工作人员，按每200户左右一职的标准配备专职二级网格管理人员1316名；片区（二级网格）、楼组、楼栋、单元相应设立网格长、楼组长、楼长、单元长，协助管理网格事务。

三是明确网格治理责任。推行"人到格中去、事在网中办"的运行模式，明确网格管理员工作职责，制定网格化管理、学习培训、"一日双巡"、走访等规章制度。根据网格实际，围绕开展党建服务、便民服务、走访服务、宣传服务、自治服务等，有重点、有针对性地确定网格管理服务内容。

四是提高社区服务水平。全区65个社区共细化为367个二级网格，按照每户每年12元的标准由政府拨付网格经费。二级网格内建有工作室，在二级网格内成立党支部或党小组，是五级网格治理队伍的联络点。二级网格长和网格管理员，通过走访入户、建立微信群等方式，熟悉社区内各方面情况，做到第一时间掌握社情民意，遇到问题快速反应、主动介入、高效处理。二级网格发挥了党建"先锋角"、服务"百宝箱"、民意"速递站"、政策"宣传点"的作用。

"网格化"空间架构，形成了上下贯通、左右连通、条块联动、良性互动的社区治理工作格局。

3. 社区"大党委"统领，"由民做主"社区治理模式的组织体系形成

一是成立社区"大党委"。在每个社区成立社区"大党委"，把辖区内的集体经济

组织党组织、"两新"组织和驻区单位党组织全部纳入统一服务管理,吸收261名辖区单位党员负责人兼任社区党委委员。建立"社区党委—网格党支部—楼栋党小组—党员中心户"党建网格化组织体系,构建上下联动、横向互动的基层党建组织领导体制。

二是形成"1+3"组织运行模式。建立社区党委行使领导权、社区居民代表会议行使决策权、社区居委会行使执行权、社区监督委员会行使监督评判权的"1+3"运行模式(见图1)。凡涉及居民群众切身利益的重要事项、社区建设中的重大问题,社区党委受理后,均提交社区居民会议进行决策,形成的决策由社区居委会负责执行,社区监督委员会全程监督。

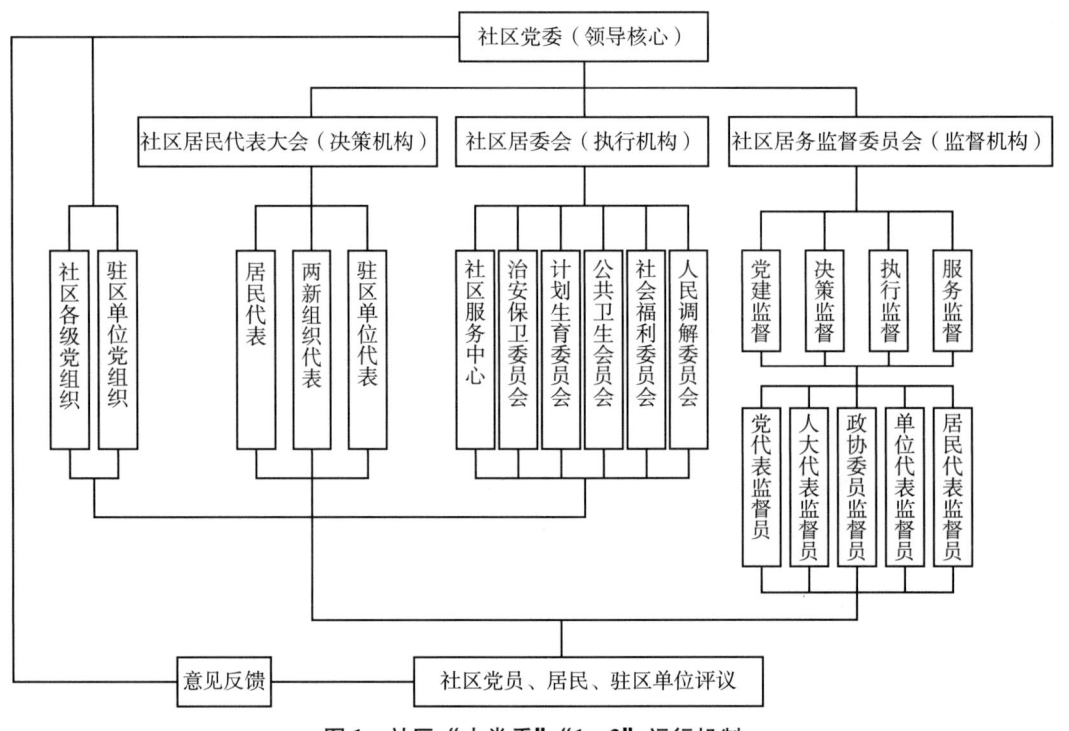

图1 社区"大党委""1+3"运行机制

三是建立"社区建设联席会议"制度。动员辖区所有机关、部队、学校、企业、社会组织等发挥单位自身的专业优势,支持参与社区建设和社区治理,向社区居民提供健康义诊、宣传教育、文化娱乐、环境整治等服务。驻社区单位的文体活动场所普遍向社区居民开放,以共建形式解决社区办公服务用房22处,形成人力、物力、财力社区共建共享机制。

社区治理组织体系的形成,强化了党组织在社区的领导核心作用,有利于把握"由民做主"正确方向。

4. 新情况、新问题,迫切需要"由民做主"社区治理模式

一是社区容量增加,事务增多,社区"任务繁重"。随着城市化进程的加快,原来的村民变市民;外来务工人员、流动人口的增多,占了近全区人口的三分之一;退休

人员移交社区管理，并随着老龄化程度加快而迅速增加；下岗失业人员、待安置大学生和退役军人等各类群体回归社区，"单位人—社会人—社区人"的转变以及高层建筑的增多、人口密度加大等原因，使一定地域范围内的居住人口大量增加，相应的社区单位和各类组织也在增加。社区成员的增加，导致社区事务大量产生。另外，政府各部门的工作，最终都落实在基层，在安排布置工作的时候，社区自然而然成了各项工作的落脚处，社区负担不断增加，任务繁重。

二是居民诉求多元，社区服务"缺位"，群众"不满意"。社区成员的多样化必然导致需求的多样化，加上当今人们价值观的迅速变迁和思维方式的转变，呈现表达诉求的方式日趋活跃，解决诉求的期待日趋强烈，满足诉求的标准日趋提高的特征。人民对美好生活的需求，不再满足于基本的民生保障，而是在民主、安全、文化、环境等方面的要求日益提高。传统僵化的服务方式，局限的服务内容，造成了服务不精准、不到位。

三是社情复杂，居民法治意识增强，社区治理"难度大"。随着改革的深入，社会问题呈现多样化、复杂化、复合化趋势。在奎文区城市化进程中，涉及土地征收、拆迁改造、企业改制等历史遗留问题多，解决起来比较棘手。社区成员的复杂性，也带来了一系列的社会治安隐患。居民的维权意识、公平意识、民主意识、法治意识不断增强，各类思想观念和利益诉求交织碰撞，导致管理和服务难度加大。

四是居民主体意识缺乏，对社区事务"不参与"。社区人口构成复杂、流动性强，由从前的"熟人社区"变为"陌生人社区"，许多居民对社区的认可度和归属感不强，关心社区公益、参与社区治理愿望较弱。部分居住在社区的在职党员、驻区单位党员、新经济组织和社会组织中的党员意识削弱、参与热情不高。大部分居民不知参与什么、怎么参与。

五是社区工作者习惯"为民做主"，唱"独角戏"，老百姓"不买账"。社区工作者面对繁重的社区负担，忙得焦头烂额，经常加班加点，老百姓却仍感觉社区没有做什么事情。个别社区工作者习惯于大包大揽和"替民做主"，不少旨在惠民的民生实事项目由于缺乏民意基础和民众参与而得不到居民的认可，出现"政府买单，老百姓不买账"的现象，"民生"变成了"民怨"。加上缺乏有效的自治载体和实现形式，居民自治退化为居委会自治，甚至是社区工作者自治，居民会议难以召开，形同虚设。

（二）理论和法律依据

（1）马克思主义理论：人民群众是历史的创造者。正是基于这种唯物史观的认识，形成党的群众路线——一切为了群众，一切依靠群众，从群众中来，到群众中去。习近平总书记提出的"以人民为中心"的发展思想，是坚持人民主体地位的创造性运用。历史的发展和改革开放的实践证明，基层群众蕴藏着极大的改革动力和创新智慧，社区生活中产生的问题，居民看得最清楚、感受最深。尊重基层和群众的首创精神，从人民群众中汲取智慧和力量，"不断满足人民日益增长的美好生活需要""使人民获得感、幸福感、安全感更加充实、更有保障、更可持续"。

（2）马斯洛需要层次理论：由美国心理学家亚伯拉罕·马斯洛在《人类激励理论》

论文中提出，人类需求像阶梯一样从低到高按层次分为五个层次：生理需求、安全需求、社交需求（爱与归属需求）、尊重需求和自我实现需求。其中生理需求、安全需求属于低一级的需求，属于基本需求；社交需求、尊重需求和自我实现需求是高级需求。一般来说，只有当低一级的需求得到满足了才会向高一层的需求发展。现阶段在社区中，大多数居民的基本需求已经满足，社交需求（爱与归属需求）、尊重需求和自我实现的需求成为主要的需求。在社区治理中，为居民提供沟通交流的平台，可满足社交需要；尊重群众的首创精神，让居民参与社区事务，出点子想办法、身体力行，可满足尊重需要和自我实现需要。

（3）人本主义和增强权能理论：人本主义强调人的尊严、价值、创造力和自我实现能力；个人具有归属与被包容的权利，应尊重、包容每个人的个性；人们具有参与、表达和被聆听的权利，让每一个成员能够充分表达自己的情感和意见。增强权能理论认为每个人都是有能力、有价值的，都不缺少权能。在社区治理中，尊重每一位社区成员，包容和满足其个性化需求；社区成员具有参与社区事务的权利，要重视其能力的挖掘和发挥。

（4）《城市居民委员会组织法》：居民委员会（简称居委会）是居民自我管理、自我教育、自我服务的基层群众性自治组织。居委会自治性质决定了居民既有参与管理社区的权利，参与讨论决定本社区公共事务的权利，又有维护社区秩序、爱护社区环境与公物、实施社区互助、管理社区事务等义务。居委会的法律地位决定了其主要职责就是组织和引导居民依法办理自己的事情，实现社区自治功能。

基于上述理论和法律依据，针对社区治理存在的问题，迫切需要找到一条最优的解决办法。2014年，奎文区在"三改"实现全面城市化、"网格化"优化社区布局、社区"大党委"组织体系已经成熟的条件下，提出变"为民做主"为"由民做主"，探索出了一条顺应群众期盼、引导群众参与、便于执行操作的新路子。

二、"由民做主"推进过程中的做法

（一）提出探索阶段

（1）宣传发动，提高认识。2014年12月，召开了全区"由民做主"社区治理模式动员会议，奎文区委办公室、奎文区人民政府办公室印发了《关于深化"由民做主"理念、提升社区治理水平的指导意见》，主要是从认识和重视"由民做主"在推进社区治理中的重要作用，探索实现"由民做主"的有效途径，保障推进"由民做主"有序进行等方面进行了安排部署。根据社区自治事项性质、涉及利益群体的不同，明确居民会议决策、议事会议协商、邻里事项共助、公共事务监督、居民公约自治、群众组织凝聚六条"由民做主"实现途径。期间，主要工作方法是通过层层召开会议、举办培训班、研讨会、实地调研等形式，对"由民做主"进行安排和培训。

（2）指导引领，组织实施。"由民做主"理念提出后，许多社区工作者包括街道干部，认为这只是个理念和想法，有的甚至认为只是个名堂，更不知从哪里下手、如何下手。面对这一现状，先是把社区的"为民办事经费"项目作为落脚点和突破口，把每个社区20万元的"为民办事经费"项目作为推行"由民做主"的载体，进行先行试点。要求各社区针对这一项目，制定时间表、划出路线图，在协商主体、形式、方法、内容、流程等方面做了指导。如广文街道在指导社区实施"为民办事经费"项目过程中，嵌入"由民做主"理念、方法，制定清晰步骤，给社区其他工作起到了示范引领作用。期间，主要工作方法是通过现场指导、调度会、座谈会、征求群众意见等方式，对"由民做主"进行破题。

（3）全面落实，创新推进。2015年4月，召开了全区推进"由民做主"社区治理模式推进会议，奎文区委办公室、奎文区人民政府办公室印发了《关于深化"由民做主"模式的推进方案》，对总体要求、基本原则、重点任务、方法步骤、组织实施等作出要求和安排。全区各社区在区、街道的指导下，选准工作切入点，开始全面运用"由民做主"理念和方法开展各项工作。各社区围绕六条途径，积极搭建社区论坛、社区顾问团、民情议事厅、"两代表一委员"工作室等议事协商载体，不断丰富社区自治资源。完善议事决策程序，探索了苇湾社区民主提事、民主议事、民主决事、民主管事、民主监事的"五民主工作法"，幸福街社区网格议事、会议定事、联动办事、百姓评事的"四事工作法"，南湖社区"户决制"等符合实际、特色鲜明、行之有效的好做法，提高了社区居民参与社区事务的组织化、规范化程度。期间，主要工作方法是尊重基层和群众的首创精神，通过广泛宣传、现场点评、经验交流等形式，全面推广和实践"由民做主"。至此，"由民做主"模式落地生根。

（4）抓住关键，明确重点。2015年7月，中共中央办公厅、国务院办公厅印发《关于加强城乡社区协商的意见》。根据意见内容，结合奎文区"由民做主"模式，2016年5月奎文区委办公室、奎文区人民政府办公室印发了《关于进一步深化"由民做主"理念，加快推进社区协商的实施意见》。明确社区协商是基层的一种重要民主形式，是社区治理主要方式，奎文区探索的"由民做主"模式是社区协商的创新。要求坚持"由民做主"理念，突出重点、有序推进开展社区协商，在社区协商中采取"由民做主"模式。至此，各社区对"由民做主"模式有了更深的理解，明白了"由民做主"模式的重点环节和必需的规定动作就在社区协商，明确了"由民做主"的方向和路径。如金都社区的"调查需求—确定议题并审议—表决并听证—决策执行实施—监督评议—信息反馈—事项事后评估、结案"的"七步议事"工作法，工福街社区"由民做主"九步流程、文化路社区"一二三五"议事法等，都从流程和关键环节等方面探索出了自己的路子。

（二）规范推广阶段

中共中央办公厅、国务院办公厅印发的《关于加强城乡社区协商的意见》要求"开展形式多样的基层协商，推进城乡社区协商制度化、规范化和程序化"。孙家社区、工福街社区在社区社会工作服务标准化试点过程中，努力将一线的实践经验以标准的形式固化下来，为民政部制定的《社区社会工作服务指南》提供了基础资料。2017年5月，全国的社区社会工作服务标准化现场会在这两个社区召开。通过试点体会到，标准化能使社区工作有章可循，能使社区工作者履职尽责、精益求精。2017年6月，在各社区形成初步经验的基础上，开始制定"由民做主"标准化流程。在制定"由民做主"标准化流程过程中，融入社会工作方法，使"由民做主"向标准化、专业化迈进。2017年7月底，全国的社区治理示范培训班在金都社区、工福街社区、孙家社区和樱园社区进行现场观摩学习，对奎文区的"由民做主""五事"工作法给予肯定。

"五事"工作法的具体做法和流程（见表1）：

（1）居民提事。主要任务是以居民的需求为着眼点，收集居民意愿，接案社区问题。本着"合情合理合法合规"原则，通过"社区—片区—楼组（单位）—楼栋—单元"五级网格建立自下而上的居民意愿收集机制。网格长、楼组长、楼长、单元长和网格管理员、民情巡访员、矛盾调解员"四长三员"队伍，定期入户走访，收集民意。通过建立社会治理数字化公共服务平台、为民服务短信、微信公众号、QQ群等平台，发布便民信息，方便居民咨询，征集居民建议。通过设立意见箱、居民投诉邮箱、热线电话等方式，聚焦社区热点、难点问题，将社区成员的需求和问题汇集到社区。

（2）网格议事。主要任务是以宏观结构的视角，分层分类和分析预估社区问题。本着"大事不出社区，小事不出网格"的原则，根据社区自治事项性质、涉及利益群体的不同，社区将汇集的问题进行梳理分析和分层分类。涉及楼院、楼栋、单元等局部小范围的环境卫生、设施维护、矛盾纠纷等为群体性问题；涉及社区范围内的重大项目实施或涉及全体居民共同利益的为公共性问题。社区设立多级议事组织，根据分层分类情况，分级召开议事会议。能在网格内解决的事项由网格党支部书记、网格长牵头，组织网格内党员、居民（代表）、利益相关方共同协商；需社区解决的事项，由社区两委牵头，组织协商。如广文街道文化路社区分为两级议事架构，一是居民议事小组，主要解决群体性问题；二是社区议事会，主要解决公共性问题。

（3）协商定事。主要任务是以"由民做主"的理念，策划工作方案，协商社区问题。本着"居民的事居民说了算"的原则，社区汇总二级网格提交的需要在社区协商的事项，在调查研究的基础上，按照"急难险重"确定协商顺序。涉及需要协商的事情办不办由群众定，办什么由群众定，怎么办由群众定。对公共性问题和重大事项，由社区层面召开居民（代表）会议或者户代表会议协商、表决，视情况可邀请党员代表、"两代表一委员"、法律顾问、利益相关方代表以及街道工作人员、相关部门工作人员等方面的代表参加，注重听取利益相关方的意见。对于重大问题或一次协商未果的问题，可根据情况多次协商。对于专业性较强的问题，可邀请机构、专家等参与协商、策划并制订工作方案。

（4）联动办事。主要任务是以项目管理为目标，推进方案实施，解决社区问题。本着"大家的事大家办"的原则，把经过社区协商确定的项目付诸实施，使"由民做主"事项进入执行阶段。根据任务清单和工作方案，明确责任分工，密切跟踪分析，及时调整完善。从全区全面实施"由民做主"当年（2015年）情况看，"由民做主"确定的事项清单824项、重点项目104个，涵盖城市管理、社区治理、征收改造、社会治安、文明创建等重点工作，通过项目的实施，有效解决了道路建设、供暖供水、物业管理、旧小区改造等一大批居民关注的"三最"问题。

（5）群众评事。主要任务是以居民群众为主体，监督工作过程，评估工作成效。本着"以群众评价为标准，以群众满意为目标"的原则，在项目实施过程中，定期征求居民群众意见、建议，及时答疑整改，及时通报项目进展情况，让居民全程参与监督和评价。如苇湾社区，一是推行公开制，让群众知情。通过公开栏、明白纸、将社区事务面向居民全面公开，并向利益相关人当面答复。二是推行承诺制，让群众监督。对社区协商的事情制定最后办理期限，由专人负责，设立联系电话和监督电话。三是推行打分制，让群众评判。对社区协商确定的项目结束后，组织专家、专业机构、"两代表一委员"、居民代表参与打分，真正把社区的监督权、评价权还给居民。

表1　　　　　　　　　奎文区社区事务"由民做主"工作流程

	步骤		工作流程
居民提事	1	提事原则	合情合理合法合规
	2	提事主体	党员、居民（代表）、流动人口、两代表一委员；社会组织、驻区单位、非公有制企业、小微企业、个体商户和专业市场等
	3	提事内容	涉及物业管理、环境卫生、邻里和谐、安全稳定、社区文化、征收拆迁、扶贫济困等问题，以及涉及社区居民切实利益的公共性、公益性、社会性事项等
	4	收集形式	走访、居民自提、大厅受理、网格反馈、网络平台、市长热线、意见箱等渠道
	5	收集主体	民情巡访员、单元长、楼长、楼组长、网格长、社区两委成员
	6	初级筛选	各类收集主体初步筛选
	7	征求意见	多种形式广泛征求居民意见，保证提事事项最大限度地反映民意
	8	确定议题	根据大多数居民的意见和建议，结合社区情况，形成议题
网格议事	1	议事原则	大事不出社区，小事不出网格
	2	分级分类	社区党组织、居委会根据事项涉及范围、内容和性质，分级分类到单元—楼栋—楼组—片区（二级网格）—社区
	3	议事主体	根据事项分级分类，在网格内解决的由网格党支部书记、网格长牵头，组织网格内党员、居民（代表）、户代表共同协商；需社区解决的，由社区两委牵头，组织社区内党员、居民（代表）、户代表共同协商。根据事项性质，可邀请驻区单位参加
	4	议事方式	积极搭建邻里帮扶会、单元互助会、楼院共建会等载体，通过上门征求意见、电话、座谈、会议、微信群、QQ群等方式开展议事
	5	议事顺序	根据事项紧急程度、影响范围和居民迫切程度确定议事顺序
	6	确定方案	按照会议程序，少数服从多数原则，确定初步方案或解决方案
	7	自行解决	网格内能解决的事项，通过单元互助会、楼院共建会、邻里帮扶会等自行解决
	8	上报解决	网格内不能解决的事项，提交到社区，由社区召开社区议事会商讨确定
协商定事	1	定事原则	居民的事居民说了算
	2	收集汇总	社区汇总各二级网格提交的需要社区解决的事项
	3	梳理分类	召开社区"两委"会议，按照轻重缓急、居民意愿程度确定协商顺序

续表

步骤			工作流程
协商定事	4	调查研究	社区"两委"对提交的事项，详细了解情况，确定可行性、可操作性
	5	确定协商事项	召开部分党员代表、居民代表、驻区单位参加的协商会议，确定需要协商的事项
	6	定事主体	社区党组织牵头，组织居委会成员、党员代表、居民代表、两代表一委员、法律顾问、利益相关代表以及街道工作人员、相关部门工作人员等方面的代表参加。专业性、技术性较强的事项，可以邀请相关专家学者、专业技术人员、第三方机构
协商定事	7	会前通报	根据确定的议题，提前向定事主体通报协商主要内容
	8	会议决策	针对协商事项，充分酝酿，发表意见，并进行表决，确定解决事项的办法、流程、时间及责任者等
	9	公布结果	经表决协商通过后的方案向提事主体及相关利益方公开
联动办事	1	办事原则	大家的事大家办
	2	办事主体	居委会、业委会、物业公司、驻区单位、社会组织、专业社工、志愿者队伍、居民、利益相关方以及招投标单位等
	3	办事形式	招投标、四社联动、物业公司和驻区单位承办等
	4	组织实施	由办事主体按照方案，按标准要求和时间组织实施
	5	进展通报	根据项目进度、涉及范围，通过召开会议、公示栏、网络平台等形式及时跟踪通报，增加工作透明度，确保居民的知晓权
	6	答疑解惑	办理过程中，随时接受居民和监督委员会的监督和询问
群众评事	1	评事原则	以群众评价为标准，以群众满意为目标
	2	检查验收	社区"两委"组织党员、居民代表、专家、专业机构、监督委员会成员等进行检查验收
	3	满意度测评	社区"两委"组织党员、居民代表、利益相关方等对"由民做主"事项实施情况进行满意度测评。对满意度低于80%的事项，责成责任单位整改完善
	4	通报反馈	根据事项涉及的范围通过召开会议、公示栏、网络平台等形式进行通报，反馈办理结果
	5	全程监督	提事主体、利益相关方、监督委员会成员等参与"由民做主"事项的全程监督
	6	评估结案	总结有效方法，查找问题和不足，形成的材料立卷归档

奎文区从解决具体事项的实践中不断发现和总结共性规律，将工作中的好经验、好做法上升到制度层面固定下来，形成可操作的规范体系，以推动"由民做主"治理模式规范化、常态化、长效化、法治化。

（三）深化提升阶段

奎文区"由民做主"工作模式推行5年来，各社区坚持问题导向和需求导向，结合社区实际，选准工作切入点，不断扩宽"由民做主"范围和渠道，丰富"由民做主"内容，全面把握、突出重点、有序推进，现在已经成为社区治理的一种常态化工作模式。

（1）"由民做主"互动信息化。以"中国奎文"网站、"社区信息化管理服务平台""奎文党建云平台"为依托，建立网格化管理移动终端和即时监控系统，开设社区网络论坛、社区服务"O2O"等互动微平台，搭建社区居民新型交流平台，吸引更多居民参与社区公共事务。通过网络发布信息，通过网络征集民意，通过网络议事协商，通过网络反馈结果，实现民情民意直接上传、线上线下协同推进、高效快捷互动。居民可以在"中国奎文"网站查询了解68个职能部门及街道社区的服务事项、工作动态等内容，也可以提交咨询帮助、投诉建议。如孙家社区建立"欧乐生活"智慧社区服务平台、社区微信公众号、三级网格微信群，制定社区网格微信矩阵管理办法和工作流程（见图2）。居民有任何批评、意见和建议可以随时随地在群里发布，网格管理员和社区工作者及时汇报、回应和答复，起到了"一人提事、多人互动、众人监督"的作用，疑虑在第一时间解开、问题在最短时间解决。

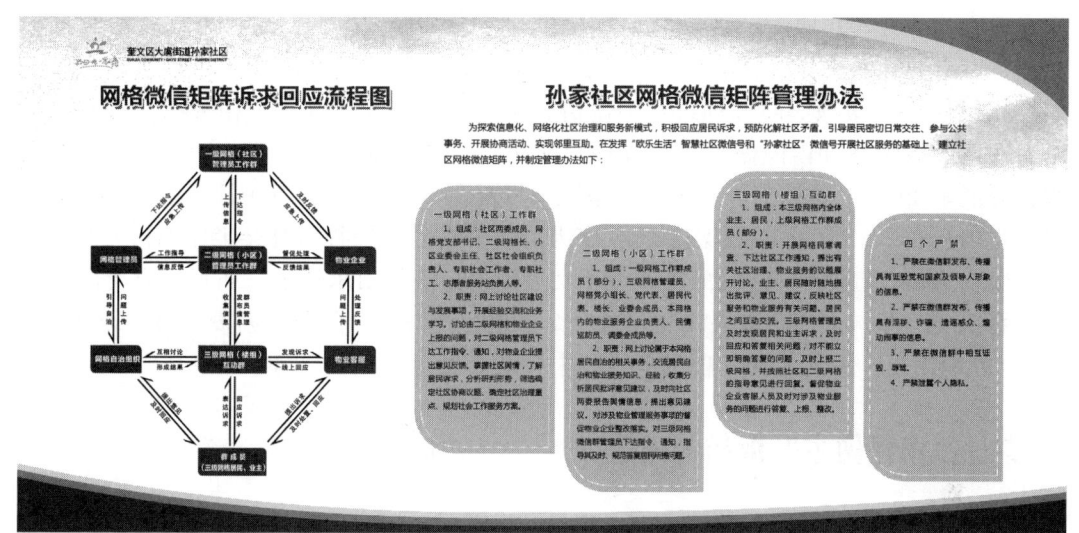

图2 社区网格微信矩阵管理办法（奎文区大虞街道孙家社区）

（2）"由民做主"运用广泛化。"由民做主"社区治理模式被社区工作者熟练掌握后，被广泛地运用到各项工作中。各社区根据社情制定了详细的"由民做主"事项目录，目录数量在42～59项，全区平均数量52项。从分类看，涉及居民切身利益的公共事务、公益事业，当地居民反映强烈、迫切要求解决的实际困难问题和矛盾纠纷，党和政府的方针政策、重点工作部署在社区的落实，法律法规和政策明确要求协商的事项等；从问题看，主要集中在"物业管理""安全问题""乱搭乱放""环境污染""拆迁安置""邻里纠纷"和"宠物伤人"等（见图3）；从范围看，"由民做主"触角延伸到小区、楼栋，项目涉及到社区单位、社会组织和居民。

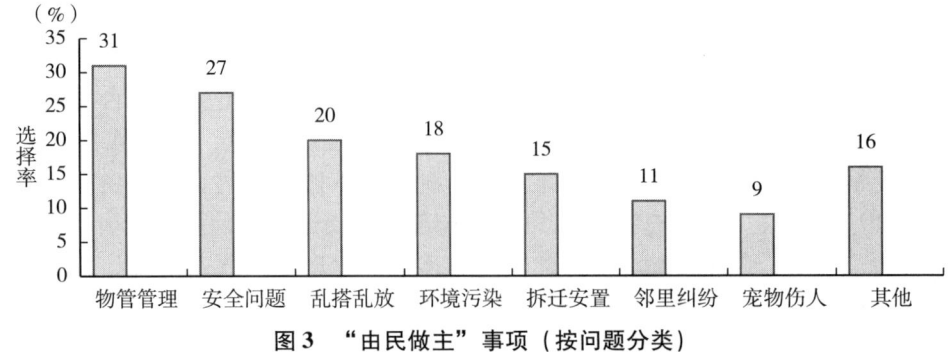

图3 "由民做主"事项（按问题分类）

（3）"由民做主"方法专业化。一是奎文区的"由民做主""五事"工作法中嵌入了个案、小组、社区等社会工作的专业方法。二是健全完善社区、社会组织、社会工作专业人才、社会志愿者"四社联动"机制，整合社区内资源，引入外部资源和社会力量，以专业社工引导、社会组织介入的方式，动员社区居民积极参与社区治理。三是"由民做主"事项协商办理过程中邀请专家、学者、专业机构及相关部门参与，给予专业指导。四是"由民做主"事项项目化运作。如工福街社区整合社会组织优势资源，开展了46个专业社工服务项目，争取项目资金80余万元。其中社会组织孵化器项目获得山东省2015年度财政支持资金25万元，并在省首届社区社会工作项目大赛中获得银奖；"融入新家园"进城务工人员子女关爱项目获得山东省第三届青年志愿服务项目大赛银奖。草根大舞台居民文化建设等6个项目获得市、区公益创投奖项。2018年9月，"青春无毒，无艾无悔"项目获得团中央资金支持。

三、"由民做主"取得的成效

一是减轻了社区负担。"由民做主"模式在推行开始时，很多社区工作者包括街道干部认识不到位，认为开展工作的环节增多、程序复杂，把此当成一项额外的工作，当成了一种负担。当"由民做主"的流程规范、成效初显后，带来的最大好处是整合和挖掘了社区力量参与社区各类事务。社区工作得到了居民的理解、赞同和支持，减少了工作阻力，干起来更顺畅；充分集纳群众智慧，社区治理的办法增多；居民由站在旁边看到撸起袖子一起干，分担了社区原本繁重的任务。"由民做主"模式使街道、社区实现了管理到服务的角色转换，实现了不该管的不管、能放手的放手。社区工作者腾出更多的精力了解民意、提升社区环境、实施精准服务。

二是提升了工作水平。"由民做主"模式渐渐成为社区的主要工作方法。这种方法已成为一种工作习惯，成为介入社区各项工作的一种路径。秉持这种方法，社区工作者的工作能力明显提高。例如，松鹤园社区张面河小区是20世纪80年代的旧小区，常年存在乱搭乱建乱扔乱放现象，小区道路年久失修，公共设施损坏严重，尤其雨水管道破损，每逢雨季，排水不畅通，居民出行困难，加上30多年来一直无物业管理，小区内经常出现失盗问题，环境一直处在脏乱差的状态。"由民做主"模式启发了社区工作者，推开了解决多年遗留问题的一扇门。松鹤园社区按照"五事"工作法，对这个小区进行全面的改造提升后，实行市场化物业管理，整个过程中群众成为解决问题的主体，社区工作者通过这次实践，组织居民协商议事、项目化运作、整合社区资源等方面的能力迅速提高。

三是解决了棘手问题。"由民做主"模式针对土地征收、拆迁改造、企业改制等历史遗留问题以及难度较大、涉及面广的问题，效果尤为明显。如棚户区改造是一项涉及居民切身利益的大事，已经成为基层工作的第一难题。过去在改造过程中，因"为民做主"出现的对抗造成几年拆不完、成本增加、机会错失、回迁变慢等现象。"由民做主"在社区中的实践使甘里堡街道干部认识到，棚改的过程实质就是群众工作的过程，怎样让群众从不理解、对着干到赞成、支持成为棚改的关键。为此，甘里堡街道在推进棚户区改造过程中按照"由民做主"模式，推举成立"自改委"，主持做好棚改各个环节工作，每个步骤都层层征求和统一群众意见，创新实施"棚户区改造八步工作流程"（简称"八步法"，见图4），规范了从开始的调查摸底到最后安置房建成、选房分房所有事项。八大步共细分为106小步，大流程套小程序，使整个流程有章可循。2017年4月"八步法"率先在仉家启用，清晰的流程、群众的参与、阳光的操作，赢得了群众的理解和支持，促进了棚改工作的顺利进行。仅两个多月的时间，仉家143户居民住宅全部拆除，腾出土地150亩。2017~2019年，甘里堡街道先后完成13个旧村棚户区整体拆迁改造，剩余的少数旧村改造将按照先前的工作模式继续稳步推进。

四是维护了社会稳定。通过推行"由民做主"模式，拓宽与居民群众沟通协商渠道，社区各项工作赢得了居民群众的信任与支持，全区信访总量大幅下降，到区以上信访案件、集体上访同比分别下降24.5%、26.2%（2018年），群众满意率达到84%以上①。工福街社区福音小区阳光变电站项目先后于2008年、2014年两次启动，均因项目北邻5号楼居民强烈反对、阻挠而无法施工。2016年6月，该项目第3次启动，再次因居民群体性聚集阻挠导致项目搁浅。一边是保障居民和周边经济发展用电而亟须建设的重点项目，一边是涉及群众根本利益产生的强烈反对性意见。在这种情况下，工福街社区按照"由民做主"模式，按照依法依规、合理引导的原则，深入细致做好群众工作。工作中，发挥党员中心户、网格员、楼长的作用，耐心倾听相关居民意见要求，让居民心平气和坐下来协商，做到政策"零隐藏"、接触"零距离"、沟通"零障碍"。经各方努力，成功化解了一起群体性事件，阳光变电站得以顺利施工。"由民做主"模式在化解或消解矛盾和问题中发挥了重要作用，维护了社区稳定。

五是提高了群众满意度。"由民做主"模式广泛征求居民意见，让居民参与全过程并接受监督，实施起来顺民心、合民意。全区2018年先后梳理确定为民办实事项目935个，解决民生问题1300余个，帮助解决流动人口子女入学、进城务工人员就业创业等实际问题1500余个，架起了党群干群关系"连心桥"②，群众参与社区发展的积极性全面提高。老旧小区改造是社区治理中的"头疼"事，建于1992年南湖小区一直没有

---

① 资料来源：山东省潍坊市奎文区信访局。
② 资料来源：山东省潍坊市奎文区社区治理工作领导小组办公室。

图4 饥家棚户区改造八步工作流程

进行整体修缮，南湖社区通过二级网格微信群、宣传栏等方式向居民征集解决办法，组织社区居民代表对办法进行筛选。然后对改造项目用"户决制"方式广泛征求意见，最终决定对路面硬化、车位规划、环境绿化、墙面保温、楼顶防水、水管更换以及燃气、门窗、路灯、监控安装等进行改造。在改造过程中，社区召开了居民协商会议多达59次，完工后得到居民广泛好评。

六是明确了居民的主体地位。居民参与是激发社区活力、实现共同治理的关键。"由民做主"本着"居民的事居民说了算"和"大家的事大家办"的原则，让居民成为解决社区各类事项的主体。各社区采取群众喜闻乐见的方式，广泛宣传"由民做主"治理模式，营造了良好舆论氛围，提高了居民群众知晓率、支持率、参与度和信任度，扩大了社会影响力。社区工作者基于"由民做主"的理念开展各项工作后，社区居民被关注、被尊重、被重视，认识到自己是社区的主人，有效地解决了诸如中青年工薪阶层和中产阶层参与社区活动频率低等问题。社区居民的民主意识逐渐激发，并逐渐转化成为居民的自觉行动，从被动到主动、从旁观到参与，从后台到前台，从配角到主角，真正实现了"人民当家作主"。

四、"由民做主"模式带来的思考

奎文区"由民做主"社区治理模式的实践和成效，证明了"由民做主"是解决公共性、复杂性问题的好方法，是实现公共利益、居民利益最大化的好形式，是党和政府与群众沟通的好途径，是社会主义协商民主建设的重要组成部分和有效的实现形式。在推进过程中，奎文区及其他地方类似模式，都注重把握了以下几点：

一是必须坚持党的领导。党的宗旨是全心全意为人民服务，"由民做主"是具体实践。坚持党的领导，才能确保社区治理的正确方向；坚持党的领导，才能发挥领导核心作用，统揽全局，协调各方，调动各方面积极性，集中力量办大事；坚持党的领导，才能应对重大挑战，抵御重大风险，克服重大阻力，化解重大矛盾，解决重大问题。奎文区梨园街道庄家社区是革命先烈庄龙甲的家乡，是潍县第一个党支部诞生地，2006年启动拆迁，但由于历史遗留原因，拆迁工作曾一度搁置。随着城市化进程加快，生活环境差、功能配套不全等问题日益凸显。面对群众翘首以盼的民生问题，2019年11月，按照"由民做主"模式，奎文区重新启动拆迁改造工作。区委主要领导亲自挂帅，多次到现场进行调度、指导、鼓劲，分管领导坐镇指挥，区直有关部门鼎力支持，街道、社区全部靠上，形成了上下同心、勠力攻坚、集中力量和资源的工作合力；梨园街道党工委指导居民成立"自改委"，让居民成为拆迁的主体，参与制订拆迁安置方案和全程监督，确保公开、公平、公正；正式签约前，8名社区两委成员带头拆除自家住房，老百姓心里有了底，7天时间内656户居民签约率达到100%，刷新了奎文区征迁新速度。

二是必须坚持"以人民为中心"。要坚持把实现好、维护好、发展好最广大人民根本利益作为一切工作的出发点和落脚点。围绕群众利益进行工作创新、制度设计和转变政府职能。时刻把群众满意不满意、高兴不高兴、答应不答应作为检验工作的标准，把居民需求作为第一信号,把居民参与作为第一动力,真正做到发展为了人民、发展依靠人民、发展成果由人民共享。要广泛动员,充分发挥居民群众的主体作用,让居民担当社区治理主角。以居民需求和解决社区问题为导向,实现从"政府配餐"到"群众点菜"。如广东深圳龙岗的"民生大盆菜"以居民"点菜做菜""政府买单"的方式,匹配群众需求,实现了社区居民"我的实事我做主"。

三是坚持标准化流程。"由民做主"涉及"什么事情需要提议""谁议定""如何议定和执行"等诸多问题,过程复杂,环节众多,实操性强。为提高了社区运用"由民做主"模式的能力和水平,保障"由民做主"模式的常态化运行和活力不断,在推进过程中,一方面,需要对"由民做主"的流程进行整体化、精细化、标准化的程序设计,使得协商组织者和协商主体明白操作步骤和程序,有章可循。另一方面,要聘请相关专家对民主协商的基本原则、程序和规则要求等进行培训,注重融入社会工作理念和方法,提高协商水平。如江西省南昌市红谷滩新区运用协商民主的方式组建了"民情理事会"社区协商平台,通过建立健全社区协商机制和章程,明确协商事项、参与主体、操作程序、执行规范等事项,有序引导社区有关各方围绕关注议题进行协商共议,自我服务能力得到不断提升。

四是坚持合情合理、依法依规。"一个高度民主的社会必然是一个高度自治的社会,一个高度自由的社会也必然是一个高度自律的社会"①。没有法治,民主就没有保障;民主只有在法律的框架下,才能保证居民有序参与民主协商,才能为民主协商提供依据和支撑。结合社区实际和民俗风情,本着"合情合理合法合规"原则,用法治思维和法治方式来破解城乡社区治理难题。2018年1月,浙江宁海县首创的小微权力清单制度("36条")被写入中央"一号文件"《中共中央国务院关于实施乡村振兴战略的意见》,这一制度还获评中国社区治理十大创新成果。宁海"36条"起于2014年,主要做法是将涉及集体管理事务的19个事项和17项便民服务举措共36条,依法写入村民自治章程和村规民约,严格执行"五议决策法"、村务公开、群众评议等规定,把村级决策权、监督权交给老百姓。"36条"小微权利清单,把权力关进制度的笼子,接受群众的监督,实现阳光化运行,还干部一个清白,给群众一个明白。这种自治和法治的有机结合,保障了社区的稳定、有序发展。

五是坚持社区回归"自治"主责主业。由党委政府从源头上整治社区负担过重问题,针对区一级部门和街道安排给社区的各类工作,要彻底地清理排查,对机构牌子、证明盖章、考核评比、各类台账等列出清单,建立准入制度。对社区工作尽量减少创建评比、台账式表面检查,必要的检查应轻车简行,以实际状况为主,杜绝形式主义。要以帮助社区发现问题、解决问题为主,达到促进社区工作、为居民服务之目的。社区层面要按照"社区事务清单"厘清职责,合理拒绝"非清单"事务,对"延伸工作"的准入制度不能自我松绑。南京市建邺区全面推进社区减负增效,取消25项任务、48类评比、42个机构、72项台账,整合20个社区网络平台,使社区致力自我管理、公益事业、纠纷调解等13类履职事项。政府部门要派任务给社区,必须在"服务

---

① 闫孟伟:《社区协商与社区治理》,载《南开学报》(哲学社会科学版)2015年第5期。

清单"里找项目;经费不能到位,社区则有权拒绝。该区每年定期开展新进社区事项准入审核和社区证明类盖章事项准入审核,准入结果向社会公布,让居民知晓、供社会监督。

六是坚持激发社区成员主动性。社区成员的广泛、积极参与才能催生出社区治理的蓬勃生机,丰富多元的参与主体能够为问题解决贡献更多的智慧和力量。社区党组织、社区居委会、社区民主监督委员会、居民小组、驻社区单位、社区社会组织、业主委员会、物业服务企业、社区居民代表和利益相关方都可作为协商议事的主体。在社区成员参与社区协商议事过程中,倡导通过线上线下、最广泛的居民参与行动,让居民发声,充分地把民意表达出来;鼓励居民提出问题,侧重描述问题事实而不是盲目发泄个人情绪;引导居民能够用灵活的方式参与到社区问题的提出、分析与解决过程中。如北京朝阳区的"居民提案"以提案大赛的形式,激发居民参与社区事务,实现了社区治理的深耕细作。

奎文区"由民做主"模式以及其他地方的社区治理经验都折射出"以人民为中心"的思想理念,是党在社区做好群众工作的生动实践,是党组织领导群众开展社区民主自治的本土创造。这个模式有效激发了居民参与社区治理的主动性、积极性、创造性,已经成为社区治理的主抓手,成为一种理念、一个方法、一条路径。在新时代社区治理中,需要结合社区实际,探索适合社情民意的"由民做主"之路,从而构建"人人参与、人人尽力、人人共享"、充满活力、和谐有序的幸福家园。

治理方式

发挥自治催化作用　激发社区内生动力[*]

党的十九大报告提出:"加强社区治理体系建设,推动社会治理重心向基层下移,发挥社会组织作用,实现政府治理和社会调节、居民自治良性互动。"十九届四中全会《决定》指出:"健全基层党组织领导的基层群众自治机制,在城乡社区治理、基层公共事务和公益事业中广泛实行群众自我管理、自我服务、自我教育、自我监督,拓宽人民群众反映意见和建议的渠道,着力推进基层直接民主制度化、规范化、程序化。"这一系列重要论述,更加突出了居民自治的重要性。相对于行政力量,自治手段更像是"催化剂",将社区各个群体、各类资源进行融合、催化,发生反应,从而促进提升社区建设和社区治理水平。本文重点围绕如何通过自治激发社区活力展开讨论和分析。

一、自治模式研究

(一)西方社区民主管理模式

西方国家的城市化进程早于我国,其社区治理和民主管理的相关理论和实践相对趋于成熟,由于各国执政模式、经济发展水平、社会文化背景等的差异,社区民主管理模式也不尽相同、各具特点,但是无论哪种类型、哪个国家,都具有一个共同的特点,即社区民主管理均为自治模式,区别只是自治的侧重程度和方式方法不同而已。以政府和社区之间权能关系的不同,西方城市社区治理模式可以分为三种类型。

1. 自治型管理模式

主要以美国、加拿大、英国为主要代表。西方发达国家由于社会政治、经济水平和专业社会工作的发展,大多形成了自治组织机构健全、权限职责清晰的社区治理模式。美国的许多城市都有自己的法规,对各种社区组织机构的组成及权限做出了明确的规定,并且具有法律保证。这种模式的主要特点是政府行为和社区行为相对分离,政府不对社区进行直接干预,政府的主要职能是制定各种法律法规等规范社区内不同团体、组织、家庭和个人的行为,协调社区内各种利益的相互关系并为社区居民的民主参与提供制度保障,社区的事务则完全自治。

---

[*] 执笔人:孙军。

2. 政府主导型管理模式

主要以新加坡为主要代表。其特点是政府行为与社区行为紧密结合，政府对社区进行较为直接的干预，并在社区设立多种派出机构，对社区进行自上而下的管理，职能分明、结构严谨，社区建设中的行政力量较强、官方色彩浓厚。政府行为和社区行为紧密结合，是新加坡社区民主管理模式的主要特点。新加坡政府对社区管理较多，干预比较具体、直接和明显，同时，通过对社区组织给予物质支持和行为引导，来把握社区活动的方向，引导团体、企业、商家参与社区建设，建立社区服务网络，针对不同群众提供有效援助，形成积极向上的社区风气。社区管理组织具有非常完善的体系，社区内实行委员会制，主要有三个组织：居民顾问委员会、社区中心管理委员会和居民委员会。三个委员会的工作者完全是义务的、兼职的，为社区管理和服务节省了大量费用。

3. 混合型管理模式

以日本、澳大利亚为主要代表，是政府主导模式向社区自治模式发展中的过渡。政府采取间接手段参与社区建设，主要职能是指导并提供经费支持，行政力量和居民自治交织运行。日本政府与社区自治组织分工合作，在社区建设中都占据重要位置，政府提供政策、制度和基金，社区自治组织则是政策与制度的主要建议者。在政府层面，设立地域中心体制，由政府根据人口密度和管理半径设立地域中心管理机构，其主要职责包括收集居民对地域和社区管理的意见，对市民活动和民间公益团体活动给予支持和帮助，对地域内的各项事业进行管理，为居民提供窗口服务和设施服务等。在自治组织层面，为了辅助地域中心对社区的管理，引导社区居民建立住区协议会，它是居民参与社区事务管理的群众性自治组织，居民自愿参加，其主要任务是对政府中的中长期计划和任务进行讨论，把居民反映的意见通过区域中心反馈给政府，对地域和社区内的共性问题提出解决的对策。

（二）国内社区居民自治模式

我国的社区治理和建设虽然起步较晚，但是在加强自治方面做了很多有益的探索，并且也形成了各具特色的实践做法。根据自治在社区治理中的作用来评价，目前，我国社区居民自治模式比较具有代表性的有：上海模式、沈阳模式、江汉模式和百步亭模式，分别代表了我国城市社区中行政主导型、合作型或混合型、居民自治型和企业主导型的社区治理和自治模式。

1. 上海模式

上海模式属于行政主导型社区治理模式，把社区建设与"两级政府、三级管理、四级网络"的城市管理模式相结合，两级政府指市政府、区政府，三级管理指市级、区级和街道办事处三个管理层级，四级网络指居民委员会组织。上海模式将社区定位倾向于街道，形成"街道社区"，增强了街道办事处的综合协调能力，强化了街道办事处的地位、权力和作用。这种模式的价值在于能够充分利用政府部门的行政主导优势，统一各主体力量，形成合力，搞好协调。加大政府在社区建设层面的人力、物力和财力投入，依靠政府行政力量有力的推动社区建设，一方面有助于提高政府威信力，增强政府对社会的控制；另一方面，社区建设在政府支持下能够在较短时间里取得较大成绩。近几年上海的社区建设飞速发展，涌现出了一大批文明社区，其经验也被广泛推广。

2. 沈阳模式

沈阳模式属于居民自治主导型模式，其特点是通过组织建构实现社区自治、议行分离。其组织体系由社区党组织、社区居民代表大会、社区协商议事委员会和社区（管理）委员会四个机构组成。按照"小政府、大社会"的原则，以居住地为特征，以居委会为依托，以居民的"自我教育、自我服务、自我管理、自我约束"为目的，形成了城市社区自治管理的运行机制。沈阳模式通过借鉴我国国家政权机构的设置，完善了社区自治组织建构，创造性地在社区设立了社区自治的主体组织，并通过建章立制，明确了居民代表会议、议事会和居委会等组织间的关系，具有突出的示范效应。

3. 江汉模式

江汉模式属于混合型或合作型社区治理模式，是湖北省武汉市江汉区经过社区实践提出和形成的，其特点是把政府行政化管理和居民自治性管理有机结合，将社区定位为"小于街道、大于居委会"，明确社区组织和政府部门是指导与协助、服务与监督的关系。在社区治理过程中，按照"权责统一、事费统一"的原则，通过授权，将政府承担的职能交由社会组织承担，做到"谁办事、谁用钱、谁负责、谁有权"。江汉模式主张政府部门与社区组织之间的良性互动和制度化合作，各社区治理主体共同参与社区治理工作。

4. 百步亭模式

百步亭模式属于企业主导型社区治理模式，原型即为湖北省武汉市百步亭社区，其特点是打破了传统的区、街道、社区的行政体制，创建了"社区管理委员会、物业管理公司、居民委员会"三位一体的新型管理模式。该模式在社区发展上重视市场化运作，在社区公共管理上坚持社会化方向，在社区公共服务上坚持企业化道路，实现了社区治理以企业化管理为主，既充分发挥企业在市场发育完善的条件下运用市场资源配置社会资源的优势，又克服了政府负担社区治理经费的缺陷。但由于这种模式具有特定性，很多地方政府和企业还并没有理顺自己在社区治理中的角色定位，容易出现缺位、错位等现象，因此，该模式很难复制，大规模推广尚缺乏条件。

（三）自治与法治的关系

自治本身就是一项法律性概念，"居民自治"以《中华人民共和国城市居民委员会组织法》为依据，是重要而关键的基层社会治理方式。居民除享有宪法和法律规定的人身自由，人格尊严，宗教信仰自由，言论、出版、集会、结社、游行、示威的自由等权利，还享有选举权、知情权、参与权、表达权、监督权，共享社区建设成果的权利，参与社区活动的权利和义务，享受社区服务的权利，等等，这些都是法律赋予的权利。

（1）自治是法治的重要基础和驱动力。在基层社区公共事务管理中，自治具有抑制行政手段过分强势的作用。主要表现为，第一，在法律范围内有效的居民自治，可以将行政权力控制在有限的范围之内，防止形成权力滥用。自治主体可以通过各种社会传媒和公民权利的行使对行政权力进行广泛的舆论监督；自治主体还可以在社区居委会的组织下，通过自治手段，直接行使管理社区事务的权利，将社区居委会这一"基层群众性自治组织"的法定职责落到实处。第二，社区自治通过发展培育自治组织，为实现法治创造社会条件。社区自治条件下，社区、社区居委会、居民、社会组织等各个要素或组织的充分发展，社区成为居民民主管理的基础单位，可以为实现社区治理法治化以及社会治理现代化夯实基础并创造有利条件。

（2）法治是社区自治的有力保障。社区自治的推进和实现，不能脱离法治独行，它不仅要在法律规范的范围内开展，更需要法治作为强有力的保障。我国法治化对社会自治的保障作用体现在：第一，法治化促进了社区和居民的相对独立与自治，并提供制度性法律保障，使自治具有合法性空间，从而通过法律来保证社区居民有足够的参与空间，以真正自主地管理社区事务。第二，法治化为自治建立普遍性的法律规则，能依法对社区自治进行必要的宏观调控和管理，对社会冲突进行合法解决、仲裁和协调，即用法律来确认或确立公正的规则。第三，法治成为发展社区和居民自治的秩序保障。自治与法治秩序有着天然的联系，实现自治必须要建立和维护规范的社会秩序。秩序的实现要依靠社会控制手段，法律是其中最重要的手段。

（3）社区自治与法治相辅相成，既相互分离又彼此制衡。社区治理过程中，多元利益共存，关系错综复杂，社区自治规则和国家法律虽然各有自己的任务，有各自的切入点和着力点，但自治与法治的基本目标是一致的。自治是从微观的角度谋求各个利益共同体及其成员的利益，国家法律则从宏观角度谋求整个国家秩序和国民福祉，两者共同的目标都是促进个人全面发展、社会进步和国家繁荣。自治与法治的同构、同向，协调了法治化进程中国家与社会的矛盾，有利于国家治理目标的实现；而在社区实现自治，对于法治发展来说，既是目标取向，又是具体策略。

二、居民自治与社区活力息息相关

（一）从居民自治的概念分析

居民自治，就是社区居民通过在社区内实行民主选举、民主决策、民主管理、民主监督，实现社区居民自我管理、自我教育、自我服务。随着城市社区建设与管理水平的提高，在自治实践过程中，参与主体已经不仅仅局限于社区居民，社区内的单位、组织、机构等成员，也逐步参与到自治当中，这就使得自治的内容更加丰富和广泛，效果更加明显和多样。居民自治的过程，实质上是由不同的个人意愿形成集体选择的过程，其中包括征集意见、集体协商、座谈走访、沟通交流、民主表决等多种步骤和方式，也是各类信息、观点进行碰撞、交流、汇集的过程，这个过程更容易调动社区居民、社区单位的主观能动性和参与积极性，更容易激发社区内生动力和活力。同时，结合居民自治的概念、实践、案例，认真分析理解"由城市居民群众依法办理群众自己的事情""居民委员会是居民自我管理、自我教育、自我服务的基层群众性自治组织"等法律条文，"自治"应当具备更多民主、自由、参与、互动的特征，与社会主义核心价值观中的"民主"一脉相承，其本身就蕴含着巨大"活力"。

（二）自治的重要作用

自治作为重要的基层社会治理方式，自治机制作为社会治理机制中的重要方面，其作用毋庸置疑。

（1）扩大基层民主，保障居民有序政治参与。居民是社区的主人，要体现"主人"的地位和作用，通过民主手段，保证居民的有序政治参与是极为重要的途径。党的十八大报告指出，健全基层党组织领导的充满活力的基层群众自治机制，以扩大有序参与、推进信息公开、加强议事协商、强化权力监督为重点，拓宽范围和途径，丰富内容和形式，保障人民享有更多更切实际的民主权利。党的十九大报告指出，扩大人民有序政治参与，保证人民依法实行民主选举、民主协商、民主决策、民主管理、民主监督；完善基层民主制度，保障人民的知情权、参与权、表达权、监督权。这些扩大基层民主、扩大人民有序政治参与的重要论述和要求，在基层社区，都需要通过"自治"的方式与途径来推进和落实，足以说明自治以及自治机制的重要性。

（2）加强社区建设，提升社会治理水平。社区是社会结构中的基本单位和有机组成部分，社区治理和社会建设的优劣，关乎社会治理的成效。在社区中，通过积极有效的自治，可以组织和动员更多的居民参与到社区管理当中，让居民的事自己协商、自己解决；可以加强和完善社区基础设施，加强社区自治组织、社会组织、工作队伍建设，完善和改进社区制度机制；可以提升社区服务能力和水平，增强社区居民的凝聚力，从而整体提升社区建设和社会治理水平，推动实现社会治理现代化的目的。

（3）破解瓶颈制约，推动社区经济发展。社区经济对于社区建设具有重要的基础、保障和促进作用，社区居民的收入情况、辖区企业的经营情况、社区基础设施建设情况等，从各个方面体现着社区经济的发展质量和发展水平。社区中的部分制约因素或者难题，对于周围区域发展也可能起到重要的影响，这些问题不能简单地通过行政手段解决，通过自治手段，让全体居民讨论和决定社区发展规划、配套设施建设，破解制约社区发展的瓶颈问题等，可以有力助推社区发展。

（4）降低治理成本，保障基层社区顺畅运行。自治过程中，各个社区内涉及的选举人员、决策内容、管理方式、监督手段等，是大多数居民认可、同意和约定的，体现了多数居民的意愿，应当是更加切合社区实际，更加贴近居民需求，可以让社区治理少走弯路。通过依法有效的自治，居民参与得多了，自己的事情自己做主了，能够自行达成共识了，可以相应地减少行政力量参与，大大降低行政成本。

（5）化解矛盾纠纷，促进社会和谐。社区内的矛盾纠纷大多来自利益诉求，有的是因为利益诉求冲突所致，有的是因为利益诉求表达不畅所致。通过规范有序的自治行为，可以健全利益表达机制，畅通居民群众利益诉求表达渠道，进一步密切政府同居民的联系，密切居民之间的关系，舒缓社区内部、外部的紧张关系，消除不稳定因素。这个过程当中，通过加强沟通、反复协商、落实措施、解决问题等具体手段，可以达到化解矛盾纠纷，促进社会和谐的目的。

（6）释放基层治理力量，提升社区自治力。充分自治、具有较强自治力的社区，必然会有更多更加包容、更加理性的居民来参与，这是对基层治理力量和治理活力的有效释放。自治的过程，居民参与其中，充分表达自己的观点，深入思考别人的观点，是一个学习、磨合的过程，是各种观点交流碰撞、充分磨合、求同存异的过程，更是一个让居民从情绪化到理性化的有效过程。通过有效的自治，可以更加充分地培养、培育和锻炼自治力，让居民相互理解、相互包容、相互支持，充分释放基层社区治理力量，从而提升居民自治力，提升社区自治力。

（三）社区活力与自治内生动力

1. 与内生动力相关的内生增长理论

内生增长理论是一项经济学概念，我们引用到这里，主要是借鉴其与社区"内生动力"的相似性。内生增长理论是产生于20世纪80年代中期西方宏观经济理论的一个分支，其核心思想是认为经济能够不依赖外力推动实现持续增长，内生的技术进步是保证经济持续增长的决定因素。在众多关于内生增长理论的学术研究中，美国经济学家、诺贝尔经济学奖获得者保罗·罗默提出的"知识溢出模型"，得到学界最为广泛的认可。保罗·罗默提出，把知识完整纳入经济和技术体系之内，使其作为经济增长的内生变量；将资本、劳动、人力资源和新思想（用专利来衡量，强调技术和创新）作为推动经济增长的四个要素。

2. 关于扶贫的"内生动力"值得借鉴

我国的扶贫减贫工作举世关注，习近平总书记在2015年11月27日召开的中央扶贫开发工作会议上指出："新中国成立以来，我们党带领人民持续向贫困宣战。经过改革开放37年来的努力，我们成功走出了一条中国特色扶贫开发道路，使7亿多农村贫困人口成功脱贫，为全面建成小康社会打下了坚实基础。我国成为世界上减贫人口最多的国家，也是世界上率先完成联合国千年发展目标的国家。"[①] 在2017年6月23日召开的深度贫困地区脱贫攻坚座谈会上，习近平总书记要求"加大内生动力培育力度"，并明确指出："没有内在动力，仅靠外部帮扶，帮扶再多，你不愿意'飞'，也不能从根本上解决问题。"[②] "要注重调动贫困群众的积极性、主动性、创造性，注重培育贫困群众发展生产和务工经商的基本技能，注重激发贫困地区和贫困群众脱贫致富的内在活力。注重提高贫困地区和贫困群众自我发展能办。"[③] 与城乡扶贫、减贫类似，社区居民自治同样是涉及居民切身利益，同样需要发挥居民群众的积极性和主动性，同样是要求发挥居民的内生动力，扶贫方面激发内生动力的做法值得在开展自治过程中进行借鉴。

3. 自治是社区活力最重要的内生动力

有学者指出，社区的灵魂在于自治。从一定意义上讲，居民自治是最直接、最生动、最具体、最有效的基层民主实践和治理活动，也是社区活力最重要的内生动力，这从自治的几个特点中可以得到充分的体现。

（1）全体性。居民自治面向和参与的不仅是全体社区居民，还包括各类组织、机

---

①②③ 《习近平谈治国理政（第二卷）》，外文出版社2017年版。

构、辖区单位的共治。这一特点，决定了参与自治的主体范围更广、数量更多、力量更大，利益诉求更趋多元化，更利于调动来自居委会、居民、单位及各个层面群体的积极性，激发来自各个层面的内生动力和强劲活力。上海市杨浦区平凉路街道锦杨苑居委会，发挥辖区单位、社区居民的全员参与作用，探索"社区治理认领制"的模式，根据居民实际需求，结合社区单位业务范围，社区居委会、社区居民、社区单位召开联席会议，反复征求意见，反复协商讨论，形成了"睦邻共治——惠民认领清单"。清单内容涵盖共治资源便民手册、外墙涂鸦、中心花园建设等25项居民需求项目，众多社区居民与多家共建单位积极参与认领项目，让小区内有一定能力的居民和单位共同完成小区内各项宣传、整改、卫生等工作任务，形成小区居民参与自治、社区单位参与共治的社区新型全覆盖管理模式，有力地推动"友邻·自治·共治"睦邻家园建设，社区内部活力得到有效激发。

（2）参与性。居民对于社区公共事务的管理和各项活动的有序参与成为发挥群众参与社会管理作用以提高整个社会自治水平的基础和关键。由于自治与居民群众的利益直接相关，居民通过参与选举、决策、管理、监督等基层民主实践，履行自治权利，表达自身利益诉求，决定与自身利益直接相关的事项，可以依法有效保护自身合法权益，达到"居民自己的事情自己决定、自己办理"的目的，更利于调动居民参与的积极性，从而激发更为直接的内生动力。同时，通过直接参与公共事务和公益事业的管理，居民对于社区事务、合法权益、自身地位等有了切身感受，对社区建设与管理会更加关注，活力也就随之提升。山东省潍坊市奎文区在各社区推行的"五事"工作法，通过居民提事、网格议事、会议定事、联动办事和居民评事，让居民从自治活动的发起，到最后的效果评价，全程参与进来，并且有效地实现了"由民做主"，生动而充分地体现了自治的参与性。

（3）有序性。居民自治是有组织、有计划、有步骤进行的，整个过程由点到面，由浅入深，由单领域到多领域循序渐进，规范有序的程序和步骤是自治取得实际效果的有力保障。通过让居民、社区单位见证整个自治过程当中规范有序的步骤和程序，对社区工作、社区居委会和社区工作人员有更加直观的了解，有利于提升政府以及基层群众自治组织的公信力和影响力。目前，很多社区通过制定《社区居民自治章程》《居民议事规则》明确社区自治的组织机构、参与主体、工作步骤、议事程序等事项，对于组织社区居民及其他成员规范、有序地参与自治，激发和体现社区活力发挥了积极而有效的保障作用。

（4）约定性。除了"四个民主"，居民自治还包括一项重要的内容，就是"四个自我"，即自我管理、自我教育、自我服务、自我监督。虽然是"自我"，但是也需要进行一定的约束和规范，除了自治章程、议事规则等规范性的文件外，社区居委会与居民之间，居民与居民之间也需要通过约定或协定来予以明确和约束。为此，社区"契约化管理和服务"应运而生，各地相继制定的社区居规民约、社区居民自治公约等，对社区居民、社区居委会、社区单位等各个方面享受的权利、履行的义务、承担的责任等分别予以明确和约定，从一定意义上讲，这些公约的功能类似于合同，对于居民来说既是约定，也是约束，对产生的内生动力，也起到了规范和保障作用。

三、居民自治过程中存在的问题不容忽视

从居民自治以及社区工作实践看，自治过程中还存在一些不容忽视的困难、问题以及制约因素。其中，有制度机制的问题，有居委会发挥作用的问题，还有居民参与度的问题，具体表现在以下几个方面。

（1）与行政力量相比，自治手段相对薄弱。社区事务，应当是"实现行政管理与基层群众自治有效衔接和良性互动"，也就是行政力量与自治手段应当并驾齐驱的。但是在当前的社区治理过程中，"强政府、弱社会"的现象较为突出，很多社区事务中，行政手段仍处于主导地位，甚至存在越俎代庖的现象。与之对应，自治机制或者是自治手段，作为加强基层社会治理、化解矛盾问题、实现社会治理现代化的重要机制、方式和力量，其重要作用还没有得到充分发挥。

（2）社区居委会发挥作用不平衡、不充分。总体来讲，社区居委会发挥作用还不平衡，特别是少数居民委员会及其工作人员自治性不强，在转变工作观念、强化自治意识、开展自治活动等方面还存在欠缺。主要表现在以下几个方面。一是不适应，主要是意识上、心理上和行动上不适应。二是不主动，主要是开展自治工作和自治活动不主动。三是不情愿，主要是为居民提供自治服务不情愿。四是不舒服，主要是接受居民和社会的民主监督感觉心理不接茬、不舒服。

（3）自治组织体系尚不完善。开展自治需要召开会议，如社区居民会议、社区成员联席会议等；需要成立相关组织，如人民调解、治安保卫、公共卫生等委员会、社区居民小组、社区居民代表会议、社区协商议事会、社区监督委员会、小区业主委员会等。但是自治实践过程中，有的社区组织体系不完善，没有成立相关组织；或者成立了组织，却很少召开会议、开展活动，没有充分履行职责、发挥作用；有的组织甚至形同虚设，长期不发挥作用。

（4）居民参与度仍然不高。受到居民自治意识、民主意识、参与意识等因素影响，很多居民对自治活动的认识存在一定的误区。有的认为跟自己的工作和生活没有关系，存在"事不关己、高高挂起"的问题；有的认为参与自治对自己没有益处、帮助和回报，存在"无利不起早"的问题；有的认为自己参与也不起作用，存在"说了不算不如不说"的问题；有的对社区归属感、认同感较差，存在"我不归社区管"的问题，等等。

（5）部分客观因素还限制自治活动的开展。自治活动的深入开展，受到诸多客观因素影响，如法律规定相对滞后；社区居委会承担的行政性事务过多，特别是各类检查、评比、创建活动压力较大；人员力量不足；经费来源不多；居民传统认识制约，等等。以上各类因素影响和限制了居民自治活动的深入开展，难以通过自治有效地激发社区活力。

四、增强内生动力，激发各方活力，加快推进基层社会治理现代化

自治过程中，应当更多地体现社区居民和各方力量的自主、自动、自发、自觉，

才能更加充分地发挥自治的重要作用。

（一）民主选举，让居民选出信任的人

潍坊市奎文区东关街道奎文门社区的工作人员讲到的一件"小事"，给笔者留下了深刻的印象。2017年社区换届时，由于社区内一位80多岁的张大娘行动不便，工作人员依照规定，使用流动票箱到老人家里组织投票。老人在询问候选人相关情况后，认认真真填好票，不停地念叨着"选好人、办好事"，又认认真真地将票投到票箱当中。这件小事告诉我们，居民对社区"选人"是关心关注的，因为他们深知选好人、选对人、选准人，才能为社区居民办好事、办实事、办难事。所以，社区建设与管理，激发社区活力关键在人，如何通过民主选举来选好人、选对人、选准人至关重要，民主选举的各个方面必须围绕"选人"这个关键展开。

（1）依法完善和落实民主选举制度，为选人提供机制保障。根据法律规定，城市居民委员会主任、副主任和委员都要由居民民主选举产生，也就是说社区领头人、社区班子、社区工作队伍骨干，都要通过居民民主选举产生。各地或者出台社区居民委员会选举办法，或者在换届选举前出台工作规程，通过各种法定形式对居委会选举做出了具体规定。从各个制度的任务目的看，制定者除了希望体现选举的民主性、公开性、公平性等基本要求外，也充分体现了力求通过规范选举程序、把握关键环节、调动居民参与、明确法律责任等保障、约束和促进措施，从而更好地实现选举代表性和广泛性的意图，也就是充分认识到了"选好人、选对人、选准人"的重要性。落实好这些民主选举制度，就成为做好选人工作的有力保障。其中，湖北省2015年修订的《湖北省社区居民委员会选举办法（试行）》，围绕选举工作机构、居民登记、候选人的产生与宣传、投票选举、任职要求等方面做出了具体明确的规定，体现了较强的规范性和可操作性。

（2）把握"候选人产生"关键环节，将更高素质的人选进社区。以同样实行民主选举的农村选举为例，近年来，个别地方基层社区和农村受到宗族势力干扰、审核把关不严等因素影响，选举产生的"领头人"素质不高，没有为民谋利，而是与民争利、侵害群众利益，甚至成为"村霸、村痞"，使得民主选举的实效大打折扣，造成了严重的负面影响。所以，选出的人素质如何，候选人产生这个环节至关重要。各个地方产生城市社区居委会候选人的方式不同，但基本程序都是一样的：居民联名推荐、社区单位或社区组织推荐、居民自荐，然后社区选举委员会对其进行资格审查；同时，候选人与居民见面，也是很重要的程序，有利于选民客观、详细地了解候选人情况。在严格程序步骤的基础上，发挥基层党组织作用，把握和落实好"推荐、审查、见面"这些具体环节和素质要求，把素质过硬的人"推荐"出来，把素质不高甚至存在违法违规行为的人"审查"出去，通过"见面"让候选人在大家面前"晒一下"，对于选举产生过硬的社区工作班子是十分必要和有利的。

（3）对比选人标准，用好手中权力，选出多数居民认可的人。候选人的条件，一般要求奉公守法、品德良好、公道正派、热心公益、具有一定文化水平和工作能力，或者热心为居民服务，群众威信较高，具有一定社会工作技能和组织、协调、管理能

力。要通过宣传、动员，让更多的居民了解应选候选人的条件标准，了解每位候选人的具体情况，通过对比，做到心中有数，在投票选举的时候，运用好自己手中的权力，选出多数居民认可的人担任社区班子成员。很多地方出台的选举办法，对"指定居民委员会成员候选人的；指定、委派、调任居民委员会成员的"等方式予以明令禁止，并明确了法律责任，这无疑是保障"多数居民认可"的一项有力措施。

（4）扩大直接选举范围，让更多的居民参与进来。直选的方式，更接近于表达大多数居民的真实意愿。近年来，全国各地越来越多的城市社区采取直选的方式选举居委会相关工作人员。2003年3月23日，宁波市海曙区联南社区通过直选的方式，选举产生社区居委会主任、副主任和委员。当天，社区居民包括残疾人、外来务工人员，甚至连90多岁的老人也不甘落后，2800多名选民一起来到现场，认真地给自己心目中的候选人投票。当天下午，按照计票结果，浙江省第一个由居民直接投票选举产生的社区居委会正式诞生。当年11月底，海曙区59个社区居委会全部实现了直选，海曙区也成为当时国内唯一全面实行社区直选的行政区。此举在国内引起较大反响，众多媒体纷纷报道这一基层民主的创新之举，对一些选举问题专家学者也给予极大关注，并作出了较高评价。实践过程中，在直选的同时，及时扎实地组织候选人与选民见面，认真负责地回答选民询问和问题，也是吸引和动员更多居民参与到民主选举当中的有效措施。

（二）民主决策，让居民决定好重要的事

涉及全体居民利益、事关社区发展建设的重要问题、重大事项，需要征集多数居民和社区成员的意见，需要大家充分协商讨论。征集意见、协商讨论的过程，对于调动居民参与积极性，激发自治活力具有很强的推动作用。同时，由谁决策、决策什么、怎样决策等这些事关"定事"的一系列问题，也成为民主决策的关键环节和重要内容。

（1）决策机构要"公认"。公认，一方面要体现其法律性，必须是依法设立的；另一方面要体现其公正性，必须体现广大社区居民和成员的根本意愿。居民委员会组织法规定"涉及全体居民利益的重要问题，居民委员会必须提请居民会议讨论决定""居民会议可以由全体十八周岁以上的居民或者每户派代表参加，也可以由每个居民小组选举代表二至三人参加"。法律规定的社区民主决策机构很明确，就是社区居民会议，社区的大事，都应当由居民会议这个组织来决策、决定，社区居委会虽然"管事多"，但它是决策执行者。但是，个别社区没有建立完善的居民会议，即使建立了也很少召开居民会议，遇有涉及全体居民利益的重要问题、重大事项，仍然沿用老办法，以社区居民委员会召开会议或者居民议事会议代替决策，把应当大范围进行"民主决策"的事项，通过小范围"民主管理"的方式予以解决，其决策机构和决策事项的权威性、公正性、法律性就值得商榷。

（2）决策机制要"健全"。民主决策的机制主要包括制度、程序等内容，健全的机制是依法决策、民主决策、科学决策，也就是"定好事"的重要保障。关于决策机制，南京市雨花街道统一制定制度的做法，值得参考和借鉴。该街道办事处根据街道整体工作实际，依法统一制定了约束各个社区的民主决策制度，对社区居民会议、居民代表会议的组织召集、议题确定、参加人员、决策程序等予以明确，为街道各个社区开展好民主决策提供了指导和保障。但是，从全国的总体情况看，受到法律规定比较原则、社区重管理轻决策、决策内容不明确等因素影响，各地出台更多的是涉及社区建设与管理等方面的制度，围绕民主决策专门出台制度尚有待加强和完善。

（3）决策内容要"重要"。民主决策的内容，也就是需要"定的事"，必须是涉及全体居民利益的重要问题，如社区的整体规划和建设、小区整体改造、社区内道路、停车场和基础设施建设及改造等重要事项，影响到全体居民生活、出行、安全，涉及全体居民利益的事项，就必须要列入民主决策的范畴，由居民会议或者居民代表会议决策后予以实施。这就说明，厘清民主决策的内容很有必要，区分民主决策与民主管理也很重要，应当民主决策的内容，不能通过民主管理的方式来解决，同样，应当通过民主管理的方式来解决的事项，也不必通过民主决策来解决。

（4）决策方式要"民主"。决策看似是短时间的行为，但其需要有一个民主而充分的准备过程，确定议题、了解情况、反复协商、讨论研究、付诸表决，程序要科学、有序，准备要充分、全面，才能做到民主。近年来，各个城市通过探索实践，结合工作实际，在社区推行"由民做主"治理模式，是在民主决策方面作出的有益、有效探索。从资料反映看，这种模式和提法最初是由山东省潍坊市奎文区提出。该模式是以居民委员会组织法为法律依据，紧扣"民主决策"这一自治的核心与关键，通过完善组织体系，充分利用协商手段，引导和组织居民依法参与社区重大事项决策，保障居民民主权利，增强民主决策的科学性、公平性，实现让更多的居民参与自治，收到了积极而明显的成效。"由民做主"这一决策方式，其成功的重要因素之一就是充分协商、反复协商。

（三）民主管理，让居民管理好自己的事

民主管理行为涉及面广、量大、事多、繁杂，是加强社区成员自我管理、自我服务、自我教育的主要方式，也是激发社区活力的重要方面，应当围绕社区事务、日常管理、居民诉求等各个方面，注重统筹兼顾，体现大多数居民和成员的意愿。

（1）管理制度要明确，让居民守责。民主管理需要明确社区居委会、居民、单位、组织等各方职责，并且要靠制度来确认、保障、促进和约束。很多城市社区结合各自实际，认真制定《社区成员自治章程》以及《社区成员公约》等民主管理制度，对社区成员的权利和义务、社区各种组织之间的关系和工作程序以及居民行为等作出明确的规定，实行契约化管理，让各方明确职责，让居民遵守职责。同时，协商机制对于加强民主管理也是一项重要的制度，相对于民主决策，协商在民主管理过程中发挥的作用要更经常、更充分。通过完善社区居委会与社区居民、社区单位共同协商议事制度，制定议事规则和细则，不仅能加强互相之间的联系、沟通与交流，还可以鼓励和支持驻区单位、社会组织参与社区活动，充分激发社区各方活力。2020年初，突如其来的新冠疫情在危害群众生命安全的同时，对基层社区管理也带来了前所未有的挑战。特殊时期，很多地方的社区居民自治发挥了积极且重要的作用。浙江省嘉兴市梧桐街道凤鸣社区，面对防控疫情的严峻形势，组织河滨小区业主委员会和物业管理公司，

迅速组建"楼道红管家联络群",通过线上、电话联系,地毯式摸排住户情况。掌握基本情况后,以线上微信群"举手"的方式研究表决"河滨小区新冠防疫居民公约"。表决过程中,居民们纷纷开展头脑风暴,针对防疫公约提出自己的意见及建议,在居民的建议下,业委会提出二次修改建议,将志愿服务融入"防疫公约",最终通过线上举手表决方式,获得全票通过。"防疫公约"定稿后,社区迅速落实公约亮化工作,在微信群发布的同时,社区确保小区主要入口、管控卡点实现"防疫公约"全覆盖,在醒目位置时刻提醒居民履公约,指导大家科学防控,约束大家的言行。

(2)征集意见要充分,让居民做主。自治的过程,反复而充分征集意见很重要。很多情况下,是从居民当中征集意见建议,形成基本意向,然后再由居民讨论并且征集意见建议,最终集体决策后,也是到居民当中去实施,我们可以称其为"从群众中来,到群众中去"。前文提到的山东省潍坊市奎文区各社区采取的"五事工作法",就是"从群众中来,到群众中去"的生动事例。其中,山东省潍坊市奎文区东关街道工福街建设变电站的案例更具示范意义。

(3)管理方式要自由,让每个居民发声。"遵守主持中立、起立发言、面向主持、表明立场、不超时、不打断、不跑题、不攻击、机会均等、服从裁判"发轫于罗湖黄贝街道文华社区的"罗湖十条",至今仍为人津津乐道。为解决居民代表会议召开难、意见统一难,罗湖区2012年开始在文华社区试点引入国际通行的"罗伯特议事规则",并在实践中完善和提炼形成了"罗湖十条"议事规则。通过实践检验,这些规则不仅规范了会议程序,增强了会议效果,对于促进居民充分发声也起到了很好的保障作用。随着城市发展和居民理念转变,"家"作为个人的私密空间,对于作为外来者的社区工作人员来访,有的居民是存在抵触心理的。社区自治实践工作中,有的社区采取的几种交流、表达方式,效果还是不错的。一种方式是社区接待日。参加活动的主体很多,有领导干部,有"两代表一委员",有包社区干部,还有专家学者,也有社区居委会主任。这里重点说一下社区居委会主任接待居民。居委会主任对多数居委会主任情况熟、办法多、接地气,对于解决居民提出来的问题更具针对性。一种方式是社区论坛。社区论坛,重点是通过自由的交流和表达,来"论"居民关心关注的社区事务,推进解决问题,增强社区居委会与居民的双向交流,调动居民参与管理社区事务的积极性。论坛的具体形式很多,有社区议事会、社区对话、民情恳谈等。山东省潍坊市奎文区东关街道工福街社区作为一个老旧小区集中的社区,在2019年国家卫生城市复核迎审过程中,针对乱搭乱建多、楼道杂物多、积存垃圾多的实际情况,社区没有急于催促居民清理,而是先带领居民到其他社区清理改造后的小区参观,参观完后,引导大家以社区论坛的形式展开集中讨论,根据居民自己的对比和感受发表意见和看法,在大家形成相对统一的意见后,社区居委会再根据大家希望整改、希望清理的意愿,带领大家一起落实。在清理乱搭乱建、楼道杂物、积存垃圾的过程中,由于居民提前达成了共识,大家互相帮助、互相监督,清理工作进展特别顺利。特别是在清理泡沫箱种植蔬菜行为过程中,大家通过查阅资料、讨论交流,认为很多泡沫箱含有有害化学物质、施肥造成气味过大等不利因素,让广大居民认识到使用泡沫箱种植蔬菜的危害,大家主动把自己种植蔬菜用的泡沫箱及时进行了清理。

(4) 意愿诉求要反馈，让居民认同。居民参与社区事务管理与各项活动的内在动力源泉主要是对公共利益的追求和对社区归属感的价值认同，即利益驱动与认同驱动。向居民反馈，不仅仅是通过公开栏、微信公众号向全体居民进行反馈，更多的是要对涉及的居民、群众提出的意愿诉求，进行定向的反馈，让居民感受到尊重，感受到价值，从而增强对社区的归属感和认同感。如2016年7月，嘉兴市城东社区部分居民向社区居委会反映，社区内大年堂前路出现破损，路面坑坑洼洼，影响居民出行，特别是影响老年居民出行安全。社区居委会工作人员第一时间到现场查看后，鉴于社区没有专门的维修资金，向街道求助并得到街道的大力支持，街道和社区合力解决路面维修问题。同时，社区居委会及时向反映问题的居民反馈情况，让大家知情。第二天，街道成立的临时抢修队立即进驻社区，街道干部、社区工作人员与施工人员一道，对路面进行了维修。修补工程完成后，社区专门组织反映问题的居民和附近楼座居民，到道路现场进行"验收"，居民们普遍表示满意。这一事例，生动体现了向居民反馈信息和解决问题的重要性。

(四) 民主监督，让居民客观充分地评价

作为社区的主人，居民可以通过民主监督的手段来表达意愿诉求，评价社区机构和社区事务，从而实现更加充分的自治。

(1) 发挥社区监督机构作用，让居民监督有渠道。社区监督机构是社区自我监督体系的重要组成部分，也是开展民主监督的重要载体。社区监督机构主要形式有社区监督委员会、社区事务监督委员会、居民理财小组、民主监督理财小组、居民议事小组等，通过选取和吸收综合素质高、群众威信高、参与热情高并且具有一定专业知识的社区居民和成员，成立监督机构和组织，对社区内的相关事务有针对性、有重点地进行监督，达到民主监督的目的和效果。如扬州市邗江区文昌社区成立居务监督委员会理财小组，建立民主理财制度，对社区集体财务活动进行常态化监督，定期召开小组例会，听取财务人员收支汇报，定期向社区成员公示社区集体财务账目，不仅增加了社区开支的透明度，也规范了理财程序，让居民对社区事务更放心、更安心。

(2) 落实社区事务公开机制，以公开促公平。社区事务公开有利于增加社区工作的透明度，是推进民主监督深入开展的重要方式和途径。大到社区本年度有什么计划，建设什么基础设施，社区的公共资金用到了哪里，小到发展了几位党员，今年的低保户确定的谁，再具体到社会保障手续怎么办理，保险金如何缴纳等，这些内容都应及时进行公开。随着信息化、智能化水平的不断提高，为了适应居民对社区事务有更加具体深入了解的需求，社区事务公开的方式、内容也应当变得更加丰富，更加贴近居民。如在继续运用"居务公开栏"的基础上，在小区内多设立几个面积不大、形式灵活、拆卸方便的便捷式社区"晴雨表"，把社区的大事小情在这些角落里分类公开，让居民在开车、推车上班，在散步过程中就能了解社区工作。通过微信公众号，宣传哪位居民提出了对社区工作具有促进作用的合理化建议，哪支社区队伍取得了好的成绩，哪个志愿者组织做了什么好事，等等。社区大小事务公开，居民对自己的社区了解更多，各项工作更加阳光、透明、公正，为居民参与管理社区事务，增强社区活力提供了基础和条件。

（3）积极推行民主评议制度，促进提升整体工作效能。评议是一种有效的工作方式，可以强化监督促进工作，还可以调动积极性。通过建立科学合理的评议监督体系，组织社区居民、单位评议社区居委会及其工作人员，可以增强社区工作人员的职责意识、服务意识，充分调动做好社区工作的积极性。通过建立"下评上"的评议监督机制，让社区工作人员、社区居民、社区单位对行政机关派驻社区的工作人员进行评议监督，发挥人大代表、专业人士以及有威信的居民作用，可以提升行政服务效能，优化发展软环境。另外，将社区居民关注、关心的事项，作为评议监督的内容，也是加强民主监督的重要方式。召开低保民主评议会，就是一种很好的方式。长沙市赤岭路街道书院路社区建立低保民主评议制度，定期组织召开低保民主评议会，组织社区具体负责低保工作人员、民主评议小组成员、居民群众代表对申报低保居民进行公开民主评议，让社区居民、申请低保人员心服、口服，推动低保工作评定更加公平、公正、公开的有序进行。

自治是"催化剂"，也是"助推剂"，社区可以通过采取各类自治手段和方式，在法治的框架内来做实做好民主选举、民主决策、民主管理、民主监督，激发社区各个层面的活力，特别是促进居民积极参与、主动参与，合力解决社区建设和发展过程中的问题，为加快推进基层社会治理现代化，实现社会和谐的目的与目标共同努力。

立地方良法，助推社区治理法治化*

近年来，随着改革开放的深入和城市化进程的加快，社区作为社会治理服务群众的"最后一公里"，在满足群众需求、化解矛盾、维护社会和谐稳定等方面的任务更加突出。社区有效治理是实现社会治理现代化的前提条件，欲突破社区治理的困境，根本出路在于提升社区治理法治化水平。"城市治理法治的关键应该且必须是良法善治，城市治理的'良法善治'内涵在现代法治精神所倡导的共同价值追求之中。"将法治思维和法治方法贯穿在城市社区治理过程中的重要举措之一就是确保各项活动有法可依，作为地方立法重要组成部分之一的地方性法规，对地方经济社会的发展发挥着举足轻重的作用。因此，实现基层治理体系和治理能力现代化，加强社区治理方面的地方立法至关重要。

一、社区治理法治化

（一）社区治理法治化的内涵

法治的基本原则是法律面前皆平等，法律至上、反对专断。概括来说：首先，法治所倡导的公共意志的表达或者说群众意志所形成的法律规范，其更偏向于治国方略。其次，实现法制化必须坚持有法可依、有法必依、执法必严、违法必究的原则，要严格实行依法依规办事。因此，从宏观的角度来看法治一方面是一种治国的方略。另一方面，从具体行为来说法治是基于特定规则的办事之道，是一种规则之治。

法治化是某一事物从非法治状态向法治变迁的过程。从历史演变的角度来说，法治化历经了从人治到法制，再从法制到法治的变化沿革。从现实状态的角度来说，法治化是从无法律约束的状态到依法办事的规则之治的状态变迁。政府杜绝法外特权，坚持依法行政，以法律的手段实现政府治理的目标就是法制化。而法治化的最终目标就是以法律的手段约束政府的行政行为和行政权力，提高行政效率，为维护社会发展稳定，保障公民权利不受损害提供坚实后盾和强力保证。

社区治理的法治化，意即法律是规制社区治理过程的主要手段，社区治理活动在法律框架之内进行，实现规则之治。概括来说，社区治理法治化是指为实现社区政治、

---

* 执笔人：彭丽华。

经济、文化等各领域的有序发展，各个治理主体以法律法规和行政规章为指导，利用多种参与渠道共同管理社区，推动社区治理的法制化与规范化。

社区治理法治化是法律制度和法治理念为基础，将国家与社会、权力与权利、政府治理与社区自治、社区维稳与居民维权等关系全面纳入法治化轨道，法治理念与法律制度也在社区治理实践中愈加显示权威和生命力，形成良性循环，最终达到"善治"的目的。

（二）社区治理法治化的原则

坚持符合事物发展规律的基本原则，是具体实践过程中始终保证正确发展方向的重要前提。从社区治理的主体、过程及目的来看，并结合社会主义法治建设的基本要求，社区治理法治化应牢牢把握把握以下几点基本原则：

一是责任政府原则。准确来说，责任政府既指社会主义民主政治建设过程中的一种具体原则，同时又指基于这种政治原则而建立起来的行政责任制度。现代法治理论规定了政府必须是为人民服务的责任政府，其掌握的公共权力与公共资源既是保障社会公共生活的前提条件，同时也能成为侵害公民权利的利刃。因此，必须着重强调责任政府的必要性与重要性，将行政行为控制在法律规范之内。所以说，一个政府若是有限的、责任的政府，其必然也是法治政府。英国哲学家约翰·密尔的《代议制政府》一书中曾多次提出，法治社会中的政府权责是一致的，政府权责统一下的权力必然能够实现依法运用。从这种意义上来说，社区治理法治化不仅是塑造法治政府的过程，同时也是建设责任政府的过程。政府作为公共权力的被委托者，需要对社区公共事务的治理工作承担主要责任，要在充分尊重居民意愿与合理需求的基础上，尽可能地与社会群体合作，打造民主社区、责任社区与法治社区。

二是协商民主原则。从新中国成立以来，协商民主理论与实践已在中国特色社会主义的建设路径中得到了一定程度的发展，并在社会日趋成熟的当前乃至未来仍将继续延伸。协商民主一词通俗易懂，主要强调公民与政府之间的沟通、讨论与对话，作为一种相对理性的、科学的决策模式，其目的在于实现利益相关者各种偏好的融合与妥协，从而提高民众对政府决策的认可度与支持度。而且，协商民主在不断的实践过程中已超越了其本身的政治意义，其培育公民精神、倡导平等氛围、控制权力扩张的作用，对整个社会的精神文明建设也起到了一定程度的积极意义。因此，将协商民主原则应用于社区治理的法治化建设中，既是彰显居民主权，保障居民政治权利的重要途径，又是促进政府科学决策、依法行使权力的重要保证。在协商机制下，政府与社会之间的权限能够得到明确界定，社区公共问题能够得到妥善解决，居民意愿和诉求能够得到充分表达，居民参与的积极性与主动性也能够得到大幅提高。这不仅有利于社区治理工作的规范化程度，还能通过塑造公民精神有效推进社区治理法治化建设。

三是法制保障原则。狭义的法制理解，即指法律制度。依法治国的前提是要有法可依，即首先建立完备的法律制度，才能让政府与社会平等地、严格地执行和遵守法律，它是法治得以实现的根本保证。因此，社区治理法治化的推进，必须从法制角度入手，做好制度上的准备工作，建立健全有关社区治理的法律制度。只有建立一套较完备的法律规范，增强法律的权威性与实用性，才能塑造居民的法治精神与法治意识，形成基于法制的法治社区。法制保障下的社区治理，通过法律实施和法律监督，能够规范各个治理主体的参与行为，同时保护各个治理主体的合法权益；能够促进各个治理主体之间的协调合作，进而保证规范有序的社区生活。法制原则之所以能够推动社区治理法治化进程，主要缘于其对政府与居民的双重影响：完善的、明确的社区治理法律制度体系，一方面能够有效保障社区居民的政治权利，有助于实现真正意义上的社区自治；另一方面能够明确界定政府的职能权限，促使其依法行政、依法作为。这样一种促使政府和居民都能知法守法、懂法用法的法制保障，能够为社区治理法治化建设打下坚实的现实基础。

（三）社区治理法治化的必要性与重要性

1. 社区治理法治化的必要性

一是顺应新时代下我国社会主要矛盾的变化。中国特色社会主义进入新时代，国家进入全面建设小康社会、进而全面建设社会主义现代化强国的时代。我国社会主要矛盾已经转化为人民日益增长的美好生活需要和不平衡不充分的发展之间的矛盾。加之我国幅员辽阔，城乡之间不同领域、区域、群体之间发展差别不平衡，人民已不满足于对"硬需求"的需要，人民对获得感、幸福感、安全感以及对尊严、权利、当家作主等一些主观上的需要提出了更高的要求，社区是社会治理的基本单元，推进社区治理法治化进程，有利于满足人民多层次、多样化、多方面的需求。

二是对落实全面依法治国、建设法治政府法治社会战略的积极回应。社区是居民群众生产生活的基本场所，是社会治理的基本单元，基层的法治状况在一定程度上代表了整个社会的法治状况，在基层落实全面依法治国的战略部署是全面建设成法治国家和法治社会的基本途径。全面依法治国的基本理念就是用法治理念、法治思维和法治方法贯穿于我国社会治理的方方面面。在社区中，政府、社区组织、社区居民都处于不同的社会地位，掌握着不同的社会资源，有着不同利益诉求，这就需要在社区治理中以法治为中心，在此框架下的利益协调机制。在国家法律法规和社区各种自治章程的框架下，多元主体共同参与，通过民主协商、共同决策，使得各项事务的管理更加民主、科学和高效。社区治理法治化符合现代法治社会建设的要求。

三是保障公民权益，提升公民生活质量和幸福指数。党的十九大报告提出，"加强社区治理体系建设，推动社会治理重心向基层下移，发挥社会组织作用，实现政府治理和社会调节、居民自治良性互动"。将法治理念、法治精神、法治思维和法治方式融入社区治理中，重视公民和社区组织在社会事务治理中的重要作用，共同致力于社区发展，提高城市社区治理水平。社区治理法治化以人为本、兼顾个体化和差异化的利益保护，有助于不同主体的利益诉求得到充分表达和尊重。法治化建设有助于形成多元化的纠纷解决机制，公平合理地解决利益冲突，维护公民的合法权益。

2. 社区治理法治化的必要性

一是实现城市治理体系和治理能力现代化的重要环节。公共利益的实现需要法治作为其保障，社区治理中包含着法治的内容，法治有效地推动社区治理的不断优化。城市治理体系和治理能力的现代化需要法治充分发挥其功能，以提高公共治理能力。

二是稳固党的执政基础和人民当家作主的有效途径。在社会主义市场经济的发展之下，社区必然逐渐成为未来中国的重要社会结构单位，成为社会生活的重要表现形式，在法治化的框架下，将日益活跃的社区主体纳入基层治理中，以社区为主要阵地，成为基层组织建设和发展的主要社会空间，有效整合社会资源，积极促进社区的发育和成长，以此为契机和基础，稳固党的执政基础。突出人民群众在国家治理中的主体地位，保障人民当家作主。

三是推动构建和谐社区、和谐社会目标的实现。随着市场经济的发展以及收入多元化贫富差距的加大，社会利益分配不均，矛盾冲突日益加剧，协调各方利益成为和谐社会的重要命题。城市社区自治的参与，是协调好各方利益的关键，有利于基层民主政治发展需要，也有利于整个基层社会的稳定和谐。城市社区通过制度安排，为社会各阶层搭建利益诉求的通道，将社情民意传达到决策制定者，从而推出社会普遍认可的公共政策，集中反映广大人民群众的利益诉求，实现构建和谐社会的目标。

二、地方立法在社区治理法治化

（一）当前社区治理方面地方立法的现状

科学、良好的立法是解决城市治理困境、实现社区治理现代化的必要手段和重要前提。近年来，我们对于社区治理地方立法的探索也在积极有序推进。2015 年 12 月，中央召开城市工作会议，对依法治市提出了明确要求。中共中央、国务院印发的《中共中央　国务院关于深入推进城市执法体制改革改进城市管理工作的指导意见》中指出"有立法权的城市要根据立法法的规定，加快制定城市管理执法方面的地方性法规、规章，明晰城市管理执法范围、程序等内容，规范城市管理执法的权力和责任"。2016 年 2 月，中共中央、国务院印发的《中共中央　国务院关于进一步加强城市规划建设管理工作的若干意见》中进一步强调"适应城市规划建设管理新形势和新要求，加强重点领域法律法规的立改废释，形成覆盖城市规划建设管理全过程的法律法规制度"。2017 年 10 月，习近平主席在十九大报告中指出"推进科学立法、民主立法、依法立法，以良法促进发展、保障善治。建设法治政府，推进依法行政，严格规范公正文明执法"[1]。党的十九届四中全会指出"要健全保证宪法全面实施的体制机制，完善立法体制机制，健全社会公平正义法治保障制度，加强对法律实施的监督。""必须加强和创新社会治理，完善党委领导、政府负责、民主协商、社会协同、公众参与、法治保障、科技支撑的社会治理体系。"可以说，在顶层规划与地方需求的双重合力下，推动社区治理法治化和现代化的地方立法已经迎来了最好的时机。

---

[1]《决胜全面建成小康社会　夺取新时代中国特色社会主义伟大胜利在中国共产党第十九次全国代表大会上的报告》，人民出版社 2017 年版。

(二) 地方立法在推动社区治理法治化方面存在的问题

一是现有社区治理的法律法规制定时间较早，不适应现在的社区发展情况。虽然中央和地方立法机构出台了一系列立法，以促进城市社区建设。但从立法时间上可以看出，现行立法制定年代比较早，立法中的规定是依据当时传统的社会管理模式而确定的，显然已经不能适应我国目前社区治理发展的新需要。例如1989年颁布的《城市居民委员会组织法》，主要是一些原则性条款，过于抽象，并未对居委会的自治领域加以明确，缺乏具体的可操作性和实用性，使得居委会自治组织的性质和作用未能充分发挥其本来的作用。二是未回应社区治理中出现的新主体、新情况。随着从国家管理到国家治理的转变，参与城市社区治理的主体也不仅仅是政府、居委会，社区党组织，新兴主体如社区社会组织、社区自治组织等，对于参与社区治理中各主体的法律地位、治理主体的权利与义务、政府权力界限以及社区社会组织如何有效参与到社区治理中，社区自治组织的自治权利如何有效地行使等新问题，都没有明确规定。三是对城市社区治理的规定中，法律法规所占比例较低，政府以及相关部门对社区治理出台的意见、办法、通知较多，这些政策带有不稳定性，对调整社区中各主体行为规范的依据不断发生变化，容易对社区治理产生一种不确定感和无所适从的内心状态。四是缺乏执行力，人们的法治理念落后，不善于运用法治思维和法治途径解决纠纷，维护合法权利；加之基层执法队伍自身的素质水平参差不齐，法律服务机构不健全，执法效率和执法的信息化科学化水平有待进一步提升。

在立法方面：不可否认，改革开放以来，我国法制建设取得显著成就。但也应当看到，与经济领域的立法相比，我国在社会领域的立法还相对滞后，特别是在与民生密切相关的一些社会治理方面的法规还存在缺位现象。现行有效的地方性法规中，大多属于经济领域和城建领域立法，公共服务领域的只占10%~30%，可以说，社区治理方面地方立法的缺失和滞后是地方立法中的一个共性问题。

要实现国家治理体系和治理能力现代化，必须加快推进以保障和改善民生为重点的社区建设，以立法来推动、引导、完善保障和改善民生的制度安排。社会领域的立法，主要包括推进社会事业、健全社会保障、规范社会组织、加强社会管理等方面的法律法规。在当前新形势下，地方人大及其常委会应当针对社会管理领域存在的突出问题，结合地方实际，深入研究社会管理规律，依法整合社会管理资源，创新社会管理的体制机制，重点加强社会事业、社会组织和社会管理方面的立法，在法规的框架内妥善解决这些矛盾和问题。一是需要继续加强社会事业方面的立法。通过立法来完善劳动就业、社会保障、收入分配、教育、医疗、住房等方面的法制建设。对国家已有法律法规规定的，要为落实好国家大法作出实施性、补充性的细化规定；对国家目前还没有法律法规规定的，可从地方实际情况出发，先行先试，将已有的政策上升到地方性法规的层面，促进地方教育、科技、文化、卫生等社会事业的发展。如在全国率先进行社会保险制度改革后，海南省人大常委会就相继制定了《海南省城镇从业人员基本医疗保险条例》《海南省城镇从业人员生育保险条例》等法规，以立法来建立和完善地方社会保险体系。二是需要着力加强社会组织方面的立法。在加强社会管理的同时，必须推进社会自治。只有将政府的社会管理和公民的社会自治相辅相成，才是善政善治，才能达到社会治理的最佳状态。目前，从国家层面上看，民间组织管理、社区管理、行业管理等领域还缺少一些基本法律。江苏省制定了城市社区卫生服务条例，来依法推进城市社区卫生服务发展，完善新型城市卫生服务体系。三是需要加快制定社会治理方面的立法。落实加强和创新社会治理这一重大战略任务，构建社会主义和谐社会，需要加快完善社会治理法律法规体系的步伐，特别是要依法解决当前社会中存在的突出问题，要完善劳动关系纠纷、土地征用、房屋拆迁、社会治安、生产安全、食品药品安全、环境保护等方面的法规建设，进一步强化社会管理中的依法治理，保障社会和谐稳定。并且，要针对安全事故、群体性事件等突发情形，制定突发事件应急处置条例，提高应急管理能力。另外，互联网虚拟社会已成为社情民意的聚合诉求之地、各类矛盾的酝酿升级之地。必须将网络与信息安全管理纳入法治化轨道，严格落实责任，加强技术手段建设，适应新时代网络管理的需要。在社会治理的某些方面，尽管国家层面尚未立法，地方可以先行先试，在地方立法权限内对加强和创新社区治理做些探索，为国家立法提供经验和素材。

三、以人民为中心，立地方良法，助推社区治理法治化

法律重在调整利益，其价值追求就在于实现社会公平正义。社区治理，说到底是对人的管理和服务。因此，在加强社区治理的地方立法中，我们要始终坚持以人为本，切实把实现好、维护好、发展好最广大人民根本利益作为立法工作的出发点和落脚点，以良法来实现和维护社会公平正义。在法规内容的设置上，建议做好以下5点。

（1）尽快确立规范城市社区地位的主干立法，合理界定政府管理与社区自治的法律边界。无论是制定新的《城市社区自治法》，还是修改《城市居民委员会组织法》使其具备城市社区主干立法的功能，核心内容都是要清晰界定行政权力和社区权力的边界，依法维护社区治理主体之间的法律关系，明确规范社区治理方式和运作程序，最终有利于中国特色的城市社区治理模式的制度化、法治化。同时，现行的大量软法规范，也可以借助制定或修改城市社区治理主干立法的机会得以全面梳理和分类。实践证明，成熟适宜的软法规范可以吸收纳入硬法中作为主干立法的内容予以规定；不宜直接确立为主干立法内容的软法规范，则可以考虑在制定配套立法或实施条例时再行解决；其余的软法规范继续发挥自身的特点和优势。这样一来，城市社区立法的体系性、协调性进一步增强，社区治理领域的软法数量则会相应减少，对于化解社区治理过度依赖软法的弊端有重要作用。

在学理上，软法是与硬法相对应的一个概念[1]，区分二者的主要标准在于其制定主体的不同和是否以国家强制力为保障来实施。据此，国家制定法属于硬法规范。在社区治理实践中，国家制定法与软法在不同的事务领域以不同的方式产生关联。物业管

---

[1] 硬法是指依靠国家强制力保证实施的法规范。软法（soft law）来源于国际法领域，相对于硬法而言，是指不以国家强制力保证实施，没有法律约束力，但能够产生社会实效的社会行为规范。

理事务是社区日常治理的基本事务之一,由此也产生了以业主、业主委员会和物业公司为基本组合主体之间的交往关系——物业管理关系。调整物业管理关系的规范类型有很多,国家制定法、公共政策、软法与物业合同是四种基本的规范。例如,《物权法》中设置专章规定了业主的建筑物区分所有权和相邻关系等问题,这是物业管理的基本法律依据。由国务院于2003年制定,并分别在2007年、2016年和2018年做过3次修改的《物业管理条例》,则是调整物业管理关系的专门法规。根据《物业管理条例》相关规定,各省和设区的市立法机关大多制定了相应的条例或实施办法,如《辽宁省物业管理条例》和《大连市实施〈物业管理条例〉办法》。尽管在国家制定法层面已经构建起了较完整的规则体系,但物业管理涉及的事务繁杂琐碎,仅靠国家制定法难以进行有效的调整,这就需要公共政策和软法等规范的补充或介入,如《关于规范物业管理区域保安管理工作的通知》等政策性文件以及有关软法文件等,都在发挥这样的作用。

(2) 明确规范政府行为。社区治理首先要管好政府,管好公权。为此,在法规内容中,要体现转变政府职能的要求,解决好政府在社区治理过程中存在的"越位""错位""缺位"的问题。一方面,要明确规定政府在社区治理中的职责和权限,明确规定政府行使权力的程序,从实体和程序上来规范政府行为,防止部门利益法制化,保证依法行政。另一方面,要体现治理就是服务的立法思想,少一些不必要的行政审批和收费的规定,多一些加强服务、提高办事效率的条款,通过立法者的智慧以细节性的规定,来打造亲民、高效政府。

(3) 将基层协商民主明确为城市社区组织的法定决策程序。基层协商民主的基本含义是以公共利益为目标,各协商主体采用沟通对话等方式努力达成共识,在明确责任的前提下做出得到普遍认同的决策。基层协商民主最大的优势在于拓展民主渠道的同时,最大限度地激发社区治理主体参与社区公共事务协商和讨论的热情,进而找到社区治理各方主体都能接受的最大公约数,从而实现社区构建和城市基层治理的有效结合。之所以将协商民主明确为城市社区治理主体的法定参与机制,是因为它更契合社区治理参与者的场域需要。一般来说,对社区治理直接产生影响的参与者主要有四类,即社区党组织、社区自治组织、基层行政组织以及非政府组织。随着城市社区由基层行政机关纵向单一管理向多中心共同治理的发展转变,社区建设的行政化色彩必然逐渐淡化,更多的社会资源被吸纳到社区治理中来。协商民主的程序性机制更有利于充分发挥社区党组织的核心作用,促进城市社区内分散的力量通过有序参与得以整合,并且经由民主的规则保持共同体的内聚,避免其分散,进而使协商民主的参与者获得城市社区公共权威的合法性,实现城市社区的良政善治。例如,潍坊市的《潍坊市燃放烟花爆竹管理条例》,广泛征求部门单位、社会组织、社区居民等意见,在广泛协商民主、征求民意的基础上制定出台,法律实施效果非常理想,达到了保障公共安全和公民人身财产安全,减少环境污染,倡导健康文明生活方式的目的。

(4) 充分发挥社会组织和公民个人在社区治理中的积极作用。社区治理是一项系统复杂的工程,提高社区治理科学化水平,政府要起主导作用,但仅凭政府一己之责是管理不好的。完善党委领导、政府负责、社会协同、公众参与的治理格局,就要充分激发公民的社会责任感，鼓励人民群众参与到社区治理事务中来，就要把政府承担的一些公共服务职能，稳妥地转变给非政府组织，实现公共管理和服务的社会化。在地方立法中，除对社会组织进行专门立法之外，在涉及社会治理内容的地方性法规中，也要考虑通过相关条款的规定，一方面要充分发挥社会组织在社会治理中的自治作用，另一方面要加强对社会组织活动的依法监管，保证社会组织的健康发展。

（5）切实保障人民根本利益。利益主体多元化、利益格局复杂化的客观现实对科学立法、民主立法的要求越来越高，通过立法调整社会利益关系的难度越来越大。在法规内容的设置上，要正确反映和统筹兼顾不同方面群众的利益，依法调整各种社会关系，着力解决人民最关心最直接最现实的利益问题。克服立法中存在的权力与权利、权力与责任、权利与义务关系配置不平衡的倾向，确保权责相当，确保公民、法人和其他组织的合法权益不受侵害。建立科学有效的利益协调机制、诉求表达机制、矛盾调处机制、权益保障机制，统筹协调各方面利益关系，促进社会公正。立法是设计一个国家公平正义体系的基础。因而，在地方立法中，要特别注意，不应当将不合理甚至显失公正的内容写入法规，避免出现"禁止农民工上访讨薪"等带有明显歧视性、损害农民工利益的制度设计。也不应当留有法规调整不到的"空白"，导致诉求无人管的局面。

（6）注重建设地方立法适时变动与动态调整机制。没有任何一部法律会一劳永逸地解决所有社会问题。随着经济社会的发展，城市管理立法不会一成不变，面对涌现出的新情况、新问题，必须顺应社会发展适时作出调整。当下我国正处于社会转型关键时期，在如火如荼的城市化进程中，更加需要法律法规及相关制度适应新的社会实际而不断进行调适，使得法律制度层面的文本规定与不断变化的城市管理实践活动相契合。对于不适应实际发展的、与上位法相冲突的地方性法规理应定期清理，建立和完善地方性法规的修改、废止机制，以保持整体上的法制统一性。通过这一系列的活动，实现已制定法律的"落地"，使之更符合实际、更具有可操作性，从整体上提高立法的质量，更有利于推动实现国家治理体系和治理能力现代化。

创新社区治理模式　实现社区"善治"[*]

社区是社会的基本单元,事关党和国家大政方针贯彻落实,事关居民群众切身利益,事关基层和谐稳定。随着我国政治、经济体制改革向前推进,社区作为社会管理和基层群众自治制度发展平台的功能越来越明显。基层治理是社会治理的重点,十九大报告中指出"加强社区治理体系建设,推动社会治理重心向基层下移,发挥社会组织作用,实现政府治理和社会调节、居民自治良性互动。"打造共建共治共享的社会治理格局,提高社会治理社会化、法治化、智能化、专业化水平,实现基层社区"善治",需要制度的刚性约束,需要不断探索以自治为核心的社会底层制度创新。怎样利用好社区制度,发挥好其约束规范、创新带动作用,逐步实现社区民主、自由、法治、责任、参与、和谐的"善治",需要进行深入的探讨研究。

一、社区治理模式与"善治"

(一)"善治"的内涵和特征

善治,也被称为良好的治理。善治是指要使公共利益最大化的社会管理过程。善治的本质在于它是政府与公民社会的合作管理,是政治国家与公民社会的一种新颖关系,是两者的最佳状态。

善治理念之所以产生,是由于人们发现在社会资源的配置过程中,存在着市场失灵和政府失灵现象,仅仅靠市场和政府的力量无法进行有效的管理。而治理则可以弥补国家和市场在调控过程中的一些不足。但治理亦非万能,它也存在一些局限性,如它不能代替国家而享有政治强制力,也不能代替市场而自发地对大多数资源进行有效的配置,它也存在"失效"的可能性。既然存在"治理失效"的可能性,那么如何避免治理的失效?政府治理危机和公民社会的兴起,一些学者提出了"善治"的概念。

西方认为,"善治"的构成要具备以下四个要素:一是公民安全得到保障,法律得到尊重,特别是这一切必须通过司法独立,亦即通过法治来实现;二是公共机构正确而公正地管理公共开支,亦即进行有效的行政管理;三是政治领导人对其行为向人们

---

[*] 执笔人:彭丽华。

负责，亦即实行职责和责任制；四是信息灵通，便于全体公民了解情况，亦即具有政治透明性。

"善治"主要有以下特征：（1）合法性。要求最大限度地协调各种利益和矛盾，使公共管理活动获得社会大众最大限度的认同和服从。（2）参与和自治。要求打破公共管理权力的封闭性，开放各种渠道，让公民和各种社会组织合法地分享各种社会管理权力，并对公共权力的运行实行有效的监督。（3）法治。要求公共管理部门的活动受到法律的严格约束，并对公民的自由权利进行妥善的保护。（4）透明性。所有的决策及其执行都必须遵循既定规则，它同时也意味着受这些决策及其执行影响的群体，可以自由地获得尽可能充分的相关信息。（5）回应。公共管理人员和管理机构必须对公民的要求作出及时负责的反应，对公众的合理需求予以满足。（6）一致性导向。对社会最大利益及其实现方式达成一致。（7）公平和包容性。公共部门以公平、统一、无歧视的公共管理为基础，实行各种社会管理措施。（8）效力与效率。在满足社会需求的过程中要实现资源的最优配置，同时也包含有对自然资源进行合理利用、对环境进行保护的意蕴。（9）责任。不论是政府机构，还是私人部门和公民社会组织，都必须对公众以及利害关系人负责。

"善治"的思想超越了以往的政府行政管理到位的理念，而是强调公民自治和对政治的有序参与。在社区层面最能直接感受到善治的这种理念导向。社区是社会治理的末端，在社区层面，我们最能体会到政府不是万能的，也正是在社区层面，人们对切身需求和贴身公共事务最有发言权，最能形成自我解决的办法。所以，社区是培养公众民主习惯和治理能力的学校，是"善治"的起点。

（二）社区治理模式创新在实现"善治"中的价值

美国政治学学者埃莉诺·奥斯特罗姆经过研究发现："社区治理通过借助既不同于国家，也不同于市场的制度安排，可以对某些公共资源系统成功地实现开发与调适。"由此可见，制度建设在新型社会治理中的关键性。当前，我国社区发展正处在重要的转折时期。在这个转折时期，社区制度的建设及与之相关联的社区治理环境的优化显得尤为重要。可以说，社区制度的规范和创新是现代社区治理的重要的内容，建立以自治为核心的社区制度，是实现社区"善治"的重要方面。

一是社区制度建设为建设现代化新型社区提供制度上的保证。建立符合社会发展规律和趋势的现代社区制度，底层社会活力涌现，是新一轮社区建设的基本要求。社区治理制度建设与创新，一方面将《城市居民委员会组织法》的有关规定程序化、精细化，使其富有可操作性，将原则性的条款落到实处，充分体现居委会组织法的自治精神和公正原则；另一方面，可突破现有法律法规中不符合社区发展实际的有关规定，进行制度创新，从而构建其运作的新型制度平台，通过民主、法治、放权让利等路径确保其制度变迁的有效性。合理的社区制度设置不仅能为社区可持续发展创造制度性条件，而且有利于政府职能的转变，实现社会全面发展的目标。通过体制创新，政府从包办式的社会治理方式中分化出来，消除有悖于社区民主自治发展的种种压抑，给社会让出自我治理空间。因此，在更广泛意义上，社区制度建设是引导社会向上、向善的过程，是建立一个更为和谐的社会生活的过程。

二是社区制度建设与创新是现代化新型社区建设的支撑。城市社区治理体制包括多个方面的制度安排。比如：认识制度安排，不断完善社区居民自治的群体机理；运行制度安排，积极培育社区居民自治的合力机制；人才制度安排，合理打造社区自治的职业专业体系；协商制度安排，全面落实社区自治能力创新的协调功能；考评制度安排，着力提高社区居民自治的目标实施能力；管理制度安排，统筹推进社区自治能力创新的管理效能。社区制度建设创新的过程就是社区发展从初级向更高水平跨越的过程。从其精巧的组织技术保证人力、物力投入的良好效果中体现出较高的技术效率和政治能力；从民众的需求和公共管理中问题的解决为出发点，有针对性地提供适当的公共服务，体现出较高的制度配置效率；通过一系列制度建设，不仅获得民众广泛的支持和信任，而且提高其合法性水平、资源配置效率和政治效率。总之，社区制度建设的着眼点是解决目前社区发展面临的各种矛盾和问题，使社区发展的总体走向更加符合法律的精神，符合民主自治的方向。

二、当前社区治理模式的现状及与实现"善治"的差距

随着城市化进程的快速推进和经济社会的迅速发展，我国社区治理处在从传统向现代过度的"摸索"阶段，基层社区治理多是自下而上的探索，经验碎片化、个案化现象比较严重。缺乏统一有序的治理环境和制度体系。社区治理各主体之间，包括政府、社会、公众等在参与社区治理的过程中，存在政府热心干预、居委会负担较多、居民冷漠观望的现状，力量分散，条块分割，缺乏协同治理的整体效应。进而导致社区治理主体反应不敏感、回馈不及时，说得多做得少，社区居民满意度、幸福感不理想等问题，这在一定程度上反映出社区治理对传统管理模式的依赖和创新模式的惰性，没有通过治理模式创新来推动实现社区"善治"。

（一）法律体系不完备，社区制度机制不健全，导致矛盾多发，应对不力

政府传统行政管理模式的制度依赖导致规制性要素的缺失。在传统模式的制度环境下，政府作为单中心的绝对权威主体，几乎主导了所有的制度制定和执行过程。制度的取向和制约更倾向于建立一个权威的行政管制型路径。

目前来看，虽然我国社会的基本法律框架体系已经基本形成，但是社会治理的法制体系建设滞后，主要是立法不够全面，特别是关系基层社会的立法相对薄弱，现有的社区法律制度法律效力和权威较低，除了《城市街道办事处组织条例》和《城市居民委员会组织法》两部由全国人民代表大会常务委员会制定，其他多是行政法规和地方性法规，而且制定时间较早。社区在发展过程中，能够参考和应用的法律制度和规章制度数量不多，在社区治理、民生问题等许多领域法制缺失，很多具体问题没有法律可以参照。随着城市社区的快速发展，社区作为一个庞大的系统，需要有一套适应新形势下时代特征的良好完备的法律体系。

（二）政府边界不清，"越位""缺位"并存，导致社区自治弱化

根据《城市居民委员会组织法》的规定，社区居委会是城镇居民自我管理、自我教育、自我服务的基层群众性自治组织。在社区管理服务体制上，多数地方政府对社区建设的重要性认识不足，行政力量过多介入社区自治事务，社区居委会成为城市基层政府的行政下设机构，大量完成上级的行政指令任务，淡化了与社区关系密切相关的社区自治、志愿者队伍、社区文体活动、弱势群体帮扶等工作，部分丧失了独立意识和活动能力。

与此同时，由于政府的行政管理理念与实践长期重管理轻服务，管理定位过于原则化，掌握信息不精准，导致在社区公共服务的供给上呈现不足；在社区自治体制上，作为法定自治组织的居委会出现自治功能退化、行政化职能渐强趋势。政府根据行政目标，通过自上而下、层层分解的行政指令，管理社区事务，提供公共物品。

社区体制上的缺陷制约了其多元主体作用发挥和活力展现，以制度促进社区善治是解决这些问题的路径。社区善治强调公共权力多元性、政府能力有限性、各类主体的相互依赖性，倡导以合作主义的价值取向、多边互动的治理理念来适应国家与社会关系的新变化，打破传统的社区权力结构和资源配置方式，将社区的多中心治理、政府与公众对公共生活的合作管理、社会中介组织在政府与公众中间的桥梁和缓冲作用视为社区发展的内在要求。

（三）居民认同感、归属感不强，导致主动参与意识不高

法律规定，城市居民委员会由全体社区居民共同选举产生，在社区治理过程中开展自治工作，为社区居民提供多方面的服务，负责解决社区居民的生活诉求，最终实现社区居民自治。一个充满活力的社区能够为社区发展带来源源不断的能量和智慧。因此，居民参与社区的过程，不仅体现了居民对社区的归属感和认同感，并且在解决问题时，通过发表个人意见、贡献解决策略、链接社会资源等所表现出的主人翁意识，以及在社区问题成功解决之后带来的成就感和荣誉感，都能够进一步肯定居民参与的价值，使社区在问题解决、长效发展方面保有活力，促进居民在基层社区中民主权利的实现。但目前，我国社区居民参与城市社区治理的整体效能弱、参与社区治理流于形式化，居民对社区的认同感、归属感较弱。

从行政层面看，社区居民参与社区治理缺乏相关法律法规的明确规定与保障，而且社区内的参与渠道也较为单一和狭窄，导致了社区居民在参与社区治理的过程中不仅缺乏参与平台，而且居民的参与权利缺乏法律的保障。在实际的社区治理工作中，政府居于主导地位，居委会负责执行政府的相关决策，社区居民的参与权实际上是掌握在政府及社区居委会的手中，居委会工作绩效的评估决定于政府，几乎包揽了社区内的大小事务，导致在为社区居民服务的过程中自治能力较弱，而且服务水平较低。

从社区居民层面看，居民参与城市社区治理的主动性和有序性受内外部因素的影响。在内因上，居民在社区治理中的主人翁意识不强，他们没有将自己定位为治理社区的主人，没有认识到自己的参与对社区发展和建设的重大意义，因此，他们不会积

极主动地参与社区治理中工作。居民实现从被管理者转变为治理者，需要一个漫长的发展和培育过程，所以社区居民参与社区治理在整体上来说程度不高。外部环境上，社区治理其实主要由政府主导，所以社区的参与氛围缺失，参与氛围的缺失会在一定程度上降低社区居民的参与率。

（四）社区居委会落实不力，导致出现问题回馈不及时、说得多、做得少等问题

现行法律法规将居委会定位为居民自治组织，但实际工作中既要做好长期性的"中心工作"和日常性事务，又要配合相关职能部门开展一系列的临时性工作，成为"上面千条线，下面一根针"。部分社区工作者对新时代社区治理模式了解不多，工作方法、手段单一，活动沿袭过去的"学雷锋"式，现代治理气息不浓，思想观念和工作能力无法适应新形势的需要。对与社区密切相关的志愿者队伍、社区文体活动、弱势群体帮扶机制和党员先锋作用的发挥等工作则缺乏深层次的思考。居民自治事务在社区工作中，更多地作为亮点工作，而非考核、评比的必选项，居委会的工作自然是一切以政府命令工作为中心。影响到社区善治的有效开展，难以胜任新型社区治理和建设的需要。

三、社区治理模式创新在实现"善治"中的路径选择

（一）探索社区党政一体的组织创新，保证"善治"的领导力量

建立健全社区制度建设的领导体制，实行党委领导、政府主导、民政牵头、部门分工负责、社会广泛参与的运行机制，加强对社区建设工作的具体指导。政府各相关部门要按照各自的工作职能，明确各自工作职责。社区党组织是社区各类组织和各项工作的领导核心，在社区制度建设方面，社区居民委员会要自觉接受社区党组织的领导，社区党组织要不断加强自身建设，改进工作方式，支持和保障社区居民委员会，充分行使职权，及时帮助社区居民委员会，解决工作中存在的困难和问题。要党建围着民心转。上海市长宁区上航新村曾经有一段让居民绕着走的"垃圾路"，通过党员发动骨干、骨干发动楼组、楼组发动片区，组建党员志愿者工作室等方式，经过4年多的治理，小区垃圾分类定时定点投放支持率上升到99%，日均垃圾量减少约55%，小区环境变美了，党与群众的心贴近了。

政府是社区制度建设引导者、支持者和服务者，实现政府、市场、居民组织的良性互动。在社区制度建设和创新中，政府及其所属部门和街道办事处要切实转变政府职能，规范政府自身行为，加强对社区工作的宏观指导。要依法尊重社区居民委员会的自治地位和社区居民的意愿，依法保障社区的自治权和对国家行政机关贯彻执行法律法规的监督权。要支持社区的工作，支持社区居民委员会履行其工作职责，努力为社区建设创造条件，提供服务，不断增强社区内在活力。民政部门作为社区建设的牵头部门，要深入调研，积极探索，科学指导社区制度建设，努力在健全社区运行机制，强化社区功能，发挥社区作用等方面提出有益的指导意见。

（二）社区事务法治化创新，实现"善治"的依法治理

公平正义为旗帜是社会治理的追求，要实现社会的公平正义，社会治理主体在参与地方政府基层社会治理中，必须树立法治意识。社区治理必须在法治的轨道上来进行，走出一条适合中国国情的基层社会治理的法治化道路，最终实现善治的最终目标。

法治最主要的作用就是防止公共权力产生异化，并且保障公民的合法权益。保障公民的合法权益、维护社会稳定、促进社会公平正义是善治的内在要求，同时也是基层社会治理的基本目标。一方面，政府通过拓宽公民的民主诉求渠道，让公民有畅通的民意表达渠道，同时还要用法律确定下来。另一方面，要把社区治理纳入法治轨道，充分发挥法治对基层社会治理的保障作用，这就要求要制定并完善相关法律，让社区治理在既定的法律制度下有效地进行，同时执法主体一定要按照法律本来的精神严格执法，不能用个人的意志代替法律精神，还有就是要加快民间社会组织参与社区治理的制度建设，更加有效地调动社会组织参与基层社会治理的积极性，同时也为社会组织参与基层社会治理提供法制保障。

社区治理需要有良好的法律体系作为配套，目前具有中国特色的基层社会治理的法律体系已经初步建立，我国正处于转型的特殊时期，还有一些关于基层社会治理的法律法规尚未建立。所以建立健全社会治理相关法律体系，促进司法公正，让法律成为社会公平正义的最强有力的保障。一是要健全社会保障法律体系。到目前为止，有关社会保障层面的制度建设大多数还是以政策和文件的形式表现出来，社会保障制度很少是通过法律制度确定下来的。建立健全社会保障法律体系，能够使社会保障工作更加规范。二是完善利益诉求表达法律制度。"公民在一个经济技术变化的社会里面，当他经历过这一变化的过程后，就会出现追求更高利益层次的倾向。"利益诉求表达制度是我国法治保障中重要的制度安排，这一制度的目的在于保障公民的合法权益，特别是弱势群体的权益。法治保障体系中充分重视民众的利益表达以及利益实现，维护群众权益。公民可以通过这一制度进行利益诉求。所以，要从立法的根本上来使各个利益群体的利益诉求有法治作为保障，引导公民在法律制度的框架下进行利益诉求。三是建立健全治理多元化主体的法律。地方政府社会治理是多元共治，社会治理涉及多个社会主体，需要在法律上明确每一个治理主体的职责范围和权力大小，要建立多元主体的协商和听证制度，这样可以使社会治理的主体明确自身在社会治理中的职责以及在社会治理过程中主体之间进行友好协商，实现真正意义上的一元向多元的转变。

（三）探索社区自治模式创新，实现服务型政府职能转变

在我国原有体制下，政府主要是依靠行政管理体制实现对社会生活的统一管理。随着市场经济体制改革的深化，"小政府、大社会"逐渐被确立为新的社会管理体制的目标模式。在经济管理体制改革的推动下，社会管理体制也必然发生变化。政府弱化了以往对社会生活的全面干预，逐渐改变了对各项社会事业全面包揽的状况。政府除了承担制定某些影响全局的社会发展目标之外，逐渐把一些社会事业发展的职能、行业管理的职能转移出来，由各种自治性的社会组织来承担。随着新的社会管理体制的

出现，要充分发挥社区在城市现代化和城市系统运行中的自治功能，满足社区居民共同生活的需要，必须进行社区自治制度的探索创新。

武汉百步亭就是社区自治模式创新的典型。百步亭属于"企业主导型"模式，该模式实现了社区治理从行政化为主向市场化经营为主的转变，既发挥企业在市场发育日益充分的条件下运用市场配置社会资源的优势，又克服政府负担社区管理经费的缺陷。百步亭模式的特色首先可以概括为"三导"：政府指导、企业主导、群众督导。武汉市、江岸区两级政府根据百步亭实际情况，率先在百步亭不设街道办事处，而是批准设立百步亭社区管理委员会，实行更高层次的社区自治。百步亭模式按照以企业为主导的社区市场运作方式，承担市场运作重任的是百步亭集团。该集团是以房地产开发为主，集社区建设、物业管理、文化产业、酒店医药、船舶化工、国际贸易等于一体的跨行业、跨地区综合性大型民营企业集团。百步亭模式在社区建设发展上重视市场化运作，在社区公共服务上坚持企业化道路，在社区公共管理上坚持社会化方向。这样，一方面解决政府管理社区过程资金短缺的问题，实现政府职能转移；另一方面拓宽企业经营领域，为企业发展提供新的途径。其目的是将社区发展由"政府办社会"的大包大揽，转变成为"企业服务社区"的小政府大社会管理模式。百步亭社区治理制度创新在一定程度上促进了居民自治。社区居民自治是社区管理最有效的办法，而要实现居民自治，必须健全社区自治组织。百步亭社区有三个居民委员会，居民委员会成员由社区居民自愿报名参与竞选，组织居民参与社区各项建设和管理，行使议事和决策的职责。

（四）探索"由民作主"模式创新，增强居民主人翁意识

社区协商制度是按照协商于民，协商为民的要求，以健全基层党组织领导的充满活力的基层群众自治机制为目标，以扩大有序参与、推进信息公开、加强议事协商、强化权力监督为重点，拓宽协商范围和渠道，丰富协商内容和形式，保障人民群众享有更多、更切实的民主权利的社区制度。社区协商是基层群众自治的生动实践，是社会主义协商民主建设的重要组成部分和有效实现形式。加强社区协商，有利于解决群众的实际困难和问题，化解矛盾纠纷，维护社会和谐稳定，有利于在基层群众中宣传党和政府的方针政策，努力形成共识，汇聚力量，推动各项政策落实，有利于找到群众意愿和要求的最大公约数，促进基层民主健康发展。社区协商制度体现了"善治"的参与性、透明性、一致性、包容性等特征，在寻求社区"善治"的道路上，社区协商制度发挥的作用至关重要。

潍坊市奎文区"由民作主"模式就是社区协商制度的生动实践。潍坊市奎文区创立"由民做主"社区协商新模式，探索实行"以党的建设为引领、以居民自治为核心、以依法治理为保障"的"由民做主"理念下的社区协商新模式，从协商主体、协商内容，到协商形式、协商程序，切实尊重群众的主体地位，推动民事民提、民事民定、民事民办，走出了一条反映城市特点、顺应群众期盼、密切党群干群关系的基层社会治理新路子。根据社区自治事项性质、涉及利益群体的不同，从制度上确定了居民会议决策、议事会议协商、邻里事项共助、公共事务监督、居民公约自治、群众组织凝

聚六条群众参与社区事务管理的途径和操作办法。按照老城市社区、新城市社区、村改居社区不同类型总结推广了"五民主工作法""四事工作法""户决制"等操作性强、富有特色的协商形式。实施项目化管理,以项目整合各类资源,项目化管理落实协商成果,有效解决了项目建设、社区治安、供暖供水、物业管理、老旧小区改造等一批居民关注的"三最"问题。建立"四社联动"工作机制。全面构建以社区为平台、社会组织为载体、专业社会工作人才为支撑、社区志愿者为补充的"四社联动"服务模式。

潍坊市奎文区大力推行的"由民做主"理念下的社区协商模式,为提升社区治理水平、促进社会和谐作出了积极贡献,取得了良好的实践成效和社会反响。通过优化社区组织架构,提升了城市社区服务能力和水平,使社区党组织、自治组织、社会组织、经济组织等各类资源优势得到充分发挥,把治理触角延伸到每个小区、楼栋,把服务项目覆盖到每个组织、居民,构建起了无缝隙、全覆盖、整齐划一的社区治理工作格局。通过推行"由民做主"协商模式,拓宽与居民群众沟通协商渠道,积极开展志愿服务活动等,社区各项工作赢得了居民群众的信任与支持,全区信访总量大幅下降,群众满意度得到有效提升。

(五)探索社区民主直选模式创新,寻求社区公众利益最大化

社区民主制度探索,是中国特色社会主义核心价值观的生动实践,是实现政府治理和社会调节、居民自治良性互动的有效形式。社区民主制度主要包括民主选举、民主决策、民主管理、民主监督。一是民主选举。就是有选举权的居民依照法律法规规定的程序,直接选举居民委员会主任、副主任和委员,真正把村民群众拥护的思想好、作风正、有文化、有本领、真心实意为群众办事的人,选进居民委员会领导班子。二是民主决策。即凡涉及全体社区居民利益的事项和社区中的重大问题,都要提请居民会议或居民代表会议讨论决定,按多数人的意见办理。民主决策制度是居民自治的关键。三是民主管理。即依据党的方针政策和国家的法律法规,结合社区的实际情况,由社区居民讨论制定居民自治章程或居规民约,加强居民的自我管理、自我教育和自我服务。民主管理是居民自治的核心。四是民主监督。指社区居民对居民委员会的工作及居委会干部的行为实施监督。

宁波市海曙区就是社区民主制度创新的典范。宁波海曙区的制度创新主要体现在直选、职业化社工、社会化养老制度等方面。"宁波模式"以治理理论为基础,包括选聘分离社区体制改革、民主选举制度创设和职业化社区工作者队伍建设三个互为因果、互相契合、缺一不可的制度创新环节。围绕"体制创新、功能开发、职能转变、互动推进"四个关键问题进行了社区体制"选聘分离"改革探索,努力形成具有宁波特色的"选聘分离"社区治理体制。这种新型体制所寻求的是:既扩大城市基层民主,建设社会主义政治文明,在城市居民群众中切实实行居民自治,又尊重历史传承和现实状况,使社区居委会在组织居民开展群众自治的同时,能恰如其分地协助政府做好涉及本社区的相关工作,使得政府的行政和社会管理等职能不致落空。"宁波模式"是对善治理念的创新运用,它在一定程度上满足"善治"的合法性、法治性、透明性、责

任性、回应性、有效性、参与性、公正性等要素要求，体现出社区治理创新过程永无止境，改革魅力无穷无尽。

当然，任何一种创新性实践都是在理性思考和实践探索中，对自己或他人足迹的反思和扬弃中逐步成长、不断完善。国情、市情、区情的不同，决定了任何社区治理都不能照抄照搬国外或本国其他地区的社区治理模式，各地在寻求社区治理的制度创新方面还是要结合自身的实际，经过充分的调研论证，开展适合本地特点的以自治为核心的社区治理实践。

（六）完善社区"微制度"，规范社区运行机制

根据各个社区工作实际，完善各项社区制度，加强社区运行管理机制建设，规范社区工作行为。理顺社区运行管理工作关系，改进工作作风和方法；建立健全办公联动机制，统筹社区各项工作，集中解决社区存在的问题。同时，在制度运用方面要灵活，尽量避免制度运用的僵化，避免已有制度成为阻碍社区活力实现的绊脚石，适时进行社区制度机制的创新，激发社区活力。

建立高效的民办公助机制，引入成熟的市场运行机制和培育广泛的社会参与机制。政府逐步让渡权力，培育社会组织，提高居民参与度，增强归属感和荣誉感。着力培育社区成员的认同意识和参与意识。要以文明创建为载体，努力繁荣社区文化，通过组织形式多样的群众性文化、教育、体育、科普、互助等活动，寻找吸引社区居民广泛参与的途径，提高社区居民参与的能力，增强社区的凝聚力和创新力。自治和参与是社区发展的核心价值，社会参与可以促进社会成员之间的沟通和了解，可以促成群体的团结与合作。社区所有的各种组织与活动，给社区成员提供了参与的众多机会。社区成员通过参与诸多活动，增加了社会互动，有利于促进社区的价值整合，有利于培育社区意识。制定《社区居民代表会议议事规则》《社区自治章程》《居规民约》，使社区重大事项按民主程序决定，激发社区居民参与社区事务管理的积极性，增强社区居民的民主自治意识，完善社区自我教育、自我服务、自我管理和自我监督的各项制度，增强社区居民的归属感、认同感和社区自我管理能力。

社区建设的重要事项要组织居民共同讨论决定，在现有社区群众性组织基础上，重点培育若干专门性的社区民间组织，以各种组织为载体，发动和组织居民开展各种健康有益的社区活动。要以文明创建为载体，努力繁荣社区文化，通过组织形式多样、健康有益的群众性活动，激发他们"热爱社区、建设社区"的热情，培育社区居民共同的价值体系、伦理观念和道德规范，形成社区人群的文化维系力。在单位体制时，社区居民间很少互动互助，因此要开展丰富多彩的社区活动，为居民创造互相沟通、互相交往、互相了解的机会。通过社区成员间亲善邻里、守望相助、疾病相携等，发挥社区互助的功能。通过志愿服务活动的开展，建设一批以服务老年人为重点的社区服务设施和活动场所，逐步满足社区居民的多种服务需求。要制定资源共享、共驻共建的政策措施，加大资源整合力度，积极推进社区单位内部设施对外开放，使社区居民拥有交往沟通和互动互助的空间。

武汉市新洲区汪集街荣生社区为了发挥"社区是我家"的主人翁意识，促进广大

居民群众参与创新社会治理，与辖区单位签订"协议书"，引导社会组织制订"社区微公约"，整合利用辖区单位资源支持社区工作，积极开展认领"微心愿"、环境整治、关爱留守儿童、空巢老人、女职工等志愿活动；结合社区实际实施的志愿者活动，健全社区志愿者服务激励机制，合理安排志愿服务时间，做好社区志愿者登记和注册、组织与管理、激励与回馈，加强社区社会组织及社区志愿者的队伍建设，为居民提供更多的便利服务。充分调动社区居民的参与积极性，实现居民"自我管理、自我服务、自我提升"。

（七）探索社区队伍专业化、职业化，让善治者治

提高社工专业度，增强工作执行力，保证社区制度落实。社区建设必须统筹规划，加强领导，狠抓落实。要在认真调研、总结经验的基础上，结合社区工作的新要求，通过多种形式，建立和完善社区居委会干部队伍、社区专职工作者队伍和社区志愿者队伍。加强对社区工作者的教育培训，不断提高社区工作者的综合素质和管理水平。可以采取向社会公开招聘、民主选举、竞争上岗等办法，真正把那些思想政治素质好，热心社区工作，有一定城市基层工作经验，善于做群众思想工作的优秀年轻充实到社区工作岗位上来，实现社区工作者专职化、年轻化。社区工作者要不断改进工作方法和工作作风，要寓管理于服务之中，以服务社区、服务群众为第一目标，防止和克服社区工作出现机关化、行政化的倾向。切实做好社区队伍的稳定工作。要采取事业留人、感情留人、待遇留人的方法，在全社会营造社会工作者是一份光荣而崇高的职业的良好氛围。要积极创造条件，让社区工作者有充分施展才华的机会。要提高社会工作者的工资福利待遇，帮助他们解除后顾之忧，为社区建设贡献力量。

在共容利益的基础上，如何克服集体行动理性主义困境，关键在于制度的落地，构建起有效的运行规则。一是要寻找治理规范约束力的维系点。治理规范的非强制性，决定了规范性制度的实施，必须依靠柔性的约束力（如名誉、面子、信用等）以及社区业主物质利益等机制。二是要建立柔性的奖惩机制，充分利用柔性的批评教育、宣传引导、建议号召等形式，以尊重和信任的奖惩方式提升社区成员的积极性。三是要建立治理规范监督机制和问责机制。制度作为公共治理的重要工具，其制度安排以实现公共利益的最大化为目的，必须建立社区共同体成员必要的监督机制和问责机制，确保规范的价值得以实施。

发挥专业社工力量　赋能社区治理活力[*]

习近平总书记在统筹推进新冠肺炎疫情防控和经济社会发展工作部署会议上指出："要发挥社会工作的专业优势，支持广大社工、义工和志愿者开展心理疏导、情绪支持、保障支持等服务。"[①] 这一重要讲话，是对社会工作积极参与疫情防控的充分肯定，也为社会工作在统筹推进疫情防控和经济社会发展中发挥作用指明了方向、提出了要求。当前，社会工作已经成为社会福利制度的重要组成部分，服务对象从穷人、弱者拓展到困难群体和在非物质生活领域遇到困难的人、社区等范围。在社会工作实践中，以问题为本、灵活运用多种方法已成为新的趋势。本文在综合相关基础知识之上，立足于潍坊市奎文区社工建设实例，就社工赋能社区治理活力进行简述。

一、社区社工角色定位和服务内容

（一）社工概念

社工，即社会工作，是指以利他主义价值观为指导，以"助人自助"为宗旨，以专业知识、技能和方法，帮助有需要的个人、家庭、群体、组织和社区，协调社会关系，预防和解决社会问题的职业活动。

（1）社工是一种助人的活动。向有困难的、有需求的对象提供帮助和服务的活动，实现受者能重新适应社会生活、发挥其社会功能。

（2）社工是以科学知识和专业化技能为基础的活动。社工通过心理学、社会学、管理学和其他学科完善理论体系。在工作中，运用个案工作、团体工作（又叫小组工作）、社区工作等专业手法去解决各种各样社会问题的职业。

（3）社工是一种职业。是一种不以营利为目的社会服务工作。医生解决的是人的生理方面的问题，而社工是对各种社会问题和对各类处于困境的社会成员进行专业化"诊疗"，解决的是社会问题。我国的社工师大多活跃在社区服务、社会福利、司法矫治等各个领域，并开始逐步向卫生、教育、社会保障、心理辅导等广大领域扩展，职

---

[*] 执笔人：马成芳、张月奇。
[①] 《习近平在统筹推进新冠肺炎疫情防控和经济社会发展工作部署会议上的讲话》，载《人民日报》2020年2月24日第2版。

业水平评价体系已经建立和逐步完善。

社工概念习惯上包括两个方面,一是社会工作,二是社会工作者,根据运用的具体情境而选择不同的意义。

(二) 社工在社区中的角色

(1) 社区社工内涵。社区社工是指在社区专业服务机构中,从事社区社会工作服务的专业人员。本文是指在社区中工作的专业社工,包括社区工作者中的专业社工和进入社区进行服务的机构中专业社工。

(2) 社工在社区中的角色。服务提供者,向服务对象直接提供信息、物质、劳务等方面的服务;治疗者,利用心理学知识、技术,为受助者进行心理疏导、精神慰藉,矫正行为偏差等;支持者,对服务对象的困难予以情感上的理解和支持,并且在服务过程中鼓励、帮助服务对象,与他们一同面对困难;赋能者,运用专业知识和技巧激发服务对象自身潜能,促使服务对象发生有效改变,授人以渔,实现"助人自助";协调者,采取一种全象限、全层次、全方位观点看待问题,着重服务对象所包含的所有社会系统,并以此拟订相关的介入计划;教育者,社工向受助者传授应对问题的技能,帮助受助者形成正向的人生观、价值观等。

(三) 社区社工服务内容

(1) 以居民为中心,根据需求,为不同人群提供社区照顾。重点向老年人、妇女、儿童、残疾人、社区矫正人员、精神康复人员等特殊困难人群和家庭提供困难帮扶、教育培训、精神慰藉、心理疏导、残障康复、矫治帮教、社会融入等服务。

(2) 以问题为导向,策划方案,完成社区任务目标。以解决社区内特定问题和工作任务为目标,如老旧小区的物业管理、棚户区拆迁、停车难等问题,收集资料,分析和界定问题,整合社区资源,动员社区力量,解决实质性的社区问题。同时,承接政府有关部门委托的各类社工服务项目和其他任务。

(3) 以激发居民智慧为取向,提高居民参与自治的积极性。社工设计居民的参与平台和活动项目,充分尊重居民在社区中的主体地位和首创精神,创造居民参与社区自治路径;同时,根据社区自治事项性质、涉及利益群体的不同,组织居民开展协商解决,做到"群众的事群众说了算"。

(4) 以专业理念、方法引领社区社会组织,促进社区融合发展。社区中自发形成的各类社会组织往往缺乏小组工作、项目策划、链接资源等工作技巧,社工的介入,可引领社区社会组织良性运作和发展,促进社区居民能力建设,增强社区归属感和认同感。

二、社工队伍发展现状及存在的问题

20 世纪 20 ~ 30 年代,一些传教士在我国开展社会服务,在大学教授社会工作课程。1988 年,北京大学社会学系设立社会工作与管理专业,标志着我国社会工作正式恢复重建。1991年，中国社会工作者协会成立，并加入国际社会工作者联合会。21世纪初《社会工作者国家职业标准》等文件颁发，首次从国家制度上将社会工作者纳入专业技术人员范畴。2008年首次举行全国社会工作者职业水平考试，标志着我国社会工作人才评价制度建设进入实施阶段。《社会工作专业人才队伍建设中长期规划（2011～2020）》等文件，对社会工作专业人才的教育、培训、评价、使用、激励等提出了具体要求。《社会工作者职业道德指引》也于2012年底正式向社会发布，这被视为社会工作者的行为准则，而后相继制定了儿童、老年、社区等4个领域的社工服务指南，社会工作沿着"专业化、职业化、行业化"道路发展。

（一）发展现状

（1）社区社工专业人才队伍快速形成。全国社会工作者职业水平考试自2008年起实施，截至2019年底全国已有53.10万余人通过考试并取得了社会工作者职业资格证书[①]。这些专业人才70%以上工作在社区。截至2020年底，潍坊市持证社工6486人，社区社工约占73.5%。奎文区有持证社工550人，社区社工约占75.5%[②]。

（2）社区社工服务水平逐渐提高。社工围绕满足群众需求和解决具体民生问题开展专业服务，在促进完善社会服务体系、创新基层社会治理、引领社会向上向善等方面发挥重要作用。近年来，奎文区积极探索推进社区社会工作的经验模式，实现了社区社会工作由点及面的快速发展，成功推出的"四社联动"机制，是以群众需求为导向，以社区为基础、社会组织为载体、社工人才为支撑、志愿者为补充的基层社会治理和社会服务模式，受到社区高度评价。

（3）社工职业规范逐步建立。2011年，中央18个部委联合印发《关于加强社会工作专业人才队伍建设的意见》；2012年，中央19个部委和群团组织联合发布《社会工作专业人才队伍建设中长期规划（2011～2020）》，对社会工作专业人才的教育、培训、评价、使用、激励等提出了具体要求。民政部单独或联合其他部委陆续出台了《社会工作者职业道德指引》《关于加强社会工作岗位开发和人才激励保障的意见》《关于政府购买社会工作服务的指导意见》等政策性文件，先后出台了《儿童社会工作服务指南》《社会工作服务项目绩效评估指南》《老年社会工作服务指南》和《社区社会工作服务指南》等行业标准，为社工建设提供了重要支撑。

（二）存在的问题

（1）社工数比值太低。社区社工队伍虽然快速形成，但是与先进国家和地区相比，社工数比值太低。2018年，全国每万人拥有的社工数比值约为3.16，潍坊市每万人拥有社工数平均值约为3.8人。在社工起源的西方国家，平均每1000人有一位社工。2018年中国香港地区人口近745万，总注册社工人数为23145人[③]，约每322人中即

---

① 《社会组织蓝皮书：中国社会组织报告（2020）》，2020年10月30日。
② 数据来源：潍坊市民政局。
③ 香港社会工作者注册局，2018年10月23日。

有一位社工。

（2）服务水平不均衡。广州、上海、北京等地区因社区建设起步早，社区社工起步早，社区社工服务的项目化、机构化等已经形成经验并推广。就奎文区而言，社区社工的发展极不平衡，中心城区街道的社区社工发展水平已经达到全国的先进行列，2017年5月，全国社区社会工作服务标准化现场会在东关街道工福街社区、大虞街道孙家社区召开；7月底，全国社区治理示范培训班在北苑街道金都社区、东关街道工福街社区、大虞街道孙家社区和梨园街道樱园社区进行现场观摩学习，而城郊社区社工数量少、服务水平偏低，与先进社区相比相差甚远。

（3）社工队伍不稳定。据统计，南京去年社工流失率超过18%，逼近20%的人才流失警戒线[①]。社工专业毕业生的对口就业率只有20%~40%。在这些流失的社工中，有超过70%的人不再从事社工行业。主要原因是工资待遇低，付出的劳动和得到的报酬不匹配；工作烦琐、重复，职业带来的成就感低、价值感低；社区社工任务繁重，压力大；发展路径不明，缺少成长晋升空间，一眼就能看见天花板等，制约社工队伍建设。

（4）社会认同度不高。社工专业在国内属于新生行业，加之宣传氛围较为淡薄，很多群众对这项职业感到陌生，知晓率低，有的认为社工就是搞一些无关痛痒、可有可无、锦上添花的活动，导致社工直接开展服务的接受度不高，严重阻碍了社工职业化的发展。

（5）社工机构少而小。截至2017年底，潍坊市注册社工机构只有39家；奎文区作为潍坊市的中心城区，注册的民办专业社工机构只有9家，数量少且规模小，社会影响力也非常小。社工机构收入来源于政府购买服务，来源单一，无法形成有效的资金供给，可持续发展能力明显不足，导致社工机构还未进入社区开展社会工作，或者处于萌芽期便枯竭消失。

（6）承担的公共服务事项过多。社区是城市基层管理服务的平台，作用越来越明显，社区也成为各部门、各方面能够抓得住的执行末端，越来越多的社会管理、社会服务、社会调查、社会活动任务转移到社区。有的地方社区工作事务多达100多项，虽然民政部门一再呼吁和采取相关措施为社区减负，但落实的力度不大。一部分社区社工的工作中心和重点变成了应付上级的任务指标和各类检查，每天面对这些工作任务就已经疲惫不堪，"忘记"了社区社工的职责和专业技巧的运用。

（7）重考证轻实操。因为持证者可以获得更好的薪酬待遇，社区社工很重视社会工作者资格考试，但很多社工认为考完证后已达目的，缺乏把所学知识加以实践运用的意识，造成了社工专业能力和考试成绩脱钩的现状。另外，社区社工在工作中缺少适当的专业技能带教和引导，对实操能力要求较高的个案工作、小组工作等无从下手，产生一种"未知"的恐惧，导致社工不敢做、迈不开脚。随着社区社工数量迅速提高，实务能力也亟待提高。

（8）社区社工"水土不服"。"社工"一词是舶来品，来自西方社会和西方语境。在我国社工的蓬勃发展中，快速引进和移植带来了两个问题，一是教材、专业性刊物

[①] 马道军：《破解社工流失困局》，载《南京日报》2017年。

和宣传媒体上等采用的是西方话语体系,这对于非专业的党政领导、大众等不但难以理解,还容易发生歧义,如"在社区照顾""由社区照顾""对社区照顾"等概念就难以区分;二是社会工作解决的是社会问题,必然与当地的政治、经济、文化等关联在一起,王思斌教授说:"社会工作的实务性决定了它必然面临本土化的任务。"因为社工进入中国本土的时间短,走的又是先教育后实践的路子,所以社工与当地社会实际结合的还不够,这需要社区社工在实践中积极创新,找到符合社情民意的社工之路。

三、扎根社区,让社工在本土焕发生机

当前,多数社工工作在社区,社区又是社会治理的基本单元,所以社会工作的主战场就在社区。这不仅需要考虑中国的传统文化,还要考虑新时代中国特色社会主义体制框架下的社区现状,创建符合中国本土化的社区社会工作模式,发挥社区社工专业力量,为活力社区赋能。

(一)强化顶层设计,提高全社会"社工"意识

(1)在政府层面。"社会工作"一词连续四年写进《政府工作报告》,2018年李克强总理再次在政府工作报告中提出"完善基层群众自治制度,加强社区治理""促进社会组织、专业社会工作、志愿服务健康发展"。中共中央、国务院及其办公厅、各大部委相继出台指导意见和政策性文件,"十三五"规划多项涉及社会工作,社区社会工作已经成为顶层设计的重要内容,顶层设计的框架已经形成。这些都为社会工作实践提供了总体方向和政策依据,而且随着新时代的发展步伐逐步调整和完善。这种自上而下的推进模式,需要各级政府要主抓落实,把社区社工工作情况纳入各级党委政府的业绩考核范围,让考核充分发挥指挥棒的作用,使各项社区社工政策逐渐落地推广;因各地经济与社会发展的差异,需要结合地方实际,进一步出台相关的配套文件和一系列创新性、地方性配套措施,以指导地方社区社工实践,推动地方社区社工发展,使社会工作为地方发展助力。

(2)在宣传层面。需求化宣传,从大众需求出发,以大众最关注、最关心的社会问题为切入点,宣传社会工作在预防社会问题、解决社会矛盾、加强社会治理、维护社会稳定的作用。使大众明白社工可以提供什么样的服务,有什么样的需求可以找社工。常态化宣传,对社工的宣传不局限于社工日、社工周,要利用传统媒体、网络媒体、街头巷尾等多渠道、多形式进行公益性宣传,增强宣传的广度,使大众潜移默化、耳濡目染接触社工知识,让社工知识走入社会、走向大众、走进社区。通过举办培训、展览会、报告会、座谈会、演讲比赛和知识竞赛等方式增强宣传的深度。宣传内容要积极弘扬社工精神,传播社工知识,展示社工风采,关爱社工成长,提高大众的参与度和对社工的知晓度、认同度。简单化宣传,以社工知识为重点,提炼精华,采用中国话语体系,用易懂易记的语言,展现专业特色、专业伦理和价值观。使大众明白社工是干什么的。实效化宣传,社区社工要发挥专业的独特性,通过有效的专业服务,体现服务成效,获得服务对象的认同,以专业实力提高服务公信力,不断扩大服务覆

盖面，拓展服务领域，使居民意识到有困难不仅仅找政府，还可以找社工。行政化宣传，对社工的宣传不但要面向社会大众、服务对象等群体，还要面向各级党委政府、民政部门和各有关单位的党政领导，围绕社会工作政策法规、理念知识、服务项目和作用成效等进行宣传培训，使党政领导在统筹社会治理力量中更加注重社工这一群体，在政策制定和工作摆布中引入社工元素。

（3）在激励层面。潍坊市奎文区参照事业单位新入职人员应发平均工资的0.8倍确定社区工作者的薪酬待遇起始标准，并根据事业单位工资普调增资情况同步联动调整，提高了社区社工岗位的吸引度，有效地激励了社区社工的工作热情，保持了社区社工的稳定状态。社区工作者的薪酬由基本工资和绩效工资组成，基本工资占薪酬总额的70%，绩效工资占薪酬总额的30%。基本工资按月发放，并随着岗位变动、工作年限增加、受教育程度和相关专业水平提高等情况相应调整。绩效工资根据考核情况，按季度发放，并根据考核优秀、合格、基本合格和不合格等次情况，适当拉开差距。所在社区获得全国、全省先进基层党组织或全国、全省和谐社区建设示范单位称号的社区工作者，按对应岗位当年度绩效工资的30%、20%一次性增发绩效奖励。建立社区工作者岗位与等级相结合的职业体系，社区工作者按照工作年限、受教育程度、相关专业水平等，设置相应等级。社区正职为7~18级，社区副职为4~15级，其他人员为1~12级，每一等级对应相应薪酬系数。在年度考核为优秀或合格的情况下，社区工作者年限达到上一等级规定年限的，可以从次年1月起提升1级工资；考核为基本合格或不合格的年度不能计算为晋升等级的年限。在本岗位等级范围内，相同工作年限的社区工作者，本科学历的可提高1级，硕士研究生可提高2级，博士研究生可提高3级。只取得学历或学位证书的，社区工作年限分别视同增加1年、3年、5年。社区工作者取得《社会工作者职业水平证书》并按规定登记的社区工作者，在原有等级基础上，初级提高1级、中级提高2级、高级提高3级。获得功勋荣誉、国家、省部级表彰奖励的社区工作者，在原等级基础上分别高定5个、2个、1个等级。

（二）注重引领推进，提升社区社工专业水平

（1）注重激发内力。社工是一个需要持续付出的角色，需要耐心、爱心、细心。在服务过程中，势必会遇到很多的价值冲突，非常容易陷入自我否定和其他各种困扰，需要社工自我激发内在动力，内化社工的精神理念。作为一名社区社工，在工作中会受到重重外界的干扰，应忠于自己的专业性，拥有扎实的专业技能，特别注重提高与居民的沟通协调能力、推动居民参与的能力、连接资源的能力、激发居民潜力"四种能力"。

（2）注重督导支持。清华大学著名校长梅贻琦比喻："学校犹水也，师生犹鱼也，其行动犹游泳也，大鱼前导，小鱼尾随，是从游也，从游既久，其濡染观摩之效，自不求而至，不为而成。"社会工作是一门掺杂心理学、社会学以及法律学等学科知识的专业，行业本身又具有独特的理念、信仰和专业操守，在行业急速膨胀的过程中，必须有资深的业内人员进行协助监督和指导，才能够保证从业人员的专业素质。近年来，奎文区东关街道工福街社区党委书记马丽丽培养和督导社区社工130余名，输送专业社工人才 13 名，为潍坊市民政局、潍坊市老年活动中心输送社工 3 名，为济宁、诸城、寒亭等市区输送社工 8 名①。

（3）注重朋辈支持。"朋辈"有"朋友"和"同辈"的双重含义。朋辈伙伴通常有共同的爱好、价值观和文化背景，彼此之间容易理解、沟通。通过朋辈之间互动，专业知识得以加强，专业工作技能得以提升，情绪压力得到舒缓和支持，更有信心去面对将来的工作，也让朋辈之间更加团结，形成了良好的团队氛围，相互帮助，共同成长。潍坊市城区由市社工协会副会长张新民成立了"笨鸟先飞"高级社工学习小组；作者本人也建立了两个微信群，一个是"奎文社工学习群"，主要针对准备考取社工师的；另一个是"奎文社工实务群"，主要针对已经考取社工，准备在实务能力上进一步提高的。

（4）探索双项合格拿证制。现在国内助理社工师需 2 年内取得 2 门课程合格；中级社工师需 2 年内取得 3 门课程合格，即可取得证书。但是多数社区社工是把考证当成了最后的目标，考取后出现了不愿干、不敢干、不知怎么干等情况。而社区社工的实操能力才是最重要的，虽然考取过程中也有实务能力的考核，但这种实务能力相当于"纸上谈兵"，即使合格了，不一定会干。参考《高级社会工作师评价办法》，实行考评结合的办法，在助理社工师和中级社工师考试取得合格证后，再加上实操能力考核环节，将会大大提升社工实操水平，保证了社工有能力开展工作。

（三）坚持政府主导，市场化运作社区社工服务

（1）政府购买服务。发挥政府主导作用，以大众需求为导向，科学安排，重点考虑和优先购买与改善民生密切相关、有利于转变政府职能的领域和项目。社工机构和社会组织，要在社工配备、资源储备、服务方法、服务经验等方面有实力，具备承接政府购买项目所需要的能力，能够平等参与服务供给。按照公开、公平、公正原则，坚持费随事转，通过公平竞争择优选择方式确定政府购买服务的承接主体，切实提高财政资金使用效率。

（2）采取 PPP 模式。也就是公私合营模式，是指政府公共部门与私营部门合作过程中，让非公共部门所掌握的资源参与提供公共产品和服务，从而实现合作各方达到比预期单独行动更为有利的结果。这种模式使政府的财政负担减轻，社会主体的投资风险减小，以其政府参与全过程经营的特点受到国内外广泛关注。我国 PPP 项目主要集中在市政工程、交通运输、城镇综合开发等行业，而旅游、文化、体育、医疗、养老及教育等公共服务领域项目数量则较少，引导具备条件的社工机构参与公共服务领域项目入库，特别是针对老年人的社区医养结合项目和针对青少年的社区教育培训项目等，可以进行尝试和探索。

（3）通过政府补贴。社工服务的市场化运作，还处于起步阶段，国内发达地区起步早，比较成型，大部分地方这种政府出资的竞投服务，推行的时间短，涉及的领域窄，产品少之又少。希望各级政府每年拿出一定的预算资金用于购买、投资或补贴社

---

① 资料来源：山东省潍坊市民政局。

工服务,把原来本该由政府承担的服务转由社工和社工机构承担,既提高政府效能,又激发了社区服务的市场竞争力。在2017年1月,潍坊市对28家社工机构和社会组织的28个精准扶贫项目进行了187.3万元的资金补助,让政府从公共服务的唯一"提供者"转变为"购买者"和"监督者",这是政府主导到社会主导转型关键所在。

(四) 加强"四社联动",形成社区治理整体合力

从2015年开始,奎文区探索出了"以社区为基础平台、社会组织为服务载体、社工专业力量为支撑,志愿者为有益补充"的"四社联动"机制,在潍坊市乃至山东省推行,这是引导社会力量参与社区治理的有益探索。"四社联动",运用和改善社会支持网络,把各方力量"联"起来、"动"起来、"循环"起来,满足社区居民需求、解决社区问题,是激发社区活力的智慧实践。"四社联动"重在建立发现居民需求、统筹设计服务项目、社会组织承接、专业社工团队引领、志愿者广泛参与的工作体系。

(1) 社区服务标准化。社区社工服务标准化,一是有益于规范服务行为;二是有助于提升社区社工的科学理念和专业方法,促使社区社工积极实践并探索适合本土需要的专业技巧;三是有利于提高服务质量;四是有利于量化服务指标,对服务成效和服务内容作出评价;五是保障了服务对象的权益;六是有助于保持工作的连续性。2011年,潍坊市民政局在全国业内率先提出了社会工作服务的标准化,孙家社区和工福街社区被确定为市社会工作服务标准化试点单位。孙家社区党委书记张光辉努力将一线的实践经验以标准的形式保留下来,编制了20万字的《孙家社区社会工作服务标准化工作指南》,涵盖了各项规章制度、社区社会工作行为准则和社区工作的方法、流程、标准,以及量化到时间节点、相关责任人、具体工作项目和考核标准的年度工作规划等,为全国的《社区社会工作服务指南》提供了一线资料和经验。

(2) 社工任务项目化。这是当前我国社区社会工作推进的主要方式之一(虽然也有购买岗位的,但数量、规模相对小一些),有综合服务项目,也有一些规模相对小一些的专项(譬如精准扶贫服务项目、某特殊群体社工服务项目)。深圳市是实行社区服务项目化较早的地区,就连社区服务中心也实行了项目化运作,经过实践与探索,社区服务的专业性、多样化、成效性凸显。杭州市下城区长庆街道,从2015年起,鼓励一部分有学历、有能力、有干劲的社工由"岗位社工"向"项目社工"转型,承接社区外包的公共服务项目,激励他们成为"吃螃蟹"的人。试点实施后,街道有8名"项目社工"承接了养老、助残、助困等8个社会服务项目,起到良好的示范效应。

(3) 社会组织企业化。社会是非营利组织,仅依靠政府的资助很难走得长远。解决这一问题需要发散性思维,社会组织需要积极"造血"才能有生命力。可借鉴香港社工"社会企业"的运行模式,争取更多的资源,开辟多样经费来源,实现"社会企业"经营模式;培养或吸引具有社会责任感和商业运营能力的管理者;积极争取政府在免税、购买服务、补贴等方面的支持力度;积极开拓多样化项目,拓展业务范围加大"造血"功能。在广东成立于2008年的正阳社会工作服务中心(以下简称正阳),是一家集团化运作、跨区域发展的社会工作服务机构,先后注册成立了3家实体机构,截至2017年1月,三地正阳有1000多名专业服务人员,服务涵盖60家社区(党群、

家庭）服务中心，先后承接妇女生计、关爱留守儿童、外来工服务等政府非统一采购项目152个，实现了从购买政府岗位、购买项目，到现在转变到品牌打造、支持型服务输出、开拓创收型社会企业、自负盈亏服务、资源链接等方向。

（4）志愿参与常态化。奎文区北苑街道金都社区的"脑有所学"电脑项目兴趣小组项目起始于社区党委的社区走访，期间了解到老年人对电脑的使用率偏低，好多老人有这方面的需求，特别是家人在外地的老人需求更为强烈。社区党委在召开的社区联席会中，把此问题提出，社区内的增能社工服务中心主动承担了此项任务，根据需求人数和问题制定介入策略，前五期有社工主导带领，从学拼音开始培训电脑操作技能，从第2期开始挖掘志愿者，改由志愿者带领，先后由4名志愿者带领到现在的20多期，每期20节课。

通过"四社联动"，更好地回应了社区居民的多样化、个性化服务需求，整合了社区资源、发动更多的组织和人群参与，推动了社区居民自治、促进社区融合，成为社区治理创新的生力军。

习近平指出：基层是一切工作的落脚点，社会治理的重心必须落实到城乡、社区[1]。社区社会工作任重道远，是"向美而生"的修行之路，相信"小社区仍有生命价值实现的大舞台，小人物仍有天下为公的大情怀！"社区社工要不断提高社区社工的专业水平，发挥社工的专业力量，为社区赋能，从而激发社区活力。

---

[1] 习近平：《社区治理的重心必须落实到城乡、社区》，人民网，http://politics.people.com.cn/n1/2016/0305/c1024-28174494.html。

头雁定向　群雁高飞

——"社区领袖"在社区治理中的作用及其培育机制研究

"万里人南去，三春雁北飞"。当天气转暖、群雁回家时，雁群在天空中飞翔，最重要的是领头雁。头雁定向引领，群雁就能"春风一夜到衡阳"，而头雁懒惰迷失，只会"万里寒云雁阵迟"，这就是"头雁效应"。

十九大报告中在论述当今时代时提道："世界正处于大发展大变革大调整时期，和平与发展仍然是时代主题。世界多极化、经济全球化、社会信息化、文化多样化深入发展"。这一论述准确概述了当今的时代特征，也是中国特色社会主义进入新时代的全球发展的大环境。在新时代的大环境下，城市社区治理结构发展的趋向是：治理主体体系由单一化（政府）转变为多元化（政府、社区单位、非政府组织、私人组织、社区居民、法人社团等）；治理过程由行政命令、行政控制转变为民主协商、合作共治；治理组织体系由垂直科层结构转变为扁平网络型结构；治理关系由依附、依赖与庇护关系转变为信任、互助与互动关系，最终实现社区内外多元主体的和谐共治，满足人民群众日益增长的美好生活需要。在这个多元化、多极化的发展变化过程中，发掘和培养社区领袖（也称社区领头雁），对践行社会主义核心价值观，增强社区多元服务供给、提高社区居民自治能力、提升社区治理效能具有十分重要的意义，是城市社区治理体系和治理能力现代化的重要内涵。

一、社区领袖的定义和分类

（一）社区领袖的定义

目前，学术界对社区领袖这一概念并未做出明确的界定，结合实践中社区领袖的诸多特质，本文将社区领袖定义为：在社区发展过程中自发形成的或经社区居民推荐、社会组织推荐、个人自荐、社区居委会挖掘培养，具有一定的人格魅力或某项特长，能够热心社区事务、凝聚社区居民、满足社区需求、促进社区发展、推动社区自治、提升社区活力的社区精英人物。社区领袖具有某一方面的专业特长或知识能力，享有较高的行业美誉度和社会影响力，愿意为社区公共事务无偿出谋出力，能够获得社区

---

* 执笔人：张同良。

群众的支持和信赖。他们或有时间有精力，或有知识有能力，但绝大多数都有一个共同特征，能够代表社区群众的公共利益需求。社区领袖是现代社区中涌现出来的群众精英，引导得当能够成为社区活力建设的骨干力量。其主要作用是传播文化观念、共享生命阅历、自由交流体验、解决居民难题、引领价值导向。

（二）社区领袖的分类

依据社区领袖在社区治理中的作用发挥与意义的不同，可划分为团队领袖、意见领袖、网格领袖和行业领袖四种类型：

（1）团队领袖：在社区团队活动中，一些成员由于专业水平突出或人际交往能力凸显，自然而然成为具有影响力的团队带头人，承担团队建设的责任，在社区其他事务中发挥表达民众意愿的作用。团队领袖在团队中是一个特殊的角色。首先，团队领袖能够激励、引导、鼓舞团队成员不断学习，服务团队成员、满足社区居民需求，并且是在各类群众学习活动中自发形成的"领袖"；其次，团队领袖具有终身学习能力，能够不断学习、成长、发展；最后，团队领袖在社区团队中具有一定影响力，能够为人表率。

"雷锋党支部"张温会：2014年11月26日，习近平总书记在北京人民大会堂金色大厅亲切会见全国离退休干部先进集体和先进个人代表。在先进集体的表彰名单中，山东省潍坊市奎文区东关街道奎文门社区的雷锋党支部赫然在列，成为山东省七个先进集体之一，也是潍坊市唯一受到接见的先进集体。这个成立于2008年的党支部经历发展和波动，在吸收了年轻的成员后重新焕发了活力。雷锋党支部书记张温会作为代表赴京，不仅拿回奖项，习近平总书记还和她亲切握手。奎文门社区雷锋党支部成立于2008年5月22日，最初由社区9位离退休老干部组成，年龄最大的82岁，最小的也已58岁。"我是听着唱着向雷锋学习的歌长大的，对雷锋精神耳濡目染。我们成立雷锋党支部，就是想把愿意为社区做事的一些老党员、老年人组织起来，从自己做起、从小事做起，为社区居民服务，让雷锋精神继续发扬光大。"雷锋党支部书记张温会说。团队的发展并不顺利，随着成员的年龄增大，一些年纪大的成员行动不方便了，3位老人不得不退出。"团队只剩6个人了，大家的积极性也受影响。"今年65岁的张温会说，6个人年纪也都不小了，有时会有心无力。一直到今年，团队里才注入了新力量。现阶段雷锋党支部共有党员20多名，入党积极分子2名，其中35岁以下的党员3名，平均年龄从71岁降到60岁，年龄最小的仅为23岁。除了吸纳年轻力量加入党支部外，雷锋党支部还对社区内的青年志愿者队伍进行了整合。夜间巡逻、照料老人、义务理发、免费教书画、帮助困难家庭……社区的各项活动中，都有雷锋党支部的影子。社区工作人员说起关于雷锋党支部的"琐碎事"，也许很多人都看不上这些鸡毛蒜皮的小事，但把这些小事串在一起，会变成火热的烙印，把整个社区居民的心烘热捂暖。"奎文门社区最初有三支青年志愿者队伍，即白鸽助学服务队、哈佛爱心理发服务队、泰华义工队。为更好地发挥雷锋党支部的核心带动作用，雷锋党支部与三支志愿服务队伍进行了有机结合。"奎文门社区党委书记王向红说。在雷锋党支部的倡导下，社区内的雷锋团支部和雷锋少先队也纷纷成立。

"谭瑞霞志愿服务队"九十九把钥匙一个家：谭瑞霞，山东省潍坊市奎文区北苑街道则尔庄社区居民，巾帼志愿者、潍坊鸢都义工和山东省红十字会志愿工作者。谭瑞霞的手里有99把钥匙，3把钥匙是别人家的，其他96把自家的钥匙则送给了别人。38岁的李红是她住胡同时的老邻居，患有"小儿麻痹症"，至今行动仍靠轮椅。谭瑞霞随身的一串钥匙中，始终有一把是李红家的，她定期到李红家，收拾屋子、打扫卫生、做饭洗衣。像李红家一样的钥匙，谭瑞霞手里有三把。三把钥匙的后面是三个生活无法自理的邻居的家，三把钥匙托起了三个家。2008年5月汶川地震后，灾区的孩子来潍坊就读。为了照顾96个从地震灾区安置到潍坊就读的孩子的生活，她给每个孩子配上了自己家的钥匙，让这些远离亲人的孩子们在这里享受着母爱和家庭的温暖，她则成了96个孩子的母亲。在这个大家庭中，两个孩子在部队服役，一个参军8年，一个参军6年，都获得"优秀士兵"称号并立功、嘉奖多次，为祖国贡献着自己的青春和智慧。多个孩子曾和谭瑞霞一起赶赴抗震救灾第一线，从事社会志愿服务，用实际行动诠释着无私和奉献。谭瑞霞曾获全国优秀志愿者，第四届山东省道德模范，山东好人、潍坊好人，感动奎文·百佳先模人物，奎文区优秀巾帼志愿者等荣誉称号。2013年2月1日，以她名字命名的"谭瑞霞志愿服务队"正式成立，现在已发展到了200多位志愿者，开展关爱空巢老人、帮扶困难家庭和爱护环境等一系列志愿活动，谭瑞霞正在用自己的实际行动，传递更多的爱心，把爱汇成海洋，温暖整个人间。

（2）意见领袖：是在团队中构成信息和影响的重要来源，并能影响多数人态度倾向的少数人。尽管不一定是团体正式领袖，但其往往消息灵通、精通时事；或足智多谋，在某方面有出色才干；或有一定人际关系能力而获得大家认可从而成为群众或公众的意见领袖。意见领袖是两级传播中的重要角色，是人群中首先或较多接触大众传媒信息，并将经过自己再加工的信息传播给其他人的人，具有影响他人态度的能力，他们介入大众传播，加快了传播速度并扩大了影响。意见领袖一般颇具人格魅力，交往广泛，可信度高，有较强的人际交往和社会活动能力以及关系协调能力，他们活跃好动，能言善辩，幽默风趣，人缘好，交际广，有向心力和吸引力。其特征是：①与被影响者一般处于平等关系而非上下级关系。意见领袖未必都是大人物，相反，他们是我们生活中所熟悉的人，如亲友、邻居、同事等。正因为他们是人们所了解和信赖的人，他们的意见和观点也就更有说服力。②意见领袖并不集中于特定的群体或阶层，而是均匀地分布于社会上任何群体和阶层中。③意见领袖的影响力一般分为"单一型"和"综合型"。在现代都市社会中，意见领袖以"单一型"为主，即一个人只要在某个特定领域很精通或在周围人中享有一定声望，他们在这个领域便可扮演意见领袖角色，而在其他不熟悉的领域，他们则可能是一般的被影响者。④意见领袖社交范围广，拥有较多的信息渠道，对大众传播的接触频度高、接触量大。⑤意见领袖以"民"体现群众性和亲和力，以"名"体现专业性和影响力，以社会主义核心价值观为导向，传播观点，引领舆论，凝聚共识。

"社区智囊团"明德党支部：2018年6月25日，暴雨当中，山东省潍坊市奎文区中学街社区明德党支部的老党员们穿着雨衣，拿起疏通管道的工具，娴熟地掀起井盖，对下水道进行检查、疏通。这样的情景在每年的雨季都会出现。明德党支部是社区内的一面耀眼旗帜，该党支部 2015 年 4 月 7 日成立，20 多名成员当中，既有红色文化传播者，还有省劳模、"三八"红旗手、人大代表、优秀楼长，更有从事社区工作 20 余年的退休基层工作者。他们及时传达上级的方针政策，传播党的思想路线，大力宣传好人好事，积极弘扬正能量，成为社区的"由民做主"智囊团、服务联盟顾问团等。现任党支部书记牟学斌是社区红色文化传播者，他用自己珍藏的红色历史画报、邮票等 1000 余件物品，建成社区红色文化微展馆，目前参观党员、学生、职工达 2000 余人次；81 岁的徐瑞英义务担任楼长 20 多年，她关心邻里，用爱心赢得了居民的称赞……明德党支部的每一名成员都有着热心公益、无私奉献的心。及时传达上级的方针政策，大力宣传好人好事，倾听群众心声，将社情民意汇集到社区，搭起社区与居民沟通的桥梁，是明德党支部的一项重要工作。"老同志们在社区里非常有威望，很多问题，居民不找社区居委会，而是找他们解决。"中学街社区党委副书记刘奎霞说，老同志们是社区的文明倡导员、矛盾调解员，他们解决不了的问题，则会及时反馈到社区，社区与他们一起研究，商量解决办法。在明德党支部的参与下，"由民做主"服务理念深入人心，经验优势和威望优势的老同志成了社区"由民做主"智囊团，还组织开展扶老、助残、助学等志愿服务活动，为居民办了不少实事，先后获得"山东省最佳老干部志愿服务项目"等荣誉称号，为社区党员、群众树起一面火红的旗帜。

（3）网格领袖："小"网格长、小楼长，发挥"大"作用。从生活在社区的居民中选出的网格长、楼长，不仅协助社区居委会做好小区管理工作，听取住户意见，反馈社情民意，协调社区内部矛盾，更可充分发挥社区居民的自主管理能力，让社区重建"熟人社会"，较好解决目前业委会运作中存在的问题，如业主代表实施小区公共事务的能力不足、公共意识不足或公信力不够，无法代表公共利益，无法有效凝聚业主作出有利于小区共同利益的一致行动，拉近了居民与社区之间的距离，调动了居民参与社区建设的积极性，推动了和谐活力社区的建设。其作用主要表现在：一是充当"巡逻员"。积极参与社区"单元联保、楼栋联防""邻里守望""平安创建"和义务巡逻活动，协助社区做好流动人口管理，形成以单元楼栋为支点，社区为单位，覆盖辖区居民安全防范网络。二是充当"调解员"，进行法律政策集中培训，利于协助社区开展走访入户，调解矛盾纠纷，做好居民思想工作。三是充当"信息员"，网格长、单元楼长"近水楼台"，能够在第一时间内向社区反映群众的热点、难点问题以及出现不稳定因素和苗头。四是充当"宣讲员"，发挥"从群众中来，到群众中去"的工作优势，采取多种形式广泛开展面向居民的各类宣讲。通过对社区治安综合治理、民族团结教育和爱国主义知识的宣讲，提高居民的团结意思和大局意识。同时帮助社区收集居民对社区工作的意见建议，协助做好社区稳定、服务、管理等各项工作。

"热心大妈"丁悦红：现年 74 岁的丁悦红，是山东省潍坊市奎文区广文街道文化路社区的一名老党员。作为一名党员，她是社区里的巾帼道德模范，同时也是社区夕阳红义务巡逻队重要成员，充当社区居民和事佬，社区的琐事一样都不落下。她凡事都为别人着想。多年来，在和邻居相处中，丁悦红总是和邻里一起相互帮助，相互关心，遇事相互协商，从未与邻里有过争吵，每当邻里有困难时丁悦红都主动上门，尽自己的最大努力帮助他们排忧解难。2012 年 8 月，丁悦红作为潍坊电视台《看法》栏目聘请的"热心大妈",开始了她的社区"调解之路",为构建和睦温馨、团结互助的邻里关系发挥余热。作为小区 28 号楼楼长,丁悦红以身作则,为楼栋居民服务,经常把自己了解的有关党的方针政策和法律知识,宣传给社区居民,增强了社区居民的法制观念,提高了社区居民的法律意识。她经常配合社区开展相关工作,热心公益事业,对社区的贫困家庭能给予力所能及的帮助。谁家有了难事,有了家庭矛盾,丁悦红总是热心出面协调解决,及时化解家庭矛盾。多年来,丁悦红多次被评为潍坊市"五好"离退休党员、"模范老人""十佳党员""十佳孝星""好邻里""好婆婆""巾帼志愿者""十佳文艺骨干""感动奎文·年度十佳先模人物"等称号。"这是党和群众对我的肯定,更是对我的鼓励和鞭策。这些年来我觉得虽然人退休了,但是身心都没退休,活得更加快乐,更有意义,更加有用武之地,大家和谐快乐我就开心,这时代给了我服务的机会,我觉得我乐在其中。"丁悦红说。

"爱管闲事的热心人"王希培:在山东省潍坊市奎文区大虞街道福寿街社区有一个爱管"闲事"的热心人,只要提起她的名字,社区居民无不竖起大拇指称赞,她就是新元小区北区 17 号楼的楼长,今年 73 岁的王希培。王希培是 2000 年搬进的该小区,小区里一直没有实行物业管理。当时,她已经从单位退休,闲不住的她就主动请缨,担任了 17 号楼的楼长。自从主动请缨当起楼长后,她就从来没闲下过,楼里的大事小事烦心事,她样样都管,也正是凭着这份执着和勤奋,她赢得了社区居民的认可。2017 年 3 月 31 日,王希培正在挨家挨户地统计暖气改造并让居民确认签字。在路上,王希培指着井盖说,前段时间不知道哪里来的大货车把井盖轧碎了,她让老伴先搬来一块木头盖上,又找人帮忙买回井盖,把新井盖换上后,她这心里才踏实了。起初大家说她"爱管闲事",她却乐此不疲:"每天不管管'闲事',我这心里就痒痒。"当了 18 年楼长,有高兴也有受委屈的时候,但是王希培并不在乎,已经 73 岁的她更是从未想过放弃这份"工作"。在搬进小区的第一年,她就为小区居民办了一件大实事。当时,小区内没装有线电视线路,她就挨着走访,寻求大家的意见。"其实大家也都想安装有线电视,只是没人来牵头办这件事。"回忆起当年的情景,王希培说,她去交费的那天下着雨,没过几天大家就看上了电视,"接通有线电视的时候,我心里除了高兴更多的是有种成就感。既然大伙信任我,我也得尽心帮大家多办好事。"冬至为贫困户包饺子、夏至为孤寡老人送清凉……每次社区里组织活动,都不少了王希培。在社区提起王希培,大家都会竖起大拇指,认识王希培的人都知道她是出了名的善良、踏实、认真。王希培说,"楼长就是要当好居民的连心桥,把居民当成自己的家人,真正为大家提供方便,这样社区才会像一个温暖的大家庭。"

(4) 行业领袖:是某一方面的行业翘楚、权威,是经过考核验证的,有一定学术成就;或指具有一定专业技能、学识水平、创造能力,能在相关领域表达思想、提出见解、引领社会文化潮流的人。新时代面对社区居民的多元化需求,只靠党委政府是不够的,要做好社区活力建设工作,必须取得驻区单位和社会组织等各行各业带头人的支持,为社区活力建设提供有效的财力、物力、智力支持。要本着"资源共享、优势互补、联手共建、共同发展"的原则,在抓好社区资源开发利用的同时,通过宣传发动,使社区内外的机关企事业单位、群众团体都参与到社区事务工作中,齐心协力解决社区共同面临的难题和需求，使大家在参与社区活力建设中激发社会责任感，形成"我为人人、人人为我"的共建共治共享氛围。

"工福晴雨工作室"马丽丽：现任山东省潍坊市奎文区东关街道工福街社区党委书记，2009年就考取了社会工作师资格证，2015年又参加了全国社会工作（实务）督导学习。工福街社区老旧小区多，小区设施陈旧、配套不全，没有专业的物业管理，社区群众以老年居民、下岗职工、无正式职业人员、流动人口居多。因此，日常工作中，涉及公共设施损坏、维修、改造、邻里纠纷、家庭矛盾等问题特别突出，需要社区协商解决的问题也特别多。为此，马丽丽着手打造了"工福晴雨"工作室，以此平台为依托，摸索出一套"工福晴雨"工作流程，更好地服务于社区居民。所谓"晴雨"，是代表居民满意和不满意的事，以及居民的不同需求、实际困难，居民之间的矛盾纠纷。"工福晴雨"工作室是由社区领袖引领居民进行"自决、自治"的"由民做主"服务项目实施基地。"工福晴雨"工作室建立了政府相关职能部门、社区、居民、社会组织"四界联动"的工作机制，社区成立了3支社区社会组织，分别是"工福晴雨"民情服务队、"工福晴雨"顾问团、"工福晴雨"监督团，其成员主要由小区楼组长、业委会成员等组成。一方面积极为政府各项政策进行宣传；另一方面将居民需求、意见和建议进行收集、汇总、分析、决策、监督。通过"工福晴雨"民情服务队，落实"四条途径"征集民情；通过"工福晴雨"顾问团分类处理社区各类事务；通过"工福晴雨"会客厅，研究解决方案，并落实处理；通过"工福晴雨"监督团，对整个工作过程进行监督。2016年工福街社区被评为第二批全国社会工作服务示范社区。马丽丽获得"2014年度优秀社工人物""齐鲁和谐使者"、潍坊市优秀共产党员等荣誉称号。

二、社区领袖在社区治理中的作用

社区领袖具有较强个人能力和模范带动作用，在社区中享有较高的社会声望与地位，是社区的政治组织者、活动领导者、爱心奉献者和文化引领者，对提升社区治理水平和活力建设水平有显著的推动作用。

（1）共同爱好凝聚力量，满足社区居民日益增长的美好生活需求。随着人们生活水平的不断提高，物质文化需求日益呈现多样化。满足居民日常生活需要和精神需要的社区功能自然落到社区领袖肩上。

"草根文化社"成立于2012年，隶属潍坊市奎文区东关街道工福街社区，以培养社区居民文艺爱好，丰富精神生活，增强居民间联系，提升自身文化水平，加强社区凝聚为目的，由社区居民自发组成，相同的爱好将他们聚在了一起，成员包括机关退休的干部、企业退休的厂长、退休工人等，其中年龄最小的近五十岁，年龄最高的已经超过65周岁。现有6个兴趣小组，分别为手工、书法、朗诵、声乐、舞蹈及书报交流，以及居民文化建设——电影放送、文艺汇演等，各小组活动穿插进行，每周都有不同的活动内容和体验。通过活动的开展，解决了三方面的问题：一是填补了居民退休生活的空余时间，退休居民生活由内容单一变得丰富多彩，实现了老有所乐。二是增加了老年人退休后与外界沟通的机会。三是加强老年人个人价值感、自豪感，增强自身对生活控制力的引导与建设。通过"草根文化社""草根大舞台"等居民文化建设项目的开展,不仅培养了社区居民的文化生活爱好,丰富了精神生活,树立起"积极生活、热爱生活、享受生活"的信念和价值观,而且通过更丰富多彩、形式多样的文体活动方式和内容,吸引并号召社区居民参与到文体演出活动中,促进居民间情感交流,增强了社区凝聚力,促进了社区的和谐稳定发展。

(2) 共同目标引领方向,积极践行社会主义核心价值观。社区领袖旗下的社会组织利用自身优势和各种社会资源,拓展服务项目和活动领域,有效地实现居民需求与资源利用的对接,引领居民思想、生活潮流。

"松鹤之春艺术团"高尚英:高尚英原是潍坊学院总务处书记,现担任潍坊市老干部志愿服务指控中心主任、广文街道松鹤园社区党委委员、松鹤之春舞蹈俱乐部团长、广文街道松鹤园社区文化志愿组织负责人。在松鹤园社区,有许多老同志退休后待在家里,想要老有所为,却不知道应该做些什么。看到这一情况,高尚英联络了一些老同志,主要是以退休的老党员为班底,充分发挥社区老年人业余文化活动,组建了社区"松鹤之春"艺术团,并担任团长。艺术团成立以来,坚持"自愿参与、寓教于乐、愉悦身心、服务社会"的原则,动员和带领老同志、老党员走出家门,服务社会,自编自演文艺节目,积极宣传党的路线方针政策和相关知识,丰富社区群众的文化生活,受到了广大居民群众的欢迎,艺术团也越办越好,内容丰实,形式多样,说、拉、弹、唱,各有能人,不亚于一支专业演出队伍。为给队员做好节目指导,她亲手编写、修改文艺节目,并带领购买 30 多个舞蹈影碟,自己先学会再教其他队员。每天都要组织文艺队在社区内练 1 个多小时,每周二、周四下午在社区活动室排练文艺节目,紧跟形势,搞好社会宣传。2015 年 8 月,"松鹤之春"艺术团正式更名为"松鹤之春"舞蹈俱乐部,并在民政局注册,现有团员 40 余人。俱乐部以"说社区、唱居民、娱乐百姓"为宗旨,以"写身边人、唱身边事、演身边故事"为基点,把社区的好人好事编成了文艺节目,在社区内演出,传递了正能量,弘扬了新风尚,有力地带动了社区文化的发展。俱乐部设舞蹈队、模特队、乐队、创作队、曲艺、歌唱表演队,始终活跃在社区内外的舞台上,举办了 30 多场社区文艺晚会、联欢会;参加了历届广文街道群众文化艺术节、潍坊电视台举办的"和乐潍坊""舞出幸福""广场舞大赛"、奎文区第三届"秧歌大赛"、"乡音乡韵"说唱展演、奎文区"文艺团体大赛"等多场演出,成功举办了潍坊大剧院专场演出,中国文化报对艺术团进行了专题报道。松鹤之春运动舞蹈俱乐部以其快乐健康的队伍阵容和独具特色的艺术风格深受社区居民的欢迎,有力地带动了社区文化的发展,成为社区精神文明建设的一面旗帜。高尚英同志在工作中注重方法技巧,顾全大局、默默奉献,与人为善,坦诚相待,始终保持旺盛的斗志和良好的精神状态。有时候为了按时保质完成表演节目安排,加班加点,没有一句怨言,从没讲过任何条件和报酬,从没有懈怠、苦恼、烦躁过,从没有降低过工作要求和标准。正是这种一丝不苟、严谨细致、爱岗敬业的工作态度,得到了社区和社区居民的信任。

(3) 共同作为破解难题,完善社区治理体系,提升社区活力和治理能力。目前城市社区居民委员会由于历史原因,大多只是政府"腿脚"的延伸,促进居民自我管理、自我教育、自我服务的功能还没有得到充分发挥，而社区领袖的形成与发展，在一定程度上弥补了这一不足。社区领袖能吸引社区居民参与社区、融入社区，增强居民对社区的认同感和归属感，有效地实现居民的自我教育、管理、服务和监督，从而实现社区自治管理。

"社区贴心大管家"王崇兴：在潍坊市奎文区北苑街道金都社区，有这样一位老人，他的故事没有惊心动魄和大喜大悲，充满着家长里短，但在点滴小事中，他倾注了自己的无私和热忱。他就是72岁的网格长王崇兴，他牢牢扎根在社区里，扎根在居民心里，成为居民最值得信赖的"贴心人"。自2010年入住奎文区金都时代新城小区，王崇兴就主动做起了维护社区安全的工作，配合小区物业和社区警卫，排查安全隐患、发现并解决不和谐因素。近8年来，王崇兴几乎每天早起巡查。小区居民楼防盗门开着的，他下车去关上；谁家电动车没有锁，他及时通知上锁；有乱贴的小广告，他及时清理掉；路上遇到纠纷和咨询问题的居民，他也会热心详细地解答。虽然很多人不知道王崇兴的名字，但社区居民都认识他那熟悉的身影和笑容。2016年，金都社区划分了27个网格管理区，每个网格管理区设置了一名网格长，王崇兴被居民推举为网格长，他负责网格区域内近300户居民的大小事情。"以前都是居民有事得往社区跑，现在作为网格长，我有责任帮辖区内的居民解决问题，维护辖区治安、传达社区最新政策，维护居民的稳定生活。"王崇兴说，他感觉自己肩上的责任更重了。送受伤小伙去医院治疗，留下200元现金；捡到内含上万元现金的钱包，千方百计寻找失主并归还；雨天巡逻捡到保险柜钥匙，一个个电话确认……这些都是王崇兴的故事，他成为社区居民敬重的人，人送外号"大管家"。"这个大家庭有这样尽职尽责的'好管家'，大伙儿既省心又放心！"社区居民说，"大管家"王崇兴也是他们的"贴心人"。

三、社区领袖的特质能力、发现路径与培育方法

（一）让金子发光——什么样的人能成为社区领袖

研究指出，一位优秀的社区领袖应该具备以下特质：热爱群众；易交朋友；善于聆听；易与别人建立良好的关系；勤奋工作；乐于助人；表达能力较强；思想开放，不故步自封；勇于面对困难；严以律己；自我认同感较强；协助别人建立自信；有广阔视野，具有历史感和前瞻性；善于处理压力。

社区领袖具备的这些优秀特质主要有两种来源：第一种来源是"先天具备"，即有些社区领袖自身具有与生俱来的人格魅力，这种人格魅力能够吸引其他的社区居民围绕在其身边，并听从其指挥和管理；第二种来源是"后天培养"，即通过多种方式将"潜在的"社区领袖培养成"现有的"社区领袖。

除了具备以上的特质之外，社区领袖还应该具备一定的能力。第一，具备"感染力"，能够通过领袖个人的人格魅力影响其组织成员与其他社区居民，吸纳更多的社区居民参与社区事务，营造社区正向、积极、乐观的文化氛围；第二，具有"号召力"，能够借助个人能力或人格魅力动员、凝聚社区居民，推动社区公共事务；第三，掌握

"领导力",能够管理社区社会组织,指挥开展社区服务,带领社区居民,协助居民成长;第四,具有"思考力",能够在服务过程中不断地思考问题、解决方法,创新服务内容与形式,反思服务不足;第五,具有"外联力",能够链接多方社会资源服务社区,并能够维系各种社会关系网络。

(二) 慧眼识金——社区领袖的发现路径

社区领袖从居民中来,到居民中去。社区领袖的发现以社区居民动员为基础。只有动员更广泛的社区居民参与社区服务或社区活动,才能够为发现"潜在的"社区袖提供机会。因此,社区居委会要定期或不定期地开展社区服务与社区活动的宣传、推介、展览,不断动员、吸纳更多的社区居民参与社区活动,从事社区服务,逐步把居民从"被动接受"发展成"主动参与",同时,逐渐把社区居民从"受助者"培育成"施助者"。具体的社区居民动员的路径如图1所示:

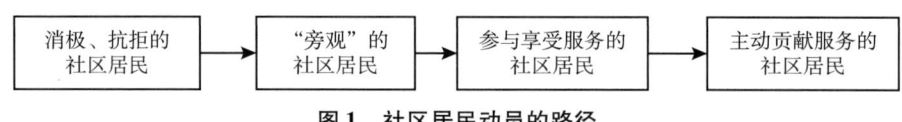

图1 社区居民动员的路径

(1) 观察。社区居委会借助社区活动或社区服务发现"潜在的"社区领袖,侧重于观察其身体健康状况、人际交往能力、活动组织能力、社区参与度与参与能力、与社区居民沟通情况等。社区工作者在组织活动时,还可以安排专门的"观察员",对参与的社区居民进行观察。"观察员"既可以采用参与式观察,参与到社区服务或社区活动中,通过与居民的接触发现"潜在的"社区领袖,也可以采用非参与式观察,不参与其中,置身于社区服务或社区活动外进行观察,同时做好观察记录,方便后续进一步跟进"潜在的"社区领袖。

(2) 访谈。社区居委会通过与"潜在的"社区领袖"聊天"进一步了解情况,如参与社区服务的动机、家庭成员的支持力度、兴趣爱好与特长等。发现了"潜在的"社区领袖后,社区工作者要及时进行跟进访谈。可以进行结构式访谈,即社区工作者采用一个固定的访谈提纲,对想了解的问题逐一访谈并做好记录;也可以进行无结构式访谈,即没有固定的访谈提纲,采用开放式问题,让"潜在的"社区领袖畅所欲言,社区工作者从中收集有用信息。一般而言,为了收集到更加全面的信息,在工作前期,与居民访谈时可以将两种访谈方式结合,发挥各自优势。

(3) 访问。社区居委会通过访问间接地收集"潜在的"社区领袖的信息,如访问其家庭成员、邻居、社区居民、组织成员、熟人群体等。间接资料也是了解"潜在的"社区领袖的重要信息来源。社区工作者可以通过带有"目的性"的访问,收集更加客观的间接信息,以此作为进一步认识和评价"潜在的"社区领袖的资料。访问时一般可以采用正式访问与非正式访问两种方式,既可以选择入户访问,也可以选择座谈会或面谈会等方式。

(4) 签约。知人善任。签约作为一种具有"仪式感"的举措,能够极大地提升社区领袖的自我荣誉感。社区居委会通过签约把"潜在的"社区领袖变成"现有的"社区领袖，规定明确的权利和义务关系，并逐步对"现有的"社区领袖进行能力建设，如提升服务意识、提高服务技能、建设领袖团队等。签约的形式，一方面能够体现出社区居委会对社区领袖的信任和认可；另一方面也体现出社区服务的日益规范化与制度化。在实践中，签署的协议一般由社区居委会与社区领袖共同拟定。

（5）宣传。社区居委会需要通过多种方式对"现有的"社区领袖进行榜样宣传，如拍摄宣传片、召开表彰会、榜样宣讲会、橱窗宣传栏等。宣传是社区居民了解社区服务、认识社区领袖的重要方式，需要认真策划、执行，以达到"广而告之"的效果。实践发现，如果大部分社区居民对社区领袖并不熟悉，其榜样示范与引领的积极作用就得不到充分发挥。所以，社区工作者需要对典型的社区领袖进行重点包装，并展开宣传工作。

全家接连当楼长，一心为邻居着想——曹美玲。在潍坊市奎文区中和园社区，只要一提起曹美玲，居民纷纷竖起大拇指。五年前，她接替婆婆担任起了南巷子9号楼的楼长，在一段时间她去儿子家里看孩子，丈夫又帮着她处理楼上大小的事情。在曹美玲心里，能够为小区居民做点事情，她心里特别高兴。"我当楼长有5年的时间了，也已经习惯了这样的日子。其实，在婆婆担任楼长的时候，我多多少少了解了一些。我们一直跟婆婆住在一起，有时候会帮她做点楼长的事情，觉得能够为居民做点事情，心里蛮高兴的。"

（三）一个好汉三个帮——社区领袖的培育方法

培育社区领袖要抓住四个关键：（1）小目标。主动参与的精神，以公众利益、社会公益为己任。（2）微能力。分析问题并能提出解决问题的方法，组织集体行动、基层动员及领导的能力。（3）知识广。乐而好学、发表意见的欲望，具备决策分析、权力资源发布、政府构架方面的知识。（4）能量正。具有正确的人生观、价值观、世界观，能够引领社区居民走正道正途，发挥正能量。

培育社区领袖的核心目标是提升其"思考"能力，在面对社区事务或社区问题时，社区领袖能够沉着冷静，学会"理性思考"与"理性表达"。这需要社区领袖能够反思相关问题：社区问题因何存在？为何长时间没有得到解决？在问题发生和延续的过程中，社区领袖扮演了什么角色，将来能为解决社区问题提供什么帮助？怎样能够更好地满足社区居民的多元化需求？

（1）加强培训，提升能力。其任务目标是通过专业服务给社区领袖增能。不管社区领袖的身份获得是来自先天人格魅力，还是源于社区后天培养，要成为一个更加优秀、称职的社区领袖，都需要自身逐渐提升、不断成长。能力建设是培育社区领袖的核心内容，在培育过程中，应着力关注社区领袖认知、态度及行为等方面的提升与转变，尤其要重视社区领袖由"感性"转变为"理性"的培育过程。

一是在培训形式的设计上，既可以采用通用的"个人培育"的培训形式，即社区居委会定期或不定期地组织社区领袖开展专题学习与技能培训，社区领袖以个人身份参与其中；也可以采用"组织培育"的方式，即通过搭建"枢纽型"社区社会组织，将社区领袖"组织化",安排常规能力提升课程,社区领袖以"组织身份"参与其中。二是在培训内容的筛选上,既要考虑社区领袖的学习特点与学习需求,也要结合社区自身特色,因地制宜选择培训课程和内容。学习内容应随不同的社区领袖有不同的内容设计。三是在培训方式的选择上,应采用灵活多样、丰富活泼的培训方式,打破"快餐式"教学,推进线上和线下、虚拟和实体紧密结合,以提高社区领袖的学习兴趣。大部分社区领袖是离退休人员,年龄偏大,学习能力减弱,记忆力和理解能力下降,传统的"讲座"授课方式,不符合老年人的学习特点,影响培训效果。应选择互动性强、参与度高、趣味性强的培训方式,如角色扮演、工作坊、开放空间或实地参观、视频观看、实践模拟等,将游戏或活动作为传递知识的载体。四是在培训师资的甄选上,应侧重实践经验而非理论经验,不能坐而论道。社区领袖在参与社区服务的过程中,"是什么"和"为什么"的问题不言自明,他们更多地需要指导"怎么做",实践经验丰富的师资能够提供更有针对性的实际操作指导。

(2) 关怀关爱,激励作为。任务目标是通过一定形式的关爱举措,鼓励社区领袖拓展服务和做出新的尝试。社区领袖并不是政府或事业单位的公务人员,基层党组织和政府应给予他们更大的关怀、指导和引导,而不是行政指挥或命令。要在法律法规允许的范围内,运用适当的方式方法,积极主动提供各种服务,充分调动社会领袖参与社区建设发展的主动性。如建立"一只好人纪念杯、一次健康体检、一份好人好'报'、一次困难慰问、一生意外保险、一生困难帮扶"等为主要内容的"六个一"社区领袖关爱机制,积极营造行善有报、付出有报的社会氛围。

(3) 多元管理,解决难题。任务目标是搭建平台,让社区领袖的能力充分发挥,并在实践中获得进步和成长。加强社区领袖的培育,必须依据各类社区民间组织的特性,建立多种管育模式,变"领袖独奏"为"多方合奏"。对于发展较为完善的兴趣团队,让其自行运行活动,适时给予支持鼓励。对于已经形成力量、具有规模优势的团队,积极支持参加各类比赛演出,尽力提供资金、场地。除此之外,可考虑建立民间组织服务中心,对现有的社区民间组织实行统一服务、统一管理。通过探索备案制,对社区内部分暂不具备独立登记条件的民间组织以及社区内的群众团队,统一由民间组织服务中心进行备案管理,实现民间组织由"自由型发展"向"规范型发展"转变。

(4) 整合资源,形成合力。任务目标是促进社区领袖之间的经验传递与集体能力的提升。经济社会越发展,社区社会组织就越兴旺,发挥的作用就越明显,从而对社区管理者就提出了更多更高的要求,社区基层党组织相应承担了比过去更多的服务职能。实践表明,在当前形势下,只靠政府或基层党组织的力量去包揽所有的服务是不合适也不可能的。只有充分整合社区中的各方资源,充分发挥社区自治组织和社区领袖的作用,才能协调社区各种力量,提升社区活力,推动社区高质量发展。社区基层党组织以及政府有关部门必须在人力、物力、资金等方面,给予社区社会组织和社区领袖更多的支持,通过多种方法,筹集资源,为社区社会组织的健康运行提供有力保障,从而满足社区居民丰富多彩生活的需要,进一步提升社区居民的幸福感、获得感,营造更加和谐、充满活力的社会氛围。

综上所述,社区领袖作为社区活力建设的基本单元,在创新社区治理、推动社区发展的过程中，起到专业引领和带头作用，是社区建设与社区治理的重要人力资源之一。未来，构建"共建共治共享"的新型社区治理格局，应更加广泛地发现并挖掘社区领袖，通过多种方式提升社区领袖的各方面能力，充分发挥其在社区服务和社区管理方面的积极作用，为社区高质量发展储备力量，保证社区活力建设能够获取源源不断的动力。

治理环境

以开放包容理念 塑造具有持久活力的社区精神[*]

城市社区作为地域生活共同体,不仅具有地理意义,更在于人们对居住环境认同与归属的文化意义。作为人类社会文化的空间状态,以居民生活方式的特定表现,经过长期积淀、引导、化育、培养,而成为一种空间文化,即社区文化。社区文化对其居民的心理、性格、行为有着深刻的影响,不同社区的文化特质不仅造就了人们的特殊风俗习惯,而且在一定程度上决定着人们的价值取向,即社区精神。培育先进的社区文化,是社区精神的自然凝聚,应当秉持"开放包容、守正创新"理念,发掘传统文化、包容域外文化、引领时代文化,培育和凝练社区具有历史内涵、地域特色、多样包容和时代特征而且体现主流意识形态和正向价值观的先进文化,以此塑造社区的形象和灵魂,形成具有持久活力的社区精神。

一、社区文化渊源及其构成

(一) 社区文化渊源

社区文化是某一社区内的居民在长期的共同生活与交往中创造和形成的具有鲜明地域特色的生活方式、行为方式和价值观念的总和。社区文化是人类文化的一种特殊形态,是社区中的人在其社区生活中所创造、使用或表现的一切事物的总称,是具有社区特征的文化样式。并且,特定文化在特定自然环境和生活风俗条件下产生。广义的社区文化,是指社区居民在特定的地域内,经过长期实践而创造出来的物质文化和精神文化的总和。它对人们的思想观念、道德情操、人格理想以及行为方式的形成和发展具有重大影响,对当地经济、社会的发展具有长远影响。狭义的社区文化,是指社区居民在特定的地域内,经过长期实践逐步形成和发展起来的具有地方特色的价值观念、生活方式、行为习惯等文化现象的集合。其中,价值观是社区文化的核心。将广义和狭义的社区文化结合起来才能全面揭示社区文化的内核。社区文化对其居民的心理、性格、行为有着深刻的影响,不同社区的文化特质不仅造就了人们的特殊风俗习惯,而且在一定程度上决定着人们的价值取向。也就是说,文化是人创造的,又对人的思想行为产生巨大影响。

---

[*] 执笔人:马宇清。

(二) 社区文化的特征

城市文化离不开社区文化,社区文化是城市文化的基础,是老百姓最关心的身边文化,是广泛存在于现代社区的文化,其兼具城市文化与社区文化的特征。

(1) 地域性。社区文化是在特定的地域生成和发展的,它受到地理环境、生产方式、社会形态、风俗习惯、意识形态等区域因素影响,因此它的生成和发展往往带有本地域甚至本社区的印迹,随着社区文化的积淀和创新,其地域特色会更加鲜明。根植于本社区的文化最"接地气",易于被社区居民所接受,具有很强的认同感和归属感。

(2) 开放性。文化的地域性和开放性是始终伴随的对立统一体。社区虽有一定的区域界限,但社区文化没有边界。它面向广大群众,面向整个社会,面向全球,呈现出一种开放、包容、平和的心态,以海纳百川的博大胸怀接纳和融合各种不同的文化样式。本土优秀文化、外来进步文化、传统文化精华,三位一体,融合创新,共同形成活水源头,源源不断地汇入社区文化之中,形成新的时代文化,保持社区文化持久的生命力。

(3) 多样性。社区文化是一个地域范围内各种文化要素的组合,在居民构成、内容形式、管理体制、运作模式等方面均呈现多样性特点。社区居民构成复杂,年龄、性别、职业、收入、文化程度等差异较大,导致了他们的文化素养和文化需求的差异化;社区文化内容包含民俗、文娱、教育、科普、体育、饮食等多种类型,文化形式也呈现参与型、表演型、庆典型、讲座型、咨询型、展赛型等多种形式;管理体制有政府部门主导、民间组织自发、社区居民参与等多种层次结构;不同社区的文化建设上各有特点、各有重点、各有看点、各有亮点,有的着力于完善文化环境,有的着力于创新文化机制,有的着力于创建文化品牌等,总之,通过社区努力探索自己的文化模式,形成百花齐放的局面。

(4) 共享性。社区文化是一种公共文化产品,为满足社会的公共文化需求,向公众提供公共文化产品和服务,它具有非排他性和非竞争性,即共享性。其共享性主要体现在:①文化资源的共同使用。如文化体育场所及设施均免费供居民使用。②文化活动的全员参与。社区举办的各类文化活动居民均可以自愿参与。③文化制度的集体认同。社区成员在文化活动、文化交往、日常生活中形成的各类约定、制度和组织机构等社区成员共同遵守和服从。④社区精神的共同培育。社区精神集中体现于社区居民的思想道德素养,要强化教育引导、实践养成、制度保障,把社会主义核心价值观融入社区发展各方面,转化为人们的情感认同和行为习惯。

(5) 日常性。社区文化最贴近居民生活,很多文化内容是社区居民日常生活的组成部分,如读书看报、唱歌跳舞、健身休闲、养花种草等,属于居民生活情趣和业余爱好。社区常见的居民文化活动主要有以下几类:①衣食住行。衣着服饰的时尚元素、饮食起居的健康科学、庭院居室的舒适整洁、生活器具的精美大方等,都体现着居民日常生活的文化追求。②花鸟鱼虫。城市社区居民对大自然的向往,与动植物的亲近,主要体现在庭院阳台的花鸟鱼虫,以此培养生活情趣,缓解生活压力。③琴棋书画。中国传统文化的精华,是居民修身养性的高雅文化,这些文化日渐融入居民日常生活,对于提升居民生活品质，进而提升整个社区文化品位具有重要影响。

（三）社区文化体系与构成

社区有其特定的文化体系，由众多的子系统构成。就其层次来说，大致可分为四个层次：（1）社区物质文化；（2）社区行为文化；（3）社区制度文化；（4）社区观念文化。

（1）社区物质文化是社区文化的外在表现，主要包括自然景观、建筑风格、社区形貌、历史遗存、人文环境（如休闲娱乐环境、文化活动设施与场所、文化产业与文化网络等）、生产与生活服务中的文化因素等。物质文化是通过物质形态表现出来的文化，包括社区居民改造的自然环境和创造的一切物质财富，居民衣食住行的用品和种类也是社区物质文化的有机组成部分。如厦门思明区溪头下村拆迁改造后，新村依山而建，民居错落有致，道路盘曲，花木绚烂，整个人居环境像一个大花园。通过社区环境，可以感知社区成员的理想、价值观和精神风貌。

（2）社区行为文化也称为活动文化，是社区成员在交往、学习、经营、生活、娱乐等活动过程中产生的文化。通常所说的社区文化都是指这一类的文化活动，如各类舞蹈、演唱、体育比赛、书画展览、培训讲座、义务劳动、特困救助等。活动是文化的重要载体之一，我国社区文化建设目前主要是围绕开展社区活动来实现。这些活动实际上反映出社区的风尚、精神面貌、人际关系等文化特征，动态地勾勒出社区理想、社区精神等。

（3）社区制度文化是社区成员在生活、交往、学习娱乐等活动过程中形成的，与社区观念相适应的规章制度、行为规范、组织机构等，包括：健全的组织机构和管理体系，权威的领导机构，一定数量的文化团体，它是体现着各种文化关系、实现着各种文化目标的社区团体和组织。社区团体和组织是指体现各种文化关系、实现各种文化目标的结构实体，包括社区的组织管理体系和风格，约定成俗的风俗习惯、居民公约等行为规范。它是社区居民价值观的外在体现，对社区文化持久健康开展具有一定的约束力和控制力。它是社区文化存在的基础和保证，实现着社区物质文化和精神文化的结合。

（4）社区观念文化是通过观念表现出来的文化，是社区居民在长期的社区活动中形成的人生观、价值观、现代社区意识（法治意识、科学意识、市场意识、公德意识、参与意识）、伦理道德、审美观、艺术修养、生活情趣等，也称社区精神。社区精神是社区成员的精神支柱和活力源泉，其核心是社区成员的价值观。它根植于社区人的内心世界，并支配着社区居民的生活目标和生活方式。社区精神是社区文化的核心。

二、社区文化是社区活力的源泉

社区是文化的载体，文化是社区的灵魂。社区文化是一个社区历史与现代文明有机融合的集合体，是居民生活的印记，是知识进步与创新的体现。文化的作用在于其强大的凝聚力，体现在居民对社区的精神状态和精神寄托。先进的社区文化可以通过其强大的凝聚力，巩固社区的团结与和谐，提升社区居民的道德素质、法制观念和生活品质，形成高度和谐的社区人格，增强居民对社区的认同感和归属感。

（1）形成社区认同感和归属感。①在组织社区人居环境方面起到整合作用。熟悉亲切自然环境、风格统一的建筑样式、规划清晰的街区布局、舒适顺意的街坊居室、富有特色的店家商铺、设施齐全的活动场所、和谐美好的人文氛围等，这是社区文化物质层面的重要体现。良好的社区形象是一笔无形资源，能使社区成员产生一种"共同家园"的认同感。②社区文化活动是居民之间互相联络、沟通、达成共识的桥梁和纽带。城市社区人员构成复杂、异质性强，由于居民交往相对较少，社区成员人际关系趋于淡化。通过社区组织的丰富多彩的文化活动，居民可以轻松愉快、自然亲切地认识交流沟通，从而增加感情，彼此认同。更重要的是，社区成员在频繁的活动中逐渐接受社区的文化传统和习惯，形成统一的社区意识和社区理念，社区成员由此产生"集体"意识，认同社区共同的价值观，为自己的社区身份感到自豪，并积极维护社区公共利益，参加社区建设和发展。

（2）形成强大的社区精神力量。社区文化虽不像法律法规那样具有强制约束力，但它通过潜移默化的方式引导和约束着社区成员的思想和行为。社区通过倡导积极向上的生活方式，弘扬正确的价值观和道德风尚，使社区形成友爱互助、健康文明的邻里关系，在这种文化氛围的熏陶下，社区居民会自觉提升自己的个人修养，养成良好的行为习惯，维护社区的共同价值观，形成强烈的社会责任感、正义感。现代社区形成的具有社区特色的、得到社区居民普遍认同的社区精神，可以引导、规范居民的行为。社区精神是社区的灵魂，是指导和支配社区成员行为的价值标准、理想信念，社区占主导地位的正向价值观是社区精神的内核，是社区发展进步的内生动力。

（3）促进社区经济发展。社区文化是带动社区经济可持续发展的重要力量，社区经济是社区文化建设的基础。居民的文化消费需求，如饮食、娱乐、文体、教育、民间工艺等文化产业，在社区可形成一套产业运作，直接促进社区经济发展。社区整体文化形象、文化公共空间的塑造，可提升社区房地产的价值，进而推动房地产业的发展。良好的社区人文环境是社区的无形资源，能提升社区形象，吸引外来投资，为社区发展提供动力。而由此大为增强的社区吸引力也形成利于高素质社区居民、科技人才置业创业的完善的投资环境，形成积极活跃的文化氛围，进而增加社区的潜在价值，激发社区活力。

（4）传承社区文化和教化居民。社区文化是社区成员共同创造和拥有的精神财富，一般都有着浓厚的地方色彩。社区文化中积淀的历史传统、红色基因、风俗习惯以及宗教信仰等，会以各种方式被社区成员传承发展、改进创新，如敬老爱幼、邻里互助等民风，传统节日、地方戏曲等民俗，手工工艺、民居礼仪等非遗，都可以创新改造为现代社区文化的有机组成部分，使优秀的传统文化得以传承和发展。同时，受各种社会思潮影响，文化环境趋于复杂，居民从亲缘、地缘为主的传统社会人际关系发展为业缘为主的复杂人际关系，社区成员个体价值趋于多元，需要共同的社区文化对不同价值追求的居民加以约束，并通过带动、调解、舆论、熏染等方式，形成共同的价值取向。社区居民在这种"文化压力"下会增强自律能力，自觉约束自己，与其他社区成员发展良好的人际关系，遵循共同的价值观。

（5）彰显社区形象和品位。社区形象是一个社区内部公众与外部公众对该社区的内在综合实力、外显表象活力和未来发展潜力的具体感知、总体看法和综合评价；是社区外部环境、综合功能、建设水平、文化氛围等的集中体现，也是一个社区给人留下的深刻印象，既有物质外感形象，又有内在精神形象，是物质外感形象和内在精神文化素质的统一。美好的社区形象展现了源于历史、立足现实、放眼未来的内在魅力。良好的社区形象必将有力地提升社区的品位，给社区居民带来自豪感和荣誉感，提升居民对社区的归属感，有利于居民能动性的释放和发挥，使居民产生强烈的使命感，从而增强社区精神的凝聚力。

三、以人为本，开放包容，打造富有活力的社区文化

对于当今社区的文化塑造，必须考虑到社区"人"的最本质的持续的需求，使每一个社区对居民来说，不仅仅只是一个生存的空间，更是一个人性得以复苏和生息的乐土与梦境。如此一来，"诗意地栖居"便不仅是完美社区形象的绝妙写照，也应该是当代国际范畴的社区建设所追求的最高境界。

（1）强化文化意识，提升社区人员的综合文化素质。包括社区工作者、社区单位工作人员、社区居民在内的社区人员是社区文化的创造者、传承者和体现者，他们的价值观念、思想水平、道德水准、行为规范和生活方式直接影响着社区形象和品位。①强化对社区居委会工作人员的教育培训。组织学习党的路线方针政策和国家法律法规，学习社会工作知识，增强他们坚持党的领导的信念，始终秉持爱岗敬业、乐于奉献、一心为民的理念，掌握新时代做好群众工作的方法和本领，不断提高服务群众和依法办事的水平。教育引导居委会工作人员，特别是党员干部在践行社会主义核心价值观上做表率，明大德、严公德、守私德，用高尚人格感召群众、带动群众，以实际行动让群众感受到理想信念的力量。②强化对其他社区工作人员的培养。建立社区工作者的教育、培训、考核等制度，分层、分批对社区工作人员进行业务知识和工作能力培训，提高社区工作人员服务意识和创新意识。鼓励社区工作人员参加在职教育和社会工作职业资格水平考试，推行资格认证和持证上岗制度，畅通进出渠道，推动社区工作人员职业化、专业化。选拔和培养社区专职工作者，按照统一招考、择优录取、聘任制管理的办法，坚持"公开、公正、公平"的原则，面向社会招聘年纪轻、学历高、有社会工作专业知识、热心社区服务的人才到社区工作。③提升居民的现代文化素养。只有具备了现代素养的社区居民，才能实现自我教育、自我管理、自我服务，才能从事创造性的社区活动。由于社区居民来自不同阶层，有着不同的文化背景，应当积极引导他们参与社区文化活动，通过开展道德讲坛、国学讲座、法治教育、书画展览等活动提高居民的文化修养，增强法治意识和现代生活环境意识，形成健康的心态和良好的行为习惯，培养现代意识和趋同的价值观。山东省潍坊市奎文区东关街道李家街社区筹建了"自助式社区老年大学"，开展花艺课堂、亲子厨房、舞蹈培训等系列课程，聘请专业人员定期在活动中心授课，辖区居民可以根据自己的喜好按课程安

排到活动中心上课,为社区居民提供了在休闲娱乐中提高文化修养的理想场所。

(2)发展文化产业,提升社区居民生活品质。社区文化产业的发展直接影响着社区居民的生活和文化品位,是社区文化的重要组成部分。社区文化产业包括主业经营内容、经营理念、经营方式等与社区居民需求的匹配性,使得社区文化产业发展深深介入社区居民的深层文化心理满足和社区发展与运行中,形成融合精神与物质层次的"紧密型、一体化"发展格局,并与社区公益性文化事业的发展形成有效的互为补充、互为合作关系,更好地满足社区居民的精神与物质文化需求。①加强对社区文化产业发展的规划。把社区文化产业纳入区域文化产业发展整体布局统筹规划,根据社区经济文化发展水平、区域文化产业整体发展布局与定位、社区居民文化层次、审美爱好特征等,编制社区文化产业发展规划,明确社区文化产业发展的目标、原则以及具体的举措等。在发展规划的编制中,要充分注重凝练社区特色与品牌,立足社区文化层次结构、潜在文化消费能力与消费热点的开发等,提炼和形成社区特色文化产业门类。厦门思明区溪头下社区依托傍山临海幽美生态环境和深厚文化底蕴等优势,打造优质休闲度假、婚纱摄影、影视拍摄特色小镇,聚集了知名婚纱摄影机构90余家,吸引了大量来自全国各地的摄影团队,配套发展主题家庭客栈30余家、文艺咖啡厅6间,仅婚纱摄影相关产业年实现产值过5亿元。②加强社区文化产业综合配套服务。整合社区优势资源,注重街道、社区等属地单位作用的发挥,加强与所在区域高校及社会保障部门的联系,建立常态化的定期联络机制,扶持社区文化产业的创业启动和项目孵化、培育,引进大学生创业项目、下岗职工再就业项目的遴选与落地等,努力建设若干个业态模式新颖、配套社区服务、具备发展潜质的社区文化产业品牌。山东省潍坊市奎文区大虞街道孙家社区依托社区经济组织投资兴建了社区养老服务中心、卫生服务中心、社区幼儿园、中老年生活馆、日间照料中心等,利用沿街商业设施,鼓励和引导各类市场主体参与,引进便民菜市场、百货便利店、餐饮店、干洗店、美容美发、健身娱乐、中介咨询等服务业态,打造"10分钟服务圈",便利了社区居民生活。③创新社区文化产业的经营业态与经营模式。贴近社区居民的多层次需求,尊重和维护社区文化企业的多元复合性,既鼓励高端、新型、附加值高的社区文化产业形态发展,比如社区高端文化休闲业、养生保健咨询业等,也积极倡导普及层次的文艺表演、文化娱乐、教育培训、休闲旅游、法律咨询、养老餐饮等文化产业的发展;同时创造条件,发展社区特色手工产品、创意产品制作,特色文化内容资源整理与开发等产业。据调查,山东省潍坊市奎文区阳光100凤凰社全影婚嫁产业园项目总投资6200万元,于2018年底建成集婚嫁产业大数据中心、喜庆商家入驻展示区、摄影博物馆区等多功能于一体的特色产业园区,打造婚庆婚品、婚礼喜宴等婚嫁上下游全产业链。

(3)挖掘文化资源,塑造具有特色的社区文化形象。基于一个社区的比较优势,要形成一种属于自己的文化表达。任何一个社区都有反映自身特点的地域特色、自然资源、人文环境、民俗风习、历史文脉和文化底蕴,包括社区自然及文化遗产的挖掘与保护,社区文化传统的继承与普遍尊重,多样性与开放性的建立和发展,积极的社区文化形象的形成,健全的教育培训体系与终身教育培训,知识与信息的广泛传播,充满活力的文化创新精神与创新能力等,这是一笔巨大的无形资产,不仅能形成强大的凝聚力、吸引力，还反映出社区的独特魅力与辐射力。①创造最佳人居环境。人居环境的文化建设主要表现在空间规划、生态环境、人文景观和房舍建筑等，应着重利用本地自然资源和人文创造精华，尊重地域生活习俗，通过对社区资源的整合配置，把社区营造为居民喜爱的城市庭院、心灵绿地、精神家园。从空间布局、建筑造型、设施建设、交通组织，到公共活动场所、休闲座椅、指示牌、公厕等，充分考量和满足人们的各种需求，体现以人为本理念和人性化关怀，增强居民的自豪感、幸福感。倡导居住环境安全、宜人、健康、舒适、公平、持久，人人平等地享有公共设施和社区服务，以舒适的环境影响人、塑造人，增强人们的获得感，提升居民整体素质。②以文化元素改造社区。将抽象的文化意象注入社区功能、空间格局、街区肌理等文化载体，有计划、有步骤地改造社区广场、街道、绿地、花园和居住空间等，建设文化长廊、尚德亭、图书馆、展览馆、美术馆、文化馆、博物馆、文化活动中心等文化设施，形成浓厚的社区文化氛围，丰富人们的精神文化生活。在挖掘文化资源时，不宜盲目模仿国外或外地，应以发掘和优化本社区文化资源配置为目标，充分结合本地地理特征和文化资源特点，强调社区发展的整体性和本地居民的认同性，塑造具有地域特色的文化景观。发掘整合生态环境、建筑风格、服饰工艺、礼仪习俗、传统节日、饮食文化、历史遗存等地域资源，与现代社区文化理念相融合，塑造富有特色的社区品牌。③开展丰富多彩的文化活动。整合各方面人才资源，健全社区文化场所，倡导居民参与，培养社区文化组织，组织开展歌舞、书画、武术、球类、棋类等文化活动和比赛项目，吸引社区居民参与，丰富社区文化生活，密切邻里关系。组织社区民俗文化、民间文艺、书法绘画、国学中医、雕塑篆刻等方面的培训讲座，增强居民的文化素养。积极引导家庭文化、校园文化融汇到社区文化建设之中，使社区文化建设形成逐步根植社区、面向家庭和学校，渗透到社会各个角落，使居民从小家走向"大家"，使"大家"寓于小家之中。山东省潍坊市奎文区梨园社区对9000平方米的樱园文化广场和6000平方米的音乐广场进行改造提升，对社区舞蹈室、乒乓球室、音乐室、棋牌室等各功能活动室进行提升，为社区艺术队伍配备服装、锣鼓、乐器等文化设备200余件，使居民真正享受到免费、便捷的社区文化服务。成立樱园社区艺术团，打造了13支特色文化艺术队伍，新增老年大学瑜伽春秋班、声乐秋季班等3项课程，创编手语舞"四德"、舞蹈"活宝"、三句半"好日子"等文艺作品，每年举办群众民间艺术巡演、秧歌大赛、广场舞大赛等各类社区文化活动120余场次，带动万余名群众参与到文化活动中来。社区与社会力量合作，引入京广书城，共同建成社区"爱书人俱乐部"，书籍类目满足中老年、青少年、儿童等不同居民群体的特点和需求。④重视挖掘本地历史文化资源。如何绵延社区的记忆，传承历史文脉，丰富文化内涵，展示文化魅力，发掘社区历史人文基因，与现代文化样式相结合，具有举足轻重的意义。既注重对传统历史风貌及文化古迹的保护利用，又妥善处理当代建筑与旧城风貌保护关系，既展现当代风采，又体现现代建筑与历史风貌的协调统一，将传统文化元素融合在现代建筑中，将现代社区建设在深厚的历史文化基础上。调查结果显示，厦门曾厝垵文化社区，面积约0.33平方公里，有原住村民465户1535人，因环岛路修建和厦金航线开通，村民失地失耕，退海上岸，成为典型的"城中村"。该社区在拆迁改造中没有采取

"大拆大建"模式,而是在保留原貌的基础上进行局部改造和修缮,窄街巷、密路网和拥挤而错落有致的民居形成显著的个性特征,有14处百年以上的古建筑完好保留,既展现了当代风采,又体现了历史风貌。还利用一处古建筑辟为民俗展览馆,向社会开放,展示社区历史记忆和人文内涵。

(4) 倡导多样共融,培育社区主流文化。随着城市化发展和人口流动性的增强,同一社区的居民往往有着不同文化背景,社区文化要体现包容性、创新性和先进性特点,以发掘民俗文化,包容域外文化,保护历史文化,弘扬红色文化,引领时代文化,使不同的文化背景和各自的风俗文化与所在社区文化水乳交融,凝练培育具有时代特色的向上、向善、包容、创新的先进文化,给社区文化注入更多活力。不同社区之间,基于其文化的差异性,要通过多种形式进行文化展示与交流,如民俗文化交流、商务文化交流、餐饮文化交流等,不断吸收其他社区的优秀文化,丰富自身文化内涵,扩大社区文化的影响力。多样化文化风格既能保持各自的特色和传统,又能融合创新,形成提升社区文化品质的主流文化。

在主流文化的培养和形成中,社区党组织要充分把握舆论导向,确保核心价值观的主导和引领作用。

①强化核心价值观引导。党的十九大报告提出,把社会主义核心价值观融入社会发展各方面,转化为人们的情感认同和行为习惯。核心价值观是文化软实力的灵魂,决定着文化的性质和方向,是文化建设中最内在、最核心的部分。"国无德不兴,人无德不立。如果一个民族、一个国家没有共同的核心价值观,莫衷一是,行无依归,那这个民族、这个国家就无法前进。"社区是国家的基本单元,核心价值观渗入每一个社区,就意味着遍布了国家的每一个角落。社区可利用各种时机和场合,形成有利于培育和弘扬社会主义核心价值观的生活情景和社会氛围,使核心价值观的影响像空气一样无所不在、无时不有。社区要不断创新载体,通过教育引导、舆论宣传、文化熏陶、实践养成、制度保障等,把社会主义核心价值观与人们的生产生活紧密联系起来,使社会主义核心价值观内化为人们的精神追求,外化为人们的自觉行动。同时,对社区内"负文化"活动产生挤出效应,有利于抵制各种不良文化对居民的侵蚀,清洁社区环境。

②强化优秀传统文化传承。中华优秀传统文化是中华民族的精神命脉,是涵养社会主义核心价值观的重要源泉。要充分运用传统文化中的道德教化资源,赋予时代精神,结合社区本地风土人情,通过讲授传统文化精髓要义,利用戏曲节目演绎传统文化内涵,倡导居民学习传统文化以丰富知识、陶冶性情、提高素养、规范行为,不断提升道德水准,促进社区和谐文明。山东省潍坊市奎文区北苑街道芝尔庄社区基于深厚的文化底蕴,大力倡导国学进社区、进家庭,依托君泰文化礼堂,搭建乡贤文化平台,开展乡村儒学大讲堂等教育活动,在社区显要地段设置国学经典宣传栏,激发居民参与国学学习的积极性,让传统文化融入居民生活,打造出"润德芝尔庄"的社区文化品牌,在社区形成了以孝为先的道德风尚,树立了"格物明德、知行合一"的核心文化理念。时下,居容居貌整洁有序、群众文化丰富多彩、尊老爱幼蔚然成风、各种人才不断涌现。社区先后走出了11名博士和教授,成为远近闻名的"博士村",整

个社区形成了良好的文化氛围和道德风尚。

③强化家庭文化培育。家庭是社会的细胞,是人生的第一所学校。家庭和睦则社区安定,家庭幸福则社区祥和,家庭文明则社区文明。从家庭做起,重视家庭教育,传承良好家风家训,形成爱国爱家、相亲相爱、崇德向善、共建共享的社会主义家庭文明新风尚。坚持从娃娃抓起,不断深化未成年人思想道德教育,社区与家庭、学校一起发力,共同担当起呵护青少年精神成长的责任,让以社会主义核心价值观为统领的人生观、价值观的种子更好地生根、发芽、开花、结果。山东省潍坊市奎文区梨园社区引入幸福泉教育集团,为社区量身打造了"社区妇女儿童发展基地",下设 11 个服务模块,以"服务于民、谋利为民、教育便民"为宗旨,以全面提高社区儿童综合素质为目标,主要面向社区 0~14 岁儿童,从科技、传统、想象、艺术等方面入手,以社区基地为主、送教进家为辅,为社区每个家庭教育分忧解难。

④强化睦邻文化培育。俗话说远亲不如近邻,良好的邻里关系是活力社区的必要前提。当下社区,随着亲缘关系、地缘关系的淡化,邻里之间因缺少交往互助而变得淡漠成为普遍现象,在住房商品化、就业市场化、个人生活私密化、社会服务便捷化的今天,应当在传统的出入相友、守望相助的睦邻关系基础上,构建互信、互助而不互扰的新型邻里关系,形成社区人与人之间、人与社区组织之间,以及人与家庭之间、家庭与社区组织之间的睦邻和谐,形成熟人之间的邻里互助和陌生人之间的邻里自觉。可组织与邻共乐、邻里守望等主题活动,以发生在社区的邻里故事、身边感动人物、优秀志愿者事迹为题材,自编、自导、自演文艺节目,组织邻里结伴游、家庭才艺展、远亲不如近邻演讲会、家庭趣味运动会、楼道茶话会、邻里百家宴、邻里消夏演唱会等社区文娱活动,增进邻里之间的了解与感情,形成邻里之间互帮互助的融洽氛围。

2004 年,杭州市湖滨街道青年路社区举办了我国第一届邻居节,旨在鼓励大家走出家门主动认识身边的左邻右舍,通过各种互动活动建立起一种信任、友谊和对共同生活环境的热爱。该社区从一位妇女端起一碗南瓜汤细心照顾一位素不相识的外地来的新邻居中得到启发,开展了以邻里盆景展、邻里欢乐夜、邻里厨艺比赛等为内容的第一届邻居节。活动结束后,发现居民间的交往明显增多了,社区文化生活也更加丰富多彩了。次年又举办了"中外邻里一家亲"邻里交流活动,36 位来自英国、美国、韩国的友人与社区邻居一起包水饺、扭秧歌、打太极拳,在活动中,中外邻居结下了深厚的友谊。此后多个城市社区纷纷发起邻居节,通过各种睦邻活动营造其乐融融的社区大家庭氛围,把不同年龄、性别、职业、阶层的社区居民联系起来,形成和谐的社区群体。

(5) 增强文化认同,培育具有内生动力的社区精神。文化是社区的基因,精神是社区的灵魂。文化的力量,就一个社区而言,在很大程度上体现为社区精神。社区的发展无不伴随着文化的进程,并在长期的演进中形成人文精神,不同的文化特质呈现不同的社区精神,主要表现为向善、向上、包容、和睦等文化特征,在发展过程中形成的独特的文化品格、内在气质。

社区精神是历史和现实的产物,是历史传统和时代精神有机结合的生动体现,其形成和发展经历一个漫长的历史时期,需要一个长期的培育、塑造和熔炼过程。在这个过程中，社区舆论的引导起到至关重要的作用。

①科学把握提炼原则。以前瞻性原则、本土化原则、以人为本原则、柔性原则，在突出地域特色基础上，综合考量社区所在的区域位置、人文特点、比较优势，以及时代潮流、文化走向等因素，通过内心情感的感化、环境氛围的陶冶、文化活动的感染等文化手段塑造社区精神。诚信是社区和谐文明的基石，要弘扬诚信文化，培养诚信文化理念。"人无信不立，国无信不存"。无论是对居民还是对社区，只有讲信用，才能够形成一个良好的"信任结构"。而这个信任结构是一个社区正常运转的重要基础。要倡导从居民自身做起，从小事做起，时时处处守信用、重然诺、践约定、守规矩，做到坦诚相见、以诚相待，立身处世，当以诚信为本。从居民到社区组织强化诚信意识，形成"诚信为本、操守为重"的社会氛围，筑牢社区诚信体系基石。

②加强居民意识培育。塑造社区精神，既是社区的自我塑造过程，也必然是要求和带动居民素质提升的过程。只有全社区居民素质都得到了提高，社区才真正有了自己的"精、气、神"。现代公民意识的养成是社区精神培育的核心，也是社区导引人的发展的基础。厦门湖里区禾山社区凯悦小区利用社区中央的文化广场建造了文化长廊，设置了十九大精神、传统文化、居民感言等专栏，大门的廊柱上雕刻着社区价值观警句，小区墙壁上镌刻着向居民征集的社区精神，这种源自居民思想志趣的语言，因其最接地气而易于被居民接受，成为共同的行为自觉，并以整个社区浓厚的文化氛围对社区居民进行文化品格的培育和塑造。

③典型引导作用。社区工作人员特别是居委会带头人的行为是无声的示范，对于社区精神的培育有重要意义。党员干部要以自己的模范行为感染人、鼓舞人、引导人，才能在社区凝聚向上、向善的力量。居民身边的党员干部、优秀人物其言行具有潜移默化、润物无声的教育效果，要善于发现身边革命、建设和改革不同时期的模范人物、感人事迹，利用报刊、微信、液晶屏、宣传栏等平台进行宣传推广，发挥其典型引领作用。山东省潍坊市奎文区东关街道工福街社区发掘了社区居民中参加抗美援朝的黄老战士的典型事迹，编成《生命的故事》一书，向居民发放，并邀请他给社区居民讲述抗美援朝的故事，以弘扬红色革命文化，引导居民发扬爱国爱家、保家卫国的无私奉献精神；山东省潍坊市奎文区苇湾社区有一位年近八旬的老居民，在20世纪70年代任东风锻造厂技术副厂长时，企业新上交流接触器，他带领技术人员去天津某厂学习，但该厂不愿提供技术资料，经再三央求，该厂同意现场借阅资料，他们一上班就去资料室抄资料，中午也顾不上吃饭休息，一大堆技术资料竟然在下班前全部抄完。他主导成功研发十几种产品，多次去北京、上海、南京、济南等城市看样品、买配件、学技术、订产品，一心忙于工作，连这些城市长什么样都没顾上看一眼。有一次厂里调工资，为了鼓励技术人员，他主动把自己的名额让出来。这种热爱集体、公而忘私的精神一直在邻里之间传颂，他就是焦立森。当下不少社区将身边好婆婆、好媳妇、好邻居和好人好事的故事拍成小视屏、写成事迹材料，利用宣传栏、四德榜及 LED 显示屏在社区广为宣传，倡导家庭和睦、邻里互助的时代风尚。

④增强居民法治意识。社区精神包含着深厚的法治内涵，法治化的本质在于讲秩序、守规则，通过组织政策讲解、法律讲座、制定社规民约、居民守则等，在确保法

律有效实施的同时，必将使法律法规的外在强制性转化为人们的道德自律性，而假以时日，人们就会在不知不觉中养成一种遵纪守法、信守规则的习惯，从而引导社区整体道德的统一和谐，最终促进社区精神的形成。诚信是一种宝贵的无形资产和社会资源。在强化诚信建设的当下，要用诚实守信的榜样鼓舞群众，公共场所设置诚信格言、警句牌、开设诚信教育网页、微信公众号、App等，不断充实诚信教育的内容，挖掘民间诚信故事，开展诚信专题宣传活动，形成良好的诚信文化氛围，使社区居民耳濡目染，潜移默化受到教育。建立失信惩戒机制，对弄虚作假、欺诈欺骗的反面典型利用适当形式予以曝光，使他们接受违背诚实守信原则的教训。通过褒扬诚信典型，鞭挞失信行为，让"以诚立身、诚信做人"成为每个社区人的处世准则，而失信者也必将"寸步难行"，从而为社区诚信体系建设营造良好的舆论环境。

⑤满足居民参与要求。山东省潍坊市奎文区大虞街道孙家社区倡导"由民作主"，涉及居民的事情实行"居民提事、网络议事、会议定事、联动办事、群众评事"五事工作法，把握居民关切，回应居民诉求。该社区内有一座危楼，40多户居民一直在提心吊胆中生活，每遇特殊天气，不得不组织避险。大社区组建后，社区干部多次入户了解情况、征求意见，达成了危楼拆迁共识，在具体实施过程中，从产权调查、房屋评估到拆迁安置方案确定，都是民主讨论、案主自决，不到一个月就顺利完成搬迁改造，消除了重大隐患，增强了居民对社区组织的信任和对社区的归属感，社区也实现了"压力变动力，动力变活力"的嬗变。社区中的政治、经济文化及各项事业的决策，直接影响居民的切身利益，居民对社区管理的知情权、参与权、监督权要求越来越高，自主意识不断增强，要畅通居民参与渠道，充分发挥其在社区事务决策中的作用，保障其政治经济文化利益，催生社区原生动力。

每个社区都拥有反映自身特点的历史文脉和文化底蕴，培育社区精神，就是要关注社区发展的精神因素，就是要打造一个与社区未来发展相匹配的社区人文基础和精神基础，其中包括凝聚人心、升华精神、树立正确的价值观、人生观，营造和谐的社会氛围等。社区精神是社区文化的积淀与升华，是社区文化主流意识的凝练，是感性与理性相互交融的结果。社区文化是多元化的，而社区精神则是主导性的；多元的社区文化是自发形成的，主导性的社区精神则是在一定社区文化的基础上凝练提升，并通过社区规划和治理等实体化方式进一步增强而成的，它是社区文化的核心和灵魂，是一种与社区同命运、与居民同呼吸的精神力量。

五力并举　共筑社区安全防护网*

根据人性需求层次理论，安全是人类非常重要的需求，是社区居民最基本的需求，公共安全建设是现代社会治理体系的重要方面，与社会主义核心价值观的"自由""法治"要求相呼应。习近平总书记在中共中央政治局第二十三次集体学习时强调，"要牢固树立安全发展理念，自觉把维护公共安全放在维护最广大人民根本利益中来认识，扎实做好公共安全工作，努力为人民安居乐业、社会安定有序、国家长治久安编织全方位、立体化的公共安全网。"[①] 党的十九大报告也指出，树立安全发展理念，弘扬生命至上、安全第一的思想，健全公共安全体系。以人民为中心的发展思想，彰显了人民至上的价值取向。

社区是社会的基本单元，社区公共安全是社会公共安全的基础。在社会公共安全事件中，有较大比例发生在社区，社区也往往是社会公共安全事件的第一现场。社区公共安全直接关系到社会公共安全的整体局面，也是社区活力实现的基础和保障。因此，要不断优化社区公共安全风险防控，切实提升社区公共安全水平。

本文主要通过阐述社区公共安全的内涵特征、面临的困境和挑战，结合国家公共安全观和社会治理体系建设要求，寻求依托以政府为主的社区安全主体力量、以自治为主的社区安全补充力量、以信息化智能化为主的社区安全科技力量和以"安全社区"创建为主的社区安全综合评价力量，内外联动，激发社区内在活力，共建社区安全防护网。

一、社区公共安全的内涵和特征

（一）社区公共安全的内涵

公共安全体现的是两个内涵，第一是公共性，公共性是指安全问题涉及公共利益。第二是一个安全的状态，这个状态既包括客观层面上"社会公众的生命、健康、财产，以及公共生产、生活的秩序，不因为突然发生的、人为或自然引起的灾难事件所损害或威胁"，又包括"公众对于社会风险状态的主观感受，对于公共环境危险系数很小的

---

* 执笔人：彭丽华。
① 《习近平关于协调推进"四个全面"战略布局论述摘编》，中央文献出版社2015年版。

一种认知。"社区公共安全可以定义为社区范围内的居民的生命、财产、健康的安全与社区公共秩序的稳定不为突然发生的、自然或人为引起的灾难事件所损害或威胁。

社区不安全因素主要有：社区生产生活安全、消防安全、食品卫生安全、用水安全、用气安全、交通安全、休闲娱乐安全等。从性质上来看，包括客观环境的安全与居民主观感知的安全；从范围上来看，包括居民自身住所、个人的安全和社区公共环境安全。

社区的安全工作既关系到人民群众的生命和财产的安全，又是社会发展、城市建设的基础。但当前，社区管理的范围和职能在逐步扩大，工作难度在增大，而人们固有的观念对社区的地位和作用认识不足，使得社区安全工作成为难点。这就需要整合社区资源，强化社区功能，提高信息化水平，大力推广安全文化和安全科技知识，提高全员安全意识和防范能力，建设安全社区，为实现社区活力打下基础。

（二）社区公共安全的特征

1. 成因复杂、关联性强

社区内部基础设施系统复杂，包括居民用水、用电、天然气、信息网络等系统，任何一个方面出现问题，都会影响其他系统的安全。例如电力系统出现问题，可能导致电梯故障、火灾隐患，从而危及居民的生命财产安全。同时，社区外部的灾害也能产生对社区内部的次生灾害与影响。因为成因的复杂性也导致了安全风险的预测性难度较大，更加凸显了公共安全风险防范与管理的日常性的重要性。

2. 辐射性强、影响深远

社区居民生命、财产安全联系紧密，一旦发生灾难，往往涉及几户或者整栋楼、整个社区的安全。例如社区内发生火灾事故，周围住户、商店的人员与财产极可能受到火灾波及。安全事件造成的后果可能影响到整个社区的生活秩序与居住环境。且社区内安全事故的发生会直接影响到居民对社区安全的主观感受，对本社区的安全管理失去信任，产生恐慌。另外，社区是居民生活的核心区域，社区的安全关乎居民工作、生产等其他方面的正常进行。

3. 危害性强、损失较大

普通居民承受损失的能力是有限的，社区内人员居住密度大、财产集中，安全事故造成的人员伤亡与财产损失往往较大。社区内白天留守的人群多为老人、儿童，风险防范与应急能力较差，灾难往往造成较多的人员伤亡。

二、社区公共安全建设面临的挑战和现实困境

（一）新时期社区公共安全风险防控的新挑战

1. "陌生人社区"制约社区公共安全管理

陌生人社区是当代陌生人社会的一个缩影，是当代城市社区中的一个突出特征。随着城市化进程，现代社区大多是商品房开发建设的小区，从社区的社会性质来看大

多属于陌生人社区。陌生人社区的一些居民乱搭乱建、乱停乱放等行为使得社区在灾害发生时的脆弱性增加。在应对性方面,陌生人社区的居民参与社区公共安全建设的积极性不高、参与方式单一,从而降低了社区应对灾害的能力,也影响着社区活力的实现。

2. 高科技手段运用增强了违法犯罪的隐蔽性

互联网的快速发展,给居民带来通信与信息接收便捷的同时,也增强了犯罪的隐蔽性、违法犯罪信息传播打破了常规的传播速度。这使得犯罪分子能够非常隐蔽地组织网上网下的非法犯罪,如网络诈骗、金融诈骗等。此类违法犯罪行为具有隐蔽性强、手段多样、危害性大等特点,很多居民往往足不出户便成为受害者,特别是防范意识比较薄弱的老年人。在经过长时期的社区公共安全治理,传统犯罪行为逐渐减少的同时,利用高科技手段的各种新型犯罪形式层出不穷是对居民的公共安全意识的新考验,也是对社区公共安全风险防范的新挑战。

3. 街区制发展增加城市社区公共安全风险因素

为了解决城市道路交通网络布局所面临的问题,完善城市道路交通规划设计以及实现土地的节约利用,中共中央、国务院在2016年2月发布的指导城市规划的相关文件中提出了要加强街区制建设的意见,建议对目前已经存在的封闭的住宅小区和单位大院要逐步开放,实现内部道路公共化,另外原则上不再增建封闭小区。街区制顺应了城市发展趋势,对优化城市路网结构起到一定的作用,但更加开放的社区势必会给社区增加新的风险因素,居民的公共安全需求将进一步增加。社区居民的异质性增强、社区公共设施超负荷等,将对社区公共安全风险防范带来挑战。

(二) 当前制约社区公共安全建设的短板和困境

1. 社区安全宣传教育不到位,居民自防自救知识缺乏

在安全社区建设中,社区居民的安全防范意识起着至关重要的作用。社区居民应对社区事故的能力的提升,根源在于其认识到安全意识的重要性,这样才能够有目的、积极主动地去提升自身的安全防范知识与技能。社区居民的安全防范意识主要体现在社区居民是否具备安全防范知识;是否具有安全防范的直觉和感受;是否注重自身安全防范能力的提升与培养等。当前,对社区居民的安全宣传教育还不够到位,宣传方式方法陈旧,居民接受度不高,没有形成社区安全人人相关的意识,社区很多居民不注意家庭用电、用火、用气安全,燃气爆炸、小区火灾时有发生。2019年2月1日~2月28日,燃气爆炸微信公众平台共收录燃气安全新闻38起,共造成1人死亡,33多人受伤。其中室内燃气爆炸爆燃25起,室外管道泄漏事故13起。25起室内燃气爆燃爆炸新闻中,有1起发生在液化气站,4起发生在商户,20起发生在民居,民居占比80%,对社区居民生命财产安全造成了巨大伤害[①]。

在社区安全建设方面,社区居民中仍然存在诸多误区,他们虽然长期生活在社区中,但对于自身的主体认同并不强烈,对自身在安全方面的责任和任务模糊不清,更

---

① 《2019年全国燃气爆炸数据分析报告》,搜狐网,https://www.sohu.com/a/365214827-648681。

认识不到自身对于社区安全事故预防与应对的重要性。在现实工作中，很多居民觉得安全社区建设工作就是政府性工作，和自己关系不大，没有真正把自己融入一个大安全的工作氛围中。虽然现在有小部分的社区居民能够投身于安全社区建设的活动中来，但大多是出于自身利益考虑，以动员式、执行性参与为主，而不是从思想上深刻认识，行动上积极参与，主动提高自身安全防范能力，自觉参与社区安全的建设。

2. 权责边界不清晰，群防群治机制不健全

在新时代，对于社会基层治理而言，首要任务就是解决城市社区整合与控制问题，努力构建有效的多元参与的社区安全治理机制。但在当前的社区安全治理体系中，存在治理主体不清、权责关系模糊以及治理路径单一不畅等问题，导致社区犯罪和治安侵害频发以及社区矛盾纠纷突出等安全困境。

近年来，我国社会治理信息化体系建设进程加快，各职能部门自上而下建立了庞大的信息系统，在国家安全和社会治理中发挥了重要作用。但在社区警务工作实践中发现，信息的分割和断裂现象依然十分严重，各个部门纷纷建立了一根根高耸林立的"信息烟囱"，彼此互不融通，这就为社区安全的各项具体治理和服务工作带来诸多不便。此外，社区警务工作与居民日常生活的分离降低了社会大众分享安全发展成果的效果。人民日益增长的美好生活需要和不平衡不充分的发展之间的矛盾成为新时代我国社会主要矛盾，但当前社区警务工作为人民美好生活提供服务的能力还存在不足，导致居民对于社区警务工作认同较低，弱化了社区警务需要密切依赖群众的效果，影响了社区安全群防群治机制作用的发挥，进而阻碍了加快社区治安防控体系建设的进程。

3. 安全防范设施落后，科技化水平不高，成为影响社区公共安全的制约因素

安全防范设备既包括政府配备的安全设施，又包括社区物业、居民家庭的安全防范设备，还包括各种监控设备、门禁系统、社区消防设备等。传统的防盗门窗、防盗网往往不能起到应有的作用，反而给犯罪分子创造了条件，比如利用防盗网作为作案时的攀爬物。随着社会的发展，犯罪分子的犯罪手段越来越高明，因此更需要高科技的产品应用于社区防范领域，对于社区的安全防范系统目前存在的问题可能就是整个监控系统不够到位，没有形成系统的监控，以及智能化的社区安防建设滞后。虽然现在市场上也有很多尖端科技的安防产品，性能可靠，操作简单，但由于很多城市社区住户结构凌乱，分散不均，位置偏僻，地形复杂、资金困难等种种因素也没有配备。

4. 志愿者队伍老龄化，专业素质不高

志愿者队伍普遍年龄偏大，专业性不强，后续力量不足。大多数的治安志愿者队伍组成以退休老年人为主力，这部分有参与社区事务的热情，较为愿意参加志愿服务，但由于年龄原因，志愿服务项目受到限制。社区治安志愿服务需要的法律、消防、应急、沟通技巧等专业化的能力也有所欠缺。此外，社区安全志愿者队伍建设的问题还表现在后续发展上的志愿者数量不足、年轻人参与程度不高、参与意愿不强。在现行的治安志愿者管理制度与工作方式下缺少有效的激励机制，对于受到时间与精力上的限制，更加注重自身发展需求的年轻人，难以激发其参与的积极性，从而导致治安志愿者队伍年龄结构上的不均衡，志愿者后续补充力量不足，可持续发展能力受限。

三、五力并举，共建社区安全防护网

习近平总书记在党的十九大报告中指出："加强社区治理体系建设，推动社会治理重心向基层下移，发挥社会组织作用，实现政府治理和社会调节、居民自治良性互动。"[①] 社会治理核心在人，重点在城乡社区，关键是体制机制的创新。中央要求，推动社会治理重心向基层下移，把人力、财力、物力更多投到基层，以网格化管理、社会化服务为方向，健全基层综合服务管理平台，强化城乡社区自治和服务功能，健全新型社区管理和服务体制。特别是在城乡社区要发挥社会组织作用，实现政府治理和社会调节、居民自治良性互动。

要实现社区的安全，要做的当然很多，包括政府的治安防控体系建设、矛盾调处化解、安全志愿服务、提高居民安全防患意识、各种制度的保障、激励措施的建立等，很多文章对怎样做好这些工作做了很好很全面的论述，在这里不再赘述。结合我们的社区活力研究课题，这里主要探索依托以政府为主的社区安全主体力量、以自治为主的社区安全补充力量、以信息化为主的社区安全科技力量和以"安全社区"创建为主的社区安全综合评价力量来激发社区内在活力，保障社区安全。

（一）以政府为主导的社区安全主体力量

政府是社区安全的主体力量，政府在社区投入的安全力量主要包括社区警务、社区网格化安全管理、政府购买治安服务等。

1. 社区警务

社区警务工作作为社区治理体系中的重要组成部分，担负着社区安全、稳定和有序的职责和使命，在社区治理体系中居于核心和基础地位。在新时代，社区警务工作依赖任何一个主体都难以应对转型变迁后的社区安全问题和风险困境，这就需要政府、社会与居民等多元主体实现良性互动，打造共建共治共享社区警务工作新格局。

社区警务的工作重点是预防犯罪，维护社会治安秩序平稳。其精髓是整合社会资源，充分发动群众、依靠群众，在公安机关的管理与协助下，让社会力量发挥重要促进作用。社区警务中警察属于公民中的一分子，警察组织只是数量众多的政府管理部门之一。警察的主要职责是与社区居民一起发现社区出现的问题、分析发现的问题、提出解决社区问题的方法并加以实施。与社区保持密切联系，会同社区居民及时清除社区安全隐患，服务于社区群众，提高包括自己在内的社区居民生活质量。多元化的力量参与，相互之间的协作配合，政府与其他组织、居民的良性互动，政府对社会力量参与的肯定与支持，就为社区公共安全建设从基层治理机制层面带来了活力。很多国家在社区警务方面有一些好的做法，我国在社区警务方面也有很多好的探索。

[①]《决胜全面建成小康社会 夺取新时代中国特色社会主义伟大胜利——在中国共产党第十九次全面代表大会上的报告》，人民出版社2017年版。

（1）美国的社区警务模式——西方最具代表性的社区警务模式。

其主要的做法有：一是实施邻里相望计划，"邻里守望"是西方社区警务模式重要内容之一，是将一定区域的居民联合起来、互相帮助，共同预防犯罪，改进当地治安状况的一种犯罪预防控制方式。发动公民参与犯罪预防活动，在市民中招募一定数量的志愿者，加以专业培训，对各个辖区开展犯罪预防；二是建立工作站，类似于我国现在推行的社区警务室，在警察直接与辖区居民接触，在增强见警率的同时，增进居民与警察的了解；三是强化街面巡逻，在美国之前的机动车巡逻基础之上增加徒步巡逻和自行车巡逻，并特别注重在巡逻中与辖区居民的良好互动，逐步改善警民关系；四是合理利用社区资源，例如推动社区成立青少年犯罪预防、毒品矫治咨询机构等相关组织，协调社会资源完善社区警务；五是建立畅通的警民联系渠道，例如定期召开社区会议，协商辖区治安防务，让居民共同参与研究警务工作对策，群策群力，推动社区警务向更好的方向进行发展。

（2）厦门的社区警务——中国社区警务模式的典型代表。

厦门紧靠台湾海峡，是我国改革开放的前沿阵地，厦门市公安局围绕社区民警与居委会、社会机构、辖区居民之间的互动联系实施了具有厦门特色的社区警务体制。一是整体设计，统筹指挥。党委、政府牵头指挥建设厦门整体防控平台。充分调动了各部门工作的主动性。二是开放管理，信息公开。透明化社会防控治理，推动警务信息公开，鼓励人民群众参与到社会治安防控中，充分发挥群众优势，为厦门市的和谐警民关系建设奠定良好基础。三是科学布局，前瞻规划。根据厦门市各个社区不同的情况制定不同的警务策略，从务实的角度，合理布局未来规划。科学地分析、研究、判断未来发展趋势，绘制社区警务建设蓝图。四是创新技术，提高效率。建立网络化、信息化资源共享式打防体系也是厦门一大特色。向科学技术要警力，在流动人口管理、技防建设上先行一步，通过大数据平台等手段，提升社区打防效率，助推社区警务向纵深发展。

（3）潍坊市奎文区"1+2+N"社区警务——地方社区警务的有益探索。

潍坊市奎文区的"1+2+N"社区警务，主要是结合社区治理的网格化管理，在已有网格员、楼长基础上，打造1名正式民警、2名辅警和若干名网格信息员的社区警务模式，全面构建"点、线、格、面"全覆盖的平安格局。一是充分实现智慧化。全面推进公安社区警务与街道网格化抱团融合、信息共享，实现了基础信息采集"1+1>2"的效果，提升了工作效率，增强了百姓的满意度。二是充分扩大并发挥"N"的作用，根据社区的实际，因地制宜，广泛吸引社区楼长、党员、辖区单位、社会组织等群体的加入，依靠群众力量，让"N"元素彻底的活跃起来。三是不断完善警务设备硬件配套，在全区背街小巷的高清摄像头覆盖率达到100%，大大提高了辖区内居民的安全感。"1+2+N"警务模式，让民警实现了从"走进"社区走向"驻进"社区，从单兵作战走向团队协作，从"带回处理"走向"就地办公"的转变。真正实现了警察与群众的"零距离"，让社区警务室成为社区群众心目中"家门口的派出所"，极大地提升了辖区内居民的和谐感、安全感和温暖感。

2. 社区网格化安全管理

社区网格化管理即将网格化管理的管理方式和技术在社区管理中的实践运用，根据社区和网格化管理的内涵，可以将社区网格化管理理解为将社区划分为若干个网格单元，以此作为社区管辖的责任单位和服务平台，每个网格内配备工作人员进行巡视监察，并且借助信息技术和网络衔接技术，建立一种动态化、高效化、精准化的管理形式。从某种程度上看，网格化管理在管理思想、形式和方法上都具有一定的科学性和先进性，在社区内的管理运用是网格化的重要实践成果。

社区网格化安全管理是网格化管理理念在社区安全管理中的运用，以网格化管理的思路引领社区安全建设，以实现社区的长治久安。在社区原有网格划分的基础上，或根据社区安全特性划分特定安全网，每网格配备安全员或网格员，并依托相应技术手段（尤其是网络技术），实现实时动态安全监管。这种管理手段的运用是安全社区建设和发展的新思路，能够在很大程度上做到防灾减灾，能有效地发现和解决社区安全问题，实现社区管理的精准性和高效性。社区网格化管理模式是城市管理手段的创新和发展，如何高效地运用得当、将社区管理提升到新的高度是值得探讨的问题。

苏州市相城区元和街道社区网格化安全管理：元和街道以"纵向到底、横向到边，服务居民无缝隙"的网格化管理服务为工作目标，按照"地理布局、区域属性、人员相熟、便于管理"的网格划分原则，划分一、二、三级网格。街道以社区为单位，划分一级网格35个，二级网格以楼栋、街巷、自然村落为参照，以300户、1200人左右为单元，共划分190个二级网格，在二级网格以下划分三级网格753个。各社区由书记担任一级网格长，下设二级网格，每网格专设一负责人，下设三级网格，每三级网格由小组长和社工组成。一级网格长主要负责政策宣传、体察民情了解民意、调解居民矛盾冲突、保障民生、监督社区服务、安全卫生等工作，二级网格负责人起到承上启下的作用，传达网格长的宗旨，上传居民的意见建议，三级小组长深入基层，发现社区各方面存在的问题及居民各类需求，及时上传和反馈各类民情。各级网格长或责任人必须做到"一活、三清、五必访"，即网络信息活字典，清楚人员情况、区域设施和隐患矛盾，做到每月必访困难群众、独居老人、残疾人家庭、失业人员和暂住人员。各级网格紧密联系又互相分工，相互协调，共同致力于社区的管理和服务。

自实行社区安全网格化管理之后，社区管理实现全覆盖，无管理空白区。网格责任人及协管人员就管辖的区域进行巡逻检查，特别是在安全管理方面，对于突出安全领域进行跟踪检查，重点领域重点防护，避免了社区安全管理中的"死角"和"盲点"。安全协管员需按时走访能够检查社区住房、企业、临街店面，排查重点安全领域，如电路、液化气使用是否符合规范，企业是否存在"三合一"的生产单位、有无危险化学用品，沿街店面是否存在广告牌坠落危险等。对于危险源予以及时处理，对无法及时处理的进行信息收集反馈，予以上报。总体来说，全覆盖的安全管理模式从整体上减少了社区安全事故产生的渠道，保障了居民的居住安全和职工的工作安全。网格化管理的运用减少了事故发生后的应急反应时间，一般在3分钟内能进行初步的事故处理，为紧急救援和减少生命安全威胁节省了时间。该管理模式基本能全面、有效、及时地发现和解决社区安全问题和危险源，在灾害的临界点进行有效跟踪处理，维护社区建设的长治久安。

3. 政府购买社会治安服务

政府购买服务是指通过发挥市场机制作用，把政府直接向社会公众提供的一部分公共服务事项，交由具备条件社会力量承担，并由政府根据服务数量和质量向其支付费用。政府购买服务在20世纪80年代起源于欧美。在中国，早在20世纪90年代中期，深圳即已从城市环境卫生领域开始尝试，慢慢发展到教育、就业、社保、医疗卫生、住房保障、文化体育及残疾人服务等基本公共服务领域，进一步厘清了政府、市场和社会的关系。

政府购买服务不仅是政府职能转变的重要体现，更重要的是一项社会治理机制创新。社会转型过程中，通过信息传递产生的犯罪渠道不断增多，人们感受最直接、最关心的社会治安问题更为突出，单纯依靠政府自身的力量难以满足社会安全需求，而政府出资购买社会服务就在这时提供了很好的补充。

潍坊市奎文区梨园街道专职"守夜人"队伍。潍坊市奎文区梨园街道以购买社会服务方式，投资40万元，创新实施了专职"守夜人"模式维护平安，以"守夜人"引领"大巡防"。按照公开招聘、公平竞争、择优录用的原则，选聘了9名年龄在40岁以下、热心综治工作的巡逻队员，配齐巡逻设备，在夜间晚9点至凌晨5点九个小时的时间内对辖区81个小区开展不间断的巡逻，并与辖区物业公司人员、小区保安人员一起，构建起"联防、互防、自防"三防一体的防控网络体系。自夜间巡逻队成立以来，梨园辖区的入室盗窃、盗窃电动车、电瓶案件直线下降，特别是入室盗窃更是效果明显，辖区群众的安全感和满意度直线上升。

（二）以自治为主的社区安全补充力量

社区的志愿者队伍等自治力量作为社区安全服务的有效补充力量，在社区安全风险防范方面发挥着重要作用，特别是在半封闭或者不封闭的老旧社区，物业公司安保作用减弱的情况下，社区治安志愿者的作用更加突出。

完善治安志愿者参与社区安全风险防范，对于治安志愿者队伍自身发展与社会公共安全状态的提升都有着重要的意义，特别是在城市社区，有着极大的社会公共安全需求。治安志愿者作为"群防群治"力量的主力，参与社区安全风险防范的作用包括影响与加强社区全体居民的应对灾害的能力、参与社区治安巡逻、安全信息收集反馈等。公共安全知识普及的同时，提高了居民的自防自救意识，也加强了社区居民间交流与沟通，促进了社区风险文化与社区文化的培育与发展，为社区安全建设带来了人气与活力。

朝阳群众——基层社会协同治理多元主体参与的典型：

"朝阳群众"起源于北京朝阳区，构成人员以中老年退休党员群众为主，自愿加入，通过治安巡逻、值勤和举报等形式维护社区公共安全，因举报明星艺人吸毒、嫖娼而知名。"朝阳群众"表现出来的"具有关注公共事务热情，积极参与社区治理"，表明基层社会协同治理多元主体中群众参与公共事务的能力在不断提高、公民意识在不断成长和深化。

2015年，北京市朝阳警方结合区情实际，组织民警、保安员和群防群治力量1500

余人加强对全区治安防控,并制定《群众举报涉毒违法犯罪线索奖励办法》鼓励群众积极参与社区治理工作。政府和社区部门主动把群众力量纳入了基层社会治理的环境中,凸显了"朝阳群众"作为多元治理主体的一部分在基层治理发挥着不可替代的作用。2017年3月,朝阳区综治办会同朝阳公安分局,共同开发了"朝阳群众"App,利用科技化手段为群众参与提供了便利,同时吸引了广大青年志愿者对基层公共事务的关心,优化了"朝阳群众"的年龄结构;2017年12月,北京市全市登记注册志愿者人数突破400万人,注册志愿服务家庭2万多个,志愿服务组织6万多个。志愿者参与基层公共事务的人数不断增加,组织规模不断扩大,既表现了"朝阳群众"式志愿力量的发展,也标志着基层社会多元主体参与的群众力量有了长足发展。

(三) 以信息化智能化为主的社区安全科技力量

党的十九大报告指出,"运用大数据提升国家治理现代化水平,建立健全大数据辅助科学决策和社会治理的机制,推进政府管理和社会治理模式创新,实现政府决策科学化、社会治理精准化、公共服务高效化。"随着信息社会的快速发展,在大数据时代的背景下,社区安全智慧化是大势所趋,社区安全建设应当走出传统的思维方式,转变治理理念,创新治理方式,与信息迅速处理技术的发展接轨,全方位地完善社区治理,实现革命性的社会治理方式的变革。政府要鼓励支持利用大数据技术建立完善智慧社区安全平台,注重网络信息化管理,正确引导网络舆论,确保社区平安和谐。

新兴的社区安全智能化设备,是将多个具有相同或不同功能的建筑物,按照统筹的方法,利用计算机技术、通信技术、多媒体技术等高科技手段,分别对其功能进行智能化资源共享统一管理。社会治理智能化,能够在网络化和网络平台基础上,运用大数据、云计算、物联网等信息技术,使我们的社会治理能够更加精准分析、精准服务、精准治理、精准监督、精准反馈,能更好地服务不同社会群体,更有效地管理好国家和社会的公共事务,在社会治理方式上实现革命性的变革。现代社会提升社区安全水平,迫切地需要提高"智防"能力,搭建精细化的社区公共安全防控网络。

在社区人口管理上,实现对社区人口基础信息管理、常住人口管理、流动人口管理动态采集、更新和维护,并通过对居民各类诉求的采集上报,保证数据输入的准确性,实现市民与政府的良性互动,形成实时、敏捷、长效管理机制。

在社区警务上,引入视频监控和智能分析技术,实现社区管辖范围内的小区、人员密集繁华街区、大型公共场所、繁华商业场所、集贸市场、公寓写字楼、旧货市场、文化娱乐场所、公园景区、地下空间场所等重点部位信息的综合管理和现场的实时监控,创新立体化社会治安防控体系,严密防范和惩治各类违法犯罪活动。宝鸡市公安局开发的社区警务专用"智能识真治安管理系统",集人脸抓拍识别、车辆信息采集识别和后台系统分析报警于一体。

在警民互动上,构建警民良性互动平台,打造居民积极参与群防群治的"情报站"。公安部门利用各种信息传播途径及时向社区居民发布治安防范预警信息,结合居民和社区工作者对社情动态的采集、发布。补充公安社会动态信息来源,丰富公安情报线索,为案件侦破提供更多有价值线索。宝鸡市陈仓区茗苑社区警务室专职民警建立了QQ联防群,吸纳了近百人,遍及四个坊的每栋楼每个单元,居民发现安全隐患及时在群内说明情况。

在社区智能安防与公安防控体系建设上。将社区智能安防信息与基层社会治理的网格化、信息化深度融合,实现安全信息共享,提高社会安防的信息化水平。通过网络信息化手段创建有效依托360度全方位视角监控系统、门禁系统、预警系统、无线实时定位系统等手段的社区治安,从而全方位提升社区安全防范水平,社区居民积极参与安全建设,营造安全社区治理的良好氛围,保障社区居民安全。

潍坊市奎文区樱园社区的易邻里"智慧安防"工程项目就是智能安防的有益探索。该项目融合最新的NB-IOT、物联网、大数据和人工智能等现代新兴技术,实现基于云服务的社区云门禁、云停车、智慧家居、智慧物业管理。该工程对居民小区的安防设施进行智能化改造提升,包括"智能门禁管理系统",结合移动可视对讲、App一键开门、人脸识别等高科技手段的智能化设备,形成小区出入口和单元楼栋门口的智能卡口,实现"人过留影""以房管人""以门管人",提高居民生活便利性和安全性;"智能停车管理系统"通过在居民小区安装智能停车设备、拍照识别系统,对车辆出入信息实时采集,实现"车过留牌""以车管人";"智能监控系统"通过在小区周界和重点区域设置电子围栏,实现事前预警、事中制止的智能化应用。

(四)以建立模拟训练机制为主的居民自防自救安全力量

传统的电视媒体、宣传栏的安全教育,带入性差,对应对处置突发安全事件的能力作用有限,为提高安全防护能力,建立现场化的模拟训练机制至关重要。通过多次的安全事故现场模拟训练可以极大地提高居民自防自救意识和自防自救能力。2018年5月23日,青岛云南路街道云南路社区邀请省消防部队官兵为社区工作人员、网格长、楼组长、平安志愿者、九小场所和驻区企业代表50余人进行消防安全"会使用、会操作、会防范"三会实战模拟培训。培训现场,消防部队官兵首先讲解了消防安全知识,提醒居民注意和预防电线电器火灾、家庭厨房火灾、车棚电动车充电引发火灾等小区常见火灾,消除可能存在的安全隐患。随后,社区安全自防队员在消防官兵的指导下现场演练了消防服的穿戴和消防器材的使用,提高了自防队员操作器材应对火情的能力。最后,消防官兵组织居民学习灭火器的使用方法并进行了演练,50多台灭火器一字排开,迅速扑灭了点燃的纸箱等演习道具,用实战模拟帮助居民数量掌握灭火器的使用方法,提高居民面对火灾时的自救能力。

(五)以"安全社区"创建为主的综合评价力量

"安全社区"的概念最早于1989年提出,在世界卫生组织举办的第一届事故与伤害预防大会上,通过了《安全社区宣言》,宣言指出"任何人都享有健康和安全的权利"这一基本原则。2009年,WHO社区安全促进合作中心出台了"WHO安全社区导则",提出了安全社区建设、申请、认证和证后管理的要求,并对"安全社区六项准则"逐条提出了具体要求。

国际安全社区准则：

（1）组织机构标准条款："有一个负责安全促进的跨部门合作的组织机构。"通过组织机构整合社区资源，以伙伴合作模式，自发性地组织起来，集结力量，各施所长，紧密地联系起来，运用各自的资源及服务，为区内居民提供一个安全健康的工作及生活环境。社区内的政府机构以及职能部门、企事业单位，商贸服务业、学校、医院及社会服务团体等按职责分工，承担各自的伤害预防工作，并在此基础上实现资源信息共享。

（2）预防计划标准条款："有长期、持续、能覆盖不同性别、年龄的人员和各种环境及状况的伤害预防计划。"安全社区建设的重点在于策划和实施各类伤害预防计划，应在对社区的情况进行充分调查分析的基础上，针对需要解决的重点问题而策划的控制措施及预防计划。

（3）预防项目标准条款："有针对高危人群、高风险环境，以及提高脆弱群体的安全水平的预防项目。"高危人群包括低收入人群，高危行业和特种作业从业人员，易受故意伤害的人群、自残人员，健康状况欠佳的老人，儿童，家庭暴力受害者，精神病患者、残障人士，经常参加体育和娱乐活动的人群，无家可归的人群。应针对高危人群、高风险环境和脆弱群体，通过实施项目提高环境安全度，提高人群安全意识与能力，改善脆弱群体的生存质量，减少和降低事故与伤害。

（4）伤害记录制度标准条款："有记录伤害发生的频率及其原因的制度。"社区应制定记录伤害的制度，对社区发生的各种伤害及时、如实地予以详细描述。通过真实的伤害发生的频率及其原因的记录，可以分析发生伤害的数量、类别、原因、分布趋势等特点，有针对性地制定措施或调整安全促进计划加以解决。

（5）评价方法标准条款："有安全促进项目、工作过程、变化效果的评价方法。"社区应制定评估安全促进绩效的方法，设定长期的社区安全促进和伤害预防项目目标，并在实施过程中获取活动前后有关行为能力、意识、结果变化的信息以便对活动效果进行评估。评估可以总结经验，发现问题，更重要的是为策划新的计划和项目提供依据。

（6）活动参与标准条款："积极参与本地区及国际安全社区网络的有关活动。"社区应积极参与以互相交流为目的的安全社区活动，通过交流，取长补短，促进本社区安全健康工作的开展。社区在申请加入安全社区网络前至少要参加一次国际或区域安全社区活动、相关培训、其他国际或区域活动。成为安全社区网络成员之后的未来三年中至少要参加一次跨国界的国际安全社区会议，之后每隔十年，安全社区网络成员至少要参加一次跨国界的安全社区会议。

在总结安全社区建设和发展经验的基础上，国际社区安全促进合作中心在6条准则的基础上，又在交通安全、工作场所安全、公共场所安全、涉水安全、学校安全、老年人安全、儿童安全、家居安全和体育运动安全9个方面分别提出了7项具体指标。

安全社区不仅仅看社区安全水平高低，而是以该社区是否具有有效的组织机构，是否能够持续促进社区居民的健康和安全作为衡量的标准。在"WHO安全社区导则"引导下，西方安全社区建设相对科学规范。在建设的过程中，往往紧紧抓住一个问题，一干到底，做到发现一个，解决一个，并且由谁完成了哪项工作都会被记录下来，做到有据可查，方便检查进度，就这样一个问题一个问题地推进，有步骤，有计划，直至将出现的所有问题全部解决。在工作中，重视工作的跟进和对工作的评估，不是干完就算，而是有后续，有跟进，有评估，从而对工作的得失、项目的效果有更清晰的认识。虽然一个项目推进可能需要几年的时间，但项目的推进效果都比较好。

因此，在当前城市社区安全管理模式中，安全社区是经验最为成熟、使用领域最为广泛、涵盖范围最为全面的一种，也是经过实践检验效果最为明显的一种，创建安全社区对于维护社会稳定和谐具有重要意义。同时，创建安全社区的过程也是一个全面改善社区安全状况的过程，无论创建成功与否，在创建过程中开展的诸如安全隐患排查、对相关职能部门的协调、对居民的组织与动员等，都在无形当中提升了本社区的安全管理水平。此外，安全社区除了能有效降低伤害数字之外，取得经济效益，所带来的社会效益更为可观，一个没有安全保障的社区，对于外来投资者缺乏吸引力，对于本地居民缺乏凝聚力，而一个健康安全的社区，可以让居住于此的居民安居乐业，增强对于社区的归属感和责任感，最重要的是向居民灌输安全意识，培植本社区的安全文化，有效增强社区的"软实力"，提升社区的品质，起到促进社会稳定的作用。

服务连接万家　满足居民健康向上的新需求[*]

——以居民为中心强化服务激发活力研究

社区服务既是加强社区建设的一项基础性工作，也是激发社区活力的重要方式和手段。它直接面向居民群众，连接万家、满足需求，贯穿社区建设、管理和发展全过程，深度融入居民生活中，并且可以通过为居民解决具体困难和实际问题，让居民感受到实实在在的获得感。本文旨在分析论证如何以居民为中心，通过创新和完善服务机制，提升社区服务水平，不断满足居民各类服务需求，以达到激发和增强社区活力的目的。

为了增强研究的针对性，同时避免分类交叉，本文将社区服务根据性质分为公益性、公共性和市场性 3 种类型。公益性服务主要是带有保障、福利、救济等属性的服务；公共性服务主要是政府提供的带有规范、行政属性的服务；市场性服务主要是为居民提供的带有社会性、有偿性等特点的服务类型。分类不是目的，更重要的是通过明确社区服务的分类来说明和论述服务与活力的关系，从而有针对性地用好服务之手，激发社区活力。随着经济社会发展和居民群众生活水平的提高，社区服务需求和供给更趋多元化、多极化、多样化，所谓"众口难调"，在社区服务方面体现得十分明显。这就要求提供的社区服务不仅要质量高，还要有很强的针对性和实效性，适应不同的服务对象，尽量让各个群体、各种类型的居民都满意。

一、公益性服务，让居民感受到爱的力量

公益性服务一般具备救济性、保障性、特定性、低偿性等特点，其目的主要是让居民感受到来自政府、社会和社区大家庭的关爱和温暖。

（一）保障服务，充分发挥政府"兜底"作用

面对不同境遇的特殊人群和弱势群体，政府既承担"救急"任务，也承担"救困"任务，保障作用应当得到充分体现。以安徽省合肥市庐阳区购买社区服务为例。为提升社区服务水平，该区于 2017 年底印发了《关于购买社区基本公共养老、青少年活动服务、社区养老服务设施运营服务实施细则》，对于部分公益性服务项目建立长效机制，进一步整合优化各类社区服务资源，提高社区各类服务设施和财政资金的使用效

---

[*] 执笔人：孙军。

率。利用政府投入的资金,庐阳区三孝口街道龚湾社区服务中心设立了儿童阅趣馆、电子阅览室、沙龙室、棋牌室、科普馆、书报长廊等,丰富了社区服务内容和形式。这些服务项目都是由三孝口街道购买,安泰社会工作服务中心承接,依托社区为儿童、老人和其他居民提供专业服务。同时,在政府投入的基础上,街道还募集资金,在龚湾社区发起了"马桶计划",为辖区行动不便、符合条件的老人家中免费安装马桶扶手。

另外,面向老年居民的日间照料、社区养老,面向学龄儿童的"四点半学校",面向因病致贫家庭的大病救助等,都是政府采取的很好的兜底措施和机制,也得到居民群众的一致肯定。山东省潍坊市奎文区针对学生放学后,因家长上班无人看管的问题,在全区多个社区建立"四点半学校",让孩子们在放学后有学习和被照顾的地方,有效解决了上班族的后顾之忧。为了提高"四点半学校"的服务水平,该区依托社区服务中心,建立了政府部分投入、社区负责主办、社会力量支持、居民积极参与的管理和运营机制,并开展设施配套好、服务管理好、建章立制好、活动开展好、关爱效果好的五好"四点半学校"评选活动,保障和促进"四点半学校"正常运转。

(二)志愿服务,充分发挥各类队伍"生力军"作用

对于社区公益性服务来说,来自社会各界的力量不容忽视,特别是志愿者队伍,发挥着重要的"生力军"作用。

(1)社会力量和社会组织发挥了重要的志愿服务作用。很多社会力量、志愿队伍有人员、有资金、有热情、有爱心,如果在社区中找到其发挥作用的切入点,对于提升社区服务特别是保障服务水平具有积极而重要的作用。江苏常州有个知名度很高的"一加爱心社",发起人王德林虽然是一位残疾人,但是他利用短短几年的时间,组织了1万多人加入爱心社,为各个社区的特殊人群提供服务,做出了不平凡的业绩。他们定期为260位孤寡、空巢老人和残疾人提供日常服务,组织大学生利用寒假期间为外来务工家庭的孩子辅导教学,每年情人节、圣诞节,都联合常州市其他爱心组织,进行大规模义卖活动,筹集资金帮助困难群众,仅2016年情人节一次,就筹集爱心救助善款14.5万元。他们每年都组织残疾人踏青、春游,参观游览常州及外地景点,令不少常年出不了家门的老人和残疾人十分感动。

(2)志愿服务可以与居民自治有机结合。利用志愿服务手段,推进需要居民自治来解决的问题,有时可以起到"1加1大于2"的效果。上海市政通新苑小区在居委会组织下,成立护河志愿队、开展爱河护河行动的基础上,开展了旨在"维护河道清蓝,用绿装扮家园"的公共空间整治和环境提升改善活动。他们发起成立小小志愿者、老年花友会等队伍,开展睦邻达人评选、园艺培训,发动居民自主管理河道、花园、楼道的日常维护,充分发挥各类队伍作用,有效提升居民自治和服务能力,解决了很多居民关心的实际问题。同时,社区志愿队伍可以为社区居民提供更多的相互沟通、学习、了解的机会,促进邻里和睦,增强社区凝聚力,不仅能在提高社区居民生活水平和质量方面发挥积极作用,还能更加充分地融入社区自治活动中。

(3)小区"热心人"的参与,也是志愿服务的重要方面。宁波市北仑区小港街道红联社区成立社区社会组织培育发展服务中心,培育成立巧嘴阿姨工作室、党员爱心

集市、企退人员之家、义务巡逻队、朝阳花宣讲团等组织 50 多个，分别建立活动机制，保障各支队伍规范有序服务和活动，来自各个方面，具备各项技能的"热心人"会员已经达到 2000 余名。其中，"天天敲门组"每天定时去敲独居老人的门，每月 15 日和 30 日，"香香理发组"为社区居民免费修剪头发等。受益的居民们动情地说，社区让居民感受到了"家"的温暖。这些服务形式，很多居民在这个队伍里提供服务的同时，自己或者是家人也享受着其他队伍提供的服务，大家都是真心真意地参与到服务中来的。在上海市新江湾城街道建德社区，社区组织志愿者开展的"义务拿药"服务形成了常态化机制。针对社区内建德国际公寓周边配套设施较少，居民反映"就医难"的问题，社区居委会组织小区居民志愿者共同商议，由志愿者骨干牵头开展了"邻里关爱"助医项目。每周一至周五下午，志愿者义务为小区残疾人、高龄居民到一公里外的社区卫生站拿药、送药。从 2015 年开始，这个义务取药团队逐渐扩充，"拿药小组"成员已扩充至近 20 人。志愿者们自我管理、自我监督，安排好值班时间，无论刮风下雨、严寒酷暑，一直坚持了下来。据统计，"邻里关爱"助医项目自开展以来，为小区居民提供服务近 14000 人次，社区内近 400 位 60 岁以上居民切实享受到了"到家门口的生活服务"。另外，2020 年初新冠肺炎疫情期间，在小区封闭、外出困难的情况下，来自各个行业的志愿者，为各个小区内患有高血压、糖尿病等慢性疾病的行动不便的老年人提供义务买药、送药服务，解决了老年居民的燃眉之急。药品短缺、交通不便、部分店铺关门，志愿者们冒着被感染的风险，克服重重困难，有的辗转几家药店，耗费三四个小时，为老人们奔波购药，以无私的奉献精神提供了难得的公益服务。

二、公共性服务，让居民有更多归属感

公共性服务具备规范性、行政性、普惠性等特点，通过为居民提供审批、盖章，以及就业、文化、卫生、教育等行政类服务，让居民感受到自己是社区大家庭中的一员。

（一）行政服务，让社区居民办事更容易

当前，很多公共服务事项涉及审批、盖章、备案以及政策咨询和落实等内容，带有一定的行政色彩。受到各类因素制约，不少居民对于社区内的行政服务还存在一些误解，因为怕麻烦、怕受到刁难而不想去、不愿去的思想还不同程度地存在，所以，通过改进行政服务、提升服务质量，增强居民的归属感还是很有必要的。

1. 借助科技手段，可以让服务更高效

可以借助科技化、智能化手段助力社区服务。开展社区服务过程中，如果能够借助科技手段和措施，设身处地地为居民考虑，提供更加高质高效的服务，居民会感受到更真切、更贴心，有更强的归属感。杭州市江干区笕桥街道社区服务中心，为让居民办事更便捷高效，积极推进自助服务网络建设，配套专门智能化设备，开设 24 小时自助服务区，方便居民自助办事。随着自助办事的宣传推广，越来越多的居民享受到了便利。很多原来需要请假才能去办的事情，现在利用下班时间就可以自助完成，社区居民拍手称快。同时，前往社区服务中心窗口办理服务事项的居民会发现，"学龄前

儿童资料""学龄儿童资料""2018年新政变化提醒""温馨提示""医保服务大厅地址"等，一应俱全，服务窗口摆放着记录这些内容的小纸条，一张张裁剪整齐、一沓沓分类摆放，居民办理什么业务，就可以取用相应的纸条，办理程序一目了然。家住东港嘉苑的余大伯来咨询给孙子办理少儿医保的事宜，在问清孩子和家长情况后，工作人员就递给他一张"学龄前儿童资料"小纸条，告知他按照清单准备好所有资料后，便可一次性办理好少儿医保。第二天，余大伯带来了清单上的所有资料，3分钟后，便拿到了证历本。

2. 多一张笑脸，可以让服务更温暖

企业的微笑服务值得借鉴。坐飞机、乘高铁、住酒店，享受服务的同时，大家看到最多的可能是服务人员的一张张笑脸，这些笑脸，代表了一种态度，更容易让人感受到服务的"暖意"。对比上述各类服务行业，社区服务态度还需要更好的改进，很多从事社区服务的人员和社区工作人员笑脸少了一些，态度冷了一些，缺乏让人感到舒适的暖意，有的人员甚至一副冷面孔，让人望而却步。礼貌，是一种基本的修养，更是工作人员应当恪守的准则。每个人都会有切身感受，"冷脸"与"笑脸"的效果截然不同，所以，社区有必要建立微笑服务机制，把服务行业管理和服务的好经验、好做法引入社区服务当中，可能会起到意想不到的效果。社区提供的服务内容充实丰富，方式灵活多样，但是工作人员以冷脸示人，好像满世界都对他有所亏欠，居民肯定不会感受到太多的暖意。反之，居民从进入社区的第一眼开始，看到的都是工作人员的一张张热情洋溢、充满真情的笑脸，即使服务的内容稍有不尽如人意的地方，居民内心的感受还是会因为笑脸而大大加分的；如果服务质量和效果再好一些，大家会真切感受到社区与居民"心贴心"的感觉。很多服务单位的人员，会在胸前挂上一个卡通式的笑脸，如果再配上工作人员的笑脸，会起到事半功倍的效果。这些做法也是值得社区和从事社区服务的工作人员借鉴的。

3. 建立标准，可以让服务更规范

标准化可以使服务更加规范高效。山东省潍坊市奎文区梨园街道樱园社区实行的"一窗受理，全科服务"做法，要求每名工作人员必须基本掌握全类型社区服务知识和内容，让居民群众在每个办事窗口都能够享受到一样的服务，这种做法类似于医院的全科医生。江苏省靖江市靖城街道推出的"三项清单"，为社区服务提供了更具导向性的规范和标准。其中，"居民需求清单"主要是按照"居民群众所盼、自身力所能及、惠及一定群体"原则，广泛征集、定期梳理制约社区发展的突出问题和居民反应强烈的合理服务需求；"社区资源清单"主要是按照"共建共治共享"原则，汇总社区党组织和驻区单位、走访单位、社会组织等在人才、技术、场所、设施等方面能为社区居民提供的各类服务资源，以及党员个人发挥自身特长和优势能为社区居民提供的志愿服务；"惠民项目清单"：主要是按照"精准匹配、便于实施、常态长效"原则，将"居民需求清单"和"社区资源清单"内容进行有机衔接，聚焦基层最急需、群众最期盼解决的问题，经社区党组织集体研究，形成惠民服务清单，加以组织实施和推进。

明确服务责任，也是建立标准的重要方面。浙江省衢州市赵家坪社区抓住社区服务的根源，制定和落实了社区服务"首问责任制"。制度规定，凡是来人或通过电话到社区申请办事、咨询、投诉等事项，所接触的第一位工作人员即为"第一责任人"。"第一责任人"应该热情接待，帮助居民解答、处理问题，或协助联系有关部门，不得使用"不知道""不清楚""不归我管"等语言。这样一来，不仅缩短居民办事时间，还能有效提升工作人员的办事效率，实现居民上门"接待一个、跟踪一个、解决一个"。社区内的独居老人徐大娘家突然断电，看不了电视，也没法烧水做饭，由于行动不便，老人抱着试试看的心态，打电话到社区求助，唐姓社区工作人员接电话后，切实担负起"第一责任人"的职责，马上联系有电工专长的社区志愿者，一起赶到老人家里排除了线路故障，为老人第一时间解决了实际困难。

（二）空间服务，让居民有更多活动的地方

城市社区当中，公共空间属于稀缺资源，很多社区由于缺乏居民开展娱乐、健身、学习、交流等活动的公共空间，影响和制约了社区建设，活力也就无从谈起。

1. 应当"见缝插针"找空间

社区空间有限、地域有限，提供服务的公共空间是找出来、挤出来的。随着社区建设不断加强，多数社区都建设了社区服务中心，用于社区办公、居民活动、社区服务等事项，面积有大有小，但是从面上情况看，提供公共服务的空间和场所相对比较局促。相对于面积，为居民提供服务的空间和平台的功能、类型更要丰富，体现服务的多样化。如居民休闲、娱乐的棋牌室、舞蹈室；居民健身、活动的室内场所；居民读书、充电的图书室等，这些场所都是很有必要的。在建设基本服务场所的基础上，很多社区结合自身实际，见缝插针、因地制宜，探索建设各具特色的社区服务场所，给人耳目一新的感觉。其中，山东省潍坊市奎文区北苑街道金都社区建设的"一校一廊一广场"，具有很强的代表性。"一校"，就是社区四点半学校，在社区服务中心开辟专门空间、配备专门人员，让社区内下午放学后没有家长照看的小学生到四点半学校，集中组织做作业、学习交流，保障孩子们"放学后到家长回家前"这段时间的学习和安全。"一廊"就是社区贤达长廊，利用社区内建设的长亭，将社区居民当中的精英人物、骨干力量、优秀志愿者以及他们的生动事迹进行展示，让大家了解和学习。"一广场"就是新时代文明实践广场，将古诗词、寓言故事、励志故事等积极向上的内容融入广场阅报栏和展示区，并定期举办公益文化、服务咨询、邻里交流等活动，在社区倡树以社会主义核心价值观为主要内容的正能量、正力量。

2. 应当围绕需求挤空间

只要是真心实意的以居民为中心，办法总比困难多。小区内居民衣物的晾晒问题一直是困扰着社区和居民的老大难问题，很多小区内拴在小树间的晾衣绳，挂在绳上的被褥和衣物，不仅影响树木成长，影响小区形象，也影响了居民的正常生活。潍坊市奎文区东关街道民生街社区建设的"公共晾衣场"，为解决这个问题提供了很好的借鉴，我们可以称之为"文明集中晾晒机制"。为了整治社区环境，提升社区品质，根据多数居民的诉求，民生街社区拆除了居民自行搭建和拉扯的晾衣竿和晒衣绳，居委会筹资建设了100多平方米的晾衣场，场地底部安装防火保温层，四周和顶部全部安装高级透明玻璃，设置多处通风窗，保障采光和通风。公共晾衣场建成后，社区里私拉

乱扯的晾衣绳不见了，居民们都把衣服、被子拿到晾衣场晾晒，大家普遍反映社区更整洁了，晾晒衣服更方便、更安全了。

3. 应当挖掘资源建平台

分布在社区内的各类资源、场所很多，需要搭建对接和服务平台。以北京市西城区龙泉社区为例，社区内有市属公园、中小学、文化馆、部队大院、昆曲剧院、国有企事业、非公经济组织等大小单位100多家，社区内把辖区单位的资源进行统一登记，包括学校的操场、教室、图书室、体育活动场馆，公园的爱国主义教育基地、茶座、园艺、游乐项目，文化馆的小剧场、演员、节目，企业的综合办公楼、停车场，物业部门的维修技术人才及设备，非公经济组织的优惠项目、打折促销活动等，加上居民群众的参与力量、志愿服务队伍等，通过有效的整合、对接，提供互助性服务。这几年来，通过互助服务成功对接了40余次互助项目及活动，如：下大雪的时候，部队派出官兵参与街道、社区扫雪除冰，为社区和居民服务；陶然亭公园为社区青少年"阳光假期快乐成长"活动提供场所和人员服务；"家人话中秋"交流走访活动中嘉年华面包房和永庆物业免费提供蛋糕及礼品服务；十五中、陶然亭小学的操场、礼堂、教室在平时更是成为居民大型活动的场所；教师节，辖区企业排除代表慰问学校教师，送去新购置的教师办公桌椅。这些服务活动，充分挖掘和利用了社区内的各类资源，内容丰富、充实、多样，还取得了很好的效果。

调动辖区单位提供资源的积极性很重要。多数社区都有辖区单位，包括机关、医院、企业、学校、科研院所等，数量不一。辖区单位对于社区来说，是一笔不可忽视的资源，更是参与社区服务、加强社区建设的重要力量，辖区单位与社区之间更多的是一种"共同体"的关系。山东省潍坊市奎文区北苑街道金都社区充分链接社会资源和辖区单位，先后协调山东金庆集团、众城置业、潍坊社工协会、3A教育等单位，将专业的小区棋牌室、游泳馆、办学机构、配餐企业以及社工队伍等资源链接进来，为全体社区居民提供服务和活动的平台。为了激发大家的积极性，金都社区居委会每年都组织居民评选优秀驻区单位，让居民对驻区单位参与社区建设、提供为民服务等情况进行评价，然后举办仪式向驻区单位颁奖。奖品丰富多样，有时发牌匾，有时发证书，有时发锦旗，有时发热心居民的字画，虽然不多，但激励作用却很大。这种形式对居民是一种动员和宣传，对驻区单位是一种回报、褒奖和激励，对社区工作是一种促进和提升，起到了很好的效果。

三、市场性服务，让居民有更多选择

市场性服务更趋多元化、多层次，通过提供、加强和发展市场性有偿化服务，可以更加有效地满足居民各类实际需求，并且有资金收入作为服务保障，可以让居民有更多更具长效性的选择，切实提升居民生活品质。

（一）生活服务，让居民生活的更舒心

（1）生活服务可以解决居民的实际困难。居民生病，需要吃药打针，就近的医疗服务很有必要；有些事情居民自己不能做，有些生活问题居民很难自己解决，必须要通过就近的社区生活服务来帮助解决。如果在社区里面就近设立这样的服务点或者是有固定联系的专业人士，对于居民来说是十分必要的。特别是对于行动不方便的居民来说，必要的生活服务显得尤为重要。如为空巢老人、孤寡老人、患病老人提供的家政服务，为行动不便居民提供的上门配送生活用品、上门理发等服务，随着老龄化问题越来越突出，这样的社区生活服务应当进一步增多，需求也将更多。

（2）物业服务是与居民关系最密切的生活服务。公共设施维护、治安管理、卫生保洁、小区绿化、车位管理等，都是物业服务的重要内容，与居民的关系也最为密切，居民选择居住小区，除了关注地段、周围环境、房子质量，考虑最多的应该就是物业管理问题。一般来说，新建小区的设施比较完善，物业服务相对比较好，老旧小区的物业服务和管理则成为困扰社区和居民的重要问题。山东省潍坊市奎文区探索创新物业管理和服务模式，具有较强的参考和推广价值。该区本着政府主导、社区自治、市场运作、业主联动的原则，建立健全体系，打造完善信息化服务平台，聚焦卫生保洁、设施维修、安全服务、小区事务监管、公共资源管理运营、养老服务、基本医疗等七大服务内容，逐步形成了"居民吹哨、社区报到""社区吹哨、部门报到"等基本经验，建立了"1+3+N"等行之有效的工作机制，创造了老旧小区物业管理新模式，全区物业服务覆盖率和管理服务水平不断提高，物业文明创建、制度建设等工作走在了全省前列。

（3）生活服务需要居民更多地"用钱投票"。居民"掏钱"是对服务效果最实在的肯定，也可以称为花钱买服务，更加体现了此类服务的市场性。我们先举一个企业家投资的例子。有一句话叫作"企业家用脚投票"，就是说，作为项目、资金持有人的企业家，哪里发展条件好、投资环境优，就到哪里投资、发展、兴业，企业家这一票，不仅有利于推动地方发展，也是对这个地方发展环境、人文环境最直接的肯定。对于社区服务来说，围绕提升服务质量和效果，社区提供平台，征集居民建议，根据居民需求，引入社会组织或社会力量，提供市场化、有偿性服务，让居民用"钱"投票，是衡量社区服务效果最直接、最有力的体现。如果社区服务效果好，居民能感受到实惠，经过权衡，就会舍得花钱买服务；效果不好，居民自然就不会舍得投入，提供服务的社会组织没有收入来源，无法维持正常运营，就会遭到淘汰。

（二）分类服务，让居民各取所需

社区居民的服务需求丰富多样，各类人群的服务需求更是不尽相同。老年居民更趋向于养老、健康等方面，青年人更趋向于娱乐、饮食等方面，少年儿童更趋向于学习、文化和体育等方面，这就要求提供不同类别、不同层次的服务来满足各个方面、各类人群的服务需求。

（1）以社区为平台开办的面向学龄儿童的培训机构，兼具学习培训、学生看护、智力开发等多种功能，满足了一部分家庭的教育需求。山东省潍坊市奎文区北苑街道金都社区建立"智慧城堡"社区教育板块，结合未成年人的特点和需求，运用社工"人在情境中"的系统理论，尊重孩子个性化差异，帮助发现孩子新需求，挖掘孩子潜能，对未成年人提供学科辅导、才艺培养、好习惯的养成、家庭亲子等专职教育服务，同时，兼具"四点半学校"功能，让放学后到父母下班前家中无人的孩子到社区做作业，解决了家长的后顾之忧。社区通过引进专业教育机构，提供专业服务，并且收取一定的费用，既满足了居民的需求，又取得了一收益，有效发挥了市场的引导和推进作用。

（2）老年群体的需求，是社区服务需要考虑的重要方面。近年来，各地建立了很多社区日间照料中心、社区养老中心等老年服务和养老机构，满足了很多老年居民的实际需求，也解决了老年家庭子女的后顾之忧。潍坊市奎文区东上虞社区依托社区服务中心建立的社区养老中心，辐射服务周边区域，积极面向社会提供老年人养老服务，为社区内外的老年人提供了理想的养老、康养场所，在收费标准完全实行市场化的情况下，现有床位出现供不应求的现象。福建省厦门市湖里区江头街道吕岭社区，针对独居老人多的实际情况，想方设法为社区老年人设立敬老餐厅，采取收取一定费用、组织社区单位捐助、抽调社区和单位人员烹饪、引进社会力量参与等方式，为老年人低偿提供午餐，为独居老人、子女上班老人、行动不便老人解决了就餐问题，得到了社区居民的广泛欢迎。

（3）面向居民的家政服务、养老托幼、食品配送、修理服务、慈善超市、教育培训、再生资源回收，等等，通过各种类型的服务，满足了各个群体居民的需求。如上海市杨浦区四平路街道办事处，统筹组织以生活服务集市的形式，定期到社区内为居民提供集中服务。组织服务活动之前，社区工作人员提前对接各类服务队伍、服务人员，确定服务时间、服务地点，然后广泛通知、动员、宣传，吸引居民到服务地点，选取自己所需的服务项目和内容。在这种服务方式下，居民可以各取所需，提供服务的人员还收获了报酬，可谓一举两得。

（三）社会服务，让社区内外互动起来

很多社区服务并不仅仅局限于社区内部，提供服务的供方、享受服务的需方，有的可能是来自社区外的群体、机构和组织，此时，就体现出服务的社会化特点，需要社区内外相互联系沟通。

（1）让生活圈里的服务更丰富。目前，全国各地很多城市都在努力推进"X分钟社区生活圈"，有的是15分钟，有的是10分钟，等等。在这个社区生活和活动圈里，居民在比较近的距离内，就可以找到生活超市、医疗服务点、理发店、健身场所、便民维修点等生活服务场所，让生活在社区里的居民，切实享受到了便利的生活服务。随着这项工作的深入推进，生活圈内的服务设施、服务场所也越来越完善，越来越适应居民的实际需求，在更加便民利民的基础上，体现了社区服务的时代性。随着信息化水平的不断提高，很多地方随之出现了智能化社区服务，时代性特征更加凸显。山东省潍坊市奎文区孙家社区开通的"欧乐生活"微信公众服务商城，就具有很强的代表性。在这个定位为"手机里的社区生活服务管家"的微信服务公众号里，有包括劳动保障、综合治理、社区卫生、兵役工作等内容的政务服务板块，有包括智慧物业、家政上门、生活旅游、一键呼叫、上门推拿等内容的智慧服务板块，有分布在社区内

以及周围的十几家门店超市信息,为辖区和附近居民提供全方位的智能化服务。

(2)让居民成为服务的中心。社区服务的目的就是满足居民各类需求,因此,以居民为中心提供服务至关重要。上海市杨浦区定海社区卫生服务中心在给压力性损伤(压疮)患者姚老伯换药的过程中了解到,他是由他的儿子和聋哑爱人陪同而来,由于老人长年卧床、行动不便,换药后需要等待车辆接送,社区卫生服务中心的工作人员据此提供了温情服务,伤口护理小组决定在原有基础上增加上门出诊服务,既有利于减少卧床患者的往返,又有利于把该项护理工作应用于更多的社区居家患者。这一"以居民为中心"的服务举措,不仅让姚老伯和家人异常感动,也获得了其他患者家属的称赞。

四、要建立可监管、可评价、可持续的服务机制

公益性、公共性、市场性服务,性质不同、特点不同、效果不同,但是都需要有力的机制予以规范、约束和保障,实现有效的引导、支持和促进,才能有效激发社区服务活力。没有机制保障,居委会开展工作、发挥作用得不到有效监管和保障,开展服务活动缺乏投入来源,不可持续;没有机制约束,居民更多的是考虑接受服务,更多地依赖,甚至索取,缺乏奉献精神和创造意识,参与活动不积极、不主动;没有机制规范,开展的服务活动效果得不到客观有效的评价。

(1)建立可监管的服务机制。对社区服务及服务机制的监管主要靠政府及主管部门。面对不同居民的不同服务需求,针对不同境遇的特殊人群和弱势群体,政府既要想方设法满足居民服务需求,还承担"救急"和"救困"任务。居民最低生活保障在社区中的关注度一直比较高,应用好这一手段,建立可监管的服务机制尤为重要。很多城市社区,在街道和主管部门的统一组织下,采取"低保评审会"的方式,寓服务于评审机制当中,其做法值得借鉴和推广。社区成立低保评审小组由街道工作人员、社区工作人员、居民代表、专业人士等成员组成,本着对政府负责、对居民负责、对低保户负责的原则,定期召开评审会议,对申请低保的居民条件进行评价打分,对已经列入低保范围的居民进行动态审核,确保政府划拨的低保资金能够合理充分地应用到弱势群体。另外,信息公开机制也是可监管的重要方面。成都市统一安排各社区建立"基层公开综合服务监管平台",将政策法规、便民服务、办事指南、信息反馈等服务内容进行公开,在平台上,居民可以了解各类生活服务内容,可以与主管部门沟通交流,可以反馈社区服务质量,还可以提出建议或者进行投诉,起到了积极的监督和管理作用。

(2)建立可评价的服务机制。社区服务最主要的对象就是居民,建立让居民评价的机制尤为重要。居民需求和要求"众口难调",这就要求社区提供的服务,不仅要质量高,还要有很强的针对性和实效性,适应不同的服务对象,尽量让各种情况、各种类型的居民都满意,只有这样,才能体现出服务效果。东莞市兴龙社区以综合服务中心为载体和平台,收集不同居民服务需求,区别各类居民人群组织服务活动,重点针对老年人、少年儿童、妇女家庭、残障人士及困难人群领域、外来户籍人员等人群,

开展睦邻文化节、儿童夏令营、手工制作、法律咨询、粤剧培训班、困难残障人员增收项目等服务内容，并定期面向 300 多位服务对象进行满意度调查，结果显示，经过多轮次测评，超过 99% 的被服务对象对社区提供的服务表示满意。可量化也是可评价的重要途径。山东省潍坊市奎文区金都社区，创新性地实行了志愿者积分管理和星级评定制度，将社区内各类志愿者队伍和志愿者开展的服务时数、活动内容、服务成效等事项，以分值的形式予以量化，根据分值进行星级评定。高质量服务时间达到 100 小时以上的志愿者，可以依次申请评定为一星至五星级志愿者，达到 1000 小时以上的，可以申请评定为特级志愿者。社区还对不同星级的志愿者采取荣誉奖章、实物奖励等形式进行激励，激发了大家的服务积极性和主动性。

（3）建立可持续的服务机制。社区提供的生活服务、文体服务、保障服务等，多数是公益性或者是低偿性的，很多的服务项目是通过政府投入来维持运转的，存在多变性及不可持续性，并且服务质量也难以得到有效保障。所以，社区服务及服务机制必须具备可持续性，这就涉及市场化投入机制的问题。通过拓宽和增加资金来源，发挥市场的调节作用，利用市场的力量，吸引社会力量和社会资金投入，为社区服务提供更多活力和动力。同时，利用辖区单位支持，居民有偿付费等方式，实现多方式投入、多条腿走路，可以达到长效、可持续的效果和目的。潍坊市奎文区孙家社区建立的社区养老中心，通过改善设施条件、提高服务质量、提升专业化水平等措施，积极面向社会提供老年人养老服务，为老年人提供了理想的休闲、养老、康养场所，在收费标准完全实行市场化的情况下，出现了排队等待入住的现象，这充分说明了投入机制和市场化机制在社区服务中的重要作用。

总之，我们可以把社区服务比作若干条"连接线"，不同的服务类型、服务内容、服务方式就是不同的连接线，线的两侧连接着社区内千千万万的居民，居民之间彼此照应、互相供应，他们有时是服务的提供者、付出者，有时又是服务的享受者、获得者，提供服务的成就感、畅快感，接受服务的满足感、获得感，成为这条连接线的重要"果实"。连接线产生的精神或者物质的"果实"，激励着提供服务者继续付出，也会感化着享受服务者寻找机会为他人提供服务，从而实现转换角色。在这种收获果实、转换角色的良性循环过程中，活力会更自然、更充分地迸发出来。

建立新自我　塑造高质量老年生活[*]

——"城市社区活力"之老年人活力研究

老年人在社区中消耗时间最长，做好养老保障，既是社区活力的基础，又是激发社区活力的重要组成部分。党的十九大报告中指出："积极应对人口老龄化，构建养老、孝老、敬老政策体系和社会环境，推进医养结合，加快老龄事业和产业发展。"

按照国际规定，65周岁以上的人确定为老年；在中国，60周岁以上的公民为老年人。随着生活水平的改善和医疗技术的不断进步，人类平均寿命不断延长，2017年，我国60岁及以上老年人口数量达2.41亿，占总人口的17.3%，2018年增加至2.49亿，占总人口的17.9%；全国人均寿命74.83岁，其中北京、上海均超过80岁[①]。大多数人在步入老年后，还有着相当长的一段宝贵时间。

本文旨在探究为老年人搭建平台，帮助老年人规划一个目标，培养一个爱好，爱上一项运动，交上一圈朋友，每年休闲旅游一次，使老年人不知老之将至，身心怡然自得，促进社区活力的迸发。

一、打造"老有所学"平台——使老年人培养爱好、终身学习

"活到老，学到老，应该是每个人健康向上的追求。健康的心态，健康的身体，都需要不断学习"[②]，2014年元旦前夕，习近平总书记在北京慰问老年群众时如是说。

1. "老有所学"、培养爱好是愉悦身心延年益寿的重要手段

所谓"老有所学"，是指老年人根据本人的爱好，学习掌握一些新知识和新技能，既能从中陶冶情操，又能学到"老有所为"的新本领。"老有所学"并不是为了得到一个新学历或新学位，而是用爱好充实晚年生活，不与时代脱节。

老年人培养兴趣爱好，既丰富生活内容，激发对生活的兴趣，陶冶性情，即便子女不在身边，也可以让心灵得到安放；又保持脑力，对大脑休息放松具有积极意义，有益健康长寿和思想修养。它能协调、平衡神经系统的活动，使神经系统更好地调节

---

[*] 执笔人：王昆。
[①] 《2018年中国各省人的寿命》，搜狐网，https://www.sohu.com/a/365214827-648681。
[②] 《习近平李克强寒冬问民生》，新华网，http://www.xinhuanet.com/politics/2013-12/30/c_118756390.htm。

全身各个系统、器官的生理活动,对延缓衰老、预防老年痴呆都有积极作用。老年人群体通过从事兴趣、爱好,使自己的心情愉悦,同时也调节内脏功能,促进新陈代谢,是老年人健康长寿、愉快而有意义地安享晚年的有效形式。

姜淑梅就是这样一个例子。1937年生于山东的姜淑梅,1960年闯关东,做了二十多年家属工,一生坎坷。60岁开始学认字,74岁出书。写作中遇到不认识的字她就空下,等着女儿回来给她填空,她还将所有不认识的字都集纳到一个本子中,成为她的"字典",没事儿就翻翻。如今,这本立下汗马功劳的"字典"已经泛黄,但是当年稚嫩的笔迹尚存。

从一个文盲,到一名畅销书作家,姜淑梅用一个平民的视角书写了带有"泥土气息"的历史,既有厚重感又鲜活生动,并以每年一本书的惊人"产量"成为文学写作界的一个传奇。2013年她的首部著作《乱时候,穷时候》入选新浪好书榜"2013年度三十大好书"、豆瓣读书"2013年度最受关注图书",2014年8月,她出版了第二部作品《苦菜花,甘蔗芽》,入围"2014年中国好书"。2015年8月,出版第三部作品《长脖子女人》,获"2015年华文好书奖",2016年6月,出版第四部作品《俺男人》。她的作品没有华丽的辞藻,但每一篇都精彩传神,每个字都"钉"在纸上,每个字都"戳"在心里,出版之后好评如潮,赢得了无数"姜丝",她也因此成为各大媒体争相报道和采访的对象。

2. "老有所学",树立终身学习理念的深远意义

坚持"老有所学",树立终身学习态度,一方面有利于老年人更新知识结构,提高文化水平,跟上时代发展潮流,更好地适应信息时代社会运转方式,增加与子女、下一代间的共同话题;另一方面也使老年人找到提升自己爱好水平的广阔舞台,施展才华,焕发活力。

(1) 随着医疗技术的飞速进步,人类寿命得以不断延长,如若知识不能更新迭代,放弃学习新的信息知识,将会与社会脱节,落入知识孤岛。对社会环境的信息感知能力下降,依照过去的生存方式是无法维持的。比如很多老人,成为电信诈骗的主要目标,就是因为不懂新技术、新手段和新合作方式。

(2) 环境越复杂,知识焦虑感越强。现代社会处于知识大爆炸时代,社会飞速进步,分工越发精细化,人们的知识焦虑感越强。老年人微信朋友圈热衷于转发各种各类健康养生谣言,这也是其在复杂社会中的一种寻求心理依托方式。老有所学,能够缓解焦虑,塑造早年人健康身心。

(3) 知识本身越来越是一个具体的利益,老年人希望可以更深层次地参与社会交往,实现与社会同步发展,提高自身价值必须通过自身和外部环境的努力,吸收更为现代知识和技能,才能跟上时代的脚步。因此,只有做好老有所学,才能使广大老年人思想观念进一步更新,所需的专业知识进一步充实。

3. 整合资源、适应需求,为老年人开展学习、培养爱好搭建广阔平台

(1) 引导老年人培养兴趣爱好,树立终身学习观念。社区、社会组织根据老年人的特点,组织居民开展多种形式的文体活动、教育活动,使老年人参与其中、更新知识、充实精神生活、积极参与社会活动。

通过各类活动引导老年人培养兴趣爱好，同时以社区为平台，搭建老年教育培训基地，帮助老年人养成良好学习习惯。社区间加强平台共建和信息共享，通过引入社会组织、一社区一特色等方式，组织丰富多彩的学习活动，提高老年人参加学习的兴趣。

（2）推动专业化老年教育资源下沉社区。微观层面，引导社会组织成立老年教育组织、社团等机构，通过购买服务、志愿服务等途径，提升社区老年教育的专业化程度。宏观层面，要发挥好各级老年大学、协会的作用，积极对接争取，以老年大学优质教育资源为载体，把学习活动向社区延伸，推动优质老年教育资源下沉到社区，实现优势互补、资源共享，为老年人就近学习活动、体验交流奉献乐趣创造条件。

（3）建立学习互动机制。在组织老年人开展学习和各项活动中，根据老年人思想变化和身体状况的实际，寓教于乐、寓教于文、寓教于境，根据老年人的身体状况、个人特长、兴趣爱好及社会需要等，以学习活动阵地建设为载体，以现代技术手段拓展老年人的交流活动空间，建立老年人之间信息纽带，比着学，帮着玩，使教育活动成为老年人愉悦身心、交流思想、沟通感情的平台和阵地。

（4）科学合理安排课程。这方面要本着帮助老年人更新观念、增长知识、掌握特长的宗旨，因地制宜地开设教育课程，为他们培养爱好提供优质资源。

老年人"经事还谙事，阅人如阅川"，树立起终身学习理念，培养自身爱好，充实闲暇生活，以积极的态度应对灿烂的老年，将会成为城市社区不断注入活力。

二、打造"老有所乐"平台——使老年人身心怡然，自得其乐

在高尔夫球运动中，每一支球杆的杆头，都有一个用于击球的最佳落点，即球杆的重力中心，在高尔夫的专业术语里被叫作"甜蜜点"。击球正中甜蜜点，球就会飞得很直，而且球速最快；如果发生接触的区域离"甜蜜点"越远，能量损失就越大，球速越慢，侧旋越多。

美国作家、加州大学伯克利分校的幸福学教授克里斯汀·卡特在其著作《好好工作，好好生活》中，总结出了一套与高尔夫运动中甜蜜点相似的"人生甜蜜点"理论，其中涉及达到甜蜜点的四个必要条件：（1）学会休息，保持身体、大脑处于工作、学习、生活中的长期最佳水准；（2）学会积极，积极情绪与消极情绪之比高于3∶1；（3）养成好习惯，从潜意识的自觉坚持中获取乐趣；（4）拥有和谐的人际圈，社交状态是人类大脑的默认模式，也是人类大脑偏好的状态。当处在一个没有"归属感"的群体里面，人的情绪会变得消极。

老年人"老有所养""老有所医""老有所学""老有所为"，最终都是为了获得高质量的快乐。为老年人提供舞起来、动起来、聚起来、走出去的场所和平台，引导老年人活出不埋怨、不依赖、不服气的生活，塑造高质量的快乐晚年，对社区活力的激发也有着深远意义。

1. 参与运动，强健体魄，愉悦心灵

运动展示活力，参加体育健身活动会给老年人的生活带来正面影响和正面效益，这种影响和效益不仅是能带给老年人生理上的改变，还有心理上的慰藉。

体育健身对老年人生理方面影响。老年人的生理机能随年纪的增长而不断退化、下降是不可避免的，但是很多的研究表明：体育活动在抑制退行性自然倾向生理功能中的作用是明显的。

体育健身对老年人心理方面影响。在进行体育健身的过程中，身体得到了锻炼，随之而来的是精神愉悦，同时户外健身增加了老年人与同龄人交流，减少"儿女上班不在家、老人无聊守家中"情况的出现。

体育健身所产生的社会效益和经济效益。老年人是疾病多发人群，积极推动老年人体育健身活动的发展，可以促进老年人在身体上和精神上双方面的健康发展，减少罹患疾病的可能性、减少住院次数，老年人的身体健康得到保障之后，其子女的生活压力就会随之下降，间接地对经济效益和社会效益产生正面影响。

在社区为老年人打造参与运动的平台，主要包括：

（1）做好硬件的精细化管理和保障。

现阶段的老年人都是从过去的穷日子一路走来的，一个普遍观念是能省点是点。故而单纯依靠市场进行社会体育资源配置和调节，会人为架起一个消费门槛，不利于老年体育的发展。目前城市社区都配备了小广场和健身器械，供居民休闲运动，但也存在着健身器械老化、器械种类单调等问题。在经济社会飞速发展的背景下，应把满足社区老年人健身需求提上日程，提高对社区配备健身场所、器械的重视程度，确保社区的财务、人力资源等方面能满足老年人日益增长的健身需求。

应当参照老年人的身心特征来规划和设计活动的空间环境，在社区或居民小区建设符合老年人特点的场地设施，让老年人更方便地参与体育活动。设计时，不但要考虑老年人身体活动的特征，而且要考虑老年人交往活动的特征，即将体育活动作为基本交往活动圈和扩大邻里交往活动圈的方式，则能体现适合老年人群体交往性的特点。

（2）密切联系社会组织，建立满足老年人体育需求的社区"平台"。

健身不当则伤身。缺乏指导和组织，是老年人不爱参与体育活动的原因之一。就目前情况看，由于老年体育组织还没有真正深入到社区，其对老年人体育活动的积极影响还较小。社区作为老年人主要的生活区域，应发挥好密切联系社会组织的优势，使社区成为老年体育发展中的重要场所。社区工作应当把满足老年健身需求作为一项重点，关注老年人的社会福利，尝试建立或引导社会组织成立旨在组织、指导老年人体育锻炼的组织，为老年人创造一个科学、文明、健康、和谐的健身环境，提高老年人体育活动的专业化水平和积极性。

2. 三五知己，一帮朋友，拥有和谐人际圈

在中国，很多老年人宁可住在农村破旧的房屋里，用着简陋的生活设施，也不愿意到城里和儿女一起生活，享受现代化的各种便捷，因为那里有他们熟悉的环境和熟悉的邻居，有他们不可或缺的社交圈，老人可以和乡亲们谈谈种的庄稼，聊聊养的鸡鸭，有着总也拉不完的家常。在一些城市，老年大学之所以一座难求，也是因为在这里，老人们能够建立适合自己的社交圈，他们的社交需求得到了释放与满足，学什么反而并不重要。

世界卫生组织对健康身心的最新标准中有一条就是：良好的人际关系，也是社交

活动。如果想长期呆在甜蜜点当中，那么最好拥有一个和谐的交际圈。因为神经学家发现，社交状态是人类大脑的默认模式，也是人类大脑偏好的状态。当你在一个没有"归属感"的群体里面，你的情绪会变得消极。哈佛大学的格兰特研究是针对人类发展进行的为期最长的调研。从 1938 年起，研究人员对 200 多名哈佛大学毕业生的身体和心理健康进行了跟踪记录。作为参与格兰特研究的研究人员，乔治·瓦利恩特在《经验的胜利》一书中写道："这项研究表明，对于成为人生赢家最重要的因素，就是爱。"所以让人快乐，也需要在交际圈里面下工夫。

因此，对于老人来说，退休后更要加强社交活动，多与人进行互动，可以下棋、打牌、跳舞，甚至参加志愿活动，通过广泛的社交活动，让身心更健康。积极为老年人打造"老有所学""老有所为"的平台，让老年人参与到集体之中，满足社交需求，增强他们生活的幸福感。

3. 外出旅行，开阔视野，感叹世界之大

老年人有钱、有闲，手握着积累半生的财富，支配着悠闲的时光，每年外出旅行，是获益很大的选择。外出旅行益处颇多，主要有：

（1）增长见识，开阔眼界。读万卷书不如行万里路，旅游的过程中，可以见识到祖国的秀丽山水，各地的风俗民情，了解各地各民族的历史、风土人情、文化艺术、饮食习惯等。增长了见识，并且不再局限于家庭的环境中，开阔了眼界。

（2）放松心情，亲近自然。旅游可以陶冶情操，放松心情。由于旅游胜地多山清水秀，风景幽美，鸟语花香，不仅可以一览大好河山的壮丽景色，还能借以舒展情怀，令人心旷神怡、胸怀开阔。赏景的心情与居家过日子截然不同，精神的放松，心态的放松，有益于身心的调养。

（3）缓解孤独，排解寂寞。城市社区中的老年人平时多待在家里，人际交往减少经常感到孤独寂寞。老年人怕与社会隔离，渴望融入社会、接触社会。通过旅游可以接触外面的世界，心胸和眼界更加开阔；走出了狭窄单调的生活，对身心的健康自然有好处，也可以激发老年人旺盛的精力。外出旅游多与家人，志同道合的亲朋好友结伴而行，既可互相照应，又是相互交流感情，增进友谊的良机。这样，可使老年旅游者心情更加舒畅、快活，有利于增进老年人的心理健康。

（4）锻炼身体，有益身心。旅游可锻炼体魄，增进健康。长线旅行是一项消耗较大的运动，无论是坐车、行走，还是爬山、逛景点都比一般的健身运动消耗体能。游览之时，精神振奋，烦恼、郁闷烟消云散，休息之时肌肉由紧张转为松弛，睡眠好，吃饭香，对身体健康有很好的促进作用。

三、打造"老有所为"平台——使老年人建立自我，助人忘忧

87 岁的"杂交水稻之父"袁隆平至今还在为"解决国人的吃饭问题"不懈奋斗，74 岁的"天眼之父"南仁东用青春与生命铸就了"中国天眼"，60 岁的"当代愚公"黄大发以愚公移山之志凿出的"大发渠"为当地群众叩开了脱贫致富之门。由此可见，"老"只是身体上的迟暮，只要不忘初心、信念坚定、充满激情、矢志奋斗，就定能以

一颗年轻的心奏好人生交响乐华丽的最后一章。

对此，习近平总书记指出，要着力发挥老年人积极作用①。要发挥老年人优良品行在家庭教育中的潜移默化作用和对社会成员的言传身教作用，发挥老年人在化解社会矛盾、维护社会稳定中的经验优势和威望优势，发挥老年人对年轻人的传帮带作用。要为老年人发挥作用创造条件，引导老年人保持老骥伏枥、老当益壮的健康心态和进取精神，发挥正能量，做出新贡献。

"老有所为"社会氛围的形成，是我们应该推动并见于行动的历史使命。

1. "老有所为"的概念和内容

1991年，我国人口学、老年学的开拓者和奠基者郭沧萍先生首次明确提出了"老有所为"的概念，即"老年人自愿参与社会发展，为社会所做的力所能及的有益贡献"。这个概念从理论上提出将"老有所为"的研究对象定义为一般老年群体，同时开始强调老年人的社会参与。

1994年，中国政府首次从政策层面对"老有所为"的内涵作出了解读。《中国老龄工作七年发展纲要（1994～2000年）》将"老有所为"具体定义为："低龄和健康老人在自愿量力的前提下，参与社会发展，推动社会精神文明和物质文明建设。"

更多的老年人，选择发挥余热，奉献社会，同样为社会进步做出了不平凡的贡献。在武汉百步亭社区，87岁的退伍战士王德云老人，为了把社区变为温馨干净的绿色家园，带头捡垃圾捡烟头。为提高效率，他开始"技术攻关"，发明了一根既能挂，又能捡烟头的双用拐杖，和老伴一起出门散步时，就拿着他的发明成果，一路走，一路扎。许多热心居民也自发加入进来，王德云送出去的拐杖已经达到60多支，由60多位花甲老人组成的"拐杖环保队"打响了一场反烟头的"新型战役"，已经为"创立绿色家园"的梦想默默努力了13个年头。现在，大多数居民都能自觉维护社区环境，百步亭成了名副其实的绿色社区。

因此，针对"老有所为"的研究应以老年人为中心，本着"多元化"的原则，在尊重老年人群内部的差异性和独立性的基础上鼓励老年人"老有所为"，才能更好地促进老年人自我价值和社会价值的统筹发展。

2. "老有所为"的深远意义

步入老年，儿女们可能给予了物质关怀，但老人却在这些物质的环绕中深刻意识到自己不被需要，加之远离了长久熟悉的工作环境，缺乏精神寄托。而不被需要是一种严重的心理负担，引发心理上的不安。对此，美国学者哈维格斯特提出的活动理论能很好地解答这一现象，以"活动"为逻辑起点和中心范畴来研究和解释人的心理发生发展问题的心理学理论，认为老年人越活跃越积极，生活越满意、社会适应能力越强。

活动理论由活动、平衡、适应角色丧失和生活满意度四个概念组成。老年人若能始终维持中年时的活动频率和方式，能得到最高的生活满意度。也就是说，人在进入老年时，不能打破中年时活动所形成的平衡，在离退休后应该尽快寻找失去的角色，

---

① 《习近平在中共中央政治局第三十二次集体学习时强调，党委领导政府主导社会参与全民行动，推动老龄事业全面协调可持续发展》，载《人民日报》2016年5月29日第1版。

以免导致生活满意度降低。而解决角色丧失的办法是寻找新的角色来替代丧失的角色，尽快适应新角色，以弥补角色丧失带来的负面影响。寻找新角色的方法之一就是通过再就业来填补角色空白。

活动理论主张老年人应该用行动改变社会对老年人群体老弱病残的刻板印象，老年人自身应该以积极的心态面对角色的缺失，通过频繁活动来获取新的角色，通过保持活动缩短自身与社会的距离。与此同时，社会应对老年人量力参与各项社会活动持支持鼓励态度。研究表明，人脑的退化速度与用脑情况有关，勤于用脑的人脑速退化得比懒于用脑的人慢，而与人接触交流更多的老年人患阿尔兹海默症的几率更小。

根据活动理论，应鼓励老年人积极参与社会发展，以避免其与社会脱节。在此理论基础上，一些老年人参与捡烟头、做保安、植树造林等奉献社会的志愿活动，就是理性行为。一方面是因为志愿活动能够提供上述所有优势，另一方面是因为没有其他任何休闲活动能够提供相同的优势。鼓励老年人通过参与社会活动，为社会为家庭创造价值，能满足被需要的感受，获得更满意的生活。

（1）"老有所为"是老年人实现自我价值的需要。

马克思主义认为在人的自然属性和社会属性之间，人的社会属性更为重要，因而老年人想要进一步实现自我价值，就需要运用自己长期积累的知识、经验和技能，继续贡献自己的力量，从中获取社会的认可和尊重。按照唯物主义价值观，老年人的价值也是由社会价值和个人价值构成，前者指个人对社会的责任和贡献，后者指社会对个人的尊重和满足。根据马斯洛的需求层次理论，人有"尊重和自我实现"的需要，当老年人离开熟悉的工作岗位后，往往会产生失落感和无力感。"老有所为"则能为老年人继续实现自我价值提供一个平台，通过参与社会发展，建立一种新的生活秩序，提升老年人的自我满足感。

（2）"老有所为"是促进社区和谐的重要路径。

我国社会面临进入老龄社会和人口城镇化这两大难题，社区处在变化和重新组合的过程，城市的社区大多数是陌生人社区，人际关系并不十分密切，老年人在社区中所处时间最长，成为社区主要的黏合剂。同时，老人以其德高望重的形象拥有较高的社会地位，在调节邻里纠纷，增进人际和谐，维护社会稳定方面也能发挥积极的作用。

（3）"老有所为"为老年人提供社交空间。

老人的社交关系，与身体健康和心理健康有着密切的关系，拥有亲密的朋友和亲属的人数越多，老人生理功能方面就越健康，心理健康状况就越好。相对于运动，社交活动更有益于健康，适当与人交往，可有效增强老人的免疫力，防止老年痴呆症和抑郁症，甚至能有效延长生命。

老年人离开工作岗位后，社交圈萎缩，社交的需求得不到有效满足，就容易出现一些心理上的问题。根据马斯洛需求层次理论，社交的精神需求层级仅次于基本的生理和安全需求。根据美国财捷公司的调查报告，专门打零工的美国人中，约三分之一（31%）是1946~1965年出生的老年人。谈到打零工的原因，在55岁及以上的人群中，32%的人表示他们至少在一定程度上是为了结识"有趣的人"。而在同一年龄段的全职员工中，这一比例仅占15%。

（4）新时代为老有所为提供了良好外部条件。

随着科技的发展，生产过程中的体力劳动因素被逐渐弱化，这就为老年人继续参与社会生产创造了先决条件，缩小了老年人与年轻人之间因年龄所带来的体力差异对工作造成的影响。相比年轻人而言，老年人拥有更丰富的工作经验和应对复杂情况的分析和处理能力，因而能继续为社会创造更多的物质价值。同时，老年人的智力成果通过著书立说、教育传授、科学咨询、经验宣讲等方式得以传播，也能够产生间接的经济效益，且具有深远的影响。再者，老年人通过互相照顾和承担家务劳动也能减轻社会和家庭的负担，从而发挥自身价值，并产生一定的间接社会经济价值。

3. 为"老有所为"搭建广阔平台

（1）加强宣传引导，树立模范典型，营造"老有所为"的社会舆论氛围。

社会媒体、政府、社区都应该充分认识"老有所为"的深远意义，在提高自身认识的基础上，结合各自职能，充分利用各种宣传手段，加大宣传力度，树立模范典型，将"老有所为"观念引入社区，努力形成社区内鼓励、尊重、支持老年人参与社会活动的良好氛围。并由此推动形成全社会珍惜尊重、支持老年人老有所为的风气。要加强模范典型的树立工作，通过真实的案例，而不是冷冰冰的条文、论证、标语，宣扬模范的事迹，来宣扬那些为国家、社会、家庭做出贡献的老年人。一方面让老年人充分感受到他们存在的价值，有坐不住的冲动，提高"老有所为"的主动性；另一方面，在全社会形成支持鼓励"老有所为"的氛围。

家庭层面，要在精神和生活上鼓励和支持老年人"老有所为"。家庭是老年人再社会化的重要场所，也是老年人老有所为，参与社会的坚强后盾。和谐的家庭关系可以提高老年人老有所为的积极性和主动性，同时也可以为老年人老有所为提供必要的精神支持。作为老年人家庭，最重要的是要对老年人老有所为给予支持和鼓励，重视与老年人的沟通交流，鼓励老年人发挥能动性，促进其发展和自我价值的实现。

（2）搭建平台、消除障碍，为老年人"老有所为"创造条件。

老年人在社区中消耗时间最长，对社区整体环境具有较高的了解，对社区的归属感和依赖感强于其他年龄段居民，在参与志愿服务、调解邻里纠纷、维护社区和谐等方面有着先天优势，正确地加以引导，能发挥积极的作用。政府、社区要结合各自职能，为"老有所为"搭建服务平台。

建立老年人交流信息化平台，合理引导"老有所为"。依托阿里巴巴、腾讯等大数据平台，根据老年人的身体状况、兴趣爱好、优势特长等，打造"千人千面"的老年人数据信息库，结合不同城市、区域、社区的环境及需求，降低信息不对称，精准推送、合理引导"老有所为"，为老年人发挥价值、奉献社会提供精准供需对接的渠道。着重增强宣传展示平台建设，让老年人的付出与奉献可记录、能追溯，并合理评估衡量奉献价值，增强投身志愿服务工作的光荣感、责任感和成就感，实现服务保障"老有所为"制度化、规范化、科学化。

加强服务队伍建设。社区工作人员或社会组织志愿者须有较高的思想觉悟和工作热情，还要有对新事物、新思想较敏锐的领悟力，能够及时把新思想、新事物融入工作中去，积极服务、引导老年人参与志愿服务或劳动。成立老年志愿服务队，能够促进和提升老年人"老有所为"的执行力、工作效率,增强人与人之间的凝聚力,增加"老有所为"的社交属性。建立老年志愿服务队和各年龄段志愿者共同参与的志愿服务队,建立长期固定的协作关系,增强工作的凝聚性,增加参与志愿服务的积极性。

四、结束语

为老年人打造"老有所学""老有所乐""老有所为"的平台,鼓励、引导和弘扬老年人在较长的老年时光中,充实人生,同时通过各种各样的参与社会活动的方式来展现自己的风采和价值,为社区活力贡献一份深沉、睿智的能量。

建设绿色生态家园　和谐宜居乐在其中[*]

——城市绿色生态社区建设研究

党的十九大报告指出,"建设生态文明是中华民族永续发展的千年大计""开展创建节约型机关、绿色家庭、绿色学校、绿色社区和绿色出行等行动",并提出构建多种体系,对生态环境进行系统治理。进入21世纪以来,随着经济的快速发展和人们环保意识的增强,社区居民对居住环境提出了更高的要求,社区建设新理念"绿色生态社区"渐渐由模糊到清晰,它为大家指明了努力的方向,它是一个结构合理、功能稳定的"社会—经济—环境"复合生态系统,是一种生命力极强的社区模式,必将随着时代的进步、经济的发展而被人们认同和接受。因此,如何建立一个"活力、舒适、健康、文明、高能效、高自然度的人与自然和谐以及人与人和谐共处的可持续发展的宜居型社区",是建设生态城市和美丽中国的关键组成部分,是新时代生态文明建设的重要途径。

绿色生态社区是以可持续发展为原则、以生态学为基础,设计、组织住宅内外空间的资源和能源,尽可能达到社区内外之间的平衡和循环,从而最少量地使用资源、能源,减少对环境的冲击,营造自然和谐、健康舒适的居住环境;通过调整人居环境生态系统内生因子和生态关系,使社区成为具有自然生态和人类生态、自然环境和人工环境、物质文明和精神文明高度统一、可持续发展的城市理想的居住地,从而实现生态可持续、绿色可持续、人文可持续、发展可持续的目的。

一、绿色生态社区的概念、特点和设计原则

(一) 绿色生态社区概念

绿色生态社区,也被称为绿色社区、生态社区或可持续社区,是综合社会、经济与自然的符合生态系统的,通过维持原有的社区生态系统平衡,实现资源和能源的高效循环利用,减少废物排放,实现和谐、经济高效、生态良性循环的社区。与传统社区相比其有本质的不同,主要有以下特点:绿色生态社区内自然与人共生,人类回归自然,亲近自然,自然融于社区,社区融于自然;同时,能营造满足人类自身发展需

---

[*] 执笔人:张同良。

求的环境，富有人情味，充满深厚的文化气息，拥有强有力的互帮互助的群体，呈现出繁荣、生机和活力。

绿色生态社区的概念并不是一次性明确提出的，而是随着时代背景的不断变化和人们认识的不断加深而逐渐形成的。目前国际上对绿色生态社区尚无明确、统一的定义，甚至不同国家和地区对其称谓也不尽相同，在我国以"生态社区""绿色社区"居多，而在欧美国家"可持续社区""健康社区""可居性社区"等较为普遍。虽然名称不同，但其概念和内涵基本上都是围绕着以下四个主题：一是减少对地球资源与环境的负荷和影响；二是创造健康、舒适的居住环境；三是与自然环境相融合，并致力于对现有的生活模式、生产模式和消费模式的改造；四是人与人之间关系融洽、充满活力。

和通常的社区要素一样，绿色生态社区也必须具备六个基本要素，即一定规模的人口、一定的地域范围、相应的管理机构、合适的生活服务设施、反映社区成熟度的社区文化和居民的社区意识。建设绿色生态社区的目标就是：希望通过社区居民的积极参与和共同努力，提高居民在社区建设中对"绿色生态"的重视度，社区的自我调控能力较强，社区物质、能源和信息能得到科学、合理、高效的利用，社区居民的生态意识和社区文化相融合，最终创造出自然与人文相结合的最适合人居的活力社区。

（二）绿色生态社区特点

绿色生态社区是一个"活力、舒适、健康、文明、高能效、高自然度的人与自然和谐以及人与人和谐共处的可持续发展的居住型社区"。绿色生态社区作为一个高效、和谐的"社区—经济—自然"复合生态系统，具有以下特点：

（1）整体性。相对于传统社区，绿色生态社区涉及的领域更为宽广，关注的层面更为深入，它不仅考虑本社区人们的利益，还兼顾更大区域范围内人们的利益；不仅重视当代人的利益，还考虑子孙后代的利益。绿色生态社区实践中所面临的问题更加复杂，传统的方法难以应对，从而需要着眼于一种更为整体、系统的策略。大多数绿色生态社区实践都致力于所谓"3E"问题的平衡，即兼顾环境（Environment）、经济（Economy）和社会公平（Equity）三个方面（见图1），努力使三者相互关联，彼此协调，形成整体发展。绿色生态社区是在环境、社会和经济三方面同步发展基础上所呈现的整体效果，体现了一种环境健康、经济繁荣和社会公平的社区理念。

为了强调环境、社会和经济三方面的作用，以及它们之间平衡的重要性，不少社区将三者看作是社区持续、健康发展的基本支撑，如同一种三腿凳的关系，组成了绿色生态社区的整体架构，其中任何一方的失调，都会使整个体系失去稳定，其结果导致社区的可持续发展便无法真正实现。例如，一个社区过分重视经济问题，通常环境便会受损；如果社区的社会问题较多，社区的稳定与健康就受到影响；如果社区的经济不振，社区就不可能保持长期的稳定与发展。可见，绿色生态社区是在环境、社会和经济三方面同步发展基础上所呈现出来的整体效果，体现了一种环境健康、经济繁荣和社会公平的社区建设理念。

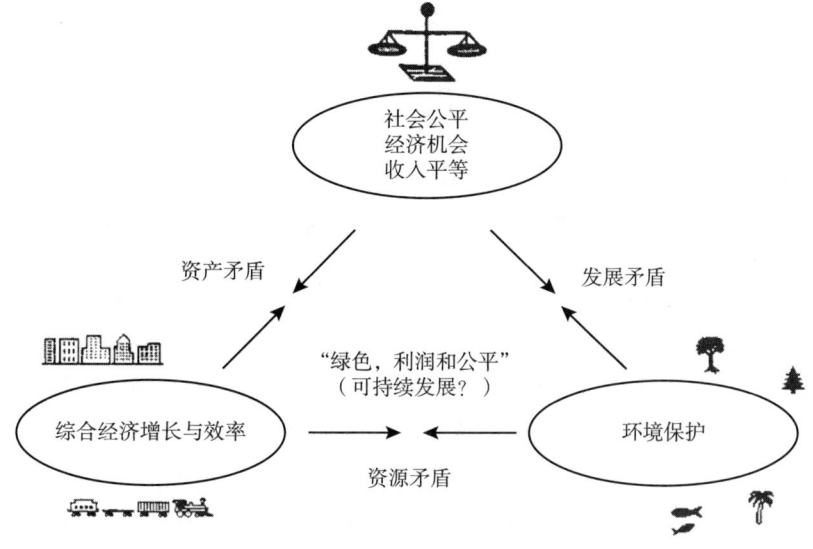

图1 环境、经济、社会公平的"3E"平衡关系

(2) 演进性。绿色生态社区并不是一个终极产品,而是一个不断演进、追求可持续发展的过程。古代时期人类聚居地多数是规模小并靠近大自然,人类对居住区规划建设注重与自然环境的结合,如《宅经》中提出"天人合一"的思想是古代人与自然和谐态度的凝练表达。中国的风水学说提倡住宅和聚居地形式要根据外部的生态环境来构建,如元大都建设体现了人工环境和自然环境的融合等,这种在居住选址、布局、绿化等方面自发地考虑了生态平衡要求的建设,是朴素生态学思想的萌芽。1898年英国社会学家霍华德提出"花园城市"理论,认为人类居住的理想城市应既有良好的社会经济环境又有美好的自然环境。这一理论被公认为生态社区思想的萌芽,标志着人类开始冷静地思考居住区"人与自然和谐相处"的关系,绿色社区生态意识开始启蒙。在很大程度上,绿色生态社区既是一种理想社区的理念,又是一个远景发展的目标,因而在迈向目标的过程中,需要运用具有长期影响力的政策和方法及持续不断的努力。

(3) 地域性。由于各地的自然环境、资源状况、经济条件、技术水准、生活质量、文化习俗等因素各不相同,决定了绿色生态社区建设可持续行动具有地域特性。不同地方所面临的环境、社会和经济问题可能变化较大,不可能有一套统一的政策或方法来应对所有地区绿色生态社区的实践,也不可能有一种统一的标准来衡量不同地域的绿色生态社区实践。例如,仅就环境方面而言,发达地区的生态标准就可能远高于落后地区的生态标准,但这并不妨碍绿色生态社区可持续行动在不同地区的开展。在一定程度上,绿色生态社区的实践似乎以"从我做起,从现在做起"的角度来衡量更为贴切,其行动目标是建立在地方条件之上,通过综合解决地方环境、社会和经济问题,来满足当代子孙后代的需求。这也说明绿色生态社区可持续发展是一种国际化的行为。

英国伦敦拜德零耗能社区:该社区位于英国伦敦西南的萨顿市,由Peabody Trust公司承建。社区包括82套联体式住宅和2500平方米的社区公共设施用地(包括工作室、办公室、健康中心、幼托、咖啡厅等)。该社区曾获得2000年英国皇家建筑协会

"可持续建设最佳范例"奖,并被英国皇家建筑协会选择作为2000年伦敦"可居的城市"展览中可持续发展的范例。

美国COTATICOHOUSING社区:该社区2003年建成,占地2.3英亩,拥有30个住宅单元,沿马路设置一栋功能混合的建筑,下面为7500平方英尺的商业设施,上面为居住。社区的公共屋紧靠商业广场,作为城市公共空间与住宅过渡空间。公共屋包括客厅、厨房、儿童游戏室、健身房、洗衣房等房间,是居民交往和举办各种活动的主要场所。该社区2004年获得美国住宅协会颁发的"美国最佳居住奖"。

北京朝阳区东坝乡单店住宅社区:位于北京市朝阳区东北部东坝乡,西临东五环、北靠东坝路,项目采用中小户型为主,以住宅生态节能技术为特色,强调可支付产品特性与宜居产品品质相结合,实现社区和谐发展。设计以较低容积率(1.2)、较高绿化率(33.5%),打造布局合理、环境优雅、配套设施齐全的宜居社区,全面展示北京中小户型项目的建设理念。从社会宜居性、经济宜居性、环境宜居性以及文化宜居性四个方面全方位诠释社区宜居性,从而实现住宅的可持续发展目标。

(4) 参与性。较之一般社区,绿色生态社区实践更加重视开放的参与机制。社区成员的参与是绿色生态社区可持续发展的基本保障,这种参与既体现于前期的决策过程中,需要吸收不同阶层的意见,寻找最大的利益共同点,又反映在其后计划的实施与落实上,需要每一位成员的支持与合作。实际上,离开了社区成员的参与,任何可持续计划都无法真正实现。同样,社区外部成员的参与也不可或缺,大多数的绿色生态社区实践中都强调了广泛的社区成员参与,参与者包括普通民众、企业、学术机构、政府、环保和社区组织等各个方面。富有成效的社区参与机制是以广泛的社区活动为基础,如建立社区的协调组织,举办环保、生态知识的培训,开展社区的互助活动,提倡绿色消费生活方式、举行社区事务会议等,以培养共同价值观,增强个人和集体的归属感,使成员积极、自愿地参与建设绿色生态社区实践中。参与机制的重点是促进各方面、各阶层的交流与合作,求得利益平衡,从而为社区可持续发展提供强大的动力和活力。

(三) 绿色生态社区设计原则

(1) 生态设计,节约能源经济高效。构建绿色生态社区首先要遵循生态设计原则,生态设计要无污染、无危害、可循环利用,体现出绿色生态社区的节约能源、经济高效,降低对各种资源的消耗,并对资源和能源的充分利用,这也是绿色生态社区有别于传统社区的特色所在。

(2) 软硬结合,环境质量与物质需求兼顾。在绿色生态社区的建设中既要注重对物质环境的生态设计、规划和塑造,又要注重对人文社会环境精神层面的培育和改造,如建设"一园一亭一场一廊"(一个社区公园、一个读书凉亭、一个活动广场、一处文化长廊),在满足人们生理需求的同时满足心理需求,二者缺一不可。

(3) 因地制宜,统筹兼顾。建设绿色生态社区非常重要的一点是要注意因地制宜,充分结合地方当地的地形地貌特点以及原料材质,借用外部的山丘、林木、河流等景观,就地取材,对环境进行整体的规划和设计,将对自然环境原版特征的改造降至最低限度，充分体现当地特色。深圳新世界倚山花园社区区位的选择就是一个十分成功的例子。

（4）以人为本，保护历史文脉。人作为这个社会的主体在追求经济高效、节约能源的同时要保证生活质量，不能以牺牲人的身心健康以及舒适性作为代价。因此，在构建绿色生态社区的过程中要树立"以人为本"的基本思想，力求做到社区环境能给予居民亲切、自豪和认同的感受，为居民生活添加丰富的色彩和趣味。

二、绿色生态社区规划建设目标、标准依据、建设原则

（一）规划建设的目标

绿色生态规划不仅仅是建筑师和规划师可以解决的问题。不能把绿色生态社区建设片面地理解为"美观社区建设"或"绿化社区建设"等。绿色生态社区的建设需要建立系统而全面、合理的标准和指标体系，使社区的建设在各方面充分体现其基本内涵以及优越性。绿色生态规划目标就是要从自然生态和社会心理两个方面去创造一种能充分融合技术和自然的人类活动的最优环境，提供高质量的物质和文化生活，激发人们的创造精神和创新活力。

（二）规划建设标准依据

1. 《城市居住区规划设计规范》

居住区的规划布局，应综合考虑周边环境、路网结构、公建与住宅布局、群体组合、地下空间、绿地系统及空间环境等内在联系，构成一个完善的、相对独立的有机整体。居住区的空间与环境设计，应遵循以下原则：规划布局和建设应体现地方特色，与周围环境相协调；合理设置公共服务设施，避免烟、气、尘及噪声对居民的污染和干扰；精心设置建筑小品，丰富与美化环境；注重景观和空间的完整性，市政公用站点等宜与住宅或公建结合安排；供电、电讯、路灯等管线宜地下埋设；公共活动空间的环境设计，应处理好建筑、道路、广场、院落、绿地和建筑小品之间及其与人的活动之间的相互关系。居住区公共服务设施应包括：教育、医疗卫生、文化体育、商业服务、金融邮电、社区服务、市政公用和行政管理及其他八类设施，必须与居住人口规模相对应，并应与住宅同步规划、同步建设和同时投入使用。

居住区的规划设计，应遵循下列基本原则：符合城市总体规划的要求；符合统一规划、合理布局、因地制宜、综合开发、配套建设的原则；综合考虑所在城市的性质、社会经济、气候、民族、习俗和传统风貌等地方特点和规划用地周围的环境条件，充分利用规划用地内有保留价值的河湖水域、地形地貌、植被、道路、建筑物与构筑物等，并将其纳入规划；适应居民的活动规律，综合考虑日照、采光、通风、防灾、配建设施及管理要求，创造安全、卫生、方便、舒适和优美的居住生活环境；为老年人、残疾人的生活和社会活动提供条件；为工业化生产、机械化施工和建筑群体、空间环境多样化创造条件；为商品化经营、社会化管理及分期实施创造条件；充分考虑社会、

经济和环境三方面的综合效益。

2. 《绿色建筑评价标准》

《绿色建筑评价标准》是我国建筑部标准定额司于 2006 年组织编写的旨在加速改变粗放型的建筑现状的评价体系，按照建筑全生命周期原则制定，用于评价住宅建筑和办公建筑、商场、宾馆等公共建筑。"十五"期间，国家环保总局在全国开展了"绿色社区"创建活动，制定了国家、省、市等各级"绿色社区"创建的考核指标，一般而言评价标准从基本条件、环境质量、环境建设、环境管理和公众参与等方面展开。"绿色社区"创建本质上是政府推动、基层参与的活动，更侧重社区组织管理的内容。

绿生态社区评价指标体系是为了反映社区的生态建设过程、水平和可持续性而设计的。因为对生态社区概念理解的差异性，绿色生态社区评价指标体系也不尽相同。总体而言，绿色生态社区指标评价体系具有科学性、系统性和综合性特点，包括评价主体、指标框架、指标值和综合评价方法等方面的内容，覆盖了社会、经济、环境、建筑等多方面的内容。

3. 《绿色生态住宅社区要点与技术导则》

《绿色生态住宅社区要点与技术导则》主要内容包括：能源系统、水环境系统、气环境系统、声环境系统、光环境系统、热环境系统、绿化系统、废弃物管理与处置系统、绿色建筑材料。适用于实施绿色生态住宅社区的新建工程，目的在于引导社区建设过程中，积极采用适用、先进和集成技术，使能源、资源得到高效、合理的利用，并有效地保护生态环境，达到节能、节水、节地、治污的目的。

（三）规划建设原则

（1）因地制宜原则。结合社区所在地域的气候、环境、资源、经济及文化特点，对建筑全寿命期内节能、节地、节水、节材、保护环境等性能进行综合评价。

（2）节地原则。合理规划住宅、配套公建、道路、绿地等项目的用地，提高土地使用效率；采用先进的建筑设计理念，提高住宅的有效使用面积。

（3）节能原则。新建居住建筑的节能指标要达到 75% 以上，必须 100% 是 2012 年后国家、地方认可的绿色建筑，其中二星级以上绿色建筑要达到 30%。性能更加保温的护围结构、低辐射玻璃窗、节能电梯、透水地面、新风系统等生态科技元素将走入更多绿色生态社区居民的家庭。

（4）节水原则。采用节水技术与水资源循环利用技术。

（5）节材原则。尽量使用可循环可再利用材料，充分节约各种不可再生资源和短缺资源。

（6）环保原则。以提高社区环境质量，减少环境污染，提高住宅品质，建设安全舒适、健康卫生、科学文明的居住环境为目的，实现可持续发展。

（7）可持续发展原则。这是社区环境管理的重要目标原则，即在社区环境管理过程中，协调人、自然、社会的关系，做到人与自然、社会的和谐共处和可持续发展。

（8）政府干预和公众参与相结合的原则。社区环境管理是政府、社区及公众的共同事业。社区应当在政府指引下，充分发挥公众的积极性和创造性，共同参与到社区的环境管理事务中，体现社区活力建设主题。

（四）绿色生态社区规划设计九大标准

（1）规划设计：体现土地资源充分利用的合理性和节约性。

（2）生态绿化环境：生态社区绿地率应大于等于35%，绿地内植物种植面积（含水面）大于等于绿地面积的80%，人均公共绿地面积达到10平方米以上。

（3）能源系统：至少要求建筑节能50%以上，以后会逐渐提高节能要求至65%。

（4）空气环境：生态社区内的大气环境质量达到国家二级标准。

（5）声环境：日间噪声小于50分贝、夜间小于30分贝。

（6）水环境：生态社区的排水应采用雨污分流系统；宜采用中水和雨水收集与利用系统。

（7）建筑材料应用：绿色生态社区建设应选用生产能耗低、技术含量高、能回收、可循环使用的3R材料和产品。

（8）生活垃圾及废弃物管理与处置：垃圾处置应尽量做到减量化、无害化、资源化。实行垃圾智能分类收集，同时在垃圾的收集站、转运站和处理场实行多次分选回收利用，把垃圾中的可利用物分离出来，作为产业原料，循环利用，如有机废料经处理可用作花木肥料。倡导固体垃圾分类及回收使用培养并鼓励居民的良好消费行为，生活垃圾的收集要全部袋装，密闭容器存放，收集率应达到100%。垃圾分类率应达到50%以上。

为全面推进生活垃圾分类处理，从源头做好分类和按规定投放，2019年1月，山东省潍坊市奎文区在宝通陆号小区推广智能垃圾分类试点，最新型的智能垃圾箱正式"上岗"，为生活垃圾分类助力。该智能垃圾分类回收箱由一台积分兑换机（售货机）、一台会员操控机及四个分类回收箱体（金属类、废纸类、塑料类、织物类）组成。投放流程是先用环保卡在显示屏上刷一下，选择需要投放的种类。通过投放口把垃圾投放到相应机体内，机体内底下有一个自动称重系统，通过称重计算出积分，把积分通过云平台反馈到用户的环保卡上，居民可以用积分兑换一些生活必需品。通过整合互联网、物联网、GPS等信息技术，将以往依靠人力的监管模式变为更省力的自动化、更科学的智能化管理，从源头引导居民实行垃圾分类，创建整洁舒适的生活环境。

（9）智能化、信息化服务与管理：绿色生态社区设有自动联网防盗、火灾和可燃气体报警安全系统，社区住户内人工紧急求助设施，能对社区的安全监视、记录等集中管理和控制。

三、综合施策，打造高颜值深内涵的"宜居家园"

（一）景美：注重科学规划，确立绿色生态社区环境保护目标

居住环境是人类最为重要的生存空间，规划初期的选址决定其自然环境和外部交通的禀赋。生态社区绿化的首要任务是提高生态效益，在开发设计之初要遵循"因地制宜、合理利用、统筹安排、注重实效"的原则，在绿化的规划布局、树种选择、植

物配植方面，既要考虑有利于居室采光、通风等方面的要求，又要尽可能地发挥其遮阴、防风、滞尘、减噪等功能，综合考虑生态、植物、土地、景观、湿地等各种资源要素，避免走"先破坏后建设"的老路。可学习借鉴国外做法，建立"社区建筑师"制度，为每一个城市社区配备一个或一个以上固定的建筑师（规划师）或其群体组织，参与到社区项目策划、规划设计、开发建设和更新改造等全过程。"社区建筑师"可以是绿色生态社区组织的一个组成部分，也可以是职业建筑以非营利组织成员或志愿服务者身份参与社区发展。

（1）严格按照城市规划的要求，对绿色生态社区的地址进行正确的安排，通过对原有自然地形的维护，利用自然的地形安排建筑物，避免建筑物相互之间过多的干扰。（2）选择靠近生态环境好的区域，通过对原有绿化和树木的保护，利用原有植被隔声减噪、吸收废气、净化空气、美化环境。（3）尊重并保护自然原生态特色环境，充分利用现有水文循环和自然地形地势形成局地小气候，利用自然通风降温手段调节温湿度。（4）合理组织人流、车流和车位停放，创造安全、安静、方便的居住环境。（5）组织与人口规模相适应的公共服务设施。（6）居住区绿化还要注重创新讲求经济、实用并且便于管理。

如广州竹韵山庄位处南湖双山一湖——背靠凤凰山、正对白云山、在白云山与南湖之间坐北朝南的珍稀天生宝地。保留广州第2大凤凰树等100余棵原生大树，坡地生态罕有，为了尽可能地保留原生坡地的地形地貌；将树的坐标在地形图上标出，再请设计院设计；为了保留珍贵的直径达1.8米的广州市凤凰树亚军，将旁边的俊竹轩D座由9层改为6层；为了保留两棵荔枝树，将社区内幼儿园的设计修改成单挑式；保留私家后山原生态及泉眼等，大树菠萝、芒果森林等数不胜数，原生态环境在市内首屈一指，绿化率高达40%，作为坡地建筑，其营造了非常舒适而有特色的立体空间感。

（二）家和：完善公共服务设施，创造富有活力的人居环境

城市公共空间是维护城市生态环境和市民大众实现"诗意的栖居"理想的有力保障。人们对城市公共空间最直接最真切的体验，往往是从细节中得到的，城市政府对市民大众的人性关怀也往往是在细微处体现的。如在居住区的绿化布局上，特别是在集中绿地或小区公园里，适当增加一些林荫下铺装广场，设置一些坐凳或可供人坐下休息的矮墙，让居民走出家门，可以在林间花前得以相聚，或闲谈、或散步、或于早晚锻炼身体，使其成为社区邻里之间相会相识、相互交往的活动场地，弥补人们住进单元楼房后在交往方面的不足。或在街口或广场的一角设置报刊亭或阅报栏，人们从浏览中体味城市文化氛围；广泛设置各种文字的街路指示图；统一装设公众信息自由发布板；路名牌提供街道方位及该路段门牌的起止号；完善配置专为老年人和残障人服务的无障碍通道和智能化设施等。现实中，小而亲、小而美的人性场所比大而冷漠的旷地更受公众欢迎。

（三）人向上：提高居民参与意识，形成人人关心、支持绿色社区建设的良好氛围

对于绿色生态社区来讲，如果没有居民参与，任何绿色社区的建设都是苍白的。

社区的自然生态化、经济生态化和社会生态化都离不开居民，也唯有居民参加，生态社区建设的成果才能巩固和保持。绿色生态社区建设不应只是"看上去很美"，应该充满温情，居民的主动参与是绿色生态社区建设成败的关键。居民行为习惯和环保素养对资源和环境消耗的影响巨大。居民参与绿色生态社区建设与管理的最佳路径是居民自治，培育居民的生态社区自治意识是提高居民参与绿色生态社区的根本。在生态社区建设中，要使居民参与到生态社区事务中来，主要还是靠文化认同，在价值观、思想方法和生活方式上达成共识。这就需要加强宣传教育，强化居民对绿色生态社区的认知和认同，在绿色生态社区环境、治安、文化教育等事项的决策上，充分与社区居民协商、沟通，征求意见，发挥居民主动性，培养社区居民的归属感和满意度，使居民感到绿色生态社区与个人的利益息息相关，进而推动社区居民自治。主要工作有：一是加强法治建设，用法律保障和规范绿色生态社区居民参与自治，实现有序的政治参与；二是规范参与程序，每个绿色生态社区都要依据本社区的实际情况制定一套详细的、操作性强的参与自治程序，什么时候议事、什么时候实施、居民该怎么办、居委会要怎样做等，使社区始终处于人与自然、人与人和谐的状态。三是构建良好邻里关系。良好的人居关系可以促进社区内部文化发展，减少因城市发展而带来的各种社会问题，创造富有"生命力"的人居环境。居民一起参与社区的规划、设计、建设和管理，一起生活，共享资源，共同组成一个有理念目标的社区。四是政府角色的转型。在绿色生态社区的建设实践中，要明确界定政府的职责权限，从管理主导型变为公共服务主导型，让居民充分行使社区内部事务的自治权利。

（四）加大资金保障力度，使绿色生态社区建设成为"有源之水"

绿色生态社区建设需要大量的资金作为物质保障，对于非营利性质的社区生态建设而言，确保资金来源更显得尤为重要。以往，我国城市绿色生态社区建设的资金完全依靠政府财政拨款。随着经济与社会的发展，城市居民对于居住环境的生态要求也越来越高。这种市场需求也使得越来越多的房地产开发企业投入部分人力、物力、财力进行所在社区的绿色生态建设。由于政府合理分配资源的有限性和开发企业的趋利性，仅仅依靠政府财政拨款与开发企业投入还无法保证城市绿色生态社区建设的顺利完成。政府还应当充分挖掘社区中其他主体的力量，逐渐配置和完善多元化的资金及物质来源，以确保城市绿色生态社区建设的进行与发展。建立生态社区建设的融资服务平台，旨在建立各类产业基金、节能环保基金等融资平台，建立生态社区建设的市场化运作模式，帮助企业克服生态社区建设的资金瓶颈。

政府应按照市场机制的运行特点，建立生态社区建设的动力机制，包括约束机制和激励机制。约束机制有两类：一是对建设规划审批实行源头控制，包括建筑能耗要求、社区绿化率要求、社区雨水回收系统要求等，达不到规划设计目标要求不审批；二是社区建筑验收实行达标控制，不达标不审批、不达标不发证等。激励机制有两类：一是财政手段，包括生态补贴政策、环保补贴政策、绿化补助政策等；二是无形资产授予：包括授予生态社区名誉、称号、品牌认可、资格认证等。

城市更新：在老旧小区改造提升方面，以山东省潍坊市奎文区为例。在充分尊重群众意愿基础上,从环境治理、房屋修缮、设施完善、节能改造四个方面,对市区老旧小区进行改造整治,重点实施地下管网雨污分流、水电暖气改造、小区安全监控、停车位建设和外墙保温,也可根据群众意愿和小区实际,选择其中1~3项工程,开展有重点的改造提升。要求整治提升工作中严格执行国家和有关工程建设标准要求,注重融入地方特色和保护传统文化。同时,实施生态修复工程,以城市建筑与社区、城市道路、绿地与广场、水系等建设为载体,突破传统的"以排为主"的城市雨水管理理念,通过渗、滞、蓄、净、用、排等多种生态化技术,推进自然积存、自然渗透、自然净化的"海绵城市"建设。在具体实施中,采取"两轮征询法",广泛征询群众意愿。第一轮征询确定"是否改"的问题,90%以上的业主同意,方可列入改造整治提升计划。第二轮征询解决"怎么改"的问题,需要85%以上业主签订征收补偿协议,才能组织实施。为确保效果,一是用好上级补助资金,积极争取改造提升的相关政策,用好既有建筑节能改造资金等上级补助资金;二是落实市级扶持资金,对按计划开工、竣工的项目,由市、区两级财政按户打包补助;三是落实专营设施改造资金,实施供水、供电、供气、供热、通信、有线电视、宽带数据传输等专业经营设施设备改造资金。四是吸纳社会资金。充分挖掘市场潜力,既有建筑节能改造与供热企业的后期运营成本和效益相结合;对于停车场、生活服务设施等建设改造,本着"谁投资、谁受益"的原则,吸纳社会资金参与。

  绿色生态社区是一种人类住区模式、一种工作方向和思路,同时又是一种实际解决问题的程式,不是绝对的而是一个相对的概念。从时间角度看,它是一个长期的、发展的过程,伴随着社会和科学技术的发展,其内涵和实践也将不断发展和完善,将会有多种"新元素"灌输到绿色生态社区中,是一个永不竣工的工程;从空间地域的角度看,由于不同地域的自然环境条件和社会环境条件差异较大,难以采用统一的指标、权重和标准值来衡量不同地域的绿色生态社区建设水平。因此在绿色生态社区建设实践中,要结合各地区的实际情况,寻找能反映当地居民对居住环境需求的最优指标,以更好地指导绿色生态社区的建设和管理,从而建设以人为本的城市活力社区,实现人与自然和谐共生、可持续发展。

创新老旧小区物业管理 提升社区治理水平的实践研究*

——以潍坊市奎文区为例

党的十九大报告提出,"加强社区治理体系建设,推动社会治理重心向基层下移,发挥社会组织作用,实现政府治理和社会调节、居民自治良性互动。"随着我国城市和房地产业的快速发展,物业管理成为维护业主合法权益、营造安全和美社区、提升居民生活品质的重要保障,在满足居民生活需求、增强社区归属感方面日益起到不可替代的作用。小区物业管理,是制约当前基层社会治理的难点和影响民本民生改善的痛点,完全靠市场解决不了,现阶段单纯依靠政府兜底也很难实现。新时代背景下,以老旧小区物业管理为基角,探索由维稳型的物业管理,转向人本型的社区治理,加快构建符合新时代中心城区特点和规律的物业管理和社区治理体系,是以高度的政治自觉、思想自觉和行动自觉践行习近平新时代中国特色社会主义思想的生动实践。本文主要介绍山东省潍坊市奎文区(以下简称奎文区)创新老旧小区物业管理成果,旨在探索提升社区治理水平的新路径。

一、老旧小区物业管理存在的问题和原因分析

奎文区作为潍坊市的中心城区,人口密度大,居住时间长,小区密布,楼宇林立,特别是老旧小区多,基础条件差,管理水平低,利益诉求多,历史遗留问题突出,业主与物业公司矛盾错综复杂,物业管理工作与经济社会发展形成一定反差,群众意见较大,已经成为影响营商环境改善、制约社会治理水平的突出问题,主要表现在以下几方面。

(1)主体责任难以落实,物业监管体系亟待完善。一是组织协调机制不够完善。物业管理工作涉及问题多、部门多,许多问题需要住建、公安、环卫、属地街道等部门单位根据各自职能协调解决。由于目前尚未形成多部门物业联合协商机制,对诸如私搭乱建等需联合执法的问题,有时很难及时处理和回应,造成业主不满。二是专门管理机构力量不足。物业办担负着物业法律法规宣传、物业企业管理监督、矛盾纠纷协调处理等大量工作,目前奎文区仅有6名工作人员,相对于600多个小区,力量薄

---

* 执笔人:马宇清、张月奇。

弱，日常工作开展困难。特别是物业企业资质核定全部取消后，物业办只能在业务上给予指导，缺少有效的强化物业管理的行政手段和措施。三是老旧小区物业管理滞后。随着交付使用时间的不断延长，房屋漏雨、渗水、道路破损等问题日益突出，小区内机动车与非机动车停放混乱，电动车无统一充电设施，在楼道或储物间充电现象较为普遍，存在安全隐患。老旧小区普遍未交纳住宅专项维修资金，出现问题无法及时进行维修养护，导致经营成本高，管理难度大，多数物业企业不愿承接。

（2）基础设施老化落后，老旧小区管理成本高。一是开发企业遗留问题较多。业主与物业企业间的纠纷，很多源于开发建设遗留问题。如 A 小区、B 小区等①业主反映，自入住以来，小区经常出现房屋漏水、排污管道堵塞、供暖及消防管道破裂、外墙瓷砖坠落等问题。开发商与物业公司推诿扯皮，严重影响业主正常工作生活。二是单位管理小区问题突出。部分由原单位管理的小区，由于房屋多次转手，几乎无本单位人员居住，单位往往放弃管理；部分单位因机构改革撤并或者经营不善破产，对单位小区无力管理，造成一些单位宿舍管理混乱，脏乱差现象难以治理。如市安全局小区因无本单位职工居住，不再进行管理维护，造成垃圾堆积 10 多年无人清理。三是配套设施日渐不足。部分建成年代较早的小区配套设施相对落后，绿化面积较小、机动车停车位少、体育健身设施和文化活动空间较小、环卫基础设施不足、监控设施缺失等问题逐渐显现。特别是停车位不足问题成为调研中业主反映最为强烈的问题。如 C 小区②建成时设计停车位 700 余个，目前实际需求达 3000 余个。

（3）物业管理费收缴难，物业公司运营较为困难。一是多数老旧小区是企业、单位自管，这部分居民习惯了计划经济时代单位宿舍服务全包的服务模式，尚未形成花钱买服务的意识。在老旧小区中，低收入家庭居多，其中还包括相当一部分的低保户、外来务工人员，由于收入偏低，他们没有交物业费的能力和意愿。二是物业管理手段落后。受业主群体老龄化、设备设施不完善、物业管理人员不愿意接受新鲜事物的影响，老旧小区的物业管理大多还是依靠传统的档案管理，物业公司工作理念滞后，管理层级不高，服务水平偏低，发展后劲不足。三是市场竞争机制不健全。据物业公司反映，潍坊市物业服务收费政府指导价格 2002 年以来的 17 年内，只有 2012 年上调 0.1 元左右，收费偏低。多数老旧小区物业收费率不高，物业费收缴率在 90% 以上的物业公司只占总数的 26.61%，如樱园电厂生活区等老旧小区缴费率仅在 20% ~ 30%。随着人员工资和运营费用逐年走高，在入不敷出的情况下，只能通过削减服务人员、减少服务内容、降低服务质量来维持较低的服务水平，陷入恶性循环。四是业主和物业公司之间双向选择的市场机制还没有形成，缺乏竞争和风险意识，导致企业加强管理和提高服务质量的动力不足，影响了物业服务企业的竞争能力。

（4）小区自治组织缺位，小区自治能力不强。老旧小区内低收入群体较多、受教育程度相对不高，居民对自身权益的期望值往往过高，而对维护公共环境整洁有序等公共利益兴趣不大；居民中侵占公共利益的现象时有发生，业主对物业管理的诉求呈多样化，很难达成一致意见。虽然有的老旧小区成立了业主自治组织，但由于物业矛

---

①② 此处 A、B、C 小区使用代名。

盾多发、情况复杂、自治组织成员专业知识缺乏等原因，业主自治组织发挥作用十分有限。尤其是在集中民意决策小区事务、调解物业纠纷、推进民主协商机制、宣传法律法规方面，明显力不从心。一是业委会成立难，群众参与度低。目前奎文区676个小区中，成立业委会的只有98个，占14.5%。二是业委会作用发挥不到位。业委会成员普遍缺乏相关的管理和法律知识，难以有效履行职责。甚至个别业委会以个人利害关系行使权力，导致决策不合理、不科学，损害业主利益。三是缺乏对业委会的监督。对业委会的监管存在一定空白，对业委会的职责边界没有明确的界定，缺少明确具体的考核办法，难以对其运行情况实施有效监管，导致有的业委会不认真履行职责，为小区物业管理和发展带来隐患。

（5）对物业管理重要性认识不足，业主物业矛盾较为尖锐。居民和物业企业对物业服务管理的重要性认识不足，对相关法律法规、政策、规章制度的知晓率不高、认识不到位、解读不清，尤其是对自身的权力和义务认识不够、重视不够，主要有三个层面的问题：一是居民的主人翁意识不强。对问题主体认识不清，不知道有哪些权力、如何维权，对物业管理不支持不理解，购买服务、质价相符的意识淡薄。二是物业企业对相关法律法规执行不到位。违法暂停不缴费业主的水电供应，以停电梯等软暴力胁迫业主，违背合同约定等违规行为时有发生。特别是对业主关心的诸如广告位、停车位、小区快递柜和饮水机等收费及收费使用情况等内容公开不完全、不及时，导致业主对物业企业心生猜忌和疑虑，加剧了两方矛盾。三是对《物权法》《山东省物业管理条例》等法规政策的掌握和解读不到位。相关部门、社区和物业企业对《物业管理条例》以及物业提供的服务内容、服务标准、服务价格等内容宣传不够到位，致使业主对物业企业职责不清楚，由此引发了诸多矛盾。如在暖气不热、自来水水压不够、停车位不足、无公共活动场所等诸多问题上，不少业主认为应由物业解决，而这些问题超出了物业企业服务范围，无力解决，由此引发业主不满。

二、创新老旧小区物业管理的奎文实践

近年以来，奎文区委、区政府以提升社区治理水平为抓手，以无物业老旧小区为重点，以"党建引领、红色物业、共治共享"为主线，加大改革创新力度，积极探索物业服务新模式，让无物业老旧小区有了"新管家"，实现了环境指数、平安指数、幸福指数大幅提高，群众幸福感、安全感、获得感明显提升，逐步构建了"接地气、惠民生、得民心"的社会治理工作新格局。

（1）建章立制，完善社区物业管理新机制。按照"政府主导、社区自治、市场运作、业主联动、法治保障"的原则，出台了《关于成立街道物业管理服务中心及社区物业服务公司的指导意见》，以各街道物业管理服务中心为载体，结合实际，建立适合街道所辖老旧小区的物业服务运行机制。在街道层面，为物业管理服务中心配齐配强工作人员，对各社区无物业老旧小区现状进行全面排查摸底，健全完善相关运行机制，为实现物业服务管理快进驻、全覆盖打下基础。在社区物业公司层面，各社区物业公司已建立起规范的公司运行机制，制定了安保、保洁、绿化、维修、消防等一系列规

章制度，明确管理责任，尽快投入实际运营。在社区层面，在街道物业管理服务中心的指导下，发挥社区管理优势，充分发挥居民代表、网格员、楼长的作用，同时积极吸纳社区"两委"成员、社区志愿者、退役军人、低收入困难家庭、弱势群体等人员参与社区物业服务。同时，加大老旧小区物业管理补贴，对市场化物业管理和社区化准物业管理的老旧小区分别实施了5年和4年逐年递减的补贴政策，逐步推动老旧小区实施专业化物业管理进程。

（2）党建引领，搭建"红色物业"社区治理新平台。坚持以"党建引领"为鲜明主线，彰显"红"的特色，体现"治"的成效，把"红色物业"打造成推动基层治理体系和治理能力现代化的重要载体，推进物业服务融入社会治理创新。以打造"红色物业"党建活动为抓手，搭建社会基层共治新平台，进一步健全"区物业行业党委—街道党工委—社区党委—物业党支部"组织体系。社区物业服务公司不仅提供专业化物业管理服务，还成立党支部，支持、配合社区开展小区平安创建、文明创建、物业管理党建联建等维稳综治工作。充分发挥基层党组织领导核心作用，引导物业服务公司、业主委员会、社会组织、职能部门等共同参与支持社区建设，形成基层社会治理的合力。积极推动基层党组织向物业服务企业延伸、覆盖，积极吸收社区党员作为工作人员，原则上要求每个社区物业公司管理人员中的党员比例不低于50%，使其成为开展物业服务的骨干队伍。充分发挥红色物业的示范带动作用，推进物业服务与基层社会治理融合发展，打造"红色管家"党建品牌，建立健全物业服务企业、业主委员会、社会组织、职能部门等多方联动工作机制，实现物业服务、基层社会治理"双提升"。如潍州路街道潍民物业服务公司就十分注重党员作用的发挥，从物业公司保安部抽调了一批思想意识过硬、政治素质高、业务能力强的党员、退役军人等组成民兵应急班，平时参与社区安保巡逻，遇到紧急情况，如应急抢险、抗洪救灾随时可以冲上一线。

（3）多方联动，解决老旧小区社区治理实际问题。在探索无物业老旧小区物业进驻工作中，全面落实"街社吹哨、部门报到"制度，做好入驻前、中、后的"全链条"保障，及时帮助社区解决运行过程中的困难问题，推动无物业老旧小区物业管理快入驻、快服务。入驻实施前，协调组织市场监管、行政审批、物价等部门，研究相关法律法规和政策规定，制定物业公司在党组织建设、入驻程序、收费标准等方面的实施方案；入驻过程中，针对无物业老旧小区的内部及周边乱停乱放、乱摆乱占、乱搭乱建等"十乱"问题，协调综合执法、公安、消防等部门主动介入；社区物业入驻后，各街道充分发挥物业管理服务中心的作用，对小区内欠缴物业公共服务费、占用消防通道、乱搭乱建等违规行为，积极对接法院、交警、公安、城管执法局等相关职能部门。

（4）分类施策，破解老旧小区物业管理瓶颈制约。针对各街道辖区内老旧小区的实际情况，按照无物业老旧小区的特殊条件和业主的特别需求，实行分类"对号入座"，制定不同的物业服务项目、内容和标准，以"兜底式"服务为基础，循序渐进、逐步引导，实现管理服务模式的专业化、多样化，确保"进得去、留得住"。探索了三种老旧小区物业服务模式：一种是在街道物业管理服务中心的领导下，每个社区成立一家物业服务公司，各自经营，服务辖区内无物业小区；第二种是街道成立一个物业服务公司，每个社区设立物业服务站，由街道物业服务公司统一管理，为无物业管理小区业主提供物业服务；第三种是片区"打包"管理。即在街道物业管理服务中心的统筹协调下，无物业管理小区较少的片区可以把物业管理权和辖区的公共资源一次性打包委托给相邻社区成立的社区物业公司代管，双方签订委托代管协议，既能达到管理的目的，又能最大限度地节约社区资源。通过各种服务模式的运行，有力保障了公司运作有规有序，有效破解了过去依靠政府托底力不从心的问题。

三、以物业管理带动提升社区治理的思考

基层治理是新时代国家治理的重要课题。习近平总书记强调，"社会治理的重心必须落实到城乡、社区，社区服务和管理能力强了，社会治理的基础就实了"[1] "加强和创新社会治理，关键在体制创新，核心是人"[2]。社区具备提供公共服务、协调社会关系、促进社会融合、应对社会风险的重要功能。新时代背景下，以老旧小区物业管理为基角，探索由维稳型的物业管理，转向人本型的社区治理，加快构建符合新时代中心城区特点和规律的物业管理和社区治理体系，是以高度的政治自觉、思想自觉和行动自觉践行习近平新时代中国特色社会主义思想的生动实践。

（1）建立"1+3+X"联动机制，激发社会各方参与活力和动力。一是建立"1+3+X"联动机制。"1"就是社区党组织党建引领，"3"指的是社区居委会、业主委员会、物业公司，"X"就是整合社区里的各种力量，由此形成 N 种服务。广泛凝聚自治组织、经济组织、社会组织、驻地单位、居民个人等治理主体合力，逐步构建起多元共治的现代社区治理体系和社区良性社会生态，增强社区自治和服务功能，提升社区发展治理能力。二是打造物业企业联合体。学习借鉴青岛市市南区建立物业联盟的创新性做法，对物业资源进行有效整合，变小区管理为片区管理，实现统一标准、统一管理，形成融合发展、创新共赢的新格局。三是配齐配强物业工作班子。建议对现有物业工作人员进行补充，进一步增强工作力量。坚持"重心下移"，进一步加强街道、社区物业管理工作，充实专职工作人员，提高基层治理能力和水平。四是完善考核评价机制。细化考核办法，明确具体标准，将更多的考核要素下放至街道，加强街道对物业管理的监督、指导和考核。探索引入第三方评估监督机构，以政府购买服务、业主委员会或业主委托等多种形式引进物业服务管理市场第三方专业机构，对物业项目交接和查验、物业服务标准和费用测算、物业服务质量等提供专业评估监督服务。

（2）完善体制机制，提升老旧小区物业管理规范化水平。一是调动专业物业服务机构的力量。通过税收优惠、政策补贴、招投标倾斜等措施，激励、吸引专业的物业服务企业接管老旧小区，尝试引入物业管理职业经理人，从而实施规范的物业管理。二是规范收费机制。建立政府指导与市场调节相结合、收费与服务相适应、业主与物业企业相包容的收费动态管理办法，避免一刀切和乱收费。探索实行物业服务质量履约保证金制度，提高物业服务主体履约意识。三是规范业委会履职机制。激发广大业

---

[1][2] 《参加十二届全国人大二次会议上海代表团审议时的讲话》，载《人民日报》2014 年 3 月 6 日第 1 版。

主的主动参与意识，吸纳有财务管理、安全管理、设备管理、环境管理、法律专业特长的业主加入，也可以聘用具有专业物业知识的其他人员，充实和提升业委会力量，使业主委员会成员有管理技能和履职能力。四是规范对业委会的监督机制。可借鉴现代公司制度成立监委会，对业委会运作进行监督、督导与评价，杜绝业委会"不作为""乱作为"现象，维护业主的正当权益。五是规范维修基金审核管理和使用。有关部门应加强监管，完善使用计划报批管理、财务预决算管理、审计监督以及业主查询和对账制度，实行政府部门、街道、社区、物业公司、业委会及业主代表参加的公开招投标，提高维修基金使用透明度。

（3）创新服务方式，以物业管理带动提升社区治理水平。一是加快老旧小区改造步伐。抓住中央和省市关于老旧小区整治提升决策部署的重大机遇，更新水电路气等配套设施，支持加装电梯，健全便民市场、便利店、停车场、无障碍通道等生活服务设施。在改造中因势利导，同步确定小区管理模式、管理规章及居民议事规则，同步建立小区后续管理机制等，使改造后的小区既要"好看"，更要"好住"。二是加强智慧物业建设。将"互联网+"融入物业管理中，委托第三方研发"智慧物管平台"，将物业管理部门、物业公司、业主等整合到网络平台，实现物业管理服务智能化信息化，为业主生产生活提供便利。三是探索物业管理行政新机制。建议按照政府主导、社区自治、业主联动、突出公益、法治保障的原则，由街道和社区牵头组建物业服务公司，对无物业老旧小区的环境卫生、车辆管理、设施养护、安保巡逻等实施物业管理服务工作。四是完善竞争机制。健全招投标制度，指导有关各方按照规定的原则、程序和方法进行有效的招投标活动，推动房地产开发与物业管理的分离，促进物业服务市场公平竞争，提高物业行业整体水平。五是建立物业纠纷调处机制。探索人民调解、行政调解、司法调解相互衔接的物业管理纠纷调解模式，建立物业纠纷调解委员会，从住建部门、司法机关、社区居委会、律师或在社区有一定威望的业主中，挑选人员担任调解员，调解物业管理纠纷。

（4）加强宣传引导，推动老旧小区物业管理和谐有序发展。一是加大政策法规宣传力度。利用集中培训、法律进社区、进家庭等多种形式，广泛深入宣传《物权法》《物业管理条例》等法律制度，增强物业企业和业主的法律意识，培养法治思维，使物业服务和管理行为法治化、规范化。二是提升公民法律和道德素养。通过举办"道德讲堂""市民学校"、绘制文化墙等措施，加强社会主义核心价值观宣传教育，规范群众文明行为，提升文明素养，在享有权利的同时，履行相应义务，树立"花钱买服务"的物业消费意识。三是构筑良好业主物业关系。通过建立意见征求处理制度和回访制度，定期召开联席会议，对双方关心的问题进行协商，达到增进了解、消除误会、化解矛盾的目的。社区、业委会和物业公司通过组织趣味运动会、邻里美食节等丰富多彩的活动，加强与业主互动，密切与业主联系，构建物业公司与业主和谐发展、美美与共的有效途径，实现党的十九大提出的"加强社区治理体系建设，推动社会治理重心向基层下移，发挥社会组织作用，实现政府治理和社会调节、居民自治良性互动"的目标。

物业管理作为一种专业化、社会化、企业化的不动产管理模式，在我国已走过了

30年的历程。近十年，伴随着我国社会经济和房地产市场的快速发展，物业管理已经充分显示出其巨大的社会作用、强大的生命力和广阔的发展前景。但是，迄今为止我国尚未形成成熟的符合我国城市建设管理规律的物业管理模式和管理制度。随着我国城市化进程的加快，城市既有房屋建筑总量的不断增加和日益老化，如不尽快探索出符合我国国情、民情和房屋建筑管理规律的物业管理模式，不仅将无法实现既有房屋建筑的可持续发展，还将由于物业管理的体制机制、模式和制度的落后，引发大量的城市管理问题和社会问题。实践也一再证明，没有健康的物业管理模式，社区层面的社会管理将无法获得成功，并将影响整个社会的稳定。因此，深入研究探索国情、民情，再造具有我国特色的物业管理新模式，已经成为我国社会经济建设中重要而紧迫的任务。社会各界都应该关注物业管理的发展和演变，都应该为此而不懈努力。

由"智慧城市"到"智慧社区"大数据时代智慧社区发展方向*

——为数据化社区增添智慧大脑

早在2016年,习近平总书记就在中共中央政治局第三十六次集体学习时明确提出:"我们要深刻认识互联网在国家管理和社会治理中的作用,以推行电子政务、建设新型智慧城市等为抓手,以数据集中和共享为途径,建设全国一体化的国家大数据中心,推进技术融合、业务融合、数据融合,实现跨层级、跨地域、跨系统、跨部门、跨业务的协同管理和服务。"① 党的十九大报告中指出,"运用大数据提升国家治理现代化水平,建立健全大数据辅助科学决策和社会治理的机制,推进政府管理和社会治理模式创新,实现政府决策科学化、社会治理精准化、公共服务高效化。"

时至今日,苏州、杭州、上海、合肥、贵州等越来越多的城市,踏上了人工智能治理城市的道路。作为城市基本网格的社区,在智慧社区建设过程中,拥抱大数据,运用云计算,实现数据共享、数据共创、数据自动控制的"在线"模式,已成为可以清晰预见的未来。

一、智慧社区的概念

智慧社区的概念源于西方国家。早在全球互联网技术迅速发展的20世纪90年代之初,国际通讯中心就提出建设"智慧社区"的设想,通过信息技术构建无处不在的网络联系,基于网络为居民提供电子商务、远程教育以及远程医疗等生活服务,极大地提高居民生活的便捷性。1996年,世界首个智慧社区建设项目被美国加利福尼亚州政府推出,希望运用信息技术改善居民的生活环境和社区居民的生活方式。

美国旧金山、硅谷等信息技术较为领先的城市随即也推出智慧社区建设项目。1997年,首届智慧社区论坛开始举办,这一时期,"智慧社区"建设理念在信息技术水平相对领先的西方国家迅速转化为建设实践。彼时,我国因经济社会发展状况,尚未予以足够重视。

---

* 执笔人:王昆。
① 《迈出建设网络强国的坚实步伐——习近平总书记关于网络安全和信息化工作重要论述综述》,载《人民日报》2019年10月19日第1版。

近年来，在全国各地大力推进智慧社区建设的背景下，住建部在2014年5月发布的《智慧社区建设指南（试行）》中，对智慧社区的定义为，通过综合运用现代科学技术，整合区域人、地、物、情、事、组织和房屋等信息，统筹公共管理、公共服务和商业服务等资源，以智慧社区综合信息服务平台为支撑，依托适度领先的基础设施建设，提升社区治理和小区管理现代化，促进公共服务和便民利民服务智能化的一种社区管理和服务的创新模式，也是实现新型城镇化发展目标和社区服务体系建设目标的重要举措之一。同时提出，我国要在2020年实现智慧社区50%的覆盖。

北京市《关于在全市推进智慧社区建设的实施意见》中，从手段、内容和目标等方面对智慧社区进行了描述：智慧社区是利用物联网、云计算、移动互联网、信息智能终端等新一代信息技术，通过对各类与居民生活密切相关信息的自动感知、及时传送、及时发布和信息资源的整合共享，实现对社区居民"吃、住、行、游、购、娱、健"生活七大要素的数字化、网络化、智能化、互动化和协同化，让"五化"成为居民工作、生活的主要方式，为居民提供更加安全、便利、舒适、愉悦的生活环境，让居民生活更智慧、更幸福、更安全、更和谐、更文明。智慧社区的远景目标是将社区建设成为政务高效、服务便捷、管理睿智、生活智能、环境宜居的社区生活新业态，实现"智慧家园、幸福生活"5A模式，即"任何人、在任何时候、任何地点、通过任何方式、能得到任何服务"。

《上海市智慧社区建设指南（试行）》提出智慧社区建设是指在街道、镇、村等地理区域范围内，利用信息技术整合社区资源，为社区居民提供高效、便捷和智慧的服务，提升社区居民对智慧城市的体验度和感受度。

《深圳市智慧社区建设导则（试行）》中将智慧社区定义为，利用互联网、云计算、移动互联网、信息智能终端等新一代信息技术，通过对各类居民生活密切相关信息的自动感知、及时传送、及时发布和信息资源的整合共享，提升社区治理和小区管理现代化，让居民生活更智慧、更幸福、更安全、更和谐、更文明，促进社区公共服务和便民利民服务智能化的一种社区管理和服务的创新模式。

随着信息技术的高速发展，国内智慧社区建设相关的技术基础较为扎实，面向移动网络、物联网、智能建筑、智能家居、居家养老等诸多领域的应用产品及模式已基本成熟。此外，广州市、深圳市、常州市等经济发达地区已率先开展了智慧社区建设，在社区治理、便民服务等领域取得了显著的成效。因此在我国大规模开展智慧社区建设势在必行。

二、智慧社区推动社区治理现代化

积极推进智慧社区建设，有利于提高基础设施的集约化和智能化水平，实现绿色生态社区建设；有利于促进和扩大政务信息共享范围，降低行政管理成本，增强行政运行效能，推动基层政府向服务型政府的转型，促进社区治理体系的现代化；有利于减轻社区组织的工作负担，改善社区组织的工作条件，优化社区自治环境，提升社区服务和管理能力；有利于保障基本公共服务均等化，改进基本公共服务的提供方式，以及拓展社区服务内容和领域。

近年来，从国家政策指引到社区运行实践中，智慧化建设与应用成为社区工作的重要抓手，对于我国社区治理的现代化建设起到了很大的推动作用。大数据时代的到来，更加为城市智慧社区治理提供了坚实的基础。通过将更多的社区资源、社区信息、社区数据、社区的动态情况进行整合利用，线上治理和线下治理双重结合，更好地提高了社区的服务水平和社区的综合能力，同时建立一个正确的社区自治能力行为。通过智慧化政务体系建设，促进社区政务服务能力和效率全面提升。强化社区安防和治安管控能力形成成熟的社区治理模式；通过智慧化公共平台建设，使社区居民均等、方便、快捷地享受社区个各类公共服务，同时建成多元化、多层次、智慧化的社区公共服务体系；通过智慧化便民平台建设，推进社区居民服务便利化、精准化，形成可广泛推广、可复制的商业服务模式。

1. 社区治理

（1）人口管理。

以人口和房屋管理为主要内容，以网格管理为主要思路，以部门信息共享交换为主要支撑，实现对社区人口基础信息管理、常住人口管理、流动人口管理动态采集、更新和维护，并通过对居民各类诉求的采集上报，保证数据录入的准确性，实现市民与政府的良性互动，形成实时、敏捷、长效管理机制。

（2）社会组织管理。

通过信息化手段，实现行业协会商会类、科技类、公益慈善类、城乡社区服务类社会组织信息及社会组织相关各类事件的动态采集、更新、维护和监督，规范社会行为，解决社会问题，充分发挥社会组织的公益性作用。

（3）党建管理。

以网格化管理为主要思路，完善党员管理（党员信息、认岗和联户等）和党组织管理（党组织信息、分类和定级等），提升党建工作效率和质量，规范党内日常管理，实现党干管理同步，为社区党建工作打造一个先进的技术平台、高效的工作平台。

（4）志愿者管理。

对志愿者的信息、活动、团队进行全面管理，详细记录志愿者的所有档案信息和活动，建立一个较完整的志愿者管理系统，便于管理服务志愿者和相关的团队活动，促进人力、财力、物力更好的分配利用和协调调度。

（5）退休人员服务。

提高目标人群享受基本养老保险、基本医疗保险等方面服务的便捷程度，为退休人员提供文化、体育活动和维修、购物、医疗等上门服务，提升社会保险服务的质量监督水平，提高居民生活保障水平。

2. 政务服务

（1）行政审批。

通过下放审批权限、减少和规范审批事项，拓展网上审批，推进行政审批向街道社区延伸，社区居民可自行选择便捷审批路线，实现行政审批"一站式服务、扁平化管理"。

(2) 综合执法。

以网格化管理为主要思路，实现对社区医疗卫生与食品药品管理、工商行政管理、文化市场管理、国土资源管理等各类事件的信息采集上报、任务派遣、处置反馈、考核评价，实现社区管辖范围内的辅助综合执法，确保社区秩序稳定。

3. 治安管控

(1) 社区警务。

治安防控：引入视频监控和智能分析技术，实现社区管辖范围内的小区、人员密集繁华街区、大型公共场所、繁华商业场所、集贸市场、公寓写字楼、旧货市场、文化娱乐场所、公园景区、地下空间场所等重点部位信息的综合管理和现场的实时监控，创新立体化社会治安防控体系，严密防范和惩治各类违法犯罪活动。

警民互动：构建警民良性互动平台，公安部门利用各种信息传播途径及时向社区居民发布治安防范预警信息，结合居民和社区工作者对社情动态的采集、发布。补充公安社会动态信息来源，丰富公安情报线索，为案件侦破提供更多有价值线索。

(2) 调解矫正。

重点人群管控：实现对刑教释满人、社区服刑人、吸毒重点人、精神病人、犯罪青少年和其他重点人等各类重点人群信息的全掌握和行动的全监控。

矛盾调解：在调解过程中记录、实时上报事件信息，整合各方资源，实现矛盾纠纷登记、分类受理、调解处理、回复归档的逐级流程管理，辅助社区调解员快速有效的化解社区矛盾纠纷。

社区矫正：与检察、公安、司法行政三部门建立互通平台，对社区矫正帮扶对象日常表现实行动态监控，帮助社区矫正工作人员更有效地对社区服刑人员进行矫正教育及社会监管，实现社区矫正工作有序有效的开展。

4. 在基本公共服务上

(1) 劳动就业。

为社区居民提供就业培训和职业介绍，并做好失业人员信息更新、失业保险申领等服务。

(2) 社区医疗。

通过公共健康医疗服务平台、远程健康医疗、移动医疗等信息化手段，为社区居民提供医疗咨询、自检诊断、送药上门等服务，构建居民健康档案，提升社区医疗水平。

(3) 居家养老。

通过信息化手段为老年人提供远程看护、上门服务、安全预警等居家养老服务，重点是面向居家养老模式提供信息服务，构建感知、服务、调度的三级服务体系，通过智能感知实现对老人信息的智能采集分析、也可通过服务呼叫终端触发服务请求，由调度中心调度社区服务机构向老人（尤其是独居老人）行动不便、走失、紧急求助等提供便捷通道，快速、畅通、安心的紧急求助服务，提升为老服务水平。

三、智慧社区建设的探索

1. 宏观层面路径指引

《智慧社区建设指南（试行）》中，针对智慧社区的总体框架、支撑平台、基础设施、建筑环境等指引了方向与路径。

（1）智慧社区建设的总体框架。

智慧社区总体框架以政策标准和制度安全两大保障体系为支撑，以设施层、网络层、感知层等基础设施为基础，在城市公共信息平台和公共基础数据库的支撑下，架构智慧社区综合信息服务平台，并在此基础上构建面向社区居委会、业主委员会、物业公司、居民、市场服务企业的智慧应用体系，涵盖包括社区治理、小区管理、公共服务、便民服务以及主题社区等多个领域的应用，如图1所示。

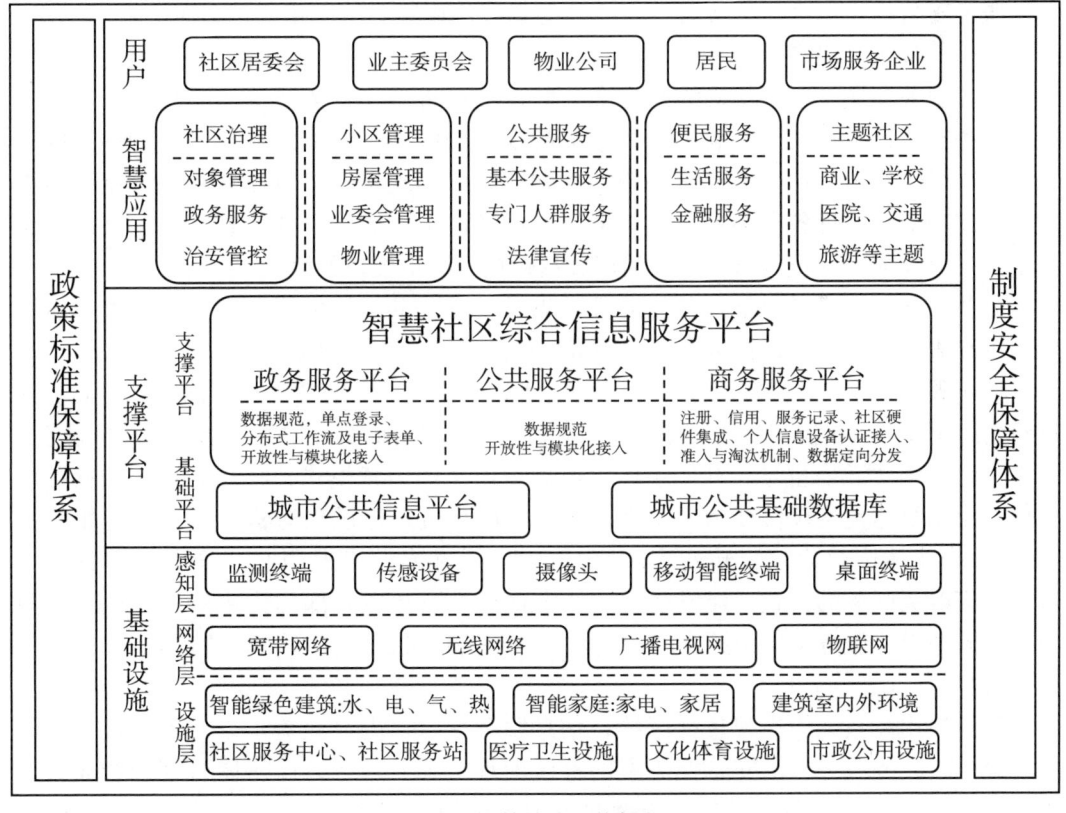

图1 智慧社区总体框架

①基础设施。

基础设施包括设施层、网络层和感知层三个部分：

设施层是智慧社区管理服务的载体和依托，覆盖社区、建筑和家庭三个层面，包括以社区服务中心、社区服务站、医疗卫生设施、文化体育设施和市政公用设施为主的综合服务设施，以及智能绿色建筑，以智能家居、智能家电为主的智能家庭。

网络层是一体化融合的网络基础设施，支撑智慧社区的高效运行，包括宽带网络、无线网络、广播电视网和物联网等智能网络，通过把社区内各种智能枢纽和节点统一接入，实现网络无处不在、智慧运行的目标。

感知层是通过信息采集识别、无线定位系统、RFID、条码识别等各类传感设备，对社区中的人、车、物、道路、地下管网、环境、资源、能源供给和消耗、地理信息、民生服务信息、企业信息等要素进行智能地感知和自动获取，实现社区的"自动感知、快捷组网、智能化处理"。

②支撑平台。

智慧社区综合信息服务平台是智慧社区的支撑平台，架构在城市公共信息平台和公共基础数据库上，由市级或区级统一建设，包括政务服务、公共服务和商业服务三大版块，通过数据规范和接口服务，接入政府相关部门业务数据和商业服务数据，利用数据交换与共享系统，以社区居民需求为导向推动政府及社会资源整合，为社区治理和服务项目提供标准化的接口，支撑各类智慧应用服务，并集社区政务、公共服务、商业及生活资讯等多平台为一体。

政务服务模块：各行政机关及社会公共机构可将自身业务系统的受理环节设立在社区服务窗口，由社区面向居民负责事务的受理和收件，具体的行政审批和许可的决定仍由原机关作出，社区负责该决定的告知，从而实现在不打破原有管理体制的前提下，切实为群众办理各类事项提供方便。在此基础上，通过公共信息平台和基础数据库中业务以及数据的重组与整合，为居民提供更多、更便捷的服务。

公共服务模块：平台整合各业务部门以及社会公共机构的服务窗口。随着政府职能下沉和服务进程加快，社区在公共服务中的地位将会逐步显现。

商业服务模块：社会资源服务与居民生活息息相关，借助智慧社区的开放平台，通过建立信用和淘汰机制，为居民提供便民利民服务，也为商家提供各类基础数据与服务。

平台采用"政府主导、社区主体、市场运作"的运营模式，将政府牵头的社区服务信息化系统建设逐步转变为一个多元主体共同投资、建设和运营的"大信息服务平台"。投资主体由政府独家转变为政府、企业、专业投资机构共同参与，或以社会投资、政府购买服务的方式；建设运营主体由街道、业务主管部门为主转变为政府、商户等共同建设，服务主体由原来的政府主导扩展为以社区、商户和居民为主。

③智慧应用。

智慧应用体系架构在智慧社区综合信息服务平台之上，涵盖了以对象管理与专门人群服务、政务服务、治安管控为主的社区治理与公共服务，以房屋管理和物业管理为主的小区管理，以生活服务和金融服务为主的便民服务，以及主题社区五大领域，涉及社区管理、运行、服务三个层面。各类应用遵循智慧社区综合信息服务平台建设规范的标准，通过数据交换和整合，统一以平台向居民、企业等提供服务，并对各种活动做出闭环响应。

④用户对象。

智慧社区的用户和服务对象主要包括：社区居委会、业主委员会、物业公司、居民、市场服务企业以及相关社会组织等。

⑤保障体系。

智慧社区的网络、基础设施、支撑平台和各类应用系统的建设与运行维护，需符合已有的标准规范，如相关的技术标准、数据标准、接口标准、平台标准、管理标准等。智慧社区的政策和标准体系，要符合国家、行业以及各地城市发展的总体要求。

(2) 建设目标。

智慧社区综合信息服务平台的建设目标是在社区层面实现城市不同部门异构系统间的资源共享和业务协同，有效避免城市多头投资、重复建设、资源浪费等问题，有效支撑社区内各系统正常、健康地运行，为社区居民提供良好的服务，也为政府实现高效的业务管理提供方便。

2. 北京市的有效探索

推进智慧社区建设上，北京市采取了先行试点、待取得经验后再逐步推开的方式。北京市智慧社区建设工作自2012年4月启动，截至2016年1月，共建成1672个星级智慧社区，占北京市社区总数的58%，有43个街道实现了智慧社区全覆盖。在养老助残、文化教育、卫生计生、劳动保障就业、出行旅游、生活服务、政务服务等方面，智慧社区惠民效果日益显著。

(1) 完善智慧社区基础设施。

北京市的智慧社区都建设了一站式服务大厅（不小于40平方米），办公人员人均一台电脑，配有一定数量的便民服务缴费终端为居民提供缴费服务。高清交互数字电视已经成为集政府信息平台、行业应用平台、文化共享平台、便民服务平台、用户娱乐平台等于一体的新媒体。通过监测社区运行的真实状况，获得实时感知数据，为实现社区治理精细化和智能化奠定基础。

(2) 建设智能高效便民的服务体系。

①普惠性保障服务体系。

北京市以"一刻钟服务圈"建设为抓手，推进社区基本公共服务全覆盖。社区门户网站为社区居民提供一站式、互动式以及零距离的智慧政务服务，社区办公业务实现网上预约、初审和受理，居民由"跑大厅、打电话"变成了"点鼠标、敲键盘、看短信"。北京市社区服务呼叫系统96156成为智慧社区服务热线，无偿为社区居民提供与"衣、食、住、行、游、购、娱、健"等相关的生活服务，让居民能随时随地获得最新、最准确和最全面的周边生活消费信息。

②养老助残服务体系。

智慧社区依托社区卫生服务中心及服务站、温馨家园等公共服务机构建设智慧社区养老助残服务站点，以虚拟养老院、日间照料中心、零距离服务一条街、一键通和小帮手等多种服务模式，针对老年人、残疾人、失独家庭等群体的实际需求，提供日常护理、生活照料、远距离照护、医养结合、社会服务、精神慰藉与沟通等多样化的个性服务。

③智慧医疗服务体系。

与社区医院、大型医院联合建立居民健康服务系统，实现网上挂号、慢性病管理、体检管理、公共卫生管理等功能,极大地方便了居民看病和对自身的健康管理。北京健康云、社区健康小屋的建设方便了居民日常身体监测,通过积累与分析体检数据及体质监测数据,可以对辖区特定人群进行健康提示与指导,实现对辖区居民的综合健康服务。

(3) 推进社区管理精细化。

建设智慧社区,社区管理首先要智慧。目前,北京市 16 个区都建立了人、地、事、物、组织大数据库信息平台,把服务管理事项落实到网格,标注在统一的电子地图上,实现精确定位、定人、定责,使每一寸土地都有人管理、每一户人家都有人服务。极大地提高了社区管理效率,使社区运行更有序、居民生活更安全。

3. 发达国家智慧社区的建设经验

(1) 美国智慧社区建设经验。

智慧地球、智慧城市、智慧社区的概念均源于美国,使得美国成为世界上最早建设智慧城市与智慧社区的国家之一。2009 年 9 月,迪比克市和 IBM 启动了智慧社区项目,运用传感器、互联网等技术将城市的水、电资源进行整合,在居民家中安装智能水表、电表等,以帮助居民实时监测和调整其用水、用电情况。继 IBM 之后,思科、微软等科技公司成为推动美国智慧社区建设的重要力量,思科于 2009 年开始推动全球化和一体化智慧社区项目;微软于 2013 年启动"未来城市"计划,利用其技术与网络平台为智慧城市与智慧社区提供解决方案。

除了市场力量,美国各级政府也积极推动智慧社区建设。美国联邦政府于 2015 年 9 月发布的《白宫智慧城市行动倡议》,将智慧社区建设上升到国家战略层面,将分工与相应资金投入细化到每个参与部门,同年 11 月,网络与信息技术研究与发展机构发布《智慧社区互联框架》,以帮助协调联邦政府投资与外部合作,指导基础研究并将其转化成可复制的智慧城市解决方案。

(2) 欧洲智慧社区建设经验。

欧洲是全球智慧社区实践较早的地区之一,这与欧盟发布了一系列连续且分阶段的战略规划有重要关系。在欧盟的战略指导下,不同国家或城市结合自身实际积极开展智慧社区建设。欧盟及相关国家各级政府在欧洲智慧社区建设中发挥着重要作用。

欧洲智慧社区建设比较注重公民参与。2011 年欧盟在拟定"智慧城市和社区倡议"时,广泛征求公众意见及建议,并形成报告公布于官网。欧洲智慧社区建设的另一特色则是遵循因地制宜、试点先行的原则。如在总体战略的指导下,欧盟提出了不同类型的智慧城市及社区项目,如 SmartEnCity(目标是成为欧洲的智慧零碳城市)、GrowSmarter(打造智慧、可持续欧洲);每个项目首先选取二到三个城市或者二到三个街区、社区作为试点,积累经验后向欧盟国家范围内其他类似城市、社区推广。

(3) 新加坡智慧社区建设经验。

新加坡的智慧社区建设与其独特且有远见的战略规划紧密相关。新加坡政府制定一系列战略推进国家的信息化建设,如国家计算机计划、国家 IT 计划、连接新加坡。新加坡政府于 2006 年和 2014 年分别提出"智慧国 2015"计划和"智慧国 2025"计划。

在上述国家战略的指引下,新加坡建屋发展局、陆路交通管理局等部门也制定相应策略和计划实现智慧转型。例如，建屋发展局将智慧技术积极运用到城镇与房地产中，于2014年9月公布了"智慧市镇框架"，包括四方面的内容——智慧规划、智慧环境、智慧住宅、智慧生活，并落实于智慧社区建设。

新加坡对通信信息领域专业人才的大力培养，保障了智慧社区、智慧国建设的人才需求。新加坡政府通过对IT人才的培养给予强有力的财政支持，财政拨款支持IT人才教育及人才培训，并用优厚待遇吸引优秀外来IT人才。

（4）日本智慧社区建设经验。

日本智慧社区的建设与日本能源缺乏以及灾害频发的国情紧密相关，更多的是以节能减排与智慧防灾为重点，包括前期的信息化战略以及后期的智慧城市与智慧社区战略，从"E-Japan（电子日本）"到"U-Japan（泛在网日本）"再到"I-Japan（智慧日本）"。

日本智慧社区的建设更多的是企业与政府联合推进，其中政府先行制定总体规划，具体推进和实施则由企业负责，如日本智慧社区的典范藤泽智慧小镇由藤泽政府与松下等19家企业共同打造。此外，为了促进政府和企业等私人部门的合作以推动智慧社区的发展，日本智慧社区联盟于2010年成立。

日本智慧社区建设也遵循试点先行原则，即在部分城市建立智慧社区试验田，在不断探索与发展中最终形成具有一定特色的智慧城市。例如，千叶县柏市于2011年开始在街区范围内开展智慧社区试点，然后在全市范围内推广，并计划在2030年实现智慧城市的建设。

四、"智慧社区"建设困境

目前，我国智慧社区建设仍然处于初级阶段，在推动智慧社区建设实践的过程中，受到建设理念、社区硬件、网络设施、系统平台、人员素质、技术水平、资源整合、投入资金以及社区居民认识程度等多方面因素的影响和制约。

1. 制度建设落后于时代进程

由于缺少国家统一的社区信息化法规，智慧社区建设缺乏统一规划，缺少数据采集、设备接入等方面的强制性统一标准，智慧社区难以普及推广和融合。

2. 政府主导多，社会资本参与少，智慧社区建设活力不足

《智慧社区建设指南（试行）》鼓励按照"政府主导、社区主体、市场运作"来建设智慧社区，但由于缺少社会参与机制，参与面还比较窄，企业参与建设的成本偏高，投入的积极性不高，制约了智慧社区的发展。一些开发商、网络服务商以及智能安防厂商等，纷纷按照自己的想法建设智慧社区。市场的逐利性、行业的局限性和企业自身专长角度的不同，导致这些智慧社区具有局限性和片面性。如阿里主要精力放在研究智慧城市，在智慧社区上偏重于同物业公司合作开展业务，腾讯的智慧社区侧重于云服务端，360侧重于安全智能家居，都不能完全满足社区智慧物管和居民智能生活的多种需要。企业间数据沟通壁垒也为"智慧社区"发展埋下了阻碍的苗头。

3. 数据多、计算少，智慧社区智商不足

目前的智慧社区建设过程中，"智慧"更多地被定义为"信息化"，通过信息化手段提升社会治理能力，精准度和集约化都有了有效提升，但仍然是人治模式，大规模的信息基础设施产生的数据资源没有配套的云计算服务及应用，导致在数据资源闲置、浪费的同时，智慧社区发展没有得到升华。目前世界云计算公司排名前三的亚马逊、谷歌和阿里，均已实现云计算的商业化应用，将计算变为公共服务。运用云计算、云存储服务提升"智慧社区"数据资源保存、使用能力，实现智慧社区深度发展，真正做到以人为本、即时分析、即时决策、服务居民，而不应让"智慧社区"成为硬件指标、政治任务。

4. 科技多、整合运用难，智慧社区建设存在"知易行难"

市场的逐利性、行业的局限性和企业自身专长角度的不同，导致智慧社区具有局限性和片面性。如阿里主要把精力放在研究智慧城市，在智慧社区上偏重于同物业公司合作开展业务，腾讯的智慧社区侧重于云服务端，360侧重于安全智能家居，都不能完全满足社区智慧物管和居民智能生活的多种需要。单一技术厂商、单一软硬件产品正在形成新的"科技孤岛"，企业间数据沟通壁垒也为"智慧社区"发展埋下了阻碍的苗头。因此，数字化创新技术的"开放性"是建设智慧社区的关键因素——遵守同一个开发标准，实现迭代创新、融合创新、群体创新。

5. 社区现有管理体制制约智慧社区建设

街道、社区目前承载着多个业务垂直系统，形成了一个个孤立、分散的"信息孤岛"，社区服务与管理的数据都分散在一个"信息孤岛"里，导致社区难以实现互联互通、数据共享和业务协同，智慧程度十分有限。

导致信息孤岛出现的根本原因是体制机制障碍，大量的基础数据需要社区工作者在多个系统重复录入，数据标准又不统一，工作量很大，但查阅使用信息的权限却在上级职能部门，社区、街道层面享受不到所采集的信息。智慧社区的技术标准现在也不规范、不统一，还存在重复建设和盲目建设的问题。整合信息孤岛是智慧社区建设中必须要迈过的一道坎。

五、由"离线"到"在线"，给智慧社区可以思考决策的大脑

建设智慧社区的终极目标，是实现人民对美好生活的向往。当前城市发展的现实困境与人民对美好生活环境的追求还存在距离，智慧城市和智慧社区的建设任重道远。因此，推进智慧社区建设应当把握住国家推进大数据、云计算和智慧城市的时机，将智慧社区建设推进到一个更高标准的新境界——社区治理网络协同。

"智慧社区"应通过对数据资源的云计算，在线模拟"数字孪生社区"，在云计算开放平台上进行仿真、推演、预测，进行即时的思考判断、决策，能够实时处理人所不能理解的超大规模全量多源数据（整体认知），能够洞悉人所没有发现的复杂隐藏规律（机器学习）能够制定超越人类局部次优决策的全局最优策略（全局协同）。

1. 机器视觉认知能力，提升视频数据价值与感知能力

（1）通过接入所有主流厂商的摄像头、传感设备，在不同视频质量光照、天气、夜晚等实战场景中，能够根据细节差异快速有效识别出人、车、事（故）、物，让没有智能芯片的传统球状摄像机具有了云端读懂"万物"的能力。

（2）全量视频激活，"算无遗策"全局视野。通过对摄像头传输的视频流全量分析，突破人力巡查无法覆盖的"盲点""沉睡数据"，以算法自动监控全量数据，是对监管力量、安保力量资源最大的释放。

（3）实时分析事件。实时分析全域视频数据流，一旦发生高危人物治安事件、突发事件，进行秒级报警，及时通知社区、提醒居民，保障居民安全。

2. 建设智慧社区综合数据服务平台，提升"数据密度"与"微粒管理"水平

（1）共享平台打通数据孤岛。统一共享平台的建设，实现数据的实时互联互通、共享和业务协同。

（2）数据标准汇聚生态渠道，包括数据汇聚、数据模型、质量评价数据应用等一系列大数据建设标准规范的建立，为智慧社区生态中的跨渠道的多源数据融合分析奠定前提基础。

3. 智慧社区开放平台能力，赋能全球互联网人才与城市数字经济产业带

（1）智慧社区平台上举办数据大赛。在互联网时代，数据资源是一种越用越多、越用越准、越用价值越高的战略资源，智慧社区天然具有"开放、共享、共创"的平台基因，拥有取之不尽的弹性计算即接即用的"数据底盘"、成熟的"公共服务百宝箱"，为社区可持续发展的数字治理、数字经济奠基。

（2）开放生态能够真正解决全局治理问题。以城市的数据、城市的智慧解决城市的顽疾，事实证明，平台上的数据资源、城市的海量需求能够有效吸引高端技术人才"空降"本地，长期培育数据科技人才，加速孵化数字经济生态。

4. 营造文明和谐社会风气

文明，是约束下的自觉行为。利用智慧社区，对公共场所监控视频中出现的不文明现象进行实时检测、抓拍，对于践踏草坪、非机动车占用机动车道、非机动车逆行等行为，在线推送到城市监管部门，甚至曝光用户终端，通过智慧社区极低的人力成本，起到警示作用，提升社区文明风气。

六、结束语

智能时代的快速发展，在大数据云计算的驱动下，数字化社区到社区智慧化是必然趋势，智慧社区的管理涉及到社会管理制度的多层次。我国智慧社区的建设和管理还处在初级阶段，数据资源主要还是被用作一次性的统计分析，智慧社区的建设仍然是"离线"的。随着对于数据驱动的需求更加旺盛，智慧社区的建设和管理应该结合各地的自身情况，循序渐进，逐步推开，使数据真正在线起来，无时无刻不在流动、计算、决策。随着现代信息科技技术的发展，智慧社区管理理论的进步，"在线"的智慧社区一定会越来越成熟，使社区居民的生活变得更加智慧、幸福、安全、和谐和文明。

汇聚中外活力 共建美好社区生活共同体[*]

——国际化社区建设及活力研究浅探

随着改革开放的不断深入和经济社会的快速发展，我国对外交流的活跃带来了大量的人口流动，越来越多的外国人由于留学、工作、旅游等原因来到中国居住。目前，北京、上海、广州、深圳等大城市已成为在华外国人最为集聚的区域。城市间的国际移民不仅带来了经济发展的资本、新的技术和理念，还带来了各具特色的文化、思想，为城市的发展注入了新的活力。与此同时，国际移民的聚集也形成了一种新的生活共同体——国际化社区。国际化社区作为国际化城市的缩影，是展示我国社会治理水平和对外文明交流的重要窗口。

党的十九大要求我们要共同谋求开放创新、包容互惠的发展前景，促进和而不同、兼收并蓄的文明交流，构筑尊崇自然、绿色发展的生态体系，建设一个持久和平、普遍安全、共同繁荣、开放包容、清洁美丽的世界。国际化社区作为最小的国际社会单元，更承担着维护和平正义，促进文明交流，推进共同发展的使命。就活力而言，国际化社区本身就具有巨大的社会活力，而探究国际化社区的活力建设，实际就是探究如何建设国际化社区的问题。本文旨在通过研究北京、上海、杭州、成都等城市的国际化社区建设经验，探索国际化社区建设的方式方法，为建设开放、包容、生态、宜居、充满活力的国际化社区提供路径参考。

一、国际化社区的概念及特点

（一）国际化社区概念

国际化社区是来自世界各国的人在一定地域范围内居住、工作、生活、交往所组成的社会生活共同体，是城市国际化带来的移民国际化的必然结果。学术界对国际化社区的定义各有侧重，本文认为，国际化社区是指以一定地域为基础，社区中境外人士数量达到一定程度，相应的社区组织制度、服务体系、环境设施趋向国际标准，包容各类文化和生活方式，不同国家、种族、民族背景的人能够和谐共处的城市社区。同一般意义上的城市社区相比，国际化社区的发展更加体现了国家与城市不断与外部

---

[*] 执笔人：高颖。

世界接轨的过程，是国家内部社会构造和城市功能更趋复杂化的产物。

（二）国际化社区的特点

与本土社区相比，国际化社区主要具有成员更加多国化、文化更加多元化、治理更加人性化的特点。

（1）社区成员国籍多样。国际化社区是不同国籍人士聚居的场所，是在一定的地域范围内，由本土公民与境外人士混合组成的社会生活共同体，呈现出人口结构多国籍、交流方式多语种、生活方式多样化的特征。

（2）社区文化多元荟萃。国际化社区内，不同国籍、种族、文化背景、思维方式、价值取向、宗教信仰的成员交汇共生，使国际化社区成为多元文化平等共存、相互交融的精神家园。国际化社区更趋向于多元融合的社区文化，相比本土社区更加凸显出开放性以及对不同文化的包容性。

（3）社区治理以人为本。社区成员结构的多样性决定了其对社区生活需求的多元化、复杂性以及对社区管理和服务体系的高标准要求。国际化社区一般都是参照国际化标准建设和管理的，具备国际性的规划建设、齐全的公共服务设施、高品质的居住环境、先进的物业管理和完善的社区治理模式。国际化社区与本土化社区的区别（见表1）。

表1　　　　　　　　　　国际化社区与本土化社区的区别

特征指标	本土化社区	国际化社区
社区成员	国籍较单一，主要是本国公民	境外人士与本国公民共同居住
社区文化	存在一元的主流文化	多元文化交融、共存
社区治理	国内统一的治理标准	治理水平先进，与国际标准接轨

二、建设国际化社区的现实意义

（一）提升城市国际化水平，实现治理能力现代化

当前，随着世界多极化、经济全球化、社会信息化、文化多样化的深入发展，世界各国之间的联系更为频繁快捷，我国一些大城市和超大城市的国际化水平已经发展到了相对成熟的阶段，外国企业、外籍人士、外来文化和外来资源在城市内聚集，势必需要城市进一步提高治理能力和治理体系现代化水平，为外籍人士能够更好地融入本地，在当地更好地居住、生活、就业提供良好环境。而社区作为城市的基本单元，打造国际化的社区，是提升城市国际化水平的重要基础。

（二）提高城市综合竞争力，优化国际化营商环境

从城市发展历程看，当今具有全球影响力的城市，无不经历了传统社区向国际化社区转变的发展历程。要实现把我国建设成为富强民主文明和谐美丽的社会主义现代

化强国的目标，一条重要路径就是推进国际化社区建设。只有以更开放、包容的姿态，更高品质、专业化的服务，建设新时代国际化社区，搭建外籍人才服务平台，提升城市的外向度和对外开放水平，才能够优化营商环境，吸引更多国家、地区的企业和人才来华居家创业，增强我国城市的竞争力和影响力。

（三）满足外籍人士日常生活需求，提升城市生活品质

城市的核心是人，关键是12个字，衣食住行、生老病死、安居乐业[①]。外籍人士对居住环境的需求也不外乎如此。对于身居异国他乡的外籍人士，其最需要的则是安全的生活环境、舒适的生活条件、便捷的公共服务、良好的语言环境以及和谐的人际关系五大需求，而这些需求对于一般的本土化社区服务而言是难以面面俱到的。这就需要各地政府为本地聚居的外籍人士量身定制符合外籍人士风土人情和生活习惯的社区环境，通过提升社区公共设施配套、营造生活场景、优化环境、提升国际服务水平等方式，为广大中外居民提供精准服务，满足中外居民的高品质生活需求。

三、国际化社区的评价标准

2004年，北京市朝阳区麦子店街道提出了全国首个建设国际化社区的发展规划——《麦子店地区国际化社区发展规划纲要》（简称《纲要》）。《纲要》从社区主体化、基础设施、社会环境、管理机制、对策建议等方面对麦子店地区国际化社区的建设构架进行了规划，率先描绘出了"国际化社区"的建设蓝图。

与此同时，我国上海、深圳、广州等一线、沿海城市凭借优越的地理、经济、政策优势，也对国际化社区建设进行了积极探索，但大多数都是边建设、边摸索、边推进，尚未形成一套完整统一的、具有指导和借鉴意义的标准化建设规范。而在国家层面也尚未对国际化社区建设进行系统的顶层设计。近年来，反而是杭州、成都等一些新兴国际化城市对国际化社区的建设研究较为深入。

（一）杭州市制定的《国际化社区评价规范》

近年来，随着G20峰会及国际重大赛事在杭州的召开，杭州建设国际化城市的进程不断加快，一度成为中国在世界上又一张崭新的城市名片。同时，随着杭州国际人口流动、现代化人才集聚趋势的加快，杭州进一步把目光放到了国际化社区的建设上。2017年11月，杭州市民政局联合杭州钱塘公益研究院、杭州市标准化研究院和中国计量大学研究制定了《国际化社区评价规范》，填补了国内对国际化社区评价的空白。《国际化社区评价规范》全面引入了国际标准——城市可持续发展（ISO37101）的先进理念和方法，在总结提炼前期国际化社区建设经验的基础上，提出了国际化社区在组织架构、国际化资源应用、服务设施、社区治理等10个方面的指标及评价方法（见表2），使国际化社区建设与管理服务工作有了标准可依。标准的制定与实施，为推进杭州城市可持续发展国际标准（ISO37101）全球试点提供了"杭州方案"。

---

① 《公共管理要有"质量意识"》，载《人民日报》2019年7月31日第5版。

表 2　　国际化社区评价标准（部分）

序号	评价指标	评价内容
1	组织机构	社区居民委员会应建立 PDCA 循环管理机制①，明确人员、职责
		制订社区国际化实施方案，方案内容包括发展整体目标、发展步骤、具体措施等，明确发展定位
2	国际化资源运用	社区及其所在街道区域内具有能提供国际化生活配套服务的设施或机构，进口商品超市、涉外保险金融、涉外中介、国际化学校、国际化医疗服务机构等
		整合社区及其周边国际化社会服务资源，提供可以满足社区中外居民在休闲、娱乐、学习、健身等多样化文体活动需求的服务
3	服务设施	社区配套用房面积不低于每百户 50 平方米，且总面积不低于 350 平方米。社区办公、服务和活动用房区域清晰、功能合理。社区社会组织的活动场所能得到有效保障
		有相应固定或相对独立场地的综合服务窗口，能提供一口式受理服务
		设有活动中心、健身场馆、图书室等文化体育活动场所。社区室内、室外活动场所设施和公共服务设施维护及时，无损毁
		建有居家养老、卫生（计生）、社区便民利民、志愿服务、专业社会工作服务、"儿童之家"等服务网点
		设有无障碍设施，如无障碍停车位、方便轮椅通行的坡道、公共厕所内至少设 1 个轮椅专用厕位。设有的无障碍设施应符合 GB50763 的要求
		设有社区应急避难场所和救灾物资储备场所。公共服务和活动设施使用节能环保材料，公共设施能耗实行分户计量，计量器具的配置和使用符合《中华人民共和国计量法》法制规定，保证计量准确
4	服务人员	有服务外籍居民的社区工作人员和物业工作人员，具备英语或其他外语沟通的能力
		社区工作者应参加各类专业能力培训，专职社区工作者每年接受国际化服务相关培训不少于 10 课时
5	社区活动	建立社区国际文化交流平台，如社区外语角、社区世界文明交流角等
		组织开展中外传统节日文化活动、优秀传统技艺展示和文化传承、邻里亲善和公益慈善活动，每年不少于 4 次
		每年至少开展 2 次社区居民文明礼仪、文明用语等宣传推广活动
		每年至少开展 1 次健康、法律、安全、科普等宣传教育普及活动
6	标识标牌	统一悬挂"中国社区"标识，并配有相应的英文"Chinese Community"标识，社区自有标识应与"中国社区"标识形成统一、美观的整体形象
		设置社区配套用房、配套公共服务设施、小区内部道路、楼宇等导向牌和人员标识的双语或多语种标识标牌。标识标牌应符合 GB/T‑1000 的要求
		提供具有 2 种或以上语言的通知、警示、宣传单、便民手册等服务资料

续表

序号	评价指标		评价内容
7	社区服务	就业、社会保障服务	下岗失业人员登记率达100%并实行动态管理。已纳入社会化管理服务的企业退休人员社区管理率达100%。应开展困难群众帮扶救助服务工作
		医疗卫生	建立居民健康档案,为老年人、未成年人、残疾人等特殊人群提供特色服务措施或服务项目
		社会服务	提供居家老年人生活照料、保健康复、精神慰藉等日间照料服务
			开展社区未成年人保护与服务工作
			依法设立社区公益捐助服务点或社区慈善超市
			协助相关职能部门开展流浪乞讨人员帮扶救助工作
		法律、安全服务	设立人民调解组织,依托律师进社区等法律服务资源,开展矛盾纠纷排查化解工作。配合做好社区矫正、戒毒、刑释解教、邪教转化人员帮教工作
			社区物业安全保卫制度健全,社区安全监控实时运行正常,社区公共区域安全监控无死角
			制定应急响应预案,组织开展社区应对突发事件应急演练,对社区内突发性事件、重大治安问题和刑事案件能够进行初步有效处置和及时响应
		便民利民服务	协助提供邮政、快递等服务
			协助提供看护护理、家政服务、美容美发、洗染、家电维修、餐饮、物流配送和再生资源回收等生活服务
			根据需要和规定提供社区便利店、超市、标准化菜店等零售网点设立协助工作
		志愿服务	为低保对象、空巢老人、留守老人、留守儿童、残疾人等提供志愿服务,主要服务内容包括家政服务、文体活动、心理疏导、医疗保健、法律服务、交通安全宣传教育等
			志愿服务队伍不少于5支。提供外籍居民参与社区志愿公益服务信息和条件,引导鼓励外籍居民参加志愿服务活动
			建立志愿服务招募组织、志愿者注册、志愿服务管理、志愿活动、志愿者星级认定、志愿服务嘉许鼓励、志愿服务回馈等制度,倡导鼓励扶持社区志愿服务
		专业社会工作服务	建立社区专业社会工作室(服务中心),根据社区居民需求,提供精神慰藉、资源链接、能力提升、关系调适、社会融入等专业社会工作服务。每年至少有2个专业社会工作个案或服务项目
			培育和发展15家以上的社区社会组织(注册或备案),每年各开展不少于3次的服务或活动,积极倡导支持社区社会组织或社会工作室(服务中心)承接政府购买服务,每年至少承接2个政府购买的服务项目或社区个案
			具有相应涉外服务能力的专业社会组织并开展相关活动
		信息服务	接入区级及以上社区公共服务综合信息平台,平台应具有网上办事、网格管理、居民自治生活服务等

续表

序号	评价指标	评价内容	
7	社区服务	信息服务	设立开通具备双语功能或多语言服务能力的社区服务热线或社区新媒体平台
			具备"百兆进户、千兆进楼"接入能力,社区公共服务和办公场所、商业区域提供无线网络服务
			运用"互联网+"理念,利用信息技术手段和工具,建立社区(物业)和居民互动渠道,提供实时、快捷、高效的服务
8	社区治理	实施"网格化管理、组团式服务"。网格划分合理,人员配备到位	
		制定和建立外籍居民参与社区协商的机制,引导邀请外籍居民代表参与社区民主协商	
		扩大社区居民委员会换届选举的参与度,邀请热心社区事业的外籍居民担任选举志愿者、观察员等	
		至少有1名外籍居民担任社区居民议事协商委员会成员或楼栋长	
		社区中外居民共同参与制定修订关于社区公共秩序、文明礼仪等内容的社区公约	
		建立社情民意沟通机制,做到沟通无障碍,及时回应社区中外居民诉求	
		配备具有相应服务能力的物业服务人员和固定的物业服务场地,物业服务群众满意度达90%以上	
9	社区环境	治安环境良好,无重大治安事件发生	
		社区绿化环境良好,公共环境整洁,车辆停放有序,落实小微水体养护、垃圾分类处理、清洁家园、文明养宠等管理要求	
		实现雨污分离,生活污水截污纳管	
		社区无噪音污染源,能采取措施对社区噪音环境进行有效控制	
10	社会影响	社区中外居民对社区服务的满意度达到95%以上	
		国际化社区建设经验获得市级及以上或具有国际影响力媒体的宣传报道	
		曾作为代表参加市级及以上国际化社区建设相关会议并作专题发言	
		国际化社区建设经验获得市级及以上政府部门表彰荣誉或市级及以上领导批示肯定	

注:①PDCA 循环管理机制:即计划(plan)、实施(do)、检查(check)、行动(action)。

(二)成都市制定的《国际化社区建设评价规范》

近年来,成都市打造国际化城市的步伐也在持续不断加快。截至 2018 年底,成都市的实际管辖人口已超过 2000 万,外籍商旅人士达 69 万,常住外国人 1.74 万,往来外籍人员数量已位居我国中西部城市之首。2019 年 1 月,成都市委、市政府办公厅印发了《成都市国际化社区建设规划(2018~2022 年)》和《成都市国际化社区建设政策措施》,成为首个从市级层面系统编制国际化社区建设规划的城市。而早在规划和措施出台之前,成都市就根据国际化社区试点建设的经验,编制出了在城市、社区两个层面的《国际化社区建设评价规范》（见表3）。评价规范的评价周期为2018～2020年，重点从国际化社区的形态规划、基础设施及空间、公共服务、专业性社会服务以及社区治理参与机制和参与方式等方面对国际化社区的建设划定了基本标准。

表3 成都市国际化社区建设评价规范——社区层面（部分）

一级指标	二级指标	三级指标	评价细则
国际化社区形态、规划和基础设施	国际化社区建设规划	国际化社区建设规划和实施方案	有国际化社区相关规划或方案，包含定位、原则、目标、步骤、措施、区位地图等内容
		落实社区规划师制	有社区规划师制度，并有社区规划师履职，参与国际化社区建设
	基础设施及空间	社区综合服务设施	社区综合服务设施达到每百户不少于30平方米
		文化交流场所	有用于文化宣传或体验或交流的场所至少1处，并开展了丰富的文化活动
		运动空间	有1处及以上运动场所，并开展了丰富的体育活动
		绿地空间	绿地面积不低于1000平方米，且维护良好
		类海外生活服务设施	有类海外风情个性化餐饮、休闲娱乐等生活性服务项目
		双语和多语标识	在社区公共场所、交通干道、居住小区设置有完善的双语或多语标识标牌
		接入市民云平台	接入使用市民云平台并有效使用
国际化服务水平，服务和组织保障	提供公共服务水平	提供双/多语服务	社区有熟练提供双语或多语服务的工作人员
		"一站式"政务服务站	有为外籍人士提供出境入境、各类证照办理的一站式政务服务窗口
		生活服务与便民指南	有能为外籍人士提供生活服务或信息，并提供双/多语服务的指南
		社区矛盾预防与协调机制	有预防和协调机制，能进行外籍人员矛盾调解
		应急管理预案	有医疗、治安、卫生等应急事件管理预案，能处理涉外人员应急事件
		留学生创新创业	创造条件，吸引本地高校留学生在社区创新创业
	培育和发展专业性社会服务	涉外物业管理服务	物业管理机构有提供双语或多语服务的工作人员，并开展优质物业服务
		专业服务社会组织和涉外服务机构	有至少1支具备双/多语服务能力的社会组织，并有效提供专业服务
		工作人员、社会组织涉外培训	有针对国际化社区服务工作人员、社会组织的外语能力、文化交流、社交礼仪等涉外培训，培训学时每年不少于5次

续表

一级指标	二级指标	三级指标	评价细则
国际化社区治理，国际视野下的参与治理和文化包容	探索国际化社区治理参与机制和方式	创新和完善参与制度	有外籍人士参与社会治理和社区治理的机制，并有参与社区治理活动
		共同制订居民公约	有外籍人士参与居民公约制订
		开展志愿者活动	有外籍人士参与的志愿者服务队伍，每年开展不少于5次活动
		国际实习生	有外国高校实习生在社区实习交流
		特色海外文化活动	开展有国外文化交流或文化展示活动
		中国传统文化交流	有针对外籍人士传播中华传统文化的活动
		打造对外交流的自组织品牌	有文化、慈善、治理等基层自组织，且形成对外交流品牌
		培育文创项目、开发文创产品	有体现国际化或传统文化元素的文创项目和产品
加强党的领导	建立专项工作联系指导机制	建立街道社区两级指导工作专班	由街道、社区党组织书记担任国际化社区建设工作指导专班负责人，有工作目标、推进计划、具体措施
	推进党的组织和工作覆盖	推进城乡居民小区党的组织和工作覆盖	建立居民小区党组织，统筹推进党的组织和工作向小区（网格）延伸，向物业机构和业委会拓展
	强化社区"两委"队伍建设	社区"两委"班子成员国际化素养专题培训	有针对社区"两委"班子成员开展的外语能力、文化交流、社交礼仪等涉外培训，培训学时每年不低于10学时
	健全区域党组织互联互动机制	社区党组织与驻区单位共建共享	社区党组织与驻区单位党组织签订国际化社区建设共建共享责任书不少于5个
	加强党对志愿服务的引领	建立和发展志愿者服务站和党员志愿服务队	建立国际化社区志愿者服务站和党员志愿服务队，并建立在职党员志愿服务的激励约束机制

（三）国际化社区建设的基本要素

通过分析对比杭州、成都等地的国际化社区建设标准可以看出，国际化社区依靠优越的生态环境、政策服务、产业基础、生活配套等因素，体现了高品质、富活力的生活内涵。因此，国际化社区的建设应具备服务水平国际化、服务手段智慧化、社会治理法治化、涉外服务组织专业化、文化活动多样化、配套设施标准化以及生活环境绿色、低碳、生态化等基本要素。因此，国际化社区建设要以科学规划为引领，以配套建设为重点，以治理服务为关键，以文化融合为基础，构建惠及中外居民的国际化社区发展体系，打造具有中国特色、国际视野、自由开放、多元融合、充满活力的国际化宜居家园。

四、建设富有活力的国际化社区路径浅探

习近平总书记指出,在全球治理方面要坚持创新驱动,打造富有活力的增长模式;坚持协同联动,打造开放共赢的合作模式;坚持公平包容,打造平衡普惠的发展模式,让世界各国人民共享经济全球化发展成果①。国际化社区作为经济全球化的衍生体,具备了更多国际化的、先进的、超前的活力元素,而社区要做的,就是探索如何为各国人士提供舒适温馨的理想家园和能够快速融入异国他乡,实现自我价值的多元平台,提高社区的包容性、开放性和接纳性,使社区内多元、复杂的国际化元素能够与本地有效融合并实现和谐有序运转,使各国人民能够在本地更好地安居、乐业、创造、发展。

(一)推动阵地共建,打造涉外服务平台共同体

对于初到我国居住、工作的外国人来说,找到专门的政策咨询服务机构,办理安家落户等手续是第一步的。社区作为社会治理的基本单元,是与居民最直接打交道的窗口,建设国际化社区服务平台,有利于国际居民就近得到专业的政策咨询和业务办理,更快地融入当地生活。因此,建设国际化社区首先要健全涉外服务的主阵地,搭建国际化涉外服务平台,拓宽涉外服务项目,为国际居民在我国生产、生活、工作提供全面、便捷的服务。具体需要从以下三个方面着手。

(1)营造双语或多语环境。更具人性化的国际社区应该是以人为本、从中外居民自身需求出发来打造的。身处异国他乡,语言沟通往往是国际居民融入当地的一大现实障碍。这就需要国际社区对照城市国际化要求和国际通行标准,建设涵盖公共交通设施、道路设施、重要街区、旅游及服务场所、公园绿地等重要区域的双语或多语标识,社区内的重要通知、警示、宣传单、便民手册也应提供两种或两种以上语言的国际化版本以便国际居民出行和居住。

(2)搭建涉外服务线下平台。以社区服务中心为载体,通过设立国际居民出入境和政务服务站点,增加国际居民临时住宿登记、签证咨询、涉外纠纷调解、驾照换补发等服务,实现社区服务中心亲民化、国际化改造,使涉外政务服务向社区延伸,方便国际居民就近进行业务咨询和办理。例如,成都市武侯区火车南站街道桐梓林社区为给辖区境外人士提供更加优质和全方位的服务,于2018年9月搭建成立了国际化居民服务平台——"邻里中心"。邻里中心总面积约700平方米,周边拥有凯宾斯基饭店、首座等高端的商业业态以及20亩的待征公园绿地。中心按照"政府引导+企业运作+商业化运营"的模式运营,内有专门为国际居民提供办证服务的窗口,窗口配备了双语工作人员,为境外人士提供住宿登记、签证延期、驾照申领等各类涉外服务。2019年4月,外国人来华工作许可证的办理也在这里落地,成为继上海、深圳之后,全国第三个可办理外国人来华工作许可的社区站点。社区还与上海汇业律师事务所等知名律师事务所合作开展涉外法律服务,为外籍人才及有海外业务的中资企业提供免

---

① 《习近平谈治国理政》第二卷,外文出版社2017年版。

费涉外法律咨询服务。邻里中心真正成为国际居民温暖的"家"。

此外，杭州市对国际社区平台的探索也值得借鉴。杭州市为进一步建设国际化城市，在第一个"国际日"——2018年9月5日这天推出了"国际社区"服务平台。平台是杭州在全国首创的国际化服务模式，分为国际服务、国际文化、国际体育、国际创业、国际公益、国际合作、国际智库、国际传媒、国际旅游、国际会议等十大分平台，是在政府指导下，整合发动社会各级力量，共同为在杭国际居民提供各项服务的国际平台。平台旨在将杭州打造成外国友人的第二故乡，实现在杭国际居民的安居乐业。"杭州国际社区卡"也在杭州"国际日"这天首发，外籍居民可以用这张卡享受除社保外的所有市民服务，还可以用卡乘坐杭州的地铁、公交、水上巴士、租借自行车，免费参加由国际社区开办的中国文化体验课、Step to Hangzhou 等课程。"杭州国际社区"十大平台的营运，吸引了众多国际优秀人才以及国际优质项目的进入，使更多国际名企名校等优质海外机构入驻杭城，更进一步推进了杭州的国际城市化进程。

（3）搭建智慧化服务线上平台。运用云计算、大数据、移动互联、物联网等新一代信息技术，搭建集网上办事、居民自治、生活服务于一体的、与国际接轨的智慧化社区服务体系，以信息技术构架起国际社区成员之间的便捷通道，推动社区成为具有良好归属感、认同感的中外居民生活共同体。可以利用手机 App 等掌上智慧终端，开发多语种的社区智慧医疗、智慧教育、智慧便民服务等项目，运用线上公开社区活动、预约个性服务、寻求服务资源、共同参与决策等智慧手段，让外籍居民更方便地实时了解社区事务、参与社区管理，实现社区服务线上线下全面结合，打造"全天候""零距离"的智慧服务体系。

（二）推动服务共享，打造社区服务体系共同体

对于社区居民而言，无论是本地居民还是外籍居民，提升社区服务水平都是提高居民对社区满意度、认同感和归属感的重要方式；同时，社区国际化也意味着居民对社区治理和服务需求的多元化与高标准，这就要求国际化社区进一步优化服务质量，使社区与外籍居民在提供服务与接受服务的互动过程中实现融合。

（1）完善普惠型的公共服务机制。针对国际人士的普适性需求来推进国际化社区建设，进一步提升公共服务质量和水平，推动社区公共服务设施达到国际化标准。同时，要逐步在社区服务供给上实现精准化，特别要加强规划引导和项目带动，推动公共服务设施和资源的集聚，满足国际居民看病就医、子女教育、文化体育、休闲娱乐等多元化的需求，建立精准化社区服务体系。

（2）培育和发展专业性社会服务。积极培育符合国际化需求的社区服务性、公益性、互助性社会组织，引进国内外专业服务组织，通过采取市场运作、购买服务等方式，促进社会组织、志愿者组织、物管单位等社会力量提供具有针对性、多样化的服务，以项目管理推进社区公共服务手段创新。例如，上海市碧云国际社区为给社区居民提供更全面、便捷的服务，打造了"金桥·碧云国际社区家门口服务站"。服务站旨在打造国际社区里的"熟人社会"，引入了上海众心国际社区中心的专业服务，采取党群服务活动化、政务服务派送化、生活服务个性化、法律服务涉外化、健康服务品质

化、文化服务点单化、社区管理志愿化以及特色服务定制化的方式，为社区中外居民提供全方位精致、精心、精品的"家门口"服务。社区构建了由小到大，定制了配套驻点、居委联动社区、多方协同区域三个服务圈：一是驻点服务圈——充分发挥专业机构优势，在钻石碧云苑服务公寓为国际居民开设语言、手工技艺、健身舞蹈等课程，开办"上海123"公益讲座，帮助初来乍到的国际居民尽快适应新环境，为有需要的家庭提供专业心理咨询和文化项目体验。二是社区服务圈——为实现"生活小事不出村居，教育服务就在身边"的家门口服务目标，金桥镇联动各职能部门为碧云苑定制了涵盖政务、健康、生活、文化和特色服务等41项的服务项目清单，推动服务下沉18项，把政务服务、健康服务和文化服务送到入住的中外居民家门口。例如，每年碧云社区都会联合有关单位举办大型万圣节活动，吸引社区广大中外家庭"精心打扮""盛装出席"，使他们在现场互动中感受到节日的浓厚氛围。此外，社区还根据公寓居住人群及社区国际人士实际需求，有针对性地上门开展政务、服务、法律服务、中医文化体验等活动，形成了中国剪纸、香囊制作等207项中国文化特色项目推广清单。三是区域服务圈——由金桥管委会牵头，整合区域内各类企业单位资源共同打造，浦东新区区域化党建促进会金桥片区委员会每年组织四次"各界人士看金桥"活动，带各界人士了解中国文化，体验公益服务，感受金桥变化。此外，每年还牵头组织"金桥碧云国际关爱运动会""金桥中外家庭闹元宵"和大型联谊交友等活动，吸引了广大中外人士的踊跃参与，实现了各类服务全覆盖。

（3）建立国际化的社区服务队伍。建设标准化的国际化社区还需要提升社区工作人员涉外工作水平。要有计划、有步骤地开展各类国际化主题培训，提升工作人员的外语能力、社交礼仪、文化交流、专业素质和职业修养，打造专业化、职业化、国际化的社区人才队伍。可以组织优秀社区工作人才参与国际交流活动、扩大国际工作视野、分享国际交流经验，在有条件的社区设置国际社工岗位，提高社区服务的专业化和国际化程度。例如，成都市的桐梓林社区成立了"诸葛"国际人才俱乐部，俱乐部内每周都有专业人员为国际人才提供就业等专业的咨询服务，通过挖掘名校、知名事务所等资源，组建既熟悉产业政策又熟练掌握外语的国际化产业人才服务专员队伍，为人才提供更加精准的服务。其中，服务语言涉及英、法、日、西、德和斯瓦西里语等。桐梓林人才俱乐部的做法为社区培育了专业化的涉外服务队伍，也为国际化社区建设提供了人才保障。

（三）推动社会共治，打造国际化社区治理共同体

建设国际化社区，提高外籍居民的社会参与度，需要加大社区治理结构的创新力度，以国际化视野探索基层协商民主制度，发挥社区多元主体的参与作用，不断扩大社区治理的开放程度。可以通过实行契约管理法、聘请外国人兼任居民代表、组建国际志愿服务队伍等形式，扩大外籍人士的广泛参与，共同为国际社区建设出谋划策。

（1）实行契约管理法，构建协商共治机制。要建立"多元协商、民主共治"的国际化社区形态，加强国际居民与本土居民间的深度互动。按照协商民主的精神，针对社会建设所涉及的问题开展多层次、多领域的沟通和协商，让国际居民参与到社区协

商中来，通过程序的科学性和民主性，确保协商的有序进行。上海市长宁区虹桥街道荣华社区在社区协商治理方面探索实行了"契约管理"的国际社区工作法。一是社区以共同利益、共同责任为基础，组织物业管理公司和驻社区单位签订国际社区《社会治安综合治理责任书》，指导物业管理公司与中外居民业主签订《入住公约》，明确双方的权利义务。二是完善社区专项公约，进一步规范社区秩序。专项公约即在社区多方主体平等讨论、民主协商的基础上，由中外居民共同制定并遵守的单项约定。如社区结合创建文明城区工作，邀请议事员依照国际社会对于文明饲养宠物的通行准则，共同制定了《文明养宠公约》；结合垃圾分类要求，开展了涉外商品房楼层设桶和无垃圾箱房治理，形成了《垃圾分类公约》等。此外，社区还成立了古北议事厅，设立了核心议事团、区块议事团、小区议事团三级议事团，邀请中外居民共同参与综合类居规民约的制定。荣华社区立足国际化社区实行的契约管理法进一步推动了美美与共、和而不同的包容性、参与性社区建设。

（2）聘请国际友人兼职代表，建立共同参与机制。充分发挥社区党组织的领导核心作用，探索基层协商民主、参与式治理，动员国际居民积极参与社区治理和各类公益活动。通过开展国际交流论坛，在社区居委会换届选举中邀请外籍友人担任选举志愿者、观察员，参与制定居规民约等方式，构建社区中外居民共同参与社区治理机制，引导国际居民积极为社区建设献计献策，形成民主参与的良好氛围。杭州市江干区白杨街道朗琴社区为使境外居民更好地融入社区生活、参与社区事务，在居委会换届选举时，将聘请兼职"洋代表"一条写进了居民代表产生办法。办法规定，在社区居住满一年，年满18周岁，中文沟通流畅的境外人士，由本人提出申请并经社区居委会选举委员会审核同意后，就可以被聘请为兼职居民代表，享有社区换届选举的知情权和参与权。来自迪拜的留学生Youssef Souei就是朗琴社区的一名"洋代表"，他精通中、英、德、阿拉伯语四种语言。作为"洋代表"，他经常帮助社区工作人员向社区的外国人介绍和解释当地的文化、习俗和管理制度，帮助外籍居民更好地了解中国、融入中国。"洋代表"的共同参与进一步增强了外籍人士的融入感和"主人翁"意识，拉近了中外居民之间、外籍居民与社区之间的距离。

（3）组建国际志愿服务队，探索"以外管外"治理模式。增强外籍人士的社区参与，还要积极鼓励外籍人士参与社区志愿服务活动。通过探索建立国际志愿者管理制度，为外籍人士量身打造国际志愿服务队伍，把社区有爱心、有热心、有能力的外籍人士组织起来，共同开展各类志愿活动，为其提供展示自我、奉献爱心的平台。同时，在外籍人士融入社区的过程中，通过开放式的社区活动，逐步推动中外居民树立对社区建设和公共事务的责任感，形成"以外管外"的治理模式，帮助社区更好地与外籍人士沟通服务。在江苏省泰州市海陵区美好社区就有一支"洋娘舅"[①]志愿服务调解队伍，该社区居住有150多名外籍人员，其中大多数人都不熟悉中国的法律法规，当他们在生活中与其他人发生摩擦时，由于语言、文化背景的差异，给社区的纠纷调解工

---

① "洋娘舅"源于"老娘舅"一词，在吴语地区特别是长江三角洲吴语区一带，人们常把有威望、将公道的长者称作"老娘舅"。现在泛指调解矛盾纠纷的角色。

作带来了难题。为解决这一问题，海陵区司法局城南司法所与美好社区工作人员协商，从外籍居民中挑选了6名综合素质高、热心公益、能进行简单中文交流的人员组建了"洋娘舅"志愿调解队，主要承担小区日常涉外矛盾调解中的翻译、法治宣传及与外国人的沟通工作。调解队成立以后，这些来自美国、德国、韩国等国家的"洋娘舅"已及时化解了涉外矛盾纠纷几十余件，成为社区一道独特而亮丽的风景。

（四）推动文化共融，打造中外文明交融共同体

习近平总书记指出："人是文明交流互鉴最好的载体，深化人文交流互鉴是消除隔阂和误解、促进民心相知相通的重要途径。"[①] "激发人们的创新创造活力，最直接的方法莫过于走入不同的文明，发现别人的优长，启发自己的思维。"[②] 国际化程度较高的城市应该是一个世界文化相互交融的大都市，既具有很强的包容性，又具有独特的地方文化魅力。因此，国际化社区应该能让具有不同国家文化背景的人和谐地生活在一起，使不同的文明能够共生共存共融。

打造文化共融的国际化社区既要借助开放的国际交流大环境，使广大中外居民在"走出去"的过程中，感受异国风情，体验国外文化，学习借鉴好的文化精华，又要通过组织社区文化交流活动，构建居民交流共商机制，打破地域隔阂，加强文化认同。一方面要推动中外文化融合。以求同存异为原则，发挥社区的主阵地作用，针对国际化社区居民需求多样化的特点，通过营造传统节日氛围、展示优秀传统技艺、开展语言文化互动、举行睦邻守望活动等方式搭建中外文化交流平台，打造多元文化共存交融、共同发展的精神家园，夯实社区文明共同体基础。另一方面要推动邻里共融。通过开展"邻居节""中外文化节""社区运动会"等，打造融合本土特色和外来文化的文体活动。在中国的传统节日中加入"洋"元素，丰富活动内涵，如"外国人眼中的春节""元宵节英语灯谜""中秋国际团圆宴"等，讲好"中国故事""外国故事""社区故事"，推动中外居民对社区生活方式、交往方式及历史文化的共同理解和认同。

北京市朝阳区麦子店街道通过打造多元文化共存、交融的"麦家myhome"文化，促进多元文化融合，实现了中外居民的和谐共融。一是街道联合北京国际汉语学院共同创立了"麦子店汉语学堂"项目，学堂的学员分别来自英、美、尼日利亚、印度尼西亚等几十个国家，开展了包括"生活体验汉语"特色课程、传统文化体验和"北京历史"户外活动等多个项目，受到了外籍居民的喜爱。二是自2005年起创办了"中外居民过大年"活动，该活动是麦子店街道为社区中外居民搭建的共庆中国农历新年、共享中华传统文化的一大文化品牌。参加活动的人员既包括辖区内居住的中外籍居民，也包括使馆官员等诸多外交人员。活动中，外籍居民不仅能够欣赏到中外文化交相辉映的文艺表演，还能一同包饺子、逛庙会、欣赏扎灯笼、毛猴、盘扣等非遗文化项目，学习用毛笔写春联、临摹社会主义核心价值观等。三是首创了"国家主题文化周"活动，以民间外交的形式，在讲好中国故事的同时，展示各个国家的历史文化风情，得到了多国驻华使馆的支持与肯定。目前已相继成功举办了哈萨克斯坦、摩洛哥、哥伦

---

①② 《习近平谈治国理政》第三卷，外文出版社2012年版。

比亚、丹麦、古巴等多个国家的主题文化周，进一步促进了各国间的文明友好交流。

上海碧云国际社区每年也会举办近百场活动，通过融汇各国文化，形成了碧云国际社区特有的文化氛围。其中，最负盛名的为"8公里国际长跑赛"，简称"金桥8K"。"金桥8K"与其说是一场比赛，不如说是碧云社区一年中最热闹的嘉年华，每年比赛都会吸引到上万中外居民参与或观摩。如今，作为上海市十大群众体育活动品牌之一，金桥碧云国际社区主题长跑活动已经成为整个金桥关注程度最高、参与程度最广、最能够体现金桥文化的品牌，成为金桥的一张国际化"金名片"。

（五）推动生态共筑，打造绿色生态家园共同体

要践行绿水青山就是金山银山的理念，提升国际化社区生态环境质量，打造低碳、生态、宜居的社区生活环境。一要在国际化社区和国际化城市建设中，推广应用海绵城市建设技术，实行雨污分流；利用社区、街头、广场空地及低层建筑屋顶，增加绿地面积，打造点面结合的城市绿地体系；利用先进生态技术深度净化生产、生活污水。二要大力美化社区公共环境，加大对社区环境的整治力度，通过开展垃圾分类、文明养宠等公益活动，实行最美院落、最美阳台、最美家庭评比等活动，发动中外居民共同参与生态宜居社区建设。三要营造类海外生活场景，打造体现国别风情的社区风貌。依托区域内各商业综合体，对标海外先进社区消费业态，植入国际化教育、医疗、健身、酒吧、餐吧等元素和配套项目，建设社区运动场馆、休闲绿道、文化交流广场等具备国际化特征和国际社区特色的公共功能空间，营造活力多元、亲切自然、中外友好的社区环境。

例如，成都市天府新区华阳街道麓湖社区在打造国际化社区过程中践行生态可持续发展理念，按照"城市建在公园中"的发展要求，依托2100余亩生态湖域本底，塑造了"绿水青山·一生之城，全球国际生态水城"。麓湖国际社区在空间形态和生态环境方面对标了世界著名的"漂浮之城"威尼斯和"花园城市"新加坡滨海湾花园，借鉴其独具特色的空间形态、全岛公园网络连道系统等经验技术，打造了公园式的城市社区生态环境。

一是利用现有地形地貌和良好的生态本底，增加多维度视线对景，形成了以天府大道为中轴的退台式城市界面，打造了开敞灵动公共空间，实现在都市中"望山见水、开敞通透、错落有致、记得住乡愁"的美好生活愿景；二是打造了12个具有特色的公园，构建"城中建园、园中建城、城园融合""临湖而居、推窗见景、出门入画"，具有参与性、互动性、开放性的绿地公园系统；三是建立了500米步行可达的社区巴士站点、私人定制化的水上的士、全域步行可达可通行的一体化交通系统；四是组建了涵盖中国香港及美国、法国、意大利、德国、新加坡等多国籍、多文化背景的高质量设计师队伍，为社区建筑的现代化、国际化、多元化和艺术性打下了设计基础。麓湖国际社区的做法为进一步建设融合国际化生活配套、休闲旅游、文化交往、优美宜居于一体，具有公园城市生态价值、人文引领价值、社区治理示范价值的生态宜居、开放包容、互动共享的国际化生态社区打造了示范样板。

五、结束语

国际化社区治理作为社会治理的最基础层面,其治理成效不仅关系社区中外居民的幸福指数,更关系到国际关系的维护与和平发展。国际社区居民对于美好生活的需求不仅在于衣食住行等基本生活需求,更在于精神层面认同、交流、融合的需求。相比于普通社区而言,国际社区更加体现出"开放、包容、普惠、共融"的精神内涵,这也将成为未来中国社区发展的普遍追求。当前,各地对国际化社区建设的探索方兴未艾、如火如荼,相信不久的将来,我国国际化社区建设的探索将在不断的实践中愈趋成熟,为推进国家治理体系和治理能力现代化,构建人类命运共同体,提供出彩的"中国方案"。

参考文献

［1］成都市委办公厅:《成都市国际化社区建设政策措施》,2018 年。

［2］陈宇鹏:《多元文化背景下"国际社区"管理与服务的创新研究》,载《长春师范学院学报》2012 年第 2 期。

［3］毛学庆等:《标准化视角下国际化社区发展对策研究》,载《中国标准化》2019 年第 7 期。

［4］刘中起:《国际化社区公众参与的路径研究》,载《甘肃理论学刊》2011 年第 1 期。

［5］张永谊:《打造国际化社区要处理好三个关系》,载《杭州（周刊）》2016 年第 7 期。

［6］王名、杨丽:《国际化社区治理研究——以北京市朝阳区为例》,载《北京社会科学》2011 年第 4 期。

［7］菅强:《社会转型视野下国际化社区治理路径探析——以上海市 G 社区为例》,载《河南社会科学》2013 年第 5 期。

指标理论

寻找活力源泉　探索指标体系要素[*]
——城市社区活力指标体系研究

近年来,"活力"这个词被越来越多地提出,无论是在经济运行、制度改革、产业发展等各个领域都十分重视活力的重要性。而根据中央加快建设活力城市的总体部署,也表明"活力"是社会治理的一项关键因素。社区作为现代社会的基本单元,是否具备活力,直接关系到整个社会的活力水平,研究社区活力具有充分的现实意义。但目前在国内外针对社区活力的研究较少,对社区活力也没有一个明确标准。本文旨在利用科学的原则和研究方法,分析影响社区活力的各种因素,初步建立一套较为科学合理的评价指标体系。

一、指标体系概念、设置原则及研究意义

(一)指标体系的概念

指标体系(Indication System,IS)是指由若干个反映社会经济现象总体数量特征的相对独立又相互联系的统计指标所组成的有机整体。在统计研究中,如果要说明总体全貌,只使用一个指标往往是不够的,因为它只能反映总体某一方面的数量特征。这个时候就需要同时使用多个相关指标了,而这多个相关的又相互独立的指标所构成的统一整体,即为指标体系。

指标体系的建立是进行预测或评价研究的前提和基础,它是将抽象的研究对象按照其本质属性和特征的某一方面的标识分解成为具有行为化、可操作化的结构,并对指标体系中每一构成元素(即指标)赋予相应权重的过程。

在本书研究社区活力过程中,将根据活力的各个要素,如公共服务、社区安全、社区制度、社区文化、生态环境、人才队伍、社区组织、社区经济等内容构建一套较为全面系统的指标体系,以便于利用指标体系分析社区是否具备活力,规范评定社区活力程度的方式方法,构建具有一定普适性的评价标准,将有利于推广好的社区活力的模式。

---

[*] 执笔人:李栋。

（二）指标设置原则

社区活力指标体系的建立需要包含多元化的指标，这些指标不能简单随意地选取，而应遵循一定的原则，涉及社区这个概念，这套体系的建立又应以"居民"作为核心，因此在选定指标时不仅要遵循指标体系设计的一般原则，还要遵循一定的特殊原则。

1. 一般原则

（1）科学性原则。科学性是科学研究的基础，指标的构建要能客观实际的反映社区活力，符合基本的社区理论，能充分反映影响社区活力的因素。同时，指标的统计口径要统一规范，确保评价方法的科学性、评估结果的真实性和客观性。

（2）全面和系统性原则。指标的选定要求覆盖面广泛，能全面并综合地反映涉及社区活力的各种要素以及各要素之间的内在联系。对应每一类指标，应按照其内在结构，全面体现要素构成。同时，虽然要求全面，但亦不可重复，重复会使评价结果出现误差，使权重有失偏颇。要按照系统性的原则，将要素分解成若干个子系统，对应每个子系统，设计相应的二级指标，层层分析，剔除相同或相似指标，最终确保指标选取系统全面，既无遗漏又无冗余。

（3）可操作性原则。该原则首先强调指标数据的可获取性，即容易在公开统计的资料中获取或者可以通过收集统计年鉴、统计资料、调查研究数据以及社区资料等内容得到相应数据。其次，指标的选取要遵循一般基础数据规范，要容易理解并足够实用，在下一步推广中有一定指导意义。最后，在指标选择的过程中，数据搜集的成本也是需要考虑的范畴，若成本太高应考虑替代指标选取的可能性，但必须和测量对象显著相关。

（4）可量化原则。体系中的指标要可量化，比较好、还不错这种词均不具备可量化性，将导致整个评价体系的模糊。在选取指标时，要保证指标的评价能够用数字体现。

（5）定性与定量指标相结合原则。社区的研究具有社会学特点，指标不仅要体现物质水平提高的客观因素，更应考虑生活质量改善、精神愉悦和满意程度等主观判断，对于这些难以直接量化但不能舍弃的指标，可利用主观打分方式进行间接量化即可。

2. 特殊原则

（1）以人为本原则。"人"是社区的核心，满足"人"的需要是活力社区建设的根本目的。因为人是社区的参与者、创建者、感受者，所以指标的选取除了要考虑效果、效益这些因素，更要考虑社区是否真正满足人民要求、提高公众满意度、能否得到公众回应。

（2）灵活权变原则。在指标选取中，因考虑不同地域在政策及相关支撑系统上存在差异，不同社区之间在范围、年龄结构、贫富等方面存在差异，以及时间变化可能对指标造成的影响，因此，指标体系不是绝对静止的，指标的建立要为以后调整预留空间。

（三）活力社区指标体系建立的意义

1. 理论意义：探索全新的社区指标体系

针对社区的研究，西方国家一直走在领先位置，国外对于社区的评估，主要集中在社区能力评估，以发展现状为蓝本，体现社区的评估理念、评估方式和价值观。

而在国内，专家学者们有单一研究社区某一属性，如智慧社区、安全社区、绿色社区等，也有综合研究社区，如幸福社区、和谐社区。但以社区治理能力提升为目的，以激发社区活力为主题的研究在国内较为稀少，很难找到公认的社区活力指标体系。如何将柔性的社区治理能力强弱转变为刚性的指标，为激发社区活力提供清晰有效的定量数据和分析报告，为社区下一步建设提供科学的依据变得尤为重要，也是本篇章的意义所在。

我国社区存在以行政力量主导的特点，这是受到政治体制、社会现实等因素造成的，有一定的合理性和优越性，但也存在弊端。比如，居委会疲于应付上级指令和检查，行政色彩过浓；居民多样化的利益得不到声张，多元化的需求得不到回应，导致基层政府与居民之间的信任感减弱。这是传统社区治理模式下难以解决的问题。而我们研究的社区活力，要打破传统的管理体制，缓解居委会行政压力，突出服务职能；培育做强社区社会组织，满足居民多元化需求；鼓励居民积极参与社区经济、政治、文化活动，增强居民归属感。通过多主体的共同参与，协同治理，提升社区治理水平，达到共建共治共享的治理目标。

因此，我们要建立一套针对社区活力的评价指标体系。通过其客观衡量社区治理水平，评价社区活力程度，并立足社区现状和实情，利用指标体系纵向和横向的对社区进行评比，使政府部门能够量化的监测、考核活力社区的建设情况，发掘影响活力的核心因素，推动社区工作高质量发展。

2. 实践意义：提升社区治理水平

一套科学合理的评估指标体系，可以准确地体现社区治理能力现状，分析社区短板、漏洞，为进一步提升治理能力，促进活力提升奠定基础。通过评估指标的设计和评估标准的厘定，人们可以将社区治理能力的应然状态和现实状况进行对比，从而更精确地判断社区资源是否得到合理的运用，甄别社区运行过程和管理方式是否存在风险和问题，挖掘激发社区活力可能存在的潜力和发展空间，确定提升活力的方向和侧重，进而最大限度地提升社区治理能力，激发社区活力。具体来说，有以下几方面作用：

客观评价作用。有利于客观评价活力社区建设情况，从客观实际和居民的评价来判断社区治理水平强弱，体现社区居民对社区服务、环境、安全、自治等各方面因素的满意程度，通过量化的指标，对一个社区活力水平的高低作出科学的评价。

监测反馈作用。指标体系的建立有利于及时监测并指出社区管理过程中存在的问题和不足之处，并通过数据分析，找到问题出现的原因，提出相应的对策，最终促进活力社区健康、有序的发展。

横向对比功能。指标体系的建立使不同社区之间治理水平的对比变的科学、合理，使社区可以通过取长补短，找到自身薄弱环节，及时调整修正，保证活力社区良性发展。

调整规划功能。针对社区建立的指标体系大多属于结果导向的范畴，强调绩效评价，作用于事后评估。活力社区指标体系，凭借其考核功能，评价社区活力现状，分析社区发展趋势，并据此调整规划社区未来发展侧重点，整合社区各层面资源，提升社区治理能力。

二、指标体系的研究方法

研究方法是在研究中发现新现象、新事物，或提出新理论、新观点，揭示事物内在规律的工具和手段。社会科学常用的研究方法大体上可以分为定性研究方法和定量研究方法两大类。具体而言，一般包括文献研究法、实地观察法、访谈研究法、思辨法、行为研究法、历史研究法、概念分析法、比较研究法等。研究社区活力指标体系可以通过以下三种方法。

（一）文献研究法

文献研究法是依靠搜集、分析一些记录社会现象和研究成果的载体，如报纸、杂志、文件、出版物等，来了解、分析并掌握研究主题、实现研究目的的方法。文献根据内容可划分为党和政府正式文件与档案、社会组织与团体的文件与档案、大众传媒的内容、社会文献和私人文献。

本文依靠的文献主要是社会文献。通过对社会文献的阅读，以及对社会文献的分析、归纳总结，选定指标体系典型框架，提取相关指标，设立指标库，而指标库又为二级和三级指标的选取提供了丰富的素材。

（二）模型构建法

模型是按照科学研究的目的，在一定的假设条件下，物质或思维方式再现原型客体的结构、功能、属性、关系、过程等诸多方面的特征。思维形式的模型可以分为理想模型、数学模型、理论模型和半经验半理论模型。模型构建方法是现代科学方法的核心。

模型的构建要在搜集、分析、积累了大量文献和事实的基础上，系统地归纳和综合，提出社区活力的基本概念，并据此进行推论，用多个主观和客观的指标来表示社区活力水平。

（三）实证研究法

实证研究法主要包括问卷法、访谈法、量表法等。访谈法是通过一定的访谈技巧，对调查对象提出相关的问题，以发现其对研究问题的态度、情感和行为。社区活力是基于实际情况，在社区治理的背景之下提出的全新的研究主题，需要立足于社区治理的问题和水平进行梳理，为此，笔者走访多个山东省潍坊市奎文区典型社区以及南方先进社区，确定评估的理论基础，获取指标设计和框架构建的思路，从而提升指标体系的科学性和实操性。

问卷法是以一定的研究目的为基础，通过一系列书面的问题来搜集资料，获取数据，对研究内容展开分析、梳理。在选取问卷对象上，要以熟悉社区治理的代表（高校社会学研究者、社区居民、居委会主任及部分网格员、社会组织、街道职能部门负责人等）组成，在对问卷进行数据处理上，要以最大限度地保留信息为前提，通过分析筛选指标,对原定指标体系进行修正。

定量分析法是对社会现象的数量特征、数量关系与数量变化进行分析的方法,定量分析法以统计分析方法为主。统计分析法最主要的优势在于能够一定程度地避开研究者主观因素的影响,通过对数据之间关系的揭示来研究各指标及变量之间的关系。在本文第四部分中,将对合适的统计分析方法进行阐述。

三、指标体系的构成要素

(一)治理结构

完善的社区治理结构对于推动社区治理能力现代化起着关键性作用。要建成一个和谐有序,充满活力的社区,应该是政府与社区、社会与社区、企业与社区、居民与社区之间始终保持良性互动和协调发展的。因此,治理结构中应当包括社区党组织、行政机构、居委会、居民、组织等二级指标。

(1)社区党组织:社区党组织在社区中具有总揽全局、协调各方的领导作用,社区治理必须在党组织的坚强领导之下。社区党组织在社区治理中主要有以下四点作用:一是领导作用,社区党组织要总揽全局,保证社会治理方向不偏不倚。二是开展基层党建工作,根据上级要求,完成党建任务。三是反映居民诉求,协调各方利益,缓解矛盾冲突。四是充分发挥党组织凝聚力,提升居民参与社区治理的积极性。根据社区党组织发挥的作用,可以确定党组织领导能力、组织建设能力、组织协调能力、组织凝聚力四个三级指标。

(2)行政机构。社区治理过程中,政府要提供适当的科学规划、政策指导和资源保障,促使社区治理有章可循,不偏离政策方针。同时要把握好自身定位,从国家政策方面主张社区自治,这就要求避免过多的行政指令增加社区负担,影响社区自我管理、自我监督等自治行为。因此,评价行政机构是否具有活力,要从科学规划水平、政策指导水平、资源提供水平、推动自治水平四个三级指标着手。

(3)居委会。居委会作为基层群众性自治组织,在社区治理中占据重要地位。居委会主要具有向居民宣传、解释、推动贯彻上级政策和反映居民诉求、协调各方矛盾、解决社区纠纷、提供各类服务的作用。可以看出这两种作用存在着一定的冲突,即行政性与自治性的冲突,居委会需要在两者之间进行平衡。因此设计的三级评价指标包含政策宣传水平、政策执行能力、群众工作水平、组织动员能力、协调能力、服务水平等。

(4)社区居民。居民是社区的最重要的主体,是社区活力最直接的产生者,居民是否参与社区治理直接影响到治理成效水平。居民在社区治理方面可以通过参与社区公共事务和社区活动的次数、参与的主观意愿、参与活动取得的效果等因素进行考察。应当设定居民参与度、参与意识、参与效果等量化指标。

(5)组织。组织有社会自发形成、政府购买服务、居民自行构成等多种形式,其作用主要体现在提供社区公共服务,如教育、养老、文体活动和志愿服务等,这些活动促使社区充满活动、和谐有序。评价社区中的组织是否使社区具备活力,主要由以下几点体现:组织的数量、类型、规模、专业化程度,组织活动次数,取得的质量,居民满意程度等。由此应包含组织数量、类型、规模、人员配备、活跃度、影响力等三级指标。

(二) 制度机制

无规矩不成方圆,要让社区充满活力首先要保证社区是和谐有序的。在社区治理过程中需要运用科学的制度规则,敦促各主题在参与社区公共事务、公共服务和公共活动的过程中依法依规办事,真正打造管理有序、服务到位、活力迸发的社区。在制度机制这方面主要包含社区制度规则和社区管理机制这两个二级指标。

(1) 社区制度规则。社区质量过程中需要运用法治思维和法治方法理清各主体职责,在严格遵守国家法律法规的前提下,制定科学的制度规则,有效界定社区各类主体的角色和职责,规范各类行为、活动。这需要一些较完备的社区规则以及较为完善的政策体系作为三级指标。

(2) 社区管理机制。由于管理制度大多是针对一些具体事务、活动而制定,需要管理机制在宏观上进行补充,保证社区治理的科学有序。目前社区实际情况能反映出一些社区存在以下问题:居民发声平台有待完善,利益诉求不通畅,在决策事务过程中不能充分表达意愿,民主评议活动有的流于形式,信息公开不及时不充分,多元沟通机制尚未有效建立。这些都将影响社区治理,阻碍社区活力建设。因此,要评价一个社区机制是否完备,要有民主决策机制、居民参与机制、居民需求调节机制、沟通机制、信息公开机制、绩效评估机制等三级指标。

(三) 社区环境

环境是一个社区是否宜居的基础,而居民是否宜居直接影响到其对社区的满意程度,进而影响到居民的满意度。居民会对社区是否居住舒适、环境优美、生活便利有所要求,所以我们认为评价社区环境主要包含社区建筑环境、社区生态环境、社区景观环境等指标。

(1) 社区建筑环境。社区建筑环境可以从社区建筑密度、社区容积率、社区设施配备等几方面进行评价。社区建筑密度是指社区建筑物的覆盖率,具体是指社区用地范围内所有建筑的基底总面积与规划建设用地面积之比,它反映了社区用地范围内的空地率和建筑密集程度,我们需要适宜的密度保证人们的生活空间。社区容积率是指社区总建筑面积与用地面积的比率,直接影响居住的舒适度。社区设施配备是指除了居住用地以外,有多少商业配套设施来满足居民的日常购物、服务以及娱乐消费需要,为居民提供日常生活需要的商品和服务,比如药店、水果店、餐馆,这些都能方便居民生活,能够提升居住环境的指标评价。

(2) 社区生态环境。生态环境与人们的生活密切相关,能够直接影响人们的舒适度感受。生态环境指标可以反映一个地方的生态环境综合状况,可以大致从空气质量、饮用水水质、声环境等方面进行衡量。在空气质量方面,一般用达到二级标准的天数作为区分的标准。水质方面一般社区饮用水应达到Ⅱ类标准。声环境应达到1类环境功能区的噪声等级。

(3) 社区景观环境。随着居民生活水平的提高，对于审美和卫生的要求越来越高，这就要求社区有一个美化、干净的环境，因此，可以从这两个角度设置指标进行评价。一是可以从绿化环境角度进行评价，增加社区绿化植被面积，提升美观度，将社区小环境与周围大环境有机结合，进行水景再造，带给居民精神愉悦。二是从卫生环境角度衡量，督促社区保持良好的卫生环境，促进空气净化，减少疾病传播，这样有利于维护居民身体健康。主要包括楼宇，以及社区内公共部分的清扫保洁状况，范围包含房屋建筑物的门厅、走廊、楼梯以及住宅外空地、道路、广场等。

(四) 社区服务

社区服务是指在政府的统一规划下，以社区组织为依托，以生活在一定社区地域内的全体成员为对象，通过互助性服务，解决本社区内相应问题，满足居民需求。随着时代发展，社区居民对社区服务需求越来越多，要求越来越高，做好社区服务对提高居民生活质量，扩大就业、化解矛盾、促进和谐有着重要意义。对社区服务进行评价可以设置社区基础服务设施、物业服务、社会组织服务和志愿服务等指标。

(1) 社区基础服务设施。在社区里要建设完备的社区服务中心，社区内及周边环境中应包括各类教育、文化体育、商业服务、医疗保健等各类基础服务设施，甚至在一定距离内拥有为居民解决一般政务服务的政府性机构，以便为居民提供便捷的服务。可以对这些内容进行三级指标的考核。

(2) 物业服务。随着房地产业发展，物业管理在社会中的作用日渐凸显。社区物业管理公司接受居民委托，依照有关法律规定，运用现代管理科学和先进维修养护技术，以经济手段对物业实施多功能全方位的统一管理。物业服务要求对社区内房屋建筑及设备、公共设施、绿化、道路、卫生、治安、环境等进行管理，为居民提供一个优美整洁、安全舒适的居住环境。这些要求可以设置为我们的三级指标。

(3) 社会组织服务。是社区内专项服务的主体，承接部分从政府部门剥离出的社会职能，担负某一专项的社区服务，增强社区凝聚力，促进居民参与度。其组织的数量、服务的次数可以作为三级指标。

(4) 志愿服务。包括社区内各类福利组织、志愿者组织、慈善组织，可以使社区内老年人、幼儿、残疾人以及各类优抚对象等弱势群体的基本生活得到保证。

(五) 社区安全

社区作为居民居住的地方，其安全性是最基本的要求，同时这也是社区活力实现的基础和保障。安全作为人类最基本的权利，被认为是社区中各种因素所形成的一种动态平衡，是人与环境互相作用的结果。社区的安全情况会对人民的心理造成正反两方面影响，是衡量社区活力的关键性指标之一。社区安全内容广泛，包括了生活安全、消防安全、用水安全、食品安全、居民安全意识、安全知识宣传以及邻里和谐等方方面面。可以从安全服务人员、消防工作、灾害救护、安全知识宣传、冲突矛盾化解等角度设置二级指标。

(1) 安全服务人员。要保证安全，首当其冲是要有维护安全的人员，可以由警察、专业保安和群众自发人员来组成。人员是否充沛，直接关系到社区是否能保证安全。要考察以下指标：社区警察，作为具有执法力量的警察，是维护社区安全最为强大的力量，警察数量是衡量社区是否安全的重要标准；社区安保人员，由社区物业聘请的安保人员是维护安全的直接人员，人员是否充沛、服务时间长短、安全服务范围都关系到社区的安全；群众自发组织人员，这部分人员可以作为安全防护的补充力量。

(2) 消防工作。水火无情，社区安全事故很大一部分是火灾，而火灾造成的生命、财产损失也往往是巨大的，做好消防工作是至关重要的。因此应当考量社区消防管理人员数量、社区消防器材数量、社区消防经费等因素。

(3) 灾害救护。自然灾害发生的可能性虽然较低，但一旦发生往往造成严重的后果和难以估计的损失，因此社区关于自然灾害的防护也是考察社区安全的重要内容。应当设定灾害应急设施状况、自然灾害救助经费、灾害演练次数等三级指标进行考量。

(4) 安全知识宣传。社区安全以维护为主，但相关知识的普及也有不可替代的作用。广泛宣传防火、防盗、防水、防触电等方面的知识，可以有效降低安全事故发生的可能性。安全知识宣传可以以知识宣传次数、途径、范围、有效性等角度进行考量。

(5) 冲突矛盾化解。具体到居民之间可能发生的安全问题，有一种就是矛盾冲突了。当出现矛盾，又不能及时有效地化解，就有可能出现矛盾激化，进而产生安全问题。因此社区冲突调节也是维护社区安全的一种手段。对这个指标进行量化可以从参与冲突调节的人次、调节冲突的次数、调节成功率等三级指标着手。

(六) 社区经济

社区经济是社区生产功能的集中体现，能够反映社区经济发展的情况和潜在优势，一个社区的经济发展水平高低与社区生活质量的好坏是呈正比关系的。社区经济作为一种优化资源配置方式，可以将社区内互不相联的各种经济成分变为利益共同体，带动社区乃至更广范围的经济发展。特别是社区服务业更是一种投资需求小、具备吸纳人气能力的产业，可以提供大量的就业机会，焕发社区经济活力。社区经济包含商业、饮食、文娱、信息等一系列产业发展，既提高经济效益、社会效益，又方便社区居民，提高资源综合利用水平，是第三产业中极具发展潜力的综合性产业。对社区经济水平进行评价，主要运用人均可支配收入、人均消费性支出、恩格尔系数、文化教育费用支出等指标。

(1) 人均可支配收入。指社区居民在支付个人所得税后剩余的实际收入，人均可支配收入应按家庭全体成员的总收入去计算平均每人可支配的收入，它代表了社区居民的可消费能力。

(2) 人均消费性支出。指社区居民用于日常生活的全部支出，包括购买商品支出和文化、服务等非商品性支出，主要包括食品、衣服、家用品、通信、娱乐以及其他杂项商品。这个指标可以衡量居民的消费水平，进而也体现居民的生活水平，具有较为重要的意义。

（3）恩格尔系数。指食物支出总额占个人消费支出总额的比重。一个家庭收入越低，家庭收入中用来购买食物的支出所占的比例就越高。恩格尔系数是国际上通用的衡量居民生活水平高低的一项重要的指标，一般会随着居民家庭收入和生活水平的提高而下降。

（4）文化教育费用支出。除去对食物的消费，文化和教育消费也是当今一项很重要的消费，文化消费包括文娱用品、书报杂志等的消费，教育消费包括教材、阅读物、学费等。这方面的消费有助于提升生活质量，也是家庭消费水平高低的重要体现。

（七）信息化建设

现代社区治理离不开信息化技术手段，这也是推动社区治理能力、治理水平现代化的重要指标。利用信息化可以实现科学、全面、高效的社区治理格局。信息化建设主要体现在利用互联网、物联网等平台，运用信息网络、云计算、大数据等现代技术，建设"智慧社区"。主要包括基础建设和信息化服务两个二级指标。

（1）基础建设。信息化、网络化可以提高资源整合效率，增加居民与社区、居民与居民之间沟通的便利性，但这些需要一个完备的平台去推动。要考量以下具体指标：①网络平台建设情况。包括是否具备政务信息平台、社区服务信息平台、居民互动平台、社区志愿服务平台等平台，平台是否正常运行。②基础设施建设情况。包括是否具有信息采集识别、无线定位和条码识别等信息采集服务设备终端，为居民提高快速便捷的服务。③人才队伍建设情况。再好的平台也需要技术人员去维护，要考察是否有专职的技术人员进行系统维护，保证平台顺畅运行。

（2）信息化服务。进行信息化建设最终落脚点应放到为居民服务上。应当从以下角度进行考察：①信息公开化水平。运行的信息平台是否会对社区党务、政务、各类社区事务以及居民决策内容等进行公开，信息的覆盖范围以及居民获得信息的便捷程度，都是可以评价的内容。②事务处理网络化水平。信息化水平较高的社区，应当做到部分社区事务可以通过网络进行办理，如网上审批、网上考核等，是否可以让居民既少跑腿又办成事，为居民提供方便，也是重要的考核因素。

四、指标体系的统计分析方法

城市社区活力指标体系评价是一个多指标、多层次的系统评价问题，这就需要采用多种评价方法将评价结果综合到一起，达到整体的评价。城市社区活力指标体系评价首先要确定评价体系中各指标的权重，在城市社区活力指标体系评价中，是运用层次分析法来确定指标的权重值的。其次，是运用模糊综合评价的方法对其进行综合评价的。下面，分别介绍两种方法。

（一）层次分析法

层次分析法是美国运筹学家托马斯·萨蒂（Thomas·L·Saaty）提出的一种在处理复杂的评价问题中，进行方案排序的方法。它是一种强有力的系统分析和运筹学相结合的方法，对多因素、多标准、多方案的综合评价及趋势预测相当有效。面对由"方案层＋因素层＋目标层"构成的递阶层次结构决策分析问题，给出一整套处理方法与过程。其最大的优点是可以处理定性和定量相结合的问题，可以将决策者的主观判断与政策经验导入模型，并加以量化处理。

基本过程：建立递阶层次结构模型；构造出各层次中的所有判断矩阵；层次单排序及一致性检验；层次总排序及一致性检验。

目前该方法主要应用于经济学、数学、环境科学、安全科学等领域，在政府部门的应用尚未得到扩散，仅有少量尝试。层次分析法通过构造判断矩阵，先对单层指标进行权重计算，然后再进行层次间的指标总排序，来确定所有指标因素相对于总指标的相对权重，不仅提高了权重的精确度和科学性，而且通过一致性检验，有利于提高测评结果的限度和效度。

（二）模糊综合评价法

现实生活中，除了精确现象和偶然现象外，存在一些模糊现象。模糊数学诞生于20世纪60年代，之后由FCE应用到测评领域。模糊综合评价法就是基于模糊数学的综合评价方法，根据模糊数学把定性评价转化为定量评价，最终利用模糊数学对受到多种因素影响的事物或对象做出一个总体的评价。

模糊综合评价法要求：确定评价对象的因素集合，确定评价等级作为评语集合，建立从因素集合到评语集合的模糊矩阵，确定各因素权重，进行综合评价。

社区活力的评价是居民对社区的综合感受，这就使很多指标是模糊的，无法直接用数字来量化，特别是一些需要主观判断而确定的指标，这就需要通过模糊综合评判的方法来处理。模糊综合评判的思想是对各种有关因素及模糊因素进行总的评判，对相关因素作综合的考虑，能够处理好多因素、模糊性和主观评判等问题。因此，基于模糊评价的思想来构建社区活力评价指标体系是更为合适的。

本文着重研究了社区活力所包含的指标要素，探索了得出指标权重，构建指标体系的方法，为得出社区活力指标体系模型奠定了基础。构建社区居民广泛参与和认同，且与社区实际相一致的指标体系是推动活力社区建设的有力工具。通过对该课题的研究，可以丰富社区活力的理论体系，使创建活力社区的目标更加明确具体，进一步突出活力的内涵，推动我国活力社区建设的不断发展。

以习近平新时代中国特色社会主义思想为根基，探索社区活力理论研究*

十九大报告提出社会治理的目标是社会充满活力又和谐有序，社会活力也因此一跃成为新时代的主题，成为中国社会发展的必然选择。社区作为社会的基本单元，社会活力的激发需要从社区活力入手，通过激发社区的生气和活力，使整个社会积极向上、充满生机。随着中国的改革开放、市场经济发展和城镇化建设，原有的社区组织形式、传统的生活方式和社交模式产生了巨大的变化，很多社区虽然基础设施完备、生活便利，但并不充分具备自发产生活力的机制，社区活力处于较低水平，难以满足人们的安全感、归属感、幸福感以及其他更高追求。而想要将社区建设得更有活力，我们首先要知道什么是社区的活力。本文将通过分析国内外社区理论研究发展历程，整合社区的基本概念，探索社区活力的定义及构成要素，为进一步研究如何提升社区活力奠定理论基础。

一、社区基本概念

"社区"是社会学的基本概念之一。"社区"一词源自英文 community，其含义是共同体和亲密的伙伴关系。随着多国学者的不断研究，对于社区的基本概念有了多种版本。在本章节，笔者将阐述较为主流的社区的定义、要素、功能，为定义社区活力提供理论支撑。

（一）社区的定义

社会学家们从不同的角度对"社区"下过 140 多种定义。虽然各不相同，但构成社区的基本要素还是基本一致的，都普遍认为一个社区应该包括一定数量的人口、一定范围的地域、一定规模的设施、一定特征的文化、一定类型的组织。社区就是这样一个"聚居在一定地域范围内的人们所组成的社会生活共同体"。

比较具备代表性的对"社区"的定义有以下几种：

德国社会学家斐迪南·滕尼斯（Ferdinand Tönnies）在 1887 年首次将社区一词作为一个专有名词提出，他认为社区是由若干亲族血缘关系结成的社会联合，强调血缘

---

* 执笔人：李栋。

纽带和联合，即共同体。

以罗伯特·帕克（Robert Park）等人为首的芝加哥学派认为：社区是占据在一块被或多或少明确限定了的地域上的人群和组织制度的汇集。其基本特点包括：它有一群按地域组织起来的人群；这些人口程度不同地深深扎根在他们所生息的那块土地上；社区中的每一个人都生活在一种相互依赖的关系之中。

我国关于"社区"的概念，最早是费孝通先生提出的，他认为社区是指以地区为范围，人们在地缘基础上结成的互助合作的群体，用以区别在血缘基础上形成的互助合作的亲属群体。

我国当代学者范国睿认为：社区是生活在一定地域内的个人或家庭，出于对政治、社会、文化、教育等目的而形成的特定范围，不同社区间的文化、生活方式也因此区别开来。

综合以上观点，我们可以认为，社区是指在一定的地理空间内居住的群体，以及他们之间的关系和参与的社会性活动的总称。这一概念包括三个要素：一是特定的地理空间，包括村落、乡镇和城市；二是生活在其中的一群人，包括人口的数量、观念、素质、密度等属性；三是产生的关系和各种社会性活动，包括居住在同一社区内不同家庭间的弱关系，以及各类政治、经济、文化活动。

可以明显看出，此定义更加注重社区中人和各类活动的重要性，这也是社区产生活力的重要源泉，此定义将更切合我们下步社区活力概念的研究。

（二）社区的构成要素

社区的构成要素有许多种，但每一种要素在社区中所起的作用都是不同的。我们这里主要研究的是影响城市社区结构和功能的要素。

1. 地域要素

地域是指人们从事各种社会活动和社会生活的场所，是人们基本的生存空间。也可指那些能满足人们基本需要的设施、机构所能发挥作用的地理范围。

2. 人口要素

社区人口是指具有稳定的社会交往关系的一定数量的人群，人群是构成社区的主体。社区的人口大致分为数量、构成及分布三个要素。人口数量通常是指生活在某一时期社区的人数，与之相关的有出生、死亡和迁移三个因素。社区的人口构成包括多方面的特征，如年龄、家庭组成、职业类型等。社区人口的分布指某一社区体系中人口的自然或地理分布情况，包括人口的密度、距离、互相交往或与其他社区相联系的方式。

3. 区位要素

区位的主要含义有两个方面：一是地理上的区域或位置，二是在这一区域内长期形成的生活网络或生活系统，每一个人所占的不同地位及所扮演的不同角色。所以，社会区位既指住宅、工厂、商店、街道等的地理布局，也指社区居民、群体及组织的空间分布、地位和角色。

4. 结构要素

社区结构指社区内的各种社会群体和组织之间的关系，这种结构既包括一个机构

（政府机构、企业、学校及医院或组织内部），也指组织之间的关系，是研究社区的重要因素。

5. 社区心理要素

社区心理要素是指社区居民在情感和心理上对自己所属社区产生的一种归属感和认同感。不同社区的不同结构会对社区成员的心理和行为产生不同的影响。如人们会因为生活在被别人夸赞的社区中而产生自豪感，这就涉及社区的归属感。一般来说，这种心理要素有助于社区共同行动的产生。

6. 组织要素

社区的组织是指在固定的地点，为了一定目的而组成的要求相对宽松的人群关系。社区一般由多种类型的组织构成，这些组织存在的目的是满足社区生存和发展的需要。社区内的组织有些是社会组织中的分支，与社区外的社会系统有着直接的关系，如党团组织、社区商业等；有些组织的活动范围仅限于社区之内，如社区内的文体队伍、志愿服务组织等。

7. 文化要素

社区文化主要是指社区居民在长期的共同生活和工作中所形成的各种规范和观念的总和。文化这一概念的外延非常宽泛，但在社区研究中，社区文化具体表现在语言文字、公正象征、知识信仰、价值体系以及有关行为程序中的惯例、规则中的文化。社区文化有教化、认同并产生社区的凝聚力与延续社区发展的作用，这是社区可持续发展的重要因素。

8. 物质和保障要素

社区物质要素主要是指社区居民的生活和活动所需要的基本服务设施，它是社区开展活动的基础和保障；社会保障要素作为社区建设中不可缺少的重要因素，其作用等同于城市中的社会保障服务中心，包含社会救助、再就业、社会保险三个功能。

（三）社区的功能

社区需要满足人们生产生活需要，维持社区正常发展，这就要求社区具备一定的功能，主要包括以下几个方面。

（1）居住功能：社区是城市居民安身立命的住所，居住是最基本的功能。社区要给予居民舒适安全的居住环境，这其中包括质量达标的建筑、科学合理的社区规划、门类齐全安全设施以及绿化美化的公共环境。随着科学技术不断完善，为满足居民要求，还应该加入新的居家设施，如新风系统，以满足人们更高的居住要求。

（2）经济功能：社区无论大小都必须设立与生产、分配和消费有关的制度结构，以满足人们社会生活的需要。这些满足经济功能的产业包括商业、旅店、餐饮及各类服务业，同时，它们的存在也为本社区居民的就业和谋生提供机会。

（3）教育功能：社区的教育功能主要体现在对社区居民的教化过程。一方面包括对青少年的教育，他们主要在学校接受教育，但也受到社区中同龄群体的影响，社区中的各类文化和体育活动对青少年的价值观和人格的形成都会有潜移默化的影响。另一方面是针对社区居民的教育，主要是通过各类文化设施与活动，为社区居民提供各类教育服务，使他们学习知识、掌握各类技能、提高自身素质，同时这也对社区规范和社区意识的形成具有较大作用。

（4）社会控制功能：社会控制分为软控制与硬控制两种形式。其中硬控制毋庸置疑是通过法律法规限制和规范个人的行为。而软控制是指通过风俗习惯及规范，对个人的行为产生控制力量。社区一般通过赞誉、责备、讥讽、议论等方式，使居民耳濡目染，在潜移默化中起到引导控制的作用，影响人们的行为。承担这些功能的机构通常是宗教，邻里、社团组织等。

（5）社会参与功能：社区是联结个人与社会、个人与国家的桥梁和纽带，个人通过参与社区活动感受社会的政治与文化，同时，居民参与社区活动也是推动社区活力的基础。

（6）卫生功能：社区卫生指两个方面：一是关于社区环境保护，使社区环境整洁舒适，有利于社区生态系统的发展，不能因为社区的经济发展而破坏人类生存环境；二是关于社区居民的医疗保健服务设施，例如社区中的医院、诊所、药房、卫生单位。

（7）福利和服务功能：社区服务功能是为了满足社区居民基本生活需要所设立的设施与机构。社区服务机构中的工作人员大多是志愿者。社区应该为社区居民提供足够的公共空间，以方便居民开展活动和交流信息。

（8）宗教功能：这种功能在西方社区中比较普遍。一般社区都建有教堂，以满足人们的信仰宗教或获得精神安慰的需要。我国有些社区中的庙宇和家族的祠堂也有这方面的功能。

二、社区理论研究发展历程

社区活力虽然是一个较新的研究课题，但国内外专家学者对社区理论的研究却由来已久。同时，无论是在西方还是在中国，社区理论的研究过程都历经波折，有兴盛亦有衰败，但又均在今天展现出蓬勃生机。

（一）西方社区理论研究历程

社区研究起源于西欧，在美国得到繁荣与发展，其后又经历了一个衰落和复兴的阶段，现如今仍活跃于历史舞台，备受人们关注，相信也将长久不息。

1. 社区研究起源

1887年，德国学者斐迪南·滕尼斯出版的《社区与社会》，标志着社区理论的诞生。在此书中，斐迪南·滕尼斯对照和比较了存在于大家庭、社区共同体中（社区）和现代资本主义社会中（社会）这两种典型的人类关系类型，创立了"社区"—"社会"的分析范式。

斐迪南·滕尼斯认为，社区中社会关系的基础是某种自然意愿，这种自然意愿包括感情、传统和人们之间的共同联系。社区的特点是人们具有对本社区的强烈认同感、情感主义、传统主义和对社区内其他成员的全面的概念。

在斐迪南·滕尼斯的理论框架中，传统社区和现代社会是两种处于现代化不同阶段的相对理论类型，现代社区的性质与传统社区相反。滕尼斯认为，他所处那个时代的欧洲传统社区越来越朝着现代社会的方向发展。

2. 社区研究兴盛时期

伴随着社区研究的中心由欧洲向美国转移，斐迪南·滕尼斯的理论越来越得到美国学者的关注，其理论基础与美国本土实用主义传统相结合后，产生了众多有影响力的流派，以下是几个特点突出的学派。

（1）芝加哥人文区位学派的研究。

从某种意义上讲，社会学在美国学术界的地位，是由芝加哥大学社会学系主任罗伯特·帕克以及他周围的一批学者通过对芝加哥的都市化过程的研究而确立起来的。他们借用生物学中竞争、共生、进化等概念和理论逻辑来解释美国都市的空间结构和发展动力，创立了社区社会学中生态学观点。在这个理论中，社区起到了举足轻重的作用，是最重要的研究课题，该学派第一本介绍社会学的著作中社区所占篇幅也是最多的。该学派代表人物路易斯·沃斯（LouisWirth）撰写的《城市主义作为一种生活方式》一文中，解释了人口规模、密度和异质性三个生态学变量如何构成并产生更为类社会的生活方式，带动了社区研究的进一步发展。

（2）林德夫妇对中镇的综合研究。

在芝加哥学派人文区位学蓬勃发展的同时，美国社会学家林德夫妇（罗伯特·S·林德、海伦·梅里尔·林德）开创了另一种形式的社区研究——综合研究。这种研究先是描述社区生活的各个部分，再解释它们之间的相互关系。林德夫妇详细描述了中镇这个社区中居民的各种活动和信仰情况，如不同群体作息时间，性别角色，父母对子女的期望以及政治、宗教的价值观等，形成了研究成果《中镇》一书。几年后，林德夫妇又重返中镇进行调查，并于1937年出版了《转变中的中镇》，在这本书中，他们分析了当时的美国经济危机对该社区的影响，他们发现，经济大萧条使得社区中的某个家庭垄断了全社区的经济命脉，从而控制了整个社区。该书作为经典的社区研究著作，开辟了社区权力研究。

（3）社区权力结构研究。

全面、严肃的社区权力研究始于弗劳德·亨利·奥尔波特（Floyd Henry Allport），其标志性著作是1953年出版的《社区权力结构》。他在从事社区计划和发展工作中遇到了严重的困难和障碍，迫使其研究当地社区的权力分配情况，以此找到社区中真正的领导者。亨利通过与社区内处于重要位置上的人进行面对面的谈话，发现在社区中具有影响力的人，绝大部分是在本地政府中没有政治职位的商人，从而得出在这个社区中民主形同虚设，由选举产生的社区官员对本社区的一些重要决定没有多少影响力的结论。

此流派的另一代表人物是罗伯特·达尔（Robert Alan Dahl），他对纽黑文社区的决策情况进行研究，并于1961年发表了《谁统治》一书。他集中研究社区的决策文本，找出每项决定当中对立的决策者以及他们的支持者，从而弄清楚究竟是什么人的观点占上风。他得出了与亨特完全不同的结论。他发现纽黑文存在着一种多元化的民主，在这种民主中，由选举产生的纽黑文市长在社区决策中起着核心作用。而后来大批学者对社区权力的研究，大都是围绕着上述的精英论和多元论两种观点所展开的。

3. 社区理论的衰落

社区理论研究的潮汐在 20 世纪 50~60 年代衰退了，1957 年后，美国社会学学会的年会中不再包括社区部分，社区研究落入低谷。

社区理论的衰退主要是因为：一是对于已有研究，如人文生态学、整体研究和社区权力结构研究的适用性产生怀疑，甚至被其他学派加以批判。有的学者甚至建议取消"社区"这样一个含糊不清的概念，而以诸如教区、选区、邻里、人口普查区或大都会地区这样一些更明确的概念取而代之。

二是美国社会学中的一个主要趋势是研究社区社会学的替代者：大众社会。所谓大众社会，就是一种标准化的、同性质的、种族和阶级分界不明显的社会。他们认为，社会学研究应该着眼于整个大社会，而不是地方社区。基于以上原因，社区理论研究逐渐淡出人们视野。

4. 社区理论的复兴

20 世纪 70 年代，人们发现标准化的、类社会的大众社会在 60 年代被夸大了，尽管社区的同质性在增强，但在地方政治、经济和社会方式上仍存在显著差异，传统意义上的社区并未消亡。同时，社区作为中观的社会结构，其对于社会管理和社会生活的功能意义仍显著存在，社区与社会之间有了一些新的联系。因此，在 20 世纪 70 年代，社区研究和社区理论在一定程度上得到了复兴，新生态学、系统论和新马克思主义者的研究在一定意义上发展了传统的社区理论，对社区生活质量和特定群体生活方式的研究开拓了新的研究主题。

5. 西方社区理论发展现状

社区理论发展至今，众多社会学学者从不同角度做着进一步研究。新的人文生态学引入了 POET 框架、社会地区分析、因子分析法以及福利模式等新的研究框架；罗兰·沃伦和布莱恩·泰勒从系统论的角度考察社区作为子系统与更宏观的社会系统之间的联系与互动；曼纽尔·卡斯特尔、大卫·哈维等人将空间理论引入到城市社区研究之中。更为重要的是人们力图重新发掘社区的功能和意义，因而转入对社区质量和社区生活质量的研究。

从 19 世纪中后期至今，伴随着时代的变迁，"社区"作为社会基本单元，其功能和意义也在不断发生着变化。从当前社区理论发展和变迁的情况来看，社区不仅不会消亡，反而在社会生活中发挥着越来越重要的作用。因此，社区理论研究仍然具有旺盛的生命力，社区活力研究顺应时代发展潮流，是积极可行的。

(二) 我国社区理论研究历程

中国的社区理论由西方引入，经过众多学者的不懈努力，不仅继承了西方的理论基础，还逐渐衍生出了具有中国特色的社区理论。

1. 从西方引入中国

中国引入社会学的标志是 1897 年严复在《国闻报》上发表的赫伯特·斯宾塞 (Herbert Spencer) 的《社会学研究》一书两个章节的译文。

而真正引入社区这个概念，一般认为是从燕京大学社会学系开始的。1932年和1935年，燕京大学社会学系分别邀请到当时国际上两位社区研究的大家芝加哥学派的罗伯特·帕克和英国人类学家拉德克利夫·布朗（A. Radcliffe-Brown）来华讲学，这两位大家分别代表了当时社会学和人类学社区研究的最高水平，他们的理论为中国的社区研究奠定了基础。此后的社区研究中，中国乡村的人类学研究拉开了本土社区研究的序幕。

2. 中国学者的深入研究

自1872年，第一批留学生远赴海外学习西方先进文化，到1914年，一些留学生到欧美国家专门攻读社会学，中国学者对社会学的研究由此拉开序幕。这些留洋的学者受到了西方社会学理论的影响，但也认为不能把这些理论简单地移植到中国社会。他们认为社会学理论特别是社区理论必须根据中国的实际情况加以检验和修改。因此，到了20世纪30年代，一种具有民族特点的社会学研究开始在中国本土发展起来，其中吴文藻、费孝通是中国社区研究最早的倡导者和代表人物。

（1）吴文藻的研究成果。

吴文藻在把西方社会学和人类学的许多学派进行比较之后，借鉴以马林诺斯基（Bronislaw Malinowski）和拉德克利夫·布朗为代表的英国功能主义学派的理论和方法创立了中国社区研究的理论方法体系。吴文藻在接纳了布朗对社会的系统论和整体论的看法后，把这种以功能论方法为核心进行综合研究的实地调查方法，归纳命名为"现代社区实地研究"。为了推广普及社区研究，吴文藻先后在《社会学刊》等多本杂志上撰写文章，阐述社区研究的意义与功能、发展趋势，介绍中国社区研究的计划，为社区研究开辟了新的发展方向。在他影响下，那个时代的大批爱国社会学工作者纷纷到乡村、工厂乃至边疆少数民族地区进行实地调查研究，取得了丰硕成果。

（2）费孝通的研究成果。

费孝通的社区研究贡献主要体现在他的社会学本土化思想上，其早期作品《江村经济》，中期成熟之作《乡土中国》以及对中国社会学的一系列反思文章，中心都在于构建社会学的中国化。他以1936年进行的江村调查和1939年进行的禄村调查为开端对中国社区、社会变迁展开全面调查研究，开拓了一条既不同于西方也不同于传统东方的富有中国特色的社区研究道路。他的《乡土中国》一书以中国的事实来说明乡土社会的特性，勾画了中国基层社会的形态。费孝通在该书中对社区研究做了理论的概括，即"以全盘社会结构的格式作为研究对象，这对象并不能是概然性的，必须是具体的社区。因为联系着各个社会制度的是人们的生活，人们的生活有时空的坐标，这就是社区。每一个社区有它一套社会结构，各制度配合的方式。"因为他的启发，我们社区活力的研究也实地走访了多个各具特色的社区，从中找寻不同的激发活力的因素。

3. 中国社区研究的停滞与复苏

主要由于战争的因素，在旧中国的社会、政治环境下，尽管有众多社会学界的爱国学者们不懈努力，但社区理论研究仍然发展缓慢。而新中国成立后，直到1979年，由于社会学家大多由社会学研究转向民族研究，社区理论研究也几近停滞。

直到改革开放后，社会学这门学科才重新设立，社区研究才得以恢复。20世纪80

年代由费孝通指导的"江苏小城镇研究"课题取得了一系列的成果,带动社区研究在中国再次兴盛。进入20世纪90年代后,社区研究不仅引起了理论界的广泛关注而且成为中国各级政府关注的焦点问题,20年来出版了众多有关探讨社区建设、社区发展实际问题的著作。

另外,改革开放以来社区建设和社区服务逐渐兴起,直接带动了社区研究的热潮。有关"社区"概念的探讨日益丰富,社区研究发展脉络逐渐由社区类型、社区服务形态与方式、运行机制转变为社区结构、社区组织与有计划变迁,由单纯研究社区转变为从社会环境、国家、市场与社区互动关系的角度,从社区工作者与社区居民关系的角度研究社区。通过对这些角度的思考,也给予我们研究社区活力很多启示。

4. 中国社区研究现状

进入21世纪后,社区研究已经成为一个多学科交叉研究的学术领域。包括从社区的权力结构来分析政府与社区之间的关系,讨论如何进行社区管理体制的创新,以实现善治的理想目标,促进公民社会的成长和社区自治空间的扩展;从社会学的角度运用社会结构和社区组织的视角,从社区内部居民之间和利益群体之间关系的分化与整合,来分析如何促进社区意识和社区归属感的形成,探讨社区情感在现代社会的表现形态和实现途径等。

未来,社区研究的论题会更广泛,参与学科会更多,如政治行政学、人文地理和城市规划学科的参与将比社会学更多。这也要求我们下一步在研究社区活力的过程中,参照社区研究的角度,从社区党建、居民自治、社区规划等更多更深层次去加以研究,力求找到一种使社区有活力、居民有归属感的社区治理模式

三、新时代下的社区理论研究背景

十九大报告指出,要加强社区治理体系建设,推动社会治理重心向基层下移,发挥社会组织作用,实现政府治理和社会调节、居民自治良性互动,这体现了新时代在社会治理方面的新目标新要求。城市社区是社会的基本单元,打造共建共治共享的社会治理格局,重心要在社区,这是中央部署的总基调。而以习近平同志为核心的党中央对社区治理作出的一系列新论述、新思想,也为研究城市社区活力提供了理论基础。

(一)时代呼唤,完成新时代社会治理的新需要

自党的十八大以来,社会治理取代社会管理成为我国社会建设的关键词开始,社会建设越来越受到重视,加强和创新社会治理也被作为实现"十三五"规划的重要抓手。十九大报告中更是高度重视社会治理问题,不仅对过去5年的社会治理工作进行总结,也为未来工作提出了努力方向,并将"加强和创新社会治理,维护社会和谐稳定"作为新时代中国特色社会主义思想的重要内容。

十九大报告对社会治理有着明确的目标要求,"打造共建共治共享的社会治理格局。加强社会治理制度建设,完善党委领导、政府负责、社会协同、公众参与、法治保障的社会治理体制,提高社会治理社会化、法治化、智能化、专业化水平。"《习近

平谈治国理政》第二卷《走中国特色社会主义社会治理之路》一文中指出：要坚定不移走中国特色社会主义社会治理之路，善于把党的领导和我国社会主义制度优势转化为社会治理优势，着力推进社会治理系统化、科学化、智能化、法治化，不断完善中国特色社会主义社会治理体系，确保人民安居乐业、社会安定有序、国家长治久安。

而想要做好新时期社会治理工作，基层是关键，社区是核心，必须要将社会治理重心下移到基层，完善基层治理模式，加强社区治理体系建设，这将会是未来社会治理的重中之重，也是完成新时代社会治理的重要一环。基层建设和基层治理，是要努力建设人民生活的共同体，引导居民自发对社区产生归属感、认同感。社区建设希望人们通过在社区中的互动形成相互认知和熟悉的网络，以此来满足自己在安全、健康、娱乐、教育等各方面的需求，让居民在充满活力和生机的社区中生活。而关于治理，习近平总书记也曾指出要遵循治理规律，把握时代特征，加强和创新社会治理，更好解决我国社会出现的各种问题，确保社会既充满活力又和谐有序[①]。

我们可以清晰地看到，满足新时代社会治理新需要，社会治理体系建设是重点，社区治理是关键，而"活力"作为一个新名词被反复提及，这能够充分说明社区活力研究顺应时代要求，有着充分的理论意义和现实意义。

（二）新时代社会治理的新要求

党的十九届四中全会着重提出要加强国家治理体系和治理能力建设，而国家治理涉及政治、经济、文化、社会、生态文明等多个领域、多个维度的制度安排。其中，社会治理制度是国家治理体系的重要组成部分，社会治理能力是国家治理能力中必不可少的一部分。

要推进社会治理现代化，必须要坚持和完善党的领导制度，坚持人民当家作主，充分发展协商民主，逐步构建充满活力的社会治理共同体，这其中就对基层社会治理提出了新的要求。党的十九届四中全会提出，要健全党组织领导的自治、法治、德治相结合的城乡基层治理体系，健全社区管理和服务机制。这是我党对于社区治理提出的最新的要求，它需要社会调动多元主体及其掌握的资源，建设人人有责、人人尽责、人人享有的社会治理共同体，最终确保基层充满活力、人民安居乐业、社会安定有序。这与我们研究社区活力的方向不谋而合，也为我们下步分析社区活力要素提供了方向。

（三）地方社区治理的先进经验

习近平总书记一直高度关注社区建设，这奠定了我们研究社区活力这一课题的现实意义。

2002年4月，时任福建省委副书记、省长的习近平就深入福鼎市桐城街道富民社区，观看"社区在线"，了解"社区在线"在群众中的覆盖情况（"社区在线"是一项网络信息工程，涵盖了群众生活的日常所需，为社区群众提供全方位优质服务，真正

---

① 《习近平在会见全国社会治安综合治理表彰大会代表时强调》，人民网，http://politics.people.com.cn/n1/20170920/c1024-2954631.html。

做到便民利民)。查看"便民服务中心"建设情况,观看"富民社区服务网"网页。习近平同志希望社区工作人员当好"小巷经理",为社区群众服务,积极探索社区工作的新路子。

2009年10月,时任中央政治局常委、中央书记处书记,中华人民共和国副主席的习近平在部分省区市学习实践活动座谈会上强调,街道、社区在学习实践活动中,要通过开展各种形式的创建活动,大力推进文明和谐社区建设①。

2013年8月,中共中央总书记、中华人民共和国主席习近平在沈阳市沈河区多福社区调研时提出,社区建设光靠钱不行,要与邻为善、以邻为伴②。以法治保障社区建设,以党建活动丰富社区服务,以文明和谐营造其乐融融的社区氛围。这为社区建设提供了更为明确的路径,其中营造文明和谐氛围也为下步以社会主义核心价值观推动社区精神文明建设奠定基础。

十九大以来,习近平总书记对社区建设保持着更高的关注度。2018年4月,习近平总书记在考察武汉市青山区青和居社区时指出,"社区是基层基础,只有基础坚固,国家大厦才能稳固。中国共产党坚持以人民为中心发展思想,是为人民服务的政党。我们抓好工作就是要把人民群众大大小小的事情办好。为民的事无小事,大量工作在基层。党中央高度重视社区工作,我们要改革创新基层治理,提高治理能力,更好地服务于人民群众。"③ 这充分肯定了社区工作的意义。

同年11月,在上海市民驿站视察时,习近平总书记提出,城市治理的"最后一公里"就在社区,又一次强调了社区治理对于社会治理的重要性。同时,习近平总书记强调,加强社区治理,既要发挥基层党组织的领导作用,也要发挥居民自治功能,把社区居民积极性、主动性调动起来,做到人人参与、人人负责、人人奉献、人人共享④。这一论断为我们研究社区活力提供了理论依据。活力的源泉是人,通过各类组织、活动、制度等调动社区居民积极性,使其主动参与、主动作为是我们研究的主要方向之一,这与习近平总书记的论断相一致,给予了我们充足的理论自信。

2020年4月8日,习近平总书记给武汉市东湖新城社区全体社区工作者回信,对城乡广大社区工作者在疫情防控斗争中发挥的重要作用表示肯定,向他们致以诚挚的慰问,并勉励他们为彻底打赢疫情防控人民战争、总体战、阻击战再立新功⑤。新冠疫情面前,更能体现社区治理的重要性。社区是疫情防控的最前线,只有社区充满活力而又工作有序,才能形成联防联控、群防群控的强大力量,有效遏制疫情扩散蔓延,

---

① 《习近平出席部分省区市学习实践活动座谈会并讲话》,中国政府网,http://www.gov.cn/ldhd/2009-10/27/content_1450400.htm。
② 《习近平:社区建设要与邻为善、以邻为伴》,人民网,http://politics.people.com.cn/n/2013/0831/c1024-22757296.html。
③ 《习近平在湖北考察时强调 坚持新发展理念打好"三大攻坚战"奋力谱写新时代湖北发展新篇章》,载《人民日报》2018年4月29日第1版。
④ 《总书记的民生足迹:市民驿站打通城市治理"最后一公里"》,央广网,http://china.cnr.cn/yaowen/20190212/t20190212_524508001.shtml。
⑤ 《习近平给武汉东湖新城社区全体社区工作者的回信》,新华社,http://www.qstheorg.cn/yaowen/2020-04/09/c_1125832425.htm。

真正发挥社区作用,保障人民群众的身体健康和生活安定。这是基层社会治理展现优势和作用的一次实证。

四、社区活力的定义及构成要素

2014年1月1日,习近平总书记在《人民日报》上发表的署名文章《切实把思想统一到党的十八届三中全会精神上来》中指出,"要处理好活力和有序的关系,社会发展需要充满活力,但这种活力又必须是有序活动的。死水一潭不行,暗流汹涌也不行。"

"死水一潭"的社会看上去很有序,但社会体制是僵化的,人被体制束缚,失去了自由发挥的空间,只能按部就班、墨守成规、止步不前,显然这种"有序"的社会是没有活力的社会,当然也是难以向前发展的社会。当然,活力不等于无序发展,更不等于"暗流汹涌",活力应该是在法治轨道上有序进行的,无序与"暗流汹涌"不仅不是活力的表现,也会对社会健康造成巨大的危害。

十九大报告中也指出,从2020~2035年,在全面建成小康社会的基础上,再奋斗十五年,基本实现社会主义现代化,这里现代化的要求之一即是现代社会治理格局基本形成,社会充满活力又和谐有序。可以说中国特色社会主义建设所追求的目标之一就是建立有序而充满活力的社会。

根据此观点和前文描述的社区的定义,我们探索归纳了社区活力的定义及其构成要素。

(一)社区活力的定义

要了解这个定义,首先要知道什么是活力。活力,指旺盛的生命力,行动上、思想上或表达上的生动性。依照伯特兰·罗素(Bertrand Russell)的观点,活力与其说是一种精神品质,不如说是一种生理特征,活力可以让人联想到健康、生机、愉悦等感受,活力增加生活的乐趣,它意味着思维和形体都处在一种"活"的状态,这也是一种理想的生活状态。

结合社区的定义,社区活力可以定义为:利用社区里和社会上的全部可利用资源(包括政治、经济、社会和文化等各类资源),激发多元主体(包括党组织、社会组织、共建单位、居委会、志愿队伍、居民等)主观能动性,共同打造一个生活便利、环境优美、安全稳定的居住环境,同时引导居民自我管理、自我教育、自我服务,通过参与活动(包括商业、教育、养老等社会活动和文体、艺术、公益等公共活动),从中获得认同感,形成凝聚力,最大限度地创造社会财富和满足精神需求。

其中活力的主体主要是社区居民,载体主要是各种活动。对一个社区活力程度的评价主要来源于该社区社会活动和公共活动的丰富程度、频繁程度,对社区居民的吸引力,以及使社区居民获得愉悦感、认同感、归属感和向上向善追求的能力。

(二)中国特色社区活力要素

社区应当充满活力,但又不能无序,这就需要相关制度的约束,十八大以来中共中央出台了很多政策意见，对社区如何治理进行了规范。2017年6月出台的《中共中央、国务院关于加强和完善城乡社区治理的意见》，指出要完善城乡社区治理体系，努力把城乡社区建设成为和谐有序、绿色文明、创新包容、共建共享的幸福家园，要求要实现党领导下的政府治理和社会调节、居民自治良性互动，促进城乡社区治理体系和治理能力现代化。2015年7月出台的《中共中央办公厅、国务院办公厅关于加强城乡社区协商的意见》，针对社区协商提出了具体的目标任务和方法举措，为发展基层民主、促进居民自治指明方向。各级地方政府也遵照中央文件也出台了一系列实施意见，如山东省出台了《山东省委办公厅、山东省人民政府办公厅关于加强和改进城市社区居民委员会工作的意见》《山东省委办公厅、山东省人民政府办公厅关于加强城乡社区协商的实施意见》《关于加快推进社区治理创新的指导意见》等，均为我们的研究提供了方向。

社区有基本的构成要素，这些要素对于构成社区而言有着不同的作用。而社区活力应当具备一些特殊要素，它们是社区构成要素的延伸或补充，发挥着各自的作用，促使社区在有序的基础上具有活力。下面将着重介绍这些特殊要素。

1. 党建要素

社区党建主要是指在社区建设管理中，依托聚集在一定区域范围内的住宅、经济组织、社会组织，成立社区党组织，组织社区范围内的党员、群众开展各种基层党建工作。社区党建一方面保障其政治功能，要做到维护共产党的长期执政利益，另一方面更加强调其社会功能，要求各级党组织着力做好公共服务、公共管理、公共安全工作，维护好辖区富强繁荣的发展和人民对美好生活向往，为居民提供良好的公共环境。面对社区中多元化而又"碎片化"的利益群体和多样化的需要，社区党组织要积极发挥凝聚人心、服务群众的作用，以党的基层组织带动其他各类组织，通过多元主体共同参与，为社区居民提供多样化的服务，最大限度满足群众需求。通过社区党组织的带动，开展体育娱乐、传统节日、文化教育等各类活动，同时发挥社区党员的模范带头作用，带动居民参与，促进社区活力。

2. 自治要素

自治主要是指社区居民通过开展民主选举、民主决策、民主管理、民主监督等活动，使社区居民做到自我教育、自我服务、自我管理，充分发挥自治章程、居民公约等一系列制度、条例在社区治理中的积极作用，推动自治的制度化、规范化、程序化，促进法治、德治、自治的有机融合。自治可以有效维护居民自身的利益，通过选举自己信任的管理者、决定事关自身和社区发展的重要问题、畅通居民表达诉求的渠道、监督社区事务开展等方式，保障社区居民自身权益。同时，自治可以大大提升居民参与度，促进活力迸发。城市居民共同特点是"散"，族群间往来较多，个体间接触较少，缺乏有效沟通。通过自治，使居民之间熟悉起来，增强社区归属感，让居民表达自己对社区建设要求和建议，加强对社区活动的支持和参与，提升社区活力水平。

3. 共建要素

社区共建主要是指多元主体共同参与社区建设，按照"政府做政府事，社会做社会事，居民做居民事"的原则，厘清社区治理中的各种关系，本着"社区是一家，建设靠大家"的宗旨,共同打造活力社区的过程。多元主体主要是指党组织、社会组织、共建单位、居委会、居民等,主体之间相互联系,却各自在社区建设过程中发挥着其他主体不可替代的作用。社区共建要求各主体在职责范围之内,积极参与到建设过程中,打造共建共治共享的社区治理格局。

4. 文化要素

这里的文化要素区别于社区一般文化要素,强调培育和践行社会主义核心价值观,大力弘扬中华优秀传统文化,培育心口相传的社区精神,宣传社会公德、职业道德、家庭美德、个人品德,增强社区居民的认同感、归属感。通过将社会主义核心价值观融入居民公约,内化为居民群众的道德情感,外化为服务社会的自觉行动。通过广泛利用春节、清明、端午、中秋等民族传统节日文化,或社区自身形成的敬老、节俭、互助、友善等不同文化特色,对社区居民进行思想道德教育。同时,加强社区文化基础设施建设,搭建方便居民读书、阅报、上网、娱乐、健身的平台;挖掘社区文化资源,广泛开展各具特色的群众性文化活动。

5. 安全要素

社区安全是指社区在凝聚民众共识的基础上,整合社区内各种资源,共同为减少各种意外或故意性伤害,构建更安全的环境,促进人际和谐,增进每个人身体、心理与社会的全面安适、安定。安全作为最基本、最重要的公共产品,是每个人的必需品,社区作为人安居的场所,安全是最基本的一项要素。社区的安全需要社区居民具备基本的安全防范意识和应对事故的能力,需要必备的安全防护设施,如防盗、防火设备,需要安全治理队伍,更需要社区居民提升社区归属感,使自身情感得以抒发,以确保心理上的安全、稳定。

6. 智慧要素

社区的智慧要素是指利用互联网、物联网、云计算、传感系统等信息技术,对社区住宅楼宇、社区服务、社区管理、社区医疗、社区教育进行智能化构建。现代活力社区必然要充分利用信息技术手段,加快互联网与社区治理和服务体系的深度融合,广泛运用社区论坛、微博、微信、移动客户端等新媒体,引导社区居民密切日常交往、参与公共事务、开展协商活动、组织邻里互助,同时了解居民需求,提高社区安全性、舒适性,使居民生活更加方便、快捷、舒适,提升居民生活品质。

7. 环境要素

环境要素包括自然环境和人文环境,主要指卫生、绿色、环保、可持续、文明、和谐等,居住在这样的活力社区能够感受到舒适、健康、文明、高能效、高效益、高自然度以及人与自然、人与人之间和谐相处。这里提到的活力社区必须具备:新鲜的空气、清洁的水源、安静的生活环境、干净的路面、便捷的生活条件、良好的邻里关系以及和谐的社区人文环境。

8. 人才要素

社区人才有专业人士和有专业知识、能力的居民,主要包括物业工作人员、专业社工、志愿服务队伍以及各类社区领袖人物。前者秉承着专业人作专业事的原则,可以利用各类物质资源、科学知识和专业化技能,为社区居民提供日常性服务工作,或为有困难的、有需求的居民提供帮助和专业化服务。后者主要通过引导现代社区中的精英人群成为社区自我服务、自我管理的骨干力量，发挥自身的专业知识，发扬乐于助人精神，主动自发地为社区居民服务。无论是专业人士还是热心居民，都是社区人才，都能为社区提供活力，促进社区和谐有序。

社区作为现代社会中国家和个人之间构建的一座沟通桥梁，具有重要的现实意义，这也促使一百多年来国内外学者对其不懈的研究。今天，社区建设理论体系和治理框架日趋完善，但这只是一个良好的开端，社区活力理论研究作为一个崭新的课题，将成为社区研究乃至社会治理研究必不可少的一环。本文粗浅地阐述了社区活力的基本理论，仅仅为社区活力研究奠定了一定的基础，在未来还需要细分主题、深入探索，通过研究真正使社区充满活力、积极向上。

后　　记

　　此册《活力与秩序的黄金平衡》，是与同事们的第三次合作，孕育近三年，终于出生！尽管粗鄙，但因过程的收获而小有兴奋、体验心流。特别以古今中外圣贤为师，以具体实践为范，对人性的复杂性和社会的复杂性有了新认知新发现。社会变量万千，人性善恶同体既向善亦向黯，权力双刃有恣意就有教训，不是一道函数题所能容纳。社会治理确实是一道千古大题，就在眼前不能回避。期间，我自己最大的收获是研究得出的结论："活力与秩序的黄金平衡"！这个观点也可以延伸到天地阴阳平衡、工作与生活平衡、事业与家庭平衡、亲朋友谊平衡、奋斗与健康的平衡、目标与能力的平衡、工作方法的刚柔平衡、乾坤平衡、追求与资源的平衡等……实现黄金平衡是困难或矛盾的，惟全景视野、双线思维、中正仁和方能行稳致远，带来向上向善、健康幸福！今后我将以这个为准则指导自己的行动，追求内心的平和与宁静，也许会产生更多欣喜和欢快！

　　　　探赜求真日又新，
　　　　索隐明理贵广深。
　　　　研道积健赋势能，
　　　　究否昌泰元亨贞。

冯天韬

2021 年 3 月 9 日